2020年第1辑
总第三十一辑
CSSCI来源集刊

勵耘学刊

启功敬题

北京师范大学文学院　主办

社会科学文献出版社
SOCIAL SCIENCES ACADEMIC PRESS (CHINA)

《励耘学刊》编委会

目　录

文献考辨

品书录

论三代兴亡神话的历史文化内涵

◇刘加锋*

摘　要：从神话原型角度看，龙、虎、凤分别是夏商周三代兴亡所降“明神”之原型，这些神话并非随意建构，当是受到卜祀传统所形成的神话思维的影响。从历史原型看，夏商周兴亡神话分别与祝融、吴回、鲧、皋陶、杜伯、后羿等神话化的历史人物有关，这是先秦时期“天命观”的反映，此种观念在解释王权合法性以及劝诫君王方面发挥了较大作用。从历史文化发展角度看，三代兴亡神话反映的实质是政权更迭与文化融合的过程。三代兴亡的征兆文化，对于“四灵”观念的形成及中华传统文明的延续发挥了积极作用。

关键词：夏　商　周　兴亡　神话

目前学界关于夏商周兴亡神话的研究，多是个案性的①，缺乏相对整体性的观照。本文将以《国语》为中心，并结合《墨子》《随巢子》诸书的相关记载，同时运用出土文献（文字、图像），对三代兴亡神话原型和历史原型进行考释，然后分析其中所蕴含的历史文化内涵，以求教于方家。

一　夏商周兴亡神话考释

《国语》所载“皆国家大节，兴亡之本”②，其中《内史过论神》

---

* 刘加锋，上海大学诗礼文化研究院博士研究生，主要研究方向为先秦两汉文学与诗礼文化。

① 用力较勤者，如闫德亮《夏人的形成及其神话论略》（《中州学刊》2017年第6期）、《商人的发展及其神话浅说》（《东岳论丛》2017年第7期）、《周朝的文化建设与神话改造》（《学术交流》2017年第2期）。

② 李之亮笺注《司马温公集编年笺注·述国语》（第5册），巴蜀书社，2009，第248页。

篇即是关于三代兴亡的集中载述。周惠王十五年（前662），有神降于莘地，惠王于是向内史过询问此次降神原因以及史上是否有类似典故，内史过便讲到夏商周“降神”而预示“兴亡”之故事。柳宗元《非国语》谓此篇“莽浪无状”，“不待片言而迂诞彰矣”[①]，而有学者则认为“内史过的虚诞长言多属虚拟，加之预言，其虚拟成分之大可以想见”[②]。笔者认为，《国语》此篇有神话的成分，但并非随意捏造，其所叙“降神”在《墨子》《随巢子》诸书中亦有类似记载，故而可结合以上诸书对三代兴亡神话进行考释。

（一）夏朝兴亡神话考释

夏自禹而兴起，因桀而亡国。其兴亡，皆与火正祝融有关。《国语·周语上》云：“昔夏之兴也，融降于崇山；其亡也，回禄信于聆隧。”[③] 以上“融”，显然是指“祝融”；“回禄”则指“吴回”，也即另一代“祝融”。[④]《国语·郑语》：“夫黎为高辛氏火正，以淳耀敦大，天明地德，光照四海，故命之曰‘祝融’，其功大矣。”[⑤]《史记·楚世家》：“重黎为帝喾高辛居火正，甚有功，能光融天下，帝喾命曰祝融。共工氏作乱，帝喾使重黎诛之而不尽。帝以庚寅日诛重黎，而以其弟吴回为重黎后，复居火正，为祝融。”[⑥] 通过以上材料可知，“祝融”本是帝喾时期的重黎，后来逐渐成为掌管“火正”职责的代名词。因此，吴回（回禄）也和重黎一样“居火正，为祝融”。

从《国语·周语上》内史过的论述中，我们可以知道祝融是关乎夏朝兴衰的神灵。但是《国语·周语上》并未提及二者之间的具体关

① （唐）柳宗元：《柳河东集》，上海人民出版社，2010，第751页。

② 马振方：《中国早期小说考辨》，北京大学出版社，2014，第72页。

③ （三国·吴）韦昭注《国语》，上海古籍出版社，1978，第30页。

④ 《左传·昭公十八年》云：“禳火于玄冥、回禄。”杜注云：“回禄，火神。”孔疏云：“楚之先，吴回为祝融，或云回禄即吴回也。”（孔颖达：《春秋左传正义》，载《十三经注疏》，中华书局，2009，第4530页）

⑤ （三国·吴）韦昭注《国语》，第510页。

⑥ （汉）司马迁：《史记》，中华书局，2013，第1689页。

联。《墨子·非攻下》则给予我们更为具体的解释："昔者禹征有苗，……立为圣王，是何故也？……昔者三苗大乱，天命殛之，日妖宵出，雨血三朝，龙生于庙，犬哭乎市，夏冰，地坼及泉，五谷变化，民乃大振。高阳乃命玄宫，禹亲把天之瑞令，以征有苗。四电诱祇，有神人面鸟身，若瑾以侍，搤矢有苗之祥。苗师大乱，后乃遂几。禹既已克有三苗，焉磨为山川，别物上下，卿制大极，而神民不违，天下乃静，则此禹之所以征有苗也。"[①] 以上写了夏禹因为平定"三苗大乱"而被"立为圣王"。其之所以胜利，是因为得到神灵的帮助："四电诱祇，有神人面鸟身，若瑾以侍，搤矢有苗之祥。"那么这是何方神圣呢？

以上神灵出现的场景，与下列出土文物极其相似："20 世纪 60 年代在湖北汉阳纱帽山出土一件商代陶拍。陶拍的背部鼻状握手上刻有图形：图下部一正视人形，人面鸟身，上部两个回形雷电纹。人与两雷电纹间有一矢由上下至头顶。"[②] 这个"回形雷电纹"显然是"雷神"的标志，与上文"四电诱祇"中"雷神"的出场相像。且吴回（祝融）为雷神，前人已经有过考证。例如，张正明认为：祝融，"又是火神，又是雷神……楚人的雷神名号繁多：早期称'祝融''吴回''陆终'等，都是由火神兼任的；晚期称'丰隆'、'雷师'、'雷公'，已是专任的"[③]。此外，姜亮夫亦云："祝融乃龙属图腾故事演变中人神交替之物。其音之演化，当与烛龙、重（重黎之重），为同一之分化语。而余昔论夏为龙族。"[④] 因此，以上祝融，实际是由火神兼任的雷神，其神话原型应当为"龙"。

夏朝自禹在位时而兴国，彼时有火神兼任雷神的祝融相助。迨及夏朝亡国，《墨子·非攻下》又云："还至乎夏王桀，天有酷命，日月不时，寒暑杂至，五谷焦死，鬼呼国，鹤鸣十夕余。天乃命汤于镳宫，用受夏之大命：'夏德大乱，予既卒其命于天矣，往而诛之，必使汝堪

---

① （清）孙诒让：《墨子间诂》，中华书局，2001，第 146 ~ 148 页。
② 罗运环：《楚国八百年》，武汉大学出版社，1992，第 30 页。
③ 张正明：《张正明学术文集》，湖北人民出版社，2007，第 689 页。
④ 姜亮夫：《姜亮夫全集：楚辞通故》（第 1 辑），云南人民出版社，2002，第 172 页。

之。’汤焉敢奉率其众，是以乡有夏之境，帝乃使阴暴毁有夏之城。少少，有神来告曰：‘夏德大乱，往攻之，予必使汝大堪之。予既受命于天，天命融隆火于夏之城间西北之隅。’汤奉桀众以克有，属诸侯于薄，荐章天命，通于四方，而天下诸侯莫敢不宾服，则此汤之所以诛桀也。”[①] 其中“天命融隆火于夏之城间西北之隅”与“回禄信于聆隧”正合，说明祝融降下雷电之火，帮助商汤灭掉了夏桀。“夏为龙族”[②]，因此其兴衰皆与以“龙”为化身的“雷神”（火神兼任）关联密切。

（二）商朝兴亡神话考释

《国语·周语上》则云：“商之兴也，梼杌次于丕山；其亡也，夷羊在牧”，可见“梼杌”与“夷羊”分别是商朝兴亡所降之“明神”。韦《注》：“梼杌，鲧也。”[②]《左传·文公十八年》：“颛顼有不才子，不可教训，不知话言，告之则顽，舍之则嚚，傲很明德，以乱天常，天下之民谓之梼杌。……舜臣尧，宾于四门，流四凶族浑敦、穷奇、梼杌、饕餮，投诸四裔，以御螭魅。”杜《注》：“谓鲧。”[③] 显然，“梼杌”指“鲧”已成为古人的共识。

《神异经·西荒经》：“西方荒中有兽焉，其状如虎而犬毛，长二尺，人面虎足猪口牙，尾长一丈八，搅乱荒中，名梼杌，一名傲狠，一名难训”[④]，则“鲧”的形状当类似于虎。又《吕氏春秋·行论篇》：“鲧为诸侯，怒于尧曰：‘得天之道者为帝，得地之道者为三公。今我得地之道，而不以我为三公。’以尧为失论，欲得三公。怒甚猛兽，欲以为乱。比兽之角，能以为城；举其尾，能以为旌。召之不来，仿佯于野以患帝。”[⑤]“鲧”本应该“得地之道”而为“三公”，但是尧未将他

---

① （清）孙诒让：《墨子间诂》，第148～150页。

② （三国·吴）韦昭注《国语》，第31页。

③ （唐）孔颖达：《春秋左传正义》，载《十三经注疏》，第4043页。

④ （汉）东方朔：《神异经》，《丛书集成初编》本，中华书局，1991，第18页。

⑤ 许维遹：《吕氏春秋集释》，中华书局，2009，第568～569页。

封为“三公”，鲧因此愤怒而为乱。其傲狠、难训的性格与“梼杌”的特点也正合。

从以上材料可知，无论从外形，还是性格，“梼杌”和“鲧”都有一致性。因此，“梼杌”应当指“鲧”，其神话原型类似于“虎”，具有为乱荒野、桀骜不驯的性格。《礼记·郊特牲》：“社，所以神地之道也。”① 而“鲧”自称“得地之道”，因此事实上是社（土）神。

“夷羊”，《淮南子·本经训》高《注》：“土神，殷之将亡，见于商郊牧野之地。”② 朱亦栋《群书札记》：“司马彪云：‘泆阳，豹头马尾，一作狗头，一云神名也。’芹按：‘夷乃泆之平声，泆乃夷之入声。则夷羊即泆阳也。《易·说卦》：兑为羊。郑作阳，则羊与阳通也。’”③《骈雅·释天》：“泆阳、徬徨，四野之神也。”④ 可见，“夷羊”即“泆阳”，为土神，其形状类似于虎豹。《国语·周语上》称“夷羊在牧”，韦《注》：“牧，商郊牧野也。”⑤ 这正与“泆阳”活动之地点相吻合。

现在让我们再来看看“梼杌”“夷羊”的关系。首先，从形状上讲，梼杌（鲧）“其状如虎而犬毛”，夷羊（泆阳）“豹头马尾，一作狗头”，二者均与“白虎”极其形似。其次，从习性上讲，梼杌“顽”“嚚”“傲狠”“难训”“仿佯于野以患帝”，而“夷羊”（泆阳）同样是出现在郊野。最后，从神位上讲，梼杌与夷羊均为社（土）神。因此，“梼杌”“夷羊”均为“虎”类。

古人所释“夷羊”，多为神灵，或是鬼怪、动物，而后人则将其与历史人物相联系。有学者认为“夷羊”指伊尹，云：“东君称夷阳，亦称夷羊。……《九歌》之东君，即是伊尹，人、夷古通，伊即夷尹，得称夷羊。”⑥ 有学者则认为，“夷羊”指伯夷、皋陶和许由，此三人实

① （唐）孔颖达：《礼记正义》，载《十三经注疏》，中华书局，2009，第3138页。
② 刘文典：《淮南鸿烈集解》，中华书局，1989，第248页。
③ （清）朱亦栋：《群书札记》，科学出版社，2016，第198页。
④ （明）朱谋㙔：《骈雅》，中华书局，1985，第72页。
⑤ （三国·吴）韦昭注《国语》，第31页。
⑥ 吴泽主编《王国维学术研究论集》（二），华东师范大学出版社，1987，第13、17页。

为一人。他说："伯夷乃神羊之名，夷羊折狱为其祖传之制。氐羌为牧羊部族，以羊折狱，因以为宗神之名。……氐羌以夷羊为至上宗神。……皋陶为掌形狱之官，诸书所载，同一传说。我认为，皋陶即獬豸，亦神羊，亦即伯夷。……皋陶即神羊……其证一。皋陶为折狱之官，獬豸为决讼之兽，由人而兽，与夷羊之为伯夷，演变正同。其证二。夷羊、獬豸皆触不直，伯夷、皋陶皆主刑狱。其证三。至《论衡·是应》言'皋陶治狱，其罪疑者，令羊触之'，盖传说分化后，析人兽为二。……皋陶、许由，实一人之分化，选举、辞让亦一事之演变，皋陶即伯夷，而许由亦即伯夷。……伯夷、皋陶、许由，实为一人，是不可怀疑的。"① 又据周建忠《"伯夷"通考——兼释〈楚辞〉〈史记〉有关疑义》考证，唐虞名臣"伯夷"即是"皋陶"，二者实为一人。② 因此，"夷羊"即是"伯夷""皋陶"，且为唐虞名臣。

（三）周朝兴衰神话考释

周朝兴起时，凤凰降下了祥瑞。《国语·周语上》云："周之兴也，鸑鷟鸣于岐山。"韦《注》："鸑鷟，凤之别名也。《诗》云：'凤皇鸣矣，于彼高冈。'其在岐山之脊乎？"③《墨子·非攻下》亦云："遝至乎商王纣，……赤鸟衔珪，降周之岐社，曰：'天命周文王伐殷有国。'泰颠来宾，河出绿图，地出乘黄。武王践功，梦见三神，曰：'予既沈渍殷纣于酒德矣，往攻之，予必使汝大堪之。'武王乃攻狂夫，反商之周，天赐武王黄鸟之旗，王既已克殷，成帝之来，分主诸神，祀纣先王，通维四夷，而天下莫不宾。焉袭汤之绪，此即武王之所以诛纣也。"④ 此段话中"赤鸟"当指"鸑鷟"。

① 朱芳圃、王珍：《中国古代神话与史实》，中州书画社，1982，第 38～46 页。

② 周建忠：《"伯夷"通考——兼释〈楚辞〉〈史记〉有关疑义》，《喀什师范学院学报》1988 年第 1 期。

③ （三国·吴）韦昭注《国语》，第 30 页。

④ （清）孙诒让：《墨子间诂》，第 150～153 页。

周朝衰亡时，则与杜伯有关。《国语·周语上》云：“其衰也，杜伯射王于鄗。”[①]《墨子·明鬼下》：“周宣王杀其臣杜伯而不辜，杜伯曰：‘吾君杀我而不辜，若以死者为无知，则止矣；若死而有知，不出三年，必使吾君知之。’其三年，周宣王合诸侯而田于圃，田车数百乘，从数千，人满野。日中，杜伯乘白马素车，朱衣冠，执朱弓，挟朱矢，追周宣王，射之车上，中心折脊，殪车中，伏弢而死。当是之时，周人从者莫不见，远者莫不闻，著在周之《春秋》。”[②] 这段故事中，起先是宣王错杀杜伯，杜伯含冤而死，这应当是历史事实。而杜伯死后三年复仇，则显然是神话传说，带有小说的性质，体现了历史的神话化。

《国语·周语上》只是言“周之衰也”，但并未讲“周之亡也”。周朝亡国通常认为是指幽王时西周亡国。《国语·晋语》：“申人、鄫人召西戎以伐周，周于是乎亡。”[③] 那么，西周亡国时降下的又是什么神灵呢？《国语·郑语》言：“檿弧箕服，实亡周国。”[④] 这只是童谣，而且具体指哪位人鬼或神灵，《国语》并没明示。《随巢子》一书则给予我们相应的提示：“夏后受于玄宫，有大神，人面鸟身……纣之时，夷羊在牧……幽、厉之时，天旱地坼。幽、厉之时，奚禄山坏，天赐玉块于羿，遂以残其身，以此为福而祸。”[⑤] 此处，明显提出降下神灵为“羿”。而“羿与翳同文异构”，“羿与凤、挚鸟有关，《离骚》：‘驷玉虬而乘鹥’。鹥也作翳，通翟、羿，从鸟”。[⑥] 因此，此处神灵“羿”的原型仍与“凤”有关。

结合前文分析，我们可以将《国语·周语上》《墨子》《随巢子》等先秦书籍所载三代兴亡神话的主要情节表述为表 1。

---

① （三国·吴）韦昭注《国语》，第 30 页。

② （清）孙诒让：《墨子间诂》，第 224 ~ 226 页。

③ （三国·吴）韦昭注《国语》，第 255 页。

④ （三国·吴）韦昭注《国语》，第 519 页。

⑤ （清）孙诒让：《墨子间诂·随巢子佚文》，第 754 ~ 756 页。

⑥ 庄春波：《羿浞代夏少康中兴轶史与年代学和考古学解释》，《中原文物》1990 年第 2 期。

表1　三代兴亡神话主要情节

朝代	兴亡	降神名称	神话原型	历史原型	降神地点
夏	兴	融	龙	祝融	崇山
	亡	回禄	龙	吴回	聆隧
商	兴	梼杌	虎	鲧	丕山
	亡	夷羊	虎	皋陶、伯夷	牧野
周	兴	鸑鷟	凤	赤乌	岐山
	衰	杜伯	人面	杜伯	镐
	亡	羿	凤	后羿	

二　夏商周兴亡神话的历史文化内涵

周人信仰上天，认为“天象”往往预示着吉凶祸福。例如：《周易·系辞上》曰“天垂象，见吉凶”①，《左传·昭公十七年》云“天事恒象”②，《国语·晋语四》亦云“天事必象”③。三代兴亡神话即是以“龙、虎、凤”为“天象”，以祝融、吴回、鲧、皋陶、伯夷、后羿等“降神”为核心情节，从而预示王朝兴亡更替的神话故事，其实质反映的是对“天”的信仰，具体可称之为征兆信仰④，亦是周人“天命观”的体现。据前辈学者考证，商周均已存在上天的信仰，但商周“天命”观念有着根本区别，商人的信仰“缺少了一样东西，那就是‘懿德’的内涵”⑤，“商人的世界观是‘自然宗教’的信仰，周代的天命观则已经具有‘伦理宗教’的品格”⑥。周人所构建的三代兴亡神话，

① （唐）孔颖达：《周易正义》，载《十三经注疏》，中华书局，2009，第170页。

② （唐）孔颖达：《春秋左传正义》，载《十三经注疏》，第4526页。

③ （三国·吴）韦昭注《国语》，第339页。

④ 征兆信仰，是指在泛神论的基础上产生的一种认为天地鬼神可给人世变化预示某些兆象的社会观念，它是在社会生产力依旧较为低下，人们虽有认识和把握自然规律和社会规律的欲望，但又不能科学地认识和把握时产生的一种社会观念。郑杰文：《齐地的征兆信仰》，《管子学刊》1991年第2期。

⑤ 李山：《西周礼乐文明的精神建构》，河北教育出版社，2014，第1~4、28页。

⑥ 陈来：《古代宗教与伦理——儒家思想的根源》，生活·读书·新知三联书店，2009，第183页。

即体现了这种“伦理宗教”的品格。

若从历史原型考虑，夏商周三代兴亡神话中，除周朝兴起时所降之神“鸑鷟”无法具体指代外，其他均可以比附到具体的某位历史人物。即，夏朝兴起时神灵祝融出现，灭亡时吴回出现。商朝兴起时鲧出现，灭亡时皋陶、伯夷、许由，抑或是伊尹出现。周朝衰落时杜伯出现，灭亡时后羿出现。那么这些人物与三代兴亡又有何关联呢？

祝融、吴回与夏朝的关系很好理解。《国语·郑语》：“祝融亦能昭显天地之光明，……昆吾为夏伯矣。”韦《注》：“昆吾，祝融之孙，陆终第二子。”① 又据《史记·楚世家》：“帝乃以庚寅日诛重黎，而以其弟吴回，为重黎后，复居火正，为祝融。吴回生陆终。”② 则祝融、吴回、陆终、昆吾均为夏朝重臣，因而与夏朝之兴亡有密切关联。

至于鲧、皋陶，其与商朝之关系却难以理解。鲧本是夏禹之父，按理当佑助夏朝长盛不衰，然而恰恰相反，鲧却佑助商朝，在商朝兴起时降临了。皋陶本是虞舜时的重臣，却在商朝灭亡时出现了。可见，血缘亲疏并非降神之依据。其实，《国语·周语上》内史过论神时已经强调了国君之“德”的重要性：“国之将兴，其君齐明、衷正、精洁、惠和”，“国之将亡，其君贪冒、辟邪、淫佚、荒怠、粗秽、暴虐”。③ 周朝衰落时杜伯降临，正是因为其无辜被宣王杀害，体现了“无德而亡国”的观念。以上种种，均是强调了国君之“德”的重要性，而神灵则充当了正义的化身，不论血缘亲疏，在国君“盛德”与“无德”之时均会降临，体现出“天道无亲，唯德是授”④ 的天命观，足见这种“天命观”带有较强的“宗教伦理”色彩。也正因为如此高举德行而无视血缘，强调受命于天，故而实际上为解释改朝换代之后王权合法性问题提供了理论依据。

《国语》《墨子》虽然均有“降神”情节，但“降神”类别却不尽相同。例如《国语》论及兴亡征兆时谓“明神降之”“明神不蠲”“明

① （三国·吴）韦昭注《国语》，第510页。
② （汉）司马迁：《史记》，第1689页。
③ （三国·吴）韦昭注《国语》，第30页。
④ （三国·吴）韦昭注《国语》，第421页。

神之志”，而《墨子》则曰“日妖宵出”“妇妖宵出”“有鬼宵吟”“有神人面鸟身”“有女为男”。显然，《国语》所叙兴亡神话系统中，吉凶祸福之征兆均由“明神”负责，体现了“天命”的至高无上性；《墨子》所叙兴亡神话中，则是“天、鬼、人”共同参与，体现了墨家特有的“三层世界观”，而“这种世界观并非墨家初期就有，而是经过中期到末期才形成的”[①]。查《墨子》原文，的确是“天、鬼、人”往往连用：“尊天事鬼，其利人多”，“诟天侮鬼，其贼人多”[②]，“尊天事鬼，爱利万民，是故天鬼赏之”[③]，“上可而利天，中可而利鬼，下可而利人”[④]。足见，墨子天命观的主体既有“天”又有“鬼”的参与，而所谓“古之今之为鬼，非他也，有天鬼，亦有山水鬼神者，亦有人死而为鬼者”[⑤]，体现了天命“泛化”的倾向。逮及后世，“降神”明显有了善恶之别，即王朝兴起时降临的一定为祯祥，而灭亡时一定为灾异妖孽。如，《礼记·中庸》：“国家将兴，必有祯祥；国家将亡，必有妖孽。”[⑥] 董仲舒《春秋繁露·同类相动》亦云：“帝王之将兴也，其美祥亦先见；其将亡也，妖孽亦先见。”[⑦] 在汉宣帝召开的石渠阁会议上，受到赏识的穀梁学派议郎尹更始和待诏刘向亦认为“吉凶不并，瑞灾不兼”，故而以“麟为周亡天下之异”而否定其为祥瑞。[⑧] 足见，随着征兆机制逐渐明晰完善，“天命观”与王朝兴衰连接得更加密切。

从神话原型角度看，夏商周兴亡所降“明神”之形状分别为龙、虎、凤，这是当时社会存在的主观反映，体现了当时人们对于三者的重视。一方面，从甲骨文及金文[⑨]记载来看，龙、虎、凤是商周时

---

① 〔韩〕李承律：《上博楚简〈鬼神之明〉鬼神论与墨家世界观研究》，李继征译，《文史哲》2011年第2期。

② （清）孙诒让：《墨子间诂》，第23页。

③ （清）孙诒让：《墨子间诂》，第60页。

④ （清）孙诒让：《墨子间诂》，第69页。

⑤ （清）孙诒让：《墨子间诂》，第249页。

⑥ （唐）孔颖达：《礼记正义》，载《十三经注疏》，第3543页。

⑦ （清）苏舆：《春秋繁露义证·五行顺逆第六十》，中华书局，1992，第358页。

⑧ （唐）孔颖达：《礼记正义》，载《十三经注疏》，第3086页。

⑨ 除特别标注外，本文所引卜辞均见陈年福主编《殷墟甲骨文摹释全编》，线装书局，2010；不再逐一标注。

代具有代表性的神圣物象。“龙”在甲骨卜辞中主要出现在以下两种场合：

1. 预示吉凶。

（1）“贞：龙其有咎。”（《合集》4656）

（2）“戊戌贞：令众涉龙西北亡咎。”（《合补》10412）

（3）“贞：有启龙，王比，受有祐。”（《合集》6582）

2. 预示降雨。

（1）“其作龙于凡田，有雨。”（《合集》29990）

（2）“龙……田又雨。”（《合集》27021）

（3）“耳龙，毋启，其启，弗毋有雨。”（《合集》28021）

可见，龙常常作为贞卜对象，同时能够预示降雨，因而是一种较为神圣的物象。“虎”在甲骨卜辞中主要出现在以下四种场合：

1. 作为贞卜对象。

（1）“贞：虎，其有祸？”（《合集》16496）

（2）“虎，不其祸？允不。”（《合集》21387）

（3）“贞：虎，其有咎？”（《合集》16496）

（4）“贞：虎亡，有咎？”（《合集》16523）

2. 作为捕猎对象。

（1）“王占曰：吉。兹御，获兕一虎一狐十。”（《合集》37363）

（2）“王兽……允获虎二、兕一、鹿十二。”（《合集》10197）

3. 作为祭牲。

（1）“鲧入七虎于祖乙。”（《合集》1606）

（2）“戊午卜，御虎于匕乙。”（《合集》22065）

4. 作为帝、集等祭祀活动中的祭祀对象。

（1）“丁丑卜，王惟豕羊用帝虎？……王勿帝虎？”（《合集》21387）

（2）“乙未卜，其集虎，陟于祖甲？”（《合集》27339）

具体来说，当“虎”作为贞卜对象时往往以“有祸”“不其祸”“有咎”等消极命辞发问；当“虎”作为捕猎对象时，“获虎”往往预示吉祥。就祭祀而言，“虎”既是祭牲，又可作为祭祀对象。既然可以作为祭牲，则其作为祭祀对象时，不可能是出于图腾崇拜的缘故，很可能仅仅是出于畏惧，以达到禳灾之目的。“凤”字在甲骨文、金文中均少见。在甲骨文中：

（1）“丙辰，凤获五。”（《合集》10514）

（2）“甲寅卜，乎鸣罼，获雚（凤）。”[①]（《甲编》3112）

在金文中：

“中乎归生凤于王，埶于宝彝。”[②]（《中方鼎》）

在商代，“凤”是捕猎对象，可见非彼时瑞物。而在周朝，“生凤”是馈赠周王的礼物以及祭祀对象，可见凤在周人心中非寻常之物。综上，在甲骨文与金文中，龙、虎常常与吉凶联系在一起。此外，龙还可作为预示下雨的征兆。而虎、凤则可作为祭祀对象，因此具有一些神异色彩。在长期卜祀的实践中，龙、虎、凤显示了其神圣性，而这种神圣性在《国语》《墨子》等神话书写中得以体现。

另一方面，从出土文物图像纹饰角度来看，龙、虎、凤分别是夏商周三代流行之纹饰。容庚《商周彝器通考》：饕餮纹“通行于商及西周初期，西周后期已不多见”，蕉叶饕餮纹“通行于商代或周初”；蟠龙纹“通行于商代”，龙纹“通行于商或周初”，虬纹“通行于商代”，雷纹“通行于商或西周”；鸟纹“通行于商及西周”，而凤纹则“始于商末而盛行于西周”。[③] 可见，商代主要盛行饕餮纹与龙纹，而周朝则主要通行凤纹。

朱凤瀚《古代中国青铜器》亦云：“鸟纹在商、西周青铜器中，是一种比较常见的纹饰。在属于早商时期的二里岗文化时期的青铜器中，尚未发现鸟纹。鸟纹最早约出现于殷代中期，但直到殷代晚期，鸟纹多数是作为辅助纹饰存在的。殷末周初作为主题装饰的鸟纹已出现，至西周中期前后，作为主题纹饰的凤鸟纹已非常流行，使鸟纹达到全盛时

① 于省吾：《甲骨文字释林》，中华书局，1979，第324页。

② 张桂光主编《西周金文摹释总集》，中华书局，2010，第411页。

③ 容庚：《商周彝器通考》，哈佛燕京学社，1941，第103～125页。

期。西周晚期以后，鸟纹衰落，在青铜器上已很少见”，“西周重凤鸟纹或可能是与周人视凤鸟为神奇的吉祥之物有关”，“其纹饰题材亦未必皆必要与其民族神话传说中的崇拜物相关联”，二里岗文化时期至西周早期，饕餮纹与夔纹（龙）是“最普遍亦最重要的纹饰”。[①] 但朱先生只是认为饕餮纹是“上古神话传说中之动物”，并未给出具体明晰的解释。这里，我们主要采用曹振峰《神虎镇邪·龙虎文化析疑·关于龙化为虎》的观点，他引用邹衡、徐乃湘、崔岩峋、刘敦愿等诸先生的观点，说明了“饕餮纹是虎显龙隐”[②]。即，整体看是虎纹，分开看是夔纹，亦可说饕餮纹是由两夔组合而成，这说明了夔纹当早于饕餮纹。张光直《商文明》认为，“从商代木质祭祀用具和武器上大量出现的虎形图案来看，虎形纹很可能也是装扮王室标志物的主格调之一”[③]。又郭静云称，“殷商之前的崇拜对象是神龙，虎形器物直到殷王家的墓中方始得见，而且可以看出，老虎对殷商王族而言是比神龙更伟大的神兽”，“殷墟王墓里突然出现虎神造型，并且仅出现在王家的礼器上，表明其与王族有关，殷墟的老虎是殷商王族仅有的独特崇拜对象”。[④] 根据前文朱先生的观点，再结合孙作云先生的观点，“夏人已经进入阶级社会，图腾信仰不复存在”[⑤]，则此处用“崇拜”来解释当有不妥，但商人对虎的重视却可见一斑。再结合前文提到的“夏为龙族”之观点，依据上文“龙化为虎”而非“虎化为龙”的说法可知：商代饕餮纹的出现及盛行，正好反映了重视龙的夏族逐渐被重视虎的商族所取代的历史过程。张启彬称：“龙、虎、鸟的形象在汉代之前的墓葬中就有广泛的使用和图样装饰”，“在战国时期，楚地的龙、虎、鸟的图像就出于一定的目的被描绘在一起”[⑥]，这恰好说明三代流行的龙、虎、凤

① 朱凤瀚：《古代中国青铜器》，南开大学出版社，1995，第 391、409 页。
② 曹振峰：《神虎镇邪》，社会科学文献出版社，1998，第 265 ~ 267 页。
③ 张光直：《商文明》，辽宁教育出版社，2002，第 197 页。
④ 郭静云：《夏商周：从神话到史实》，上海古籍出版社，2013，第 258、259 页。
⑤ 孙作云：《中国古代神话传说研究》，河南大学出版社，2003，第 643 页。
⑥ 张启彬：《马王堆漆棺的灵物组合图像——兼涉楚地墓葬材料中的凤鸟图像》，《楚学论丛》第五辑，湖北人民出版社，2016，第 331、342 页。

图像在战国时期被进一步吸收融合，并对“四灵”观念的生成与发展也有重要影响。就“四灵”名称所指而言，主要有两说：一为《礼记·礼运》所云“何谓四灵？麟、凤、龟、龙，谓之四灵”①，二为《三辅黄图·未央宫》所云“苍龙、白虎、朱雀、玄武，天之四灵”②。两说的主要差异是麟与虎的认定，而以上两种“四灵”观念的产生则相对较早，在《鹖冠子》时代（战国）已经同时存在③。在后世的流传过程中，“四灵”的出现与否往往成为政治清明与动乱的标志。如，《后汉书》载冯衍语“皇帝以圣德灵威，龙兴凤举”④，并载马融语“方今大汉收功于道德之林，致获于仁义之渊……宗重渊之潜龙……遂栖凤皇于高梧”⑤，以上均是政治清明而“四灵”至的体现；又载录张升语“覆巢竭渊，龙凤逝而不至。今宦竖日乱，陷害忠良，贤人君子其去朝乎？夫德之不建，人之无援，将性命之不免”⑥，则体现了政局动荡而“四灵”不至的情况。综合来看，“四灵”至与不至只是表象，究其根源则是国君修德与否，这往往会对统治者有一定的警示作用。正如《汉书·天文志》所谓“政失于此，则变见于彼，犹景之象形，乡之应声。是以明君睹之而寤，饬身正事，思其咎谢，则祸除而福至，自然之符也”⑦。三代兴亡神话所反映的征兆文化在诫勉君王、促进传统文明的延续方面无疑发挥过积极作用。

龚世学《论汉代的符瑞思想》概括了董仲舒符瑞灾异理论的主要内涵：“天的绝对权威的树立”“区分受命之君与守文之君”“强化符瑞作为天降灵征的观念”“借用五行观念，高扬德行因素”。⑧《国语》《墨子》等构建的三代兴亡神话，亦大致符合这四方面的内涵。内史过

① （唐）孔颖达：《礼记正义》，载《十三经注疏》，第 3085 页。

② 何清谷：《三辅黄图校释》，中华书局，2005，第 160 页。

③ 王小盾：《中国早期思想与符号研究——关于四神的起源及其体系形成》，上海人民出版社，2007，第 103 页。

④ （南朝·宋）范晔：《后汉书·桓谭冯衍列传》，中华书局，1965，第 966 页。

⑤ （南朝·宋）范晔：《后汉书·马融列传》，第 1969 页。

⑥ （南朝·宋）范晔：《后汉书·逸民列传》，第 2776 页。

⑦ （汉）班固：《汉书》，中华书局，2013，第 1273 页。

⑧ 龚世学：《论汉代的符瑞思想》，《文艺研究》2016 年第 2 期。

将国之兴衰，均归结为“明神之志”，并根据“有神降于莘”，预言“虢必亡”，体现了代表天意之“明神”的绝对权威；作为朝代更迭，三代兴亡所体现的自然是“受命之君”，故而与“守文之君”所强调的血缘继承合法性不同，更加强调的则是君主的德行；三代兴亡所体现的神话原型——龙虎凤与董氏所谓“木者春……群龙下”“金者秋……白虎妄搏”“火者夏……凤凰高翔”①相一致。故董氏“天人感应”说可谓其来有自，在《国语》时代已经孕育了类似的“天命观”。

综上，从历史原型看，夏商周兴亡神话分别与祝融、吴回、鲧、皋陶、杜伯、后羿等神话化的历史人物有关。这些神话人物的降临与血缘亲疏无甚关联，主要是与国君的“德”与“不德（君）”有关。这实际上是先秦时期“天命观”的反映，这种“天命观”亦与董仲舒的“天人感应说”相类，在解释王权合法性和劝诫君王等方面发挥了较大作用。从神话原型角度看，龙、虎、凤分别是夏商周三代兴亡所降“明神”之原型，体现了卜祀传统影响下人们对于三者的重视。从王权更迭方面看，三代兴亡神话反映的是取代与被消灭的过程；而从文化发展角度看，更多的则是融合的过程。龙、虎、凤作为三代兴亡的征兆物象并没随着王朝的更迭而湮没，而是以其强大的文化魅力，在历史的惊涛骇浪中绵延不绝，对于传统中华文明的发展起到了积极的作用。

---

① （清）苏舆：《春秋繁露义证·五行顺逆第六十》，第 371 ~ 377 页。

从欧阳修论小序看宋代新《诗》学的内在张力*

◇成　玮**

摘　要：欧阳修《诗本义》对《毛诗》小序，整体上仍保持尊崇态度，但对具体篇目的反诘已为数不少。欧氏之后，北宋斥小序者多有，对单篇小序从局部否定，发展到整体否定，论证角度也大体齐备。南宋去小序之风虽盛，但只是抉出小序背后的构造原理，新创寥寥。北宋《诗》学的历史地位，似应给予更充分重视。仅在文本层面纠弹小序，其他书证，可信度有所不足；诗作正文，时而又索解为难，故诠释诗篇，仍不免求助小序。宋人说《诗》，可以尽去毛传、郑笺、孔疏而未能尽去小序，根本原因在此。这也是传统《诗》学始终未能突破的界限。

关键词：欧阳修　《诗本义》　宋代　小序

欧阳修《诗本义》排弃汉唐注疏，是宋代《诗》学史上开风气的著作。《四库提要》卷一五此书条下称："自唐以来，说《诗》者莫敢议毛、郑。虽老师宿儒，亦谨守小序。至宋而新义日增，旧说俱废。推原所始，实发于修。"① 欧氏不仅疵议毛传、郑笺，对《诗序》也非寸步不离。但如论者所言，态度有别："疑《序》而未为激烈，斥毛、郑不遗余力。"② 因此学界聚焦点，多在《诗本义》与传、笺的关系。关

*　［基金项目］上海市哲学社会科学一般课题"20 世纪前期中国文学史著作叙事策略研究"，项目编号：2018BWY002。

**　成玮，华东师范大学国际汉语文化学院副教授，主要研究方向为唐宋文学、晚清民国学术史。

①　（清）纪昀等：《钦定四库全书总目》，中华书局，1997，第 190 页。

②　陈战峰：《欧阳修〈诗本义〉研究新探》，中国社会科学出版社，2015，第 124 页。

于此著如何处置《诗序》，虽偶有讨论①，尚可进一步细化；关于由此显露的诠释问题及其学术史内涵，也较少探究。本文围绕这两方面试做考察。

一 年代与文本证据：欧阳修论《诗》小序

欧阳修对小序的基本态度，见之如下论述：

> 今考《毛诗》诸序，与孟子说《诗》多合，故吾于《诗》，常以序为证也；至其时有小失，随而正之。惟《周南》《召南》，失者类多，吾固已论之矣，学者可以察焉。②

他一边提出《诗序》"非子夏之作"③，将小序时代从孔子门生那里，下移到"孟子之后的战国时期"④；一边又以与《孟子》所解多合为由，重新肯定了小序的证据价值。之所以悬孟子为判准，系因"孟子去《诗》世近而最善言《诗》"⑤。善解《诗》义与否，只是主观判断；离《诗》时间较近，却是客观因素。事实上，欧阳修拣择昔人《诗》说，年代在前者优先乃一贯原则，不仅谈小序为然。《小雅》中

---

① 譬如李梅训《欧阳修〈诗本义〉对〈诗序〉的批评及影响》[《安徽师范大学学报》(人文社会科学版)2004年第4期]、李君华《欧阳修〈诗本义〉研究》(硕士学位论文，浙江大学，2008，第35~41页)、曾建林《欧阳修经学思想研究》(浙江大学出版社，2014，第97~101页)、陈战峰《欧阳修〈诗本义〉研究新探》(第121~128页)。

② (宋)欧阳修：《诗本义》卷一四《序问》，《景印文渊阁四库全书》第70册，台湾商务印书馆，1983，第294页上。《诗本义》卷一论《周南·麟之趾》所言略同，同上书，第188页。

③ (宋)欧阳修：《诗本义》卷一四《序问》，《景印文渊阁四库全书》第70册，第293页下~294页上。

④ 李梅训：《欧阳修〈诗本义〉对〈诗序〉的批评及影响》。

⑤ (宋)欧阳修：《诗本义》卷一论《周南·麟之趾》，《景印文渊阁四库全书》第70册，第188页上。

《小旻》《小宛》两篇，毛传以为刺周幽王，郑笺以为刺周厉王。[①] 欧氏弃郑而取毛，并申明个中缘故："毛氏当汉初兴，去《诗》犹近，后二百年而郑氏出。使其说可据而推理为得，从之可矣。若其说无据而推理不然，又以似是之疑为必然之论，则吾不得不舍郑而从毛也。"[②] 在毛、郑之间，同样因时序在先，而更倾向于毛传。[③] 这一立场，甚至贯穿于个别名物之解释。《诗本义》卷二论《邶风·匏有苦叶》，采《左传》载叔孙穆子赋诗之义[④]，以苦匏为渡水之具，且说："《春秋》《国语》所载诸侯大夫赋《诗》，多不用《诗》本义，第略取一章或一句，假借其言以苟通其意，如《鹊巢》《黍苗》之类，故皆不可引以为《诗》之证，至于鸟兽草木诸物，常用于人者，则不应缪妄。苦匏为物，当毛、郑未说《诗》之前，其说如此。若穆子去《诗》时近，不应缪妄也。"[⑤] 明知春秋时人诵《诗》，多断章取义，而释名物仍引为凭据，理由无非去《诗》未远。可知时代先后，确是他考量的要点。

还有一则公案，也与此有关。《诗本义》卷二论《召南·驺虞》，释驺为驺囿、虞为虞官。欧阳修《新五代史》复畅言之："驺虞，吾不知其何物也。《诗》曰：'吁嗟乎驺虞！'贾谊以谓驺者，文王之囿；虞，虞官也。当谊之时，其说如此，然则以之为兽者，其出于近世之说乎？"[⑥] 释驺虞为兽，实出毛传。[⑦] 王观国就"出于近世"一点，反驳欧氏，谓毛亨"与贾谊同时人也"，不当专信贾氏。王楙又遍举署名姜

① （汉）毛亨传，（汉）郑玄笺，（唐）孔颖达疏，（唐）陆德明音释《毛诗注疏》卷十二之二、卷十二之三，上海古籍出版社，2013，第1055、1068页。

② （宋）欧阳修：《诗本义》卷七论《小雅·十月之交》等四首，《景印文渊阁四库全书》第70册，第233页下~234页上。

③ （清）阮葵生《茶余客话》卷一〇"欧阳修重毛诗"条已拈出此点（中华书局，1959，第283页）。

④ （晋）杜预集解《左传》卷一五襄公十四年，上海古籍出版社，1997，第905页。

⑤ （宋）欧阳修：《诗本义》，《景印文渊阁四库全书》第70册，第195页下~196页上。

⑥ （宋）欧阳修：《新五代史》卷六三《前蜀世家》，中华书局，2016，第894页；贾谊之说见《新书》卷六《礼》，（汉）贾谊：《新书校注》，阎振益、钟夏校注，中华书局，2000，第215页。

⑦ （汉）毛亨传，（汉）郑玄笺，（唐）孔颖达疏，（唐）陆德明音释《毛诗注疏》卷一之五，第142页。

太公《六韬》、司马相如《封禅书》、刘安《淮南子》等作以驺虞为兽之证，谓："太公在毛、郑之前；相如、淮南王与毛公同时，在郑之前。其言亦尔，安得不信乎?"① 二王攻讦之所，皆在年代前后，足见欧氏对诸家时序特为关心，在南宋已声名广播。

要之，依欧阳修之见，说《诗》者自孟子起，效力呈一递减序列：孟子→小序→毛传→郑笺。他对各环节的态度随之而异。论者多注意到，他颇回护小序，兹与毛、郑做一比较。《诗本义》卷九论《小雅·白华》："又序言以妾为妻，以孽代宗，虽为两事，而其实一也。盖妾子为孽，妻子为宗，既升妾为妻，则自然其孽子为嫡矣。今考诗但述妻妾之事，而无及嫡庶之语，乃作序者因言及之耳。"② 诗中既未提及庶子为宗之事，小序"以孽代宗"一语便无着落。欧阳修弥合小序与正文的裂痕，以为妾夺妻位，自然导致庶夺嫡位，小序由前者推言及后者，固无不可。而卷五论《陈风·衡门》，则说："自'泌之洋洋'以下，郑解为任用贤人，则诗无明文。大抵毛、郑之失在于穿凿，皆此类也。"③ 他释此节命意："泌水洋洋，然若阅之而乐，则亦可以忘饥。言陈国虽小，若有意于立事，则亦可以为政。"郑笺同样于诗无征，可自诗之为政推言及郑氏之任贤，又同样水到渠成，他却对郑笺此说——以及此说所代表的"毛、郑之失"——一概弃去，绝无宽假，态度宽严迥异。从这里益可看到，出现时代较早，给小序带来的特殊保护。

此外，论者多已察觉，欧阳修《诗》学见解，前后有所变化。④ 其

---

① （宋）王观国：《学林》卷一"祥瑞"条，中华书局，1988，第11页；（宋）王楙：《野客丛书》卷三"欧公论驺虞"条，上海古籍出版社，1991，第31页。

② （宋）欧阳修：《诗本义》，《景印文渊阁四库全书》第70册，第249页上；参看（汉）毛亨传，（汉）郑玄笺，（唐）孔颖达疏，（唐）陆德明音释《毛诗注疏》卷一五之二，第1325页。

③ （宋）欧阳修：《诗本义》，《景印文渊阁四库全书》第70册，第211页下；参看（汉）毛亨传，（汉）郑玄笺，（唐）孔颖达疏，（唐）陆德明音释《毛诗注疏》卷七之一，第633页。

④ 譬如：何泽恒《欧阳修之经史学》（台湾大学出版委员会，1980，第63～68页）；裴普贤《欧阳修诗本义研究》（东大图书有限公司，1981，第136页）；曾建林《欧阳修经学思想研究》（第116～122页）；〔日〕种村和史《宋代〈诗经〉学的继承与演变》（李栋译，上海古籍出版社，2017，第430页）。

实关于小序，也是如此。《问进士策题五道》其一，有“子夏序《诗》”① 等语，初无疑《序》之意。这五道策问，撰年不明，但不妨略做排序。欧氏约写于景祐四年（1037）的《诗解统序》，公然批评毛传、郑笺：“不合于经者亦不为少，或失于疏略，或失于谬妄。”② 而是年之前，他官职未显，不可能主持进士考试。换言之，在他开始排击毛、郑之后，有段日子依然信任《诗序》。对小序的疑惑，是随研索进展，逐渐逼出来的。这应该是他攻小序不若攻毛、郑之苛的又一原因。

欧阳修称小序“惟《周南》《召南》，失者类多”，根本原因在于，整体诠释取向不同。他视“二《南》”为“周衰之作”③，旨在刺讥；小序则多视之为西周盛期作品，旨在颂美。而谛观具体篇章，这部分也未尝尽废小序。《诗本义》卷一论《周南》中《樛木》《汉广》两篇可证。卷二论《召南·草虫》，甚至说毛、郑之误，恰因“不以序意求诗义”所致。④ 反过来，在“二《南》”之外，抹倒整篇小序处又间或有之，不止纠其“小失”而已。在他，废去小序必出于不得已。然则其理由何在？

《诗本义》卷八论《小雅·何人斯》：“古诗之体，意深则言缓，理胜而文简。然求其义者，务推其意、理。及其得也，必因其言、据其文以为说，舍此则为臆说矣。”⑤ 这里“意”指内容；“义”指用意，即美刺之类。二者当就“文”与“理”求之。故欧阳修标举的解诗要素，在此只得正文、道理两项。卷一斥小序：“不惟怪妄不经，且与诗意不类。”⑥ 前句据道理而言，后句据正文而言，分别对应两者，即可为例。

---

① （宋）欧阳修：《欧阳修诗文集校笺》，洪本健校笺，上海古籍出版社，2009，第1852页。

② （宋）欧阳修：《欧阳修诗文集校笺》，洪本健校笺，第1597页。

③ （宋）欧阳修：《诗本义》卷一四《时世论》，《景印文渊阁四库全书》第70册，第288页下。

④ （宋）欧阳修：《诗本义》，《景印文渊阁四库全书》第70册，第185页上、第186页上～下、第189页下。

⑤ （宋）欧阳修：《诗本义》，《景印文渊阁四库全书》第70册，第237页下。

⑥ （宋）欧阳修：《诗本义》卷一论《周南·麟之趾》，《景印文渊阁四库全书》第70册，同书第188页上。

另外，对勘各篇小序，发见彼此抵牾之迹；旁参《诗》《书》《史记》等书记载，揭出小序不符史实之处，也是他采用的办法。[①] 这与其解《诗》的一般策略，大致相当[②]；或者说，即其解《诗》策略之一体现。值得一提的是，欧阳修极少单据道理便下断语，往往与细绎正文或比对载籍相结合，如卷二论《召南·鹊巢》："据诗，但言'维鸠居之'，而序言'德如鸤鸠，乃可以配'，郑氏因谓'鸤鸠有均一之德'。以今物理考之，失自序始，而郑氏又增之尔。"[③] 凭据一在物理，即后文所说"鹊鸠异巢，类不能作配也"；另一则在正文始终未道两鸟相配之事，不支持小序说法。又如卷七释《小雅·节南山》："作诗序者，见其卒章有'家父作诵'之言，遂以为此诗，家父所作，此其失也。……诗言民畏其上，不敢戏谈，岂有作诗之人，极斥其君臣过恶，极陈其乱亡之状，而自道其名字，又显言我究穷王之致乱之由？与不敢戏谈之义顿乖，此不近人情之甚者。又自称其字曰'家父'。案《春秋》桓十五年，'天王使家父来求车'，距幽王卒之年，七十五岁矣。然则幽王之时所谓'家父'者，不知为何人也。"[④] 既衡之以情理，显扬君过，不会坦然自表名字；又证之以《春秋》，当周幽王时，史上所知那位"家父"尚未出世。双管齐下，攻去小序。其论证，主要仍依赖各类文本证据。其中，诗篇正文较其他典籍记载更其重要。[⑤]

综上所述，欧阳修因时序较前，而整体肯定小序；又据诗篇正文及其他文献，而个别否定小序。其间蕴含的种种张力，留待第四节再论。

---

① （宋）欧阳修：《诗本义》卷二论《召南·野有死麕》、卷八论《小雅·鼓钟》，《景印文渊阁四库全书》第70册，同书第192页上~下、第242页下。李梅训《欧阳修〈诗本义〉对〈诗序〉的批评及影响》已指出前一点。

② 曾建林《欧阳修经学思想研究》总结其考求《诗》义之方，共四点：以史证诗、考以文意、质以人情、以理说诗（第85~97页）。若将人情归为理之一种，则可简化至文、理、史三点。对照上述攻小序之由，四项已占其三。

③ （宋）欧阳修：《诗本义》，《景印文渊阁四库全书》第70册，第189页上。

④ （宋）欧阳修：《诗本义》，《景印文渊阁四库全书》第70册，第228页上~下；参看（晋）杜预集解《左传》卷二桓公十五年，第116页。

⑤ （宋）欧阳修：《诗本义》卷一论《周南·兔罝》，据本诗而不采信《左传》成公十二年郤至之说，即为一证（《景印文渊阁四库全书》第70册，第186页上~下）。参看（晋）杜预集解《左传》卷一三，第718页。

二　从局部到整体：欧阳修之后的北宋斥小序风气

就现存文献看，欧阳修同时代，说《诗》摒弃传注者不乏其人，疑小序者却寥寥无几。如周尧卿“考经指归，而见毛、郑之得失”，对小序的态度，可惜无从考见。[①] 又如姚辟。欧氏嘉祐六年（1061）致焦千之一函交代：“姚辟《诗说》，请试看，有长处签出示及，为无工夫细看故也。”[②] 由是观之，《诗本义》之作，曾参考友朋著述，或有采撷。姚氏《诗说》已佚，内容难详。不过欧阳修致他一函，称道其纠驳《礼记》经文甚确。[③]《获麟赠姚辟先辈》又说：“世已无孔子，获麟意谁知。我尝为之说，闻者未免非。而子独曰然，有如埙应篪。”[④] 孔子撰《春秋》，绝笔于获麟，系《公羊传》及《左传》杜预注的说法[⑤]，知姚氏还同他一道，反对《春秋》传注。疑经疑传，殆为前者治经之常态。以此推想，其《诗说》当多有攻诘传疏处，可惜对小序有何理会，也无从考见了。欧阳修畏友刘敞（1019～1068），时时不取毛传、郑笺，于《诗序》虽“间亦驳之”[⑥]，偶然一条罢了[⑦]，总体而言，仍维护着《诗序》权威。他说：

子夏《诗》序云：“礼义废，政教失，国异政，家殊俗，而变

① 陈战峰：《欧阳修〈诗本义〉研究新探》，第 48 页；参看（元）脱脱等撰《宋史》卷四三二《儒林二·周尧卿传》，中华书局，1985，第 12847 页。欧阳修为之撰《太常博士周君墓表》，于其学仅言“长于毛、郑《诗》、《左氏春秋》”（《欧阳修诗文集校笺》，洪本健校笺，第 692 页），别无他语。

② （宋）欧阳修：《与焦殿丞》其十一，《欧阳修全集》，中华书局，2001，第 2478 页。

③ （宋）欧阳修：《与姚编礼》其二，《欧阳修全集》，第 2482～2483 页。

④ （宋）欧阳修：《欧阳修诗文集校笺》，洪本健校笺，第 108 页。

⑤ （汉）何休解诂，（唐）徐彦疏《春秋公羊传注疏》卷二八哀公十四年，北京大学出版社，1999，第 618～624 页；参看（晋）杜预集解《左传》卷三〇，第 1796 页。

⑥ 参看姜广辉主编《中国经学思想史》第三卷，中国社会科学出版社，2010，第 226 页。

⑦ 刘敞攻毛、郑之例，有《七经小传》卷上论《召南·甘棠》《小雅·伐木》等；攻《诗序》之例，仅论《周南·卷耳》一则，《景印文渊阁四库全书》第 183 册，第 9 页下～第 11 页上。

风变雅作矣。”然则诸《国风》，其言正义善、事合于道者，皆正《风》也。其有刺讥怨诽者，乃变《风》也。亦犹二《雅》，文、武、成、康为正《雅》，言幽、厉为变《雅》矣。今说者皆断《周南》《召南》为正风，自《邶》以下为变风，遂令《淇奥》《缁衣》与《南山》《北门》同列，非夫子之意，子夏之指。①

在此，《诗序》为子夏作，且见出孔子原意，地位自然无可撼动。欧阳修大量质疑小序，在当日近乎空谷足音。

然而稍后，对小序的怀疑便日益萌生。本节与下节，扣住三项论题加以探索：第一，小序作者是谁？第二，缘何否定小序？第三，弃置小序后，怎样构造新解读？三者又常缠绕在一起，难以剖分。

首先值得注目的，是王安石（1021～1086）、苏辙（1039～1112）、程颐（1033～1107）三家。王安石不从毛诗、郑笺，人所习知②，对小序却亦步亦趋。③ 他也怀疑子夏未著《诗序》，不过策略是更向上追溯，“推到孔子、子夏之前”④。王氏写道：“然传以为子夏，臣窃疑之。《诗》上及于文王、高宗、成汤，……方其作时，无义以示后世，则虽孔子亦不可得而知，况于子夏乎？”于是另辟蹊径，称“《诗序》是国

① （宋）刘敞：《七经小传》卷上，《景印文渊阁四库全书》第183册，第9页上。

② 参看（宋）朱熹《吕氏家塾读诗记后序》，载朱杰人等主编《朱子全书》第24册，上海古籍出版社、安徽教育出版社，2002，第3655页；（宋）严粲《诗缉》卷首林希逸序，《景印文渊阁四库全书》第75册，第8页下。《诗经新义》非尽出王安石之手，由王雱等人合撰，但经王安石统稿，反映了他的思想，这里不复区分。

③ 王安石顺小序而为说之处，俯拾皆是，譬如《诗经新义》（程元敏辑本）卷四论《清人》《有女同车》《子衿》，卷五论《东方未明》《十亩之间》，卷七论《月出》，卷一一论《鸿雁》，卷一二论《何人斯》，卷一七论《公刘》，卷一八论《崧高》等，载王水照主编《王安石全集》第二册，复旦大学出版社，2016，第429、433、437、443、448、471、536、574、659、679页。南宋李樗指其释《卫风·竹竿》“巧笑之瑳”两句，“欲以此说强合于序”；释《王风·兔爰》“有兔爰爰”及“罗”“罦”“罿”等字，“迂回曲折，求合于序”，更见其尊崇之切。（宋）佚名《毛诗李黄集解》卷八、卷九引，《景印文渊阁四库全书》第71册，第173页上、第188页下。又参看李祥俊《王安石学术思想研究》，北京师范大学出版社，2000，第52～53页；方笑一《北宋新学与文学——以王安石为中心》，上海古籍出版社，2008，第61～66页。

④ 李祥俊：《王安石学术思想研究》，第53页。

史撰作”[①]。孔子、子夏晚于《诗》，《诗序》倘出自他们手笔，能否照见原义，令人不能无疑。不若据大序“国史明乎得失之迹”一语[②]，系在对诗作同时负辑录之责的史官名下。这样，反而进一步巩固了《诗序》的信用。

苏辙不取子夏序《诗》说，他的贡献在于，首次提出史传书证。《后汉书》卷七九下《儒林列传下》载：“后汉有九江谢曼卿，善《毛诗》，又为之训。”“（卫）宏从曼卿受学，因作《毛诗序》。”《隋书》卷三二《经籍志一》载：“先儒相承，谓之《毛诗》。序，子夏所创，毛公及敬仲（卫宏）又加润益。”[③] 苏氏《诗集传》引两书，以证小序“皆毛氏之学而卫宏之所集录也”[④]。欧阳修已看见卫宏作《序》说，但只道：“《诗》之序，不著其名氏，安得而知之乎？”[⑤] 以不可知的态度了之。苏辙则引以为据，直指系卫宏所撰。不过他承认，小序保留了若干“古说”，故弃其余而独取其首句。[⑥]

小序仅取首句的做法，通常认为，发端于唐代成伯玙。[⑦] 他的理据有二：一是《诗》中六首有题无诗，小序皆仅一句，别无他说，乃因正文佚失，后人“无由得措其辞也”；类推其他小序，首句而外，当也为后人续补。二是《周颂·丝衣》小序：“绎宾尸也。高子曰：‘灵星之尸也。’”高子为战国时人，在子夏之后，“子夏无为取引一句之

---

① （宋）王安石：《诗经新义》（程元敏辑本）卷一，王水照主编《王安石全集》第二册，第350页。

② （汉）毛亨传，（汉）郑玄笺，（唐）孔颖达疏，（唐）陆德明音释《毛诗注疏》卷一之一，第18页。

③ （汉）范晔：《后汉书》，中华书局，1965，第2575页；（唐）魏征等：《隋书》，中华书局，1973，第918页。

④ （宋）苏辙：《诗集传》卷一论《周南·关雎》，曾枣庄、舒大刚主编《三苏全书》第二册，语文出版社，2001，第266页。

⑤ （宋）欧阳修：《诗本义》卷一四《序问》，《景印文渊阁四库全书》第70册，第293页下。

⑥ 在具体诗篇解读中，苏辙有时说小序首句为孔子作，有时说子夏作，参看郝桂敏《宋代〈诗经〉文献研究》，中国社会科学出版社，2006，第81页。

⑦ 洪湛侯：《诗经学史》，中华书局，2002，第229页。

下”[①]。后一说孔颖达疏已揭出：“子夏作序，则唯此一句而已。后世有高子者，别论他事，……有人著之。”[②] 相比孔疏，成氏是将关于局部篇目小序的结论，推扩到了全书。苏辙与之说同而理异，主要细察单篇小序内部罅隙，“从《小序》首句和余句在语言、内容及逻辑思维方面的不同，找到了划分依据”[③]。正面探求《诗》义，则大致自正文、道理、史证三方面立论。[④] 苏氏解释正文，力去迂回之说。其《诗集传》卷一二论《小雅·裳裳者华》：“《毛诗》之叙曰：‘古之仕者世禄，小人在位则谗谄并进，弃贤者之类，绝功臣之世。’原其所以为是说者，不过以诗之‘乘其四骆’为守其先人之禄位，‘是以似之’为嗣其先祖，其说盖劳苦而不明如此。”“劳苦”即迂曲之谓。他改释“乘其四骆”为乘坐大骆，“言亦不失盛也”；改释“是以似之”为内充实而外发于容貌，“睟然其似之矣”，直截了当。[⑤] 之所以能如此，是因为在苏辙意中，《诗》乃“天下之人，匹夫匹妇，羁臣贱隶，悲忧愉佚之所为作也”，未必语皆合道，“夫圣人之于《诗》，以为其终要入于仁义，而不责其一言之无当”[⑥]。这为《诗》的局部解读放宽了尺度。

程颐在此问题上的观点，像是王安石与苏辙的综合。《河南程氏遗书》卷一八《伊川先生语四》录其说。刘安节问：“《诗·小序》何人作?”答：“《（大）序》中分明言‘国史明乎得失之迹’。盖国史得诗于采诗之官，故知其得失之迹。……使当时无小序，虽圣人亦辨不

---

① （唐）成伯玙：《毛诗指说·解说第二》，《景印文渊阁四库全书》第70册，第174页下。

② （汉）毛亨传，（汉）郑玄笺，（唐）孔颖达疏，（唐）陆德明音释《毛诗注疏》卷十九之四，第2011页。

③ 李冬梅：《苏辙〈诗集传〉新探》，四川大学出版社，2006，第60页。例子可参看苏辙《诗集传》卷二论《邶风·旄丘》，载曾枣庄、舒大刚主编《三苏全书》第二册，第293页。

④ 据正文如《诗集传》卷一一论《雨无正》，据道理如卷五论《东方未明》《十亩之间》，据史证如卷一八论《烈文》，曾枣庄、舒大刚主编《三苏全书》第二册，第431、338、346、542页。参看〔日〕种村和史《苏辙对〈小序〉的看法》，《宋代〈诗经〉学的继承与演变》，李栋译，第224~259页。

⑤ （宋）苏辙：《诗集传》，曾枣庄、舒大刚主编《三苏全书》第二册，第460~461页。

⑥ （宋）苏辙：《诗论》，《苏辙集》，中华书局，1990，第1273页。

得。”依此则小序为国史所写，与诗作同时，早于孔子，这和王安石同一声口。小序之可信，似乎无可置疑，孰料不尽然。又问：“圣人删《诗》时，曾删改小序否?”答：“有害义理处，也须删改。今之《诗序》却煞错乱，有后人附之者。”① 国史述其事，孔子审其理，经过两道程序，小序当绝无违牾，可是程颐又用“有后人附之者”，削弱了其效用。着一“煞”字，言下之意，错乱还不少。后来他进而认定：“史氏得《诗》，必载其事，然后其义可知，今小序之首是也。其下则说《诗》者之辞也。”② 对小序大幅裁汰，惟取首句，其余均表怀疑，又投向了苏辙一方。

程氏与王安石、苏辙皆不相能，而说《诗》立场不自主地，由王氏向苏氏推移，足窥《诗》学发展至此，已断非汉唐注疏所能笼罩；小序与正文的不协调，也愈来愈展露尽致。

后来朱熹说苏辙：“他虽不取（小序）下面言语，留了上一句，便是病根。”③ 待到下一代，晁说之（1059 ~ 1129）便弥补了这个缺憾。其《诗之序论二》引韩愈语：“子夏不序《诗》之道有三焉：不智，一也；暴中冓之私，《春秋》所不明不道，二也；诸侯犹世，不敢以云，三也。”④ 此说今不载于韩《集》，而首见于晁氏称引，关注点在小序未合儒家之教。晁说之此文从之，主要从儒教角度，全面否定子夏作小序说。这是道理层面的论据。除这点外，证小序之非的理由，尚有多条，《诗之序论一》说岐下石鼓刻有逸《诗》，前无小序，可知“作诗者不必有序”；《诗之序论三》征引上述《后汉书》与《隋书》两则记载，以后者所言为近是。⑤ 这是传承层面的论据。后一篇又说小序“多骈蔓

① （宋）程颢、（宋）程颐：《二程集》，中华书局，2004，第 229 页。程颐发表此类观点处甚多，参看《河南程氏遗书》卷二上、卷六、卷一九《伊川先生语五》、卷二四《伊川先生语十》，同书第 40、92、256、312 页。前两条未标主名，当亦出程颐之口。

② 《河南程氏经说》卷三《伊川经说三 · 诗解》，载（宋）程颢、（宋）程颐《二程集》，第 1047 页。

③ （宋）黎靖德辑《朱子语类》卷八〇，朱杰人等主编《朱子全书》第 17 册，第 2745 页。

④ 曾枣庄、刘琳主编《全宋文》卷二八一〇，上海辞书出版社、安徽教育出版社，2006，第 130 册，第 176 页。

⑤ 曾枣庄、刘琳主编《全宋文》卷二八一〇，第 130 册，第 174、178 ~ 179 页。

不纯之语，亦似非出于一手故也”①。这是来自小序内部的疑点。《诗之序论四》又举孟子、荀子、《左传》以讫贾谊、刘向，无一言及于《诗序》，以明“《序》之作晚矣”②。这是其他文献方面的论据。攻小序之多方，态度之彻底，驾苏辙、程颐而上之，前无伦比。以往学界对于北宋新《诗》学的历史地位，估计不足。譬如说：“继欧阳修而起的反《序》先锋应是郑樵”③，似乎北宋人多只反毛诗、郑笺，上及《诗序》者为数甚少。实则当时疑小序者，非但不乏其人，且论证角度已大体齐备。就此观之，关于北宋新《诗》学的重要性，理应给予更高评价。

三　从观点到原理：南宋斥小序风气的发展

南宋自郑樵（1104～1162）以降，驳小序者层出不穷，人所周知。就作者问题言，论据拓展无多，论证略有翻新。郑樵思力刻深，不仅指摘旧说，而且努力寻绎旧说产生背后的根源。他问道：“设若有子夏所传之《序》，因何齐、鲁间先出，学者却不传，返出于赵也？《序》既晚出于赵，于何处而传此学？”④ 三家《诗》早于《毛诗》，而未冠有小序，惟后者有之，可知小序晚出，非子夏之学。依旧从传承层面立论，与晁说之取径相近，只是具体论证各别。但是他并未止步，更进而指出子夏序《诗》说，乃附会孔子与子夏谈《诗》，赞叹“起予者商（卜商，子夏名）也”一事而起。⑤ 揭示此说来龙去脉，其无足恃自不待言。王质（1127～1189）解《诗》“常能从文学角度入手”⑥，疑《诗序》则从辞气方面，提供了另一理由：“左氏之文，不及周以上裕

① 曾枣庄、刘琳主编《全宋文》卷二八一〇，第130册，第178页。

② 曾枣庄、刘琳主编《全宋文》卷二八一〇，第130册，第179页。

③ 洪湛侯：《诗经学史》，第330页。

④ （宋）郑樵：《诗辨妄》（顾颉刚辑本），朴社，1933年，第3页。

⑤ （宋）郑樵：《诗辨妄》（顾颉刚辑本）附录一（周孚《非诗辨妄》），第18页。参看程树德《论语集释》卷五《八佾上》，中华书局，1990，第159页。

⑥ 洪湛侯：《诗经学史》，第397页。

而纯，过于秦以下肆而驳，气象皆古而有纯驳也”，《诗序》较之文风更卑，“殆西汉以下，东汉以前，其驳又甚也”①，由是定为西汉人手笔。杨简（1141 ~ 1226）糅合《后汉书》与《隋书》，取前者之卫宏所撰说，取后者之子夏相传说，得出“卫宏作《毛诗序》，盖本于毛公，毛公本于古，毛自谓其学自子夏”，“子夏初未尝有章句，徒传其说”②，则子夏仅口述，数传至卫宏，始落为文字。他强调卫宏之前，小序一直停留在口述状态，是为卫宏增饰说张本。口传稳定性不够，卫宏记录时添入己义，几乎事有必至。杨氏论《召南·殷其雷》：“盖因夫卫宏不知庸常无邪之即道，故穿凿其义”；论《王风·君子阳阳》：“本诗初无闵周之意，乃卫宏自起意”，皆直以小序为卫宏之意。③ 不过，既然承认子夏述《诗》，则小序多少包含其意见在内，要全面消除小序的权威，仍有所待。于是，杨简索性连子夏其人一并攻之：“孔子曰：‘女为君子儒，无为小人儒’，盖谓子夏。又曾子数子夏曰：……夫子夏之胸中若是，其学可以弗问而知。”④ 其说在当时，可谓骇人听闻，弃小序之决绝，不难体会。

由于正面语及小序来历的史料，唯有苏辙所揭两条。各家讨论，难以越其藩篱。另行设法证明，不免多陷于疑似之间。杨简鄙子夏之意为不足道，因孔子论《诗》，明有“起予者商也”之称美，很容易被反驳。王质以风格为判准，更是凌空蹈虚。而苏辙那两条史料，承认小序源出子夏，给后移小序时代造成不少障碍。杨简《慈湖诗传》“放言自恣，无所畏避”⑤，最终犹不得不部分认同子夏的著作权；朱熹（1130 ~ 1200）斥《诗序》极力，这方面却无甚新建树，最终也承认：

① （宋）王质：《诗总闻》卷九论《小雅·皇皇者华》，《景印文渊阁四库全书》第 72 册，第 567 页下 ~ 第 568 页上。

② （宋）杨简：《慈湖诗传》（四库馆臣辑本）卷一一论《小雅·四牡》、卷首《自序》，《景印文渊阁四库全书》第 73 册，第 144 页下、第 4 页上。

③ （宋）杨简：《慈湖诗传》（四库馆臣辑本）卷二、卷六，《景印文渊阁四库全书》第 73 册，第 26 页下、第 69 页下。

④ （宋）杨简：《慈湖诗传》（四库馆臣辑本）卷首《自序》，《景印文渊阁四库全书》第 73 册，第 3 页下、第 4 页上；参看卷一一论《小雅·四牡》，同书，第 144 页下。

⑤ （清）纪昀等：《钦定四库全书总目》卷一五“《慈湖诗传》”条，第 194 页。

“然犹以其所从来也远，其间容或真有传授证验而不可废者”①，足见此事之难。借作者问题排斥小序，既然有其局限，对小序内容抵瑕蹈隙，便成了更迫切的要求。

就小序内容言，郑樵多方抉发其谬。民国学者张正（西堂）归纳其疑《序》理由凡十条，除了第五条“强立分别”专责大序区分正风、变风等说之外，余九条，都针对小序而发。② 细审之，约可归为四大类：（一）在小序内部发见裂隙，如自相矛盾、叠见重复；（二）对勘正文发见不合，如妄生美刺、曲解诗意、望文生义；（三）衡以道理发见不妥，如不合情理；（四）参酌《诗》外书证发见失误，如杂取传记、附会书史、误用《传》说。苏辙执序、文、理、史四者，辨别小序当否，已然轻车熟路。在这一层面，郑氏并未有所补益，其特别处是深入一层，抽绎小序背后的构成原理。③ 他论《陈风》起首三篇：“《宛丘》《东门之枌》，刺幽公，《衡门》谓刺僖公。幽、僖之迹无所据见，作《序》者但本谥法而言之。”④ 小序力求指实每篇所美刺者为谁，若史传无载，即依国君谥号美恶，而各系诗于下。这是很大一部分小序之由来。此论穷探力索，透入纸背，确能解释一些现象。譬如他点出：“诸风皆有指言当代之某君者，惟《魏》《桧》二风，无一篇指言某君者，以此二国，《史记》世家、年表、书传不见有所说，故二风无指言也。”⑤ 何以《魏风》《桧风》小序独异于其他，不言美刺具体指向？据郑樵所谈小序原理，一切便迎刃而解：此即因史籍未载二国君主谥号，无从比附之故。

---

① （宋）朱熹：《诗序辨说》，《续修四库全书》编纂委员会编《续修四库全书》第56册，上海古籍出版社，2002，第261页上。

② （宋）郑樵：《诗辨妄》（顾颉刚辑本），卷首“张西堂序”第9～11页。

③ 郝桂敏：《宋代〈诗经〉文献研究》已见及“郑樵指出了《小序》作伪的方法”，第89页。

④ （宋）郑樵《诗辨妄》（顾颉刚辑本），第7页。朱熹转述郑氏意见，大致相同：（宋）黎靖德辑《朱子语类》卷八〇，载朱杰人等主编《朱子全书》第17册，第2751页。

⑤ （宋）郑樵：《诗辨妄》（顾颉刚辑本），第3页。

朱熹驳小序，自言袭自郑樵。[①] 后者发掘的小序构造原理，为他全盘接受。此外，执道理、正文及其他书证以攻之，均是他常用的方法。[②] 他又细读小序，察觉“小序非出一手，是后人旋旋添续”，“但今考其首句，则已有不得诗人之本意而肆为妄说者矣”[③]，揭发小序内部之乖牾，着眼点和苏辙、晁说之一致，态度之坚决则更近后者。凡此足见其方法之全面。朱氏博涉多通，有时又动用各类知识，譬如古诗措辞习惯或礼学等，纠正小序之失[④]，但这显然只能触机而行，不成其为通则。

杨简时或借助史传订正小序[⑤]，但其重心所在，则是依傍正文反驳之。《慈湖诗传》卷首《总论一》批评小序“求诸诗而无说，故委曲迁就，意度穿凿，殊可叹笑”[⑥]，接着详列例证，足以表明其立场。他的特点，在于倡导直就诗篇字面作解，相形之下，小序每嫌迂曲。究其缘由，乃因他拜陆九渊为师，后者教以“日用平常”即道，杨氏对此，亟思“少致辅翼之力”[⑦]。聚焦日用平常，则诗作表面所写情事，纵使琐屑无涉于国事，也已有人义在，殊不必为拔高作意而侈言美刺。他论《召南·鹊巢》：“人知夫妇之即天地，则一而不二，正而不邪，化生而无为。为序者不明乎道，故不足于此诗，而于诗外起说曰：‘夫人之德也’，‘德如鸤鸠’，又及于‘国君积行累功’，如此为《周南》《召

① （宋）黎靖德辑《朱子语类》卷八〇，载朱杰人等主编《朱子全书》第17册，第2747页。

② 郝永《朱熹〈诗经〉解释学研究》总结朱熹所说小序致误原因，分五点——不明文质、不通于理、强就美刺、附会书史和依托名谥、随文生义，即包括道理、正文、书证与小序深层构成原理各方面（上海古籍出版社，2014，第124～159页）。

③ （宋）黎靖德辑《朱子语类》卷八一，载朱杰人等主编《朱子全书》第17册，第2793页；（宋）朱熹《诗序辨说》，载《续修四库全书》第56册，第261页上。

④ 据古诗措辞习惯纠之，譬如《诗序辨说》论《小雅·頍弁》，《续修四库全书》第56册，第280页下；据礼学纠之，譬如《诗集传》卷二〇论《商颂·长发》，载朱杰人等主编《朱子全书》第1册，第756～757页。

⑤ 譬如（宋）杨简《慈湖诗传》（四库馆臣辑本）卷五论《卫风·淇奥》引《史记》《国语·楚语上》，《景印文渊阁四库全书》第73册，第58页下～第59页上。

⑥ 《景印文渊阁四库全书》第73册，第4页上。

⑦ 杨简：《象山先生集序》，载曾枣庄、刘琳主编《全宋文》卷六二二〇，第275册，第104页。

南》，而欲不正墙面，不可得也。”① 以为寻常夫妇间即道之所存，一扫小序求之国君、夫人的曲说。直率明快，一时无两。②

就诗篇正面阐释言，王质摒斥小序后，往往撷取只字片语，牵合其他文献，寻觅蛛丝马迹。《诗总闻》卷首《原例》标示读解原则：“凡事，实是古事，安可容易推寻？但先平心精意，熟玩本文，深绎本意，然后即其文意之罅，探其事实之迹，虽无可考而亦可旁见隔推，有相霑带，自然显见。”③ 因为确认《诗》道古事，所以别取史料相证；因为诗篇未必直言，所以只得取一二疑似之点相凑泊。譬如卷一论《周南·兔罝》：“西北地平旷，多用鹰犬取兔；东南山深阻，多用罝。东南自商至周，常为中国之患，当文王之时，江汉虽定，然淮夷未甚尽服。当是此地有睹物兴感者，寻诗可见。”④ 前提是信《周南》为周文王时作品，而后由诗中“兔罝”一物，定其地在东南，复联系史籍所载文王时淮夷之患以释此作。又如卷二论《邶风·静女》。诗里“自牧归荑”之“牧”，毛传以为“田官也”，郑笺、孔疏以为“牧田”，大同小异。⑤ 王氏则说：“牧，见《左氏》隐五年郑侵卫。杜氏：‘卫邑’，当是此地。夫自牧而归，女隅城而候，当是官役稍苛，牧夫迟归。”⑥ 他在《左传》中偶见卫国有一地名“牧”，即以此句当之，将全诗解为行役初返之作。类此皆由一极小细节出发，辗转以求通。《四库提要》谓其“冥思研索，务造幽深”⑦，可为定评。

---

① （宋）杨简：《慈湖诗传》（四库馆臣辑本）卷二，《景印文渊阁四库全书》第 73 册，第 20 页上。参看卷一论《周南·葛覃》、卷二论《召南·行露》等处，《景印文渊阁四库全书》第 73 册，第 10 页上 ~ 下、第 24 页上。

② 比较（宋）朱熹《诗集传》卷一对同首诗的解读：“南国诸侯被文王之化，能正心修身以齐其家；其女子亦被后妃之化，而有专静纯一之德，故嫁于诸侯。”（朱杰人等主编《朱子全书》第 1 册，第 412 页）朱氏显然尚未尽脱小序影响。

③ （宋）王质：《诗总闻》，《景印文渊阁四库全书》第 72 册，第 436 页上。

④ （宋）王质：《诗总闻》，《景印文渊阁四库全书》第 72 册，第 443 页下。

⑤ （汉）毛亨传，（汉）郑玄笺，（唐）孔颖达疏，（唐）陆德明音释《毛诗注疏》卷二之三，第 239 页。

⑥ （宋）王质：《诗总闻》，《景印文渊阁四库全书》第 72 册，第 470 页下。

⑦ （清）纪昀等：《钦定四库全书总目》卷一五“《诗总闻》”条，中华书局，1997，第 192 页。

和王质相比，朱熹、杨简要平实许多。朱氏解《诗》与驳小序一致，综合使用各种方法。他针对“思无邪”的观念，提出“彼虽以有邪之思作之，而我以无邪之思读之”，此即“劝善惩恶”之道。[①] 把“无邪”的责任交给读者，而不苛求本文，诗作本义因而变得更其自由。这点论者已知之。[②] 另须一提的是，《诗集传》不尽代表朱熹《诗》学定论。如《朱子语类》卷八〇有一条：“《诗小序》全不可信，如何定知是美刺那人？诗人亦有意思偶然而作者。……且如《葛覃》一篇，只是见葛而思归宁，序得却如此！”认为《葛覃》只是出嫁后思亲之诗，人之常情而已。《诗集传》则仍承认：“小序以为‘后妃之本’，庶几近之。”[③] 可见《诗集传》成书后，他还在思考中，且继续朝着平实的方向发展。杨简服膺“日用即道”，平实更是题中应有之义，上文言其驳小序之法已涉及，此不再述。

南宋各家斥去小序后，解《诗》向幽深与平实两极分化，后者尤为常态。较之北宋，除了深入小序背后，究其构成原理一点，有所发展，其余建树无多。以小序存废问题观之，北宋新《诗》学的重要性，似乎犹胜南宋一筹。

四　小序存废之间：宋代新《诗》学的张力及其学术史内涵

欧阳修虽对小序颇多质疑，却未断然舍去。论者甚至称：“他的《诗本义》之所以成就不大，正是因为他说诗‘常以序为证’的缘故。”[④] 然而其后斥小序各家，拒之再坚，依旧多有采撷。正如郑振铎所说，在现代之前，“即攻击《诗序》极力的人也不敢毅然的说他完全

① （宋）朱熹：《读吕氏诗记桑中篇》，朱杰人等主编《朱子全书》第 23 册，第 3371 页。

② 参看莫砺锋《朱熹文学研究》，南京大学出版社，2000，第 232 ~ 234 页。

③ 朱杰人等主编《朱子全书》第 17 册，第 2745 页；（宋）朱熹：《诗集传》卷一，朱杰人等主编《朱子全书》第 1 册，第 405 页。

④ 洪湛侯：《诗经学史》，第 306 页。

无据”[①]。要知宋人驳倒子夏序《诗》说，《诗序》的权威早无外在保障，何以仍不能尽去？这便须谈到解《诗》的内在困难了。

如前所述，诸家攻讦小序、诠释诗义，基本从小序本身、道理、其他史料、诗作正文四方面入手。小序内部裂痕，经苏辙、程颐、晁说之、郑樵、朱熹迭次揭发，其不足依凭，已是彰明较著。可仅依赖这点，尚不足彻底否认它，因矛盾两端，舍一仍不妨取一。倘以道理判之，则各家所执之理本非一致，纷纭难定，不言自明。因而史料与诗作正文，便成了最受关注的两点。

以史料论，欧阳修常以《诗》《书》《孟子》《左传》《国语》《史记》为据。《孟子》为其判准，《左传》《史记》则征引最是频繁。他认为《孟子》时代较早，善说《诗》，与小序多同。但这几条均有窒碍。若以年代先后为由，则对晚于小序的《史记》，又不能不时时取证。这一立场，难以贯彻始终。若谓《孟子》善于说经，朱熹后又指出，其书有时断章取义，未可信从。[②] 若言其与小序相合，也不尽然。晁说之便举过一例：“孟子曰：‘《凯风》，亲之过小者也。’而序《诗》者曰：‘卫之淫风流行，虽有七子之母，犹不能安其室。’是七子之母者，于其先君无妻道，于七子无母道，过孰大焉？孟子之言妄欤？孟子之言不妄，则序《诗》者非也。”[③] 小序释《邶风·凯风》，说七子之母不安于室，如此则罪愆极重；《孟子》却称过失轻微，两种诠解绝不兼容。以后者证前者，恐怕难于推行。而取《左传》与《史记》考量小序，也殊非易事。《左传》有两个问题：一是书中人物诵《诗》，多为浇自己块垒，发挥较远。欧阳修明言：“《春秋》《国语》所载诸侯大

---

① 郑振铎：《读〈毛诗序〉》，载顾颉刚编著《古史辨》第三册，上海古籍出版社，1982年影印本，第401页。

② （宋）朱熹：《诗序辨说》论《大雅·既醉》，《续修四库全书》第56册，第282页下。参看顾颉刚《〈诗经〉在春秋战国间的地位》第五节《孟子说〈诗〉》，载顾颉刚编著《古史辨》第三册，第358～367页。

③ （宋）晁说之：《诗之序论四》，载曾枣庄、刘琳主编《全宋文》卷二八一〇，第130册，第179页。

夫赋《诗》，多不用《诗》本义，……故皆不可引以为《诗》之证。"① 此事向为常识，王质便说："大率先儒杂记引《诗》，多随意随事，不皆叶其本"；朱熹也看到了这点。② 这些诵《诗》之义，无法作为证据。二是若以《左传》中史事对勘小序，则前者所记囿于春秋时期，未上及西周，内容范围也有限，作用因之大打折扣。《史记》内容倒颇丰赡，可惜时代较后，更重要的是，欧阳修对此书评价不高，讥其"谶纬符命怪妄之说"，"讹缪之世次"，"博学好奇……初无所择"；苏辙与之所见略同。③ 史料价值如此，据以发论，说服力自然不够。要之，旁征文献说《诗》，总有未尽之处。

以诗作正文论，欧阳修相当注重这方面。朱熹更说："须先去了小序，只将本文熟读玩味，仍不可先看诸家注解。看得久之，自然认得此诗是说个甚事。"④ 现实情形却不这样简单。《诗》与他书有别，每每比兴成文。但据字面直解，或无所得，不能不参酌小序。譬如《周南·麟之趾》：

> 麟之趾，振振公子，于嗟麟兮。
> 麟之定，振振公姓，于嗟麟兮。
> 麟之角，振振公族，于嗟麟兮。

除了确知吟咏对象为诸侯宗族外，其义何居？全看怎样理解比兴寓意。小序说："虽衰世之公子，皆信厚如麟趾之时也"⑤，以为美颂公子

---

① （宋）欧阳修：《诗本义》卷二论《邶风·匏有苦叶》，《景印文渊阁四库全书》第70册，第195页下。

② （宋）王质：《诗总闻》卷四论《郑风·缁衣》，《景印文渊阁四库全书》第72册，第496页下；（宋）朱熹：《诗序辨说》论《郑风·褰裳》，《续修四库全书》第56册，第271页上。

③ （宋）欧阳修：《诗本义》卷一〇论《大雅》之《文王》《生民》，《景印文渊阁四库全书》第70册，第251页上、第259页上；（宋）欧阳修：《帝王世次图序》，《欧阳修诗文集校笺》，洪本健校笺，第1111页；（宋）苏辙：《颍滨遗老传上》，《苏辙集》，第1017页。

④ （宋）黎靖德辑《朱子语类》卷八〇，载朱杰人等主编《朱子全书》第17册，第2759页。

⑤ （汉）毛亨传，（汉）郑玄笺，（唐）孔颖达疏，（唐）陆德明音释《毛诗注疏》，第78页。

之仁厚。《诗本义》卷一声言："但直考其文，自可见其义"，而释之说，宗族"皆有信厚之行，以辅卫其公室，如麟有足有额有角，以辅卫其身尔。其义止于此也。"① 这里宗族辅卫公室之意，是欧阳修添加的，可还是就小序"信厚"之说引申而来。若去除小序，通篇便无从索解，岂是"直考其文"所能解决？欧氏实已见及于此："且诗人取物比兴，本以意有难明，假物见意尔"②，有时就字面作解不得。即使抛开比兴不谈，《风》诗直涉人事处，也多是抒情或行动、情节、场景的单一截面，缺乏完整叙述。③ 用现代学者的话说，总会遇到一些时刻，"无法依靠作品本身的语文之舟航向作品本义的彼岸"④，非小序无以明其本事。

宋代诸多《诗》学家感觉到这一点。保留小序首句者，大都出于这层考量。程颐言"史氏得《诗》，必载其事，然后其义可知"⑤，故无法将小序芟夷净尽。南宋初，程大昌（1123～1195）也单取小序首句，而称："毛氏之传，固未能悉胜三家，要之有古序以该括章旨，故训诂所及，会一诗以归一贯，且不至于漫然无统。"⑥ 小序负发明章旨之责，与其失之，不如存之。尊小序派更屡以为言。范处义说："苟不据序之所存，亦何自而见其兴衰之由而知其美刺之当否哉？"吕祖谦（1137～1181）说：倘无小序，"安得许多文字证据？"黄震学宗朱熹，却反对废小序，而说："夫《诗》非序，莫知其所自作，去之千载之

① 《景印文渊阁四库全书》第 70 册，第 188 页下。

② （宋）欧阳修：《诗本义》卷三论《鄘风·墙有茨》，参看同卷论《邶风·静女》，《景印文渊阁四库全书》第 70 册，第 200 页上、第 198 页上。

③ 钱志熙：《从歌谣的体制看"〈风〉诗"的艺术特点——兼论对〈毛诗〉序传解诗系统的正确认识》，《北京大学学报》（哲学社会科学版）2005 年第 2 期。

④ 车行健：《诗本义析论——以欧阳修与龚橙诗义论述为中心》，里仁书局，2002，第 57 页。

⑤ 《河南程氏经说》卷三《伊川经说三·诗解》，载（宋）程颢、（宋）程颐《二程集》，第 1047 页。

⑥ （宋）程大昌：《诗论十三》，载《四库全书存目丛书》编纂委员会编《四库全书存目丛书·经部》第 60 册，齐鲁书社，1997，第 508 页上；程氏之小序首句论，见《诗论十》，同书，第 504 页上～下。

下，欲一旦尽去自昔相传之说，别求其说于茫冥之中，诚亦难事。”①各家均注目于是。宋元之交，马端临（1254～1323）更详细开陈：

> 至于读《国风》诸篇，而后知《诗》之不可无序，而序之有功于《诗》也。盖《风》之为体，比兴之辞多于叙述，风谕之意浮于指斥，盖有反覆咏叹，联章累句，而无一言叙作之之意者。而序者乃一言以蔽之，曰：为某事也。②

他以《国风》为代表，正因《诗》多比兴而不直斥，所以必须有小序为之阐发，始得稍窥作意。切当与否，是另一回事。而小序之不可去，观此已不难了然。

由是可见，单在文字（诗作正文与《诗》外文献）层面盘桓，对于《诗》义的探索，终究存在窒碍，不免有求助小序之时。这是宋代新《诗》学止步处，扩大来看，也是传统《诗》学始终无法突破的界限。直至20世纪新文化运动过后，局面方逐渐改变。1924年，梁启超发表《清代学者整理旧学之总成绩》第一部分，还说：“清儒的《诗》学，训诂名物方面，我认为成绩很优良；诗旨方面，却不能满意，因为受《毛序》束缚太过了。但研究诗旨，却不能有何种特别的进步的方法，大约索性不去研究倒好。”③ 清代学者治《诗》，在小学训诂方面超过前人，而《诗》义诠解反较宋儒退步。这更鲜明表现出，单就字面着眼不足以解《诗》。面对此种困境，梁氏无计可施，只得以不解解之。一年后，胡适撰《谈谈〈诗经〉》，展望现代《诗经》研究，分训诂与诗义两方面观之。谈到前一点，也承认：“清朝的学者最注意训

---

① （宋）范处义：《诗补传》卷首《明序篇》，《景印文渊阁四库全书》第72册，第22页下；（宋）黄震：《黄氏日抄》卷四《读毛诗》，《景印文渊阁四库全书》第707册，第27页上～下；（宋）黎靖德辑《朱子语类》卷八〇引吕祖谦语，载朱杰人等主编《朱子全书》第17册，第2749页。

② （元）马端临：《文献通考》卷一七八《经籍考五·诗序》，中华书局，1986，第1539页。

③ 梁启超：《中国近三百年学术史》（新校本）第十三讲，商务印书馆，2011，第226页。这一讲1924年初刊于《东方杂志》21卷12号。

诂，如戴震、胡承珙、陈奂、马瑞辰等等，凡他们关于《诗经》的训诂著作，我们都应该看的。”尽管清人犹有疏略，至少推进了一大步，必须充分吸收。可惜这些训诂成就，在诗义阐发上作用甚微，与前代相去未几。故谈到后一点，胡适便绝口不提清儒，而倡言：“你要懂得三百篇中每一首的题旨，必须撇开一切《毛传》《郑笺》《朱注》等等，自己去细细涵咏原文。但你必须多备一些参考比较的材料：你必须多研究民俗学、社会学、文学、史学。”① 他对清代《诗》学的看法，与梁启超如出一辙，解决方案却迥不相侔。梁氏尚未想到新的研究工具，所以态度消极。胡氏主张拨落传注，直面原文，仍近宋人立场，但进而要求执民俗学、社会学等现代学科工具求之，方法已然发生本质变化。在新工具的助力下，态度一变而为积极。梁启超、胡适这时期紧相衔接的两段论述，恰标示出《诗》学从传统走向现代的一个转捩点。质言之，传统《诗》学仅就文句索解，边幅较窄，效力较弱，因此依赖小序，几乎是必然的。直至民国时期，现代《诗》学兴起，借助各门现代学科展开探索，解读遂能另开一路。此后说《诗》尽弃小序，始真正成为可能。欧阳修《诗本义》“文辞舒缓，而其说直到底，不可移易”②，思维相当彻底。因而在客观上，首度将宋代新《诗》学——也是整个传统《诗》学——的内在张力，清晰展现出来。这是其主要学术史意义之一。

① 顾颉刚编著《古史辨》第三册，第 580、587 页。此文 1925 年初刊于《艺林旬刊》20 期。

② （宋）黎靖德辑《朱子语类》卷八〇，载朱杰人等主编《朱子全书》第 17 册，第 2764 页。

忽必烈藩府儒士对元代多族士人儒学认同的影响[*]

◇任红敏[**]

摘　要： 忽必烈藩府汉族儒士以及蒙古、色目、女真、契丹等民族的侍从文人，形成了尊孔崇儒和学习儒学的共识。他们对儒学的推崇和发展不仅使得这些来自不同部族和地域、信奉着不同宗教、有着不同文化背景的人士凝聚在一起，彼此结纳、往还密切，而且忽必烈藩府君臣崇儒兴学的策略和行为，使得多族文人在共同的中华文化基础上交游聚会，从而促使并引领了有元一代多族士人对中华文化的认同以及对传统儒学的接受。

关键词： 忽必烈藩府　儒士群体　多族士人　儒学认同

元世祖忽必烈没有继承王位之时，主管漠南汉地，开府金莲川，广泛接纳人才，吸收了大量汉族儒士谋臣进入幕府，形成了有名的金莲川藩府文人群体。这个群体是中国历史上前所未见的多族儒士文人群体。其中，金莲川藩府中姚枢、窦默、许衡、郝经、杨惟中、王鹗、刘秉忠、张文谦、徐世隆、张德辉等汉族儒臣，元初在北方影响很大。幕府侍从中，还有一批深受儒学影响，有着很高汉文化造诣的非汉族侍卫谋臣，包括蒙古侍从文人阔阔、脱脱、秃忽鲁、乃燕、霸突鲁等，以及作为畏兀儿人的文人侍从孟速思、廉希宪，女真人赵良弼等人。① 忽必烈

---

* ［基金项目］国家社科基金重大项目“中国古代都城文化与古代文学及相关文献研究”，项目编号：18ZDA237；国家社科基金重大项目“元代各民族文学交融背景下元诗的发展与流变”，项目编号：18ZDA340。

** 任红敏，文学博士，河北大学文学院教授，主要研究方向为辽金元文学。

① 任红敏：《金莲川藩府文人群体之文学研究》，博士学位论文，南开大学，2010，第3～9页。

受藩府儒臣的影响，也崇尚儒家学说，并有意培养蒙古精英子弟学习中华文化、修习儒学，曾让汉族儒臣王鹗、赵璧、张德辉、李德辉、姚枢、窦默、王恂等教授太子或蒙古贵族子弟。于是，在藩府之中，首先涌现了一批蒙古儒者，如阔阔、秃忽鲁、乃燕、脱脱等人。忽必烈幕府从上至下，无论是汉族儒士还是蒙古、色目、女真、契丹等民族的侍从文人，都形成了尊孔崇儒和学习儒学的共识，这对元代儒学主导地位的确立以及程朱理学成为元代的“官学”做出了很大贡献，并引领了有元一代多族士人对中华文化的认同以及对传统儒学的接受。

一

忽必烈深知儒家学术对治理国家纲常以及施行王道的作用，扶助儒学、实行儒术对他进一步统治中原有百利而无一害，因而，他尊崇儒学并一向重视蒙古子弟的儒家文化教育，在金莲川藩府时期就诏令诸王子及近臣子弟跟从汉族儒士学习儒家经典，太子真金先后就学于汉儒姚枢、窦默等人。他还在大都、上都及诸路府州县普遍设置文庙；正式建立国子学，选送贵族子弟入学，攻读儒家经典。进入中原后，蒙古族统治者在汉族文化的熏陶下逐渐改变了原来“逐水草而居”的游牧民族习性，文化素质不断提高，也逐渐懂得了汉族文化的优越性。

中统二年（1261），元世祖忽必烈以北方大儒藩府文臣许衡为国子监祭酒，至元八年（1271），忽必烈下诏立蒙古国子学，“世祖至元八年春正月，始下诏立京师蒙古国子学，教习诸生，于随朝蒙古、汉人百官及怯薛歹官员，选子弟俊秀者入学，然未有员数。……是岁八月，始置回回国子学”①。许衡出任国子监祭酒期间教授了一批蒙古、色目与汉族子弟，其中不乏俊杰之士，有王梓、刘季伟、韩思永、吕端善、姚燧、高凝、白栋、苏郁、姚敦、孙安、刘安中等汉族子弟，还有耶律楚材之孙，契丹族的耶律有尚，以及燕真、坚童、秃忽鲁、也先铁木儿、

① （明）宋濂：《元史》卷八一，中华书局，1976，第2027页。

不忽木、巎巎等蒙古、色目学生。许衡以经世致用的儒家经典作为教学的主要内容，使儒家学说获得了极大的传播空间。国子学的教育，使不少蒙古、色目人接受了中华文化，非汉族士人群体逐渐出现。在整个元代，少数民族士人都认同并学习儒学，这与许衡以程朱之学作为国子学的教学内容教授蒙古、色目子弟有很大关系。

至元二十四年（1287），又命“设国子监，立国学监官”①。学习的依然是传统儒家经典，“（国子生）凡读书必先《孝经》、《小学》、《论语》、《孟子》、《大学》、《中庸》，次及《诗》、《书》、《礼记》、《周礼》、《春秋》、《易》”②。此外，中央以外，各斡耳朵，诸王爱马及以蒙古、色目军队为主的卫军亦有儒学教授，这使得中下层蒙古、色目子弟也可以学习中华文化。成宗大德八年（1304）起，实行国子贡试之法，国子生考试及格者即可任六品官，更激发了少数民族子弟偃武修文、研习儒学的热忱。再者，不同民族子弟在国子监学习时频繁互动，如虞集任国子监助教时，曾在至大三年（1310）召集蒙古、色目、汉人生徒饮酒赋诗，“国子监后圃梨花盛开，先生率僚吏席林台之上，尊有醴、盘有蔬，肴胾杂陈，劝酬交错。饮且半，命能琴者作古操一阕，禽鸟翔舞，云风低回。先生于是歌木兰之引，以寓斯文之至乐，而泳圣泽之无穷也。明日，僚友酌酒而赓之。又明日，诸生之长酌酒而赓之，气和辞畅，洋洋乎盛哉！”③ 国子监的教育，积极促进了各族士子学习中华文化，“乐江湖而忘乡国者众矣”④，不同族群之间文化交流频繁，多族士人在共同的文化基础上交游往来自由。在元朝建国后短短几十年的时间里，中国的儒学教育和儒家文明出现了空前繁荣的局面。据元代司农司统计诸路学府之数，至元二十三年（1286），有20166所，至元二十五年（1288），设学校24400所，至元二十八年（1291），设学校

① （明）宋濂：《元史》卷一四，第296页。

② （明）宋濂：《元史》卷八一，第2029页。

③ （元）虞集：《国子监后圃赏梨花乐府序》，载《道园学古录》卷六，商务印书馆，1937，第111页。

④ （元）苏天爵：《元文类》卷九，《四部丛刊》影印元至正杭州西湖书院刊本。

21300余所，而且各地以研究与传播程朱理学闻名的南宋书院，如白鹭洲书院、岳麓书院、淮海书院、月泉书院、慈湖书院、道州书院、濂溪书院等纷纷重建和修复，一大批新的书院也修建起来。元代官学和私学的发展，推动了儒学的推广和传播。

元代的科举制度时行时废。忽必烈多次下诏定制开科取士，但迟迟未能实施。元代科举至仁宗延祐元年（1314）才正式恢复，程钜夫所拟《行科举诏》中"举人宜以德行为首，试艺则以经术为先，词章次之。浮华过实，朕所不取"[①]的方针，以朱学作为其唯一考试内容，元仁宗认为："设科取士，庶几得真儒之用，而治道可兴也。"[②]这完全是受忽必烈藩府君臣对儒学态度的影响，"昔在世祖皇帝时，先正许文正公得朱子《四书》之说于江汉先生赵氏，深潜玩味，而得其旨，以之致君泽民，以之私淑诸人。而朱氏诸书，定为国是，学者尊信，无敢疑贰"[③]。规定科举考试的程式是：明经、经疑二问，在《大学》《论语》《孟子》《中庸》内出题，并用朱氏《章句集注》。虽然蒙古、色目，甚至汉人、南人贵族可以凭借"大根脚"的身份享受封荫特权，"元代用人取才最重世家，即当时所谓'根脚'"[④]，但对于广大的中下层蒙古、色目子弟来说，科举依旧是步入仕途的"敲门砖"，即便是名门望族，也因子孙繁衍，需要在荫袭之外，另辟他径，以求入仕。元代恢复科举制度，有助于保障蒙古、色目人仕进特权的两榜制，激励蒙古、色目士子充实学养以开拓自身的政治前途，客观上起到了兴复儒学的作用，也带动了蒙古、色目子弟发奋攻读汉学，"自科举之兴，诸部子弟，类多感励奋发，以读书稽古为事"[⑤]，尤其促进了对传统儒学的学习。元人陆文圭曾描绘了各民族文人学习的盛况："五方之人，言语不通，嗜欲不同，性善则一。先皇帝武定内难，文致太平，举中原百

① （明）宋濂：《元史》卷八一，第2029页。
② （明）宋濂：《元史》卷二四。
③ （元）虞集：《跋济宁李璋所刻九经四书》，《道园类稿》卷三四，元人文集珍本丛刊本。
④ 萧启庆：《内北国而外中国：蒙元史研究》，中华书局，2007，第145页。
⑤ （清）顾嗣立编《元诗选》初集《泰不华小传》，中华书局，1987，第1729页。

年之旷典。天下之士，雷动响应，殊方异俗，释棚掉甲，理冠带，习俎豆，来游来歌，莫不洗涤，思奉明诏，立脐膴仕。”[①] 据统计，元代科举先后共十六科，录取进士总数为1139人。[②] 其中，蒙古、色目人各占1/4，共600人上下。而参加乡试的蒙古、色目士子应当数十倍于此，“天子有意乎礼乐之事，则人皆慕义向化矣。延祐初，诏举进士三百人，会试春官五十人。或朔方、于阗、大食、康居诸土之士，咸囊书橐笔，联裳造庭而待问于有司，于时可谓盛矣。”[③] 元代科举考试同样刺激了各族士子学习中华文化尤其是儒家典籍的热情。由于参加科举的各族士子文人以学习中华文化为主，各民族之间语言、文化的隔阂减少。

另外，科举考试官员常常是“有德望文学常选官内选差”[④]，担任考官的官员以汉族居多，不过色目人马祖常、赵世延、余阙，以及蒙古人阿鲁威、燕赤、斡玉伦徒，女真人孛术鲁翀等德学兼修且中华文化水平较高的非汉族官员也当过考官。他们欣赏中华文化，与同僚及各族士子交流，对多族士人群体的形成起到很大作用。

由此可见，忽必烈君臣对儒学的态度以及对蒙古、色目子弟施以儒学为主的教育方法，不仅影响了元代科举考试的内容，而且促进了各族士子对儒家典籍的学习，因此，在元朝建立后短短几十年的时间里，中国的儒学教育和儒家文明出现了空前繁荣的局面，建立在共同的儒家文化认同观念上的多民族士人群体在元代出现了。

二

在忽必烈藩府之中聚集了各族儒士文人，他们彼此经常接触，跨越

① （元）陆文圭：《送家铉翁序》，《墙东类稿》卷六，《四库全书》本。

② 数字统计参见姚大力《元朝科举制度的行废及其社会背景》，《元史及北方民族史研究集刊》1982年第6期。

③ （元）马祖常：《送李公敏之官序》，《石田先生文集》，李叔毅点校，中州古籍出版社，1991，第182页。

④ （明）宋濂：《元史》卷八一，第2020页。

了种族的藩篱。藩府之中蒙古族或西域色目文士，常与其他汉族藩府文士接触，与汉族文士相交甚善，对元代多族士人交往聚会产生了很大影响，引领了元代多族士人交游雅集之风气。

廉希宪是忽必烈金莲川藩府重要谋臣，是一个深受儒学影响的色目文人、官僚、学者，被忽必烈称为“廉孟子”，据元明善《平章廉希宪赠谥制》：“非诗书不陈于上前，非仁义不行于天下。”① 廉希宪不仅尊重汉族儒士，而且竭尽全力保护中原文化，尊重儒学，为保护儒生出力良多，为延续中国传统文化做出了重要的贡献。廉希宪出自元代西域民族中非常有名的、深受中华文化影响和笃学儒术的北庭廉氏家族，廉氏家族为元代名门望族，自布鲁海牙开始，因仰慕中华文化而以官为姓，廉氏家训有：“宾客填门惟慕德，诗书满架不知贫。”② 以儒家诗书文化要求家族子弟。廉氏家族乐居中土，其子弟为官各地，与汉族儒士文人为师为友，交往频繁。廉希宪曾师从名儒王鹗和张德辉，儒学素养很高，嗜好读书，常常以读书为乐，手不释卷，在陕西樊川别墅内设有读书堂，藏书两万余卷。据元刘岳申在《读书岩记》中描述：“太师恒阳文正王尝镇闽陕，买田筑室少陵原之阳，藏书二万卷，日与司徒许文正公、紫阳杨先生讲学。太师出镇荆鄂，再入朝，决大议、定大计，未尝忘此书。惇（希宪子）幼从伯兄平章、仲兄中丞读书其中。”③ 廉希宪儒学涵养深厚，较早融进了中原士人文化的主流，和当时很多汉族儒士名流交游，他在京兆和大都的两处宅邸，樊川别墅（又名廉泉）和廉园（万柳堂）均是当时各族士子文人诗酒聚会之所，经常与“诸儒讲求事君立身大义，评品古今人物是非得失”④。在陕西任职之时，廉泉是当时名流文士诗酒往来之地，《咸宁志》载：“至元改元，平章廉公

① （元）元明善：《平章廉希宪赠谥制》，《清河集》卷二，《续修四库全书》第 1322 册，上海古籍出版社，2002。

② （元）王逢：《梧溪集》，载《北京图书馆古籍珍本丛刊》（卷五），元至正明洪武间刻景泰七年陈敏政重修本影印，第 525 页。

③ （元）刘岳申：《申斋集》卷六，《四部丛刊》影元刊本。

④ （元）元明善：《平章政事廉文正王神道碑》，任继愈主编《中华传世文选：辽文存、金文雅、元文类》，吉林人民出版社，1998，第 973 页。

行省陕右，爱秦中山水，遂以樊川、杜曲林泉佳处，葺治厅馆亭树，导泉灌园，移植汉、沔、东洛奇花异卉，畦分棋布、松桧梅竹，罗列成行。暇日同姚雪斋（枢）、许鲁斋（衡）、杨紫阳（奂）、商左山（挺）、前进士、邳大用、来明之、郭周卿、张君美，樽酒论文，弹琴煮茗，雅歌投壶，燕乐于此。”① 到大都后，廉氏延续了以私家园林廉园与万柳堂为大都文人社会名流聚会之所在的雅好，对此，袁桷有“廉右丞园号为京城第一，名花几万本”为题一诗：“闭户春深诗祟侵，卷帘新燕掠清阴。亭亭梅月能消酒，肃肃松风独和琴。新笋未容穿石径，落花时许补云林。主人妙手随机转，万本姚黄磨紫金。”② 廉园有万柳堂、清露堂、后乐堂，园内花木极盛，袁桷誉称：“名花几万本，号为京师第一。”陶宗仪《南村辍耕录》记载了其中一次非常有名的文人雅集：

> 京师城外万柳堂，亦一宴游处也。野云廉公一日于中置酒，招疏斋卢公、松雪赵公同饮。时歌儿刘氏名解语花者，左手折荷花，右手执杯，歌《小圣乐》……既而行酒，赵公喜，即席赋诗曰：“万柳堂前数亩池，平铺云锦盖涟漪。主人自有沧州趣，游女仍歌白雪词。手把荷花来劝酒，步随芳草去寻诗。谁知只尺京城外，便有无穷万里思。”此诗集中无。《小圣乐》乃小石调曲，元遗山先生好问所制，而名姬多歌之，俗以为“骤雨打新荷”者是也。（《万柳堂》）③

廉希宪在万柳堂张筵设席，邀请当时文坛名流卢挚和赵孟頫两学士，歌姬刘氏歌《骤雨打新荷》曲佐酒，赵孟頫即席赋诗，宾主尽欢。廉希宪的文士名流风范，一时传为佳话，对儒家思想的一致认同以及共同的中华文化基础促使这位西域儒臣和汉族文人名流自由无拘地交往和

① （元）骆天骧：《类编长安志》，黄永年点校，三秦出版社，2006，第267页。
② （元）袁桷：《清容居士集》卷一〇，《四部丛刊》影元刊本。
③ （元）陶宗仪：《万柳堂》，《南村辍耕录》卷九，上海古籍出版社，2012，第102页。

互动。

忽必烈藩府儒臣所引领的这种多民族文人雅集的风气一直延至元末。诗词唱和、书画交流的文酒雅集，成为元代文人的一种重要活动方式和生活内容。上行下效，这种风气越来越盛，成为元代文学史上一道非常靓丽的奇特景观，也促进了蒙古、色目、契丹、女真等北方少数民族文人与汉族士人雅集聚会、酬唱交往，以及多族士人的文学创作。

元前期在大都文坛有商挺、王磐、阎复、王博文、赵孟頫以及女真人夹谷之奇参加的雪堂雅集。这类小型的多族文人雅集较多，活动也很频繁。至正九年（1349），福建廉访司僚友僧家奴、奥鲁赤、赫德尔等人同游道山亭，并一起燕集联句。至正十一年（1351），葛逻禄诗人迺贤与危素等七人出游大都南城。至正二十一年（1361），畏兀儿世家子弟廉惠山海牙，蒙古人翰林院经历答禄与权，户部尚书南人贡师泰，汉人李国凤斯人同游，贡师泰《春日玄沙寺小集序》一文记载了这次“玄沙寺小集”相聚时的欢乐融洽。在元大都影响较大的多族士人雅集有“清香诗会”“廉园雅集”“天庆寺雅集”。在大都畏兀儿廉氏家族廉园的“万柳堂”，畏兀儿人贯云石，康里人不忽木，汉族名士赵孟頫、卢挚、王恽、张养浩、姚燧、袁桷、许有壬、贡奎等人被廉氏家族主人所邀请，常于此赋诗、品茶、弹琴、对弈、赏曲。[①] 大德元年（1297），帝师八思巴的高足，唐兀僧人沙啰巴，在大都与王恽、傅立、雷膺、阎复等文化名流宾主两忘谈文论道。至治三年（1323），雅好收藏书画的鲁国大长公主祥哥剌吉，在元大都城南的天庆寺“集中书议事执政官，翰林、集贤、成均之在位者，悉会于南城之天庆寺。命秘书监丞李某为之主，其王府之寮寀悉以佐执事。笾豆静嘉，尊斝洁清，酒不强饮，簪佩杂错，水陆毕凑，各执礼尽欢以承饮赐，而莫敢自恣。酒阑，出图画若干卷，命随其所能，俾识于后。礼成，复命能文词者，叙其岁月，以昭示来世。窃尝闻之，五经之传，左图是先；女史之训，有

① 陶宗仪：《万柳堂》，载《南村辍耕录》卷九，上海古籍出版社，2012，第102页。许有壬的《木兰花慢》词序，记载了至大元年（1308）许有壬与卢挚、畏兀儿人贯云石同游廉园、分韵赋诗的乐事。

取于绘画。将以正其视听，绝其念虑，诚不以五采之可接而为之也。先王以房中之歌，达于上下，而草木虫鱼之纤，悉因物以喻意。观文以鉴古，审时知变，其谨于朝夕者，尽矣。至于宫室有图，则知夫礼之不僭；沟恤田野，则知夫民生之日劳。朝觐赞享，冕服悬乐，详其仪而慎别之者，亦将以寓其儆戒之道。是则鲁国之所以袭藏而躬玩之者，诚有得夫五经之深意夫！岂若嗜奇侈闻之士，为耳目计哉？河水之精，上为天汉。昭回万物，矞云兴而英露集也。吾知缣缃之积，宝气旁达，候占者必于乎得。泰定年正月，具官袁桷记"①。女真人孛术鲁翀、色目人赵世延、玄教大宗师吴全节等人均参与了这次雅集。另外，江南地区的文人雅集，最主要的是元末东南最著名的玉山草堂雅集，除杨维桢、李孝光、柯九思、黄溍、张雨、倪瓒、高明等汉族名士之外，蒙古人聂镛、泰不华，西夏人昂吉、畏兀人唐古德（马九霄）、女真人石抹宜孙、兀颜思忠等均是草堂雅集的主要参与者。大德二年（1298），书法家鲜于枢在自己江南的寓邸，曾邀请畏兀儿人廉希贡及周密、赵孟頫、邓文原等汉族士大夫文人共同赏品晋王羲之《思想帖》和北宋郭忠恕《雪霁江行图》，后来为庆祝"霜鹤堂"落成，鲜于枢又邀请回回画家高克恭和诗人、画家萨都剌等十二人聚会。此外，还有金坛良常草堂的诗酒雅集。良常草堂，原为张德常金坛（今江苏金坛市）旧居。倪瓒、吴克恭、朱泽民、韩友直、张翥等江南名士曾多次聚会于此，蒙古人聂镛也与这些汉族文士交往密切。倪瓒绘有《良常草堂图》，其《倪云林诗集》卷四《寄张府判》序云："德常明公旧有良常草堂，在金坛华阳之天。良常亦华阳洞名，揭曼硕、张仲举诸学士尝赋诗纪胜。"② 苏大年跋云："良常草堂诗一卷，金坛张君德常家山图也。君之尊翁鹤溪先生以高年硕德浮沉里社，一家父子兄弟自相师友，文风蔼然，人望雅归

① （元）袁桷：《鲁国大长公主图画记》，载《清容居士集》卷四五，《四部丛刊》影元刊本。

② （元）萨都剌：《雁门集》，上海古籍出版社，1982，第240页。

重之。……意当时绘图赋诗，摹写其幽野闲适之趣。”①

元中期以来，政权相对稳固，各民族散居中土，已经形成了大杂居、小聚居的社会格局。随着社会环境的改变，不少世代“逐水草迁徙，无城郭常居耕田之业”② 的蒙古、色目人“息马投戈，以文易武”③。有些蒙古、色目家族徙居中土后，以诗礼传家，代有才人，非汉族风雅之士辈出，多族士人间交往更加频繁，诗酒唱和，观书问学，共论政事，雅集、游宴等各种活动屡见记载。

多族士人之间关系融洽，或观景宴游，或临景赋诗，或品题诗画，或浅酌低歌，或弹琴赏曲，或对弈品茶，或谈文论道，了无隔阂。通过交往，他们不仅建立了深厚的情感，而且逐渐消除了文化隔膜。

元世祖中统二年（1261）设翰林院，至元元年（1264）又设翰林国史院。翰林国史院是元代主管国家文化事业的部门：“兼起居注、知会同馆、领秘书监，而国子学以待制兼司业，兴文署以待制兼令、编修官兼丞，俱来隶焉。”④ 元代自设立翰林学士院开始，大批汉、色目、蒙古、女真等各族儒士文人充任顾问，对当时政治影响很大。翰林国史院虽属于清要机构，影响也有限，但这里集中了很多元代诗文大家、学术精英，如赵孟頫、程钜夫、留梦炎、郑滁孙、郑陶孙、阎复、姚燧、张养浩、王恽、卢挚、元明善、虞集、欧阳玄、黄溍、揭傒斯、吴澄、袁桷、邓文原、范梈、柳贯、陈旅、贡师泰、张起岩、李好文、王沂、宋褧、张翥、马祖常、余阙、高克恭、危素等，称得上是文人雅士聚集之地。翰林国史院文士来自不同民族，汉、蒙古、色目等族都有，据日本学者山本隆义统计：翰林国史院中汉人、南人约占52%，蒙古、色目人约占31%，族属不明者约占16%。⑤ 不同民族的同僚之间相互涵化

① （明）朱存理集录，韩进、朱春峰校证《铁网珊瑚校证》（中），广陵书社，2012，第341页。

② （汉）班固：《汉书·匈奴传》卷九四，中华书局，1964，第3743页。

③ （元）黄溍：《金华先生文集》卷三五，《四部丛刊》初编本。

④ （元）黄溍：《翰林国史院题名记》，载《金华黄先生文集》卷八，《四部丛刊》初编本。

⑤ 〔日〕山本隆义：《元代に於ける翰林學士院について》，《东方学》第11辑，1955，第19~28页。

影响，蒙古人伯颜求学于宋进士黄坦，西域人王元鼎学经于大儒吴澄，畏兀儿学士贯云石从姚燧习古文。蒙古、色目等翰苑文臣和汉族文臣并无二致，都风流儒雅，在公余之暇常常谈古论今，填词唱曲，切磋学问与诗艺，唱酬题咏与品题赏鉴风气较为流行，如翰林院色目文臣刘沙剌班敦厚儒雅，虞集称其“盖公之所赋，所以激清风于古道，发大雅于儒林”①。刘沙剌班与馆阁文臣宋褧、陈旅、张雨、王沂、陈基、郑元祐、唐兀氏余阙等②多有诗文往来。元初标志着南北诗文风气交汇的雪堂雅集参与者多为翰林国史院文臣，这也使得蒙古、色目文人日趋风雅，“他们的艺术化的生活方式甚至也吸引和改变了很多元代其他民族的上层人物，在元代，各种异质文化的交流，反而促使了元代士大夫生活方式的定型”③。

元文宗倾慕汉文化，是汉化较深的君主，于天历二年（1329），在元大都设奎章阁学士院。奎章阁是为帝王万机之暇读书游艺而设，是国家昌明文治之所需，为皇帝讲述经史以及元朝的“祖宗明训”，文宗“几无 ·日而不御于斯”。奎章阁内不仅收藏了各种古器物和图籍书画，而且汇聚了元中叶以来的文人精英，“非尝任省、台、翰林及名进士不得居是官”④，很多文士都有在翰林国史院任职的经历，虞集、欧阳玄、揭傒斯、黄溍、马祖常等文坛大家汇聚于此，“元之文宗可称右文，然其时奎章阁诸臣如虞伯生、欧阳原功、揭曼硕、黄晋卿辈，乃一时能文

① （元）虞集：《次韵刘伯温送王止善员外三首并序》，《虞集全集》，王颋点校，天津古籍出版社，2007，第 75 页。

② 见宋褧《燕石集》卷九《刘伯温御史旧所藏所题二绝句即景和寄》，《北京图书馆古籍珍本丛刊》，书目文献出版社 1991 年影印本；陈旅《安雅堂集》卷五《江浙省郎中沙剌班伯温之官序》，《四库全书》本；王沂《伊滨集》卷一四《送刘伯温序》，《四库全书》本；张雨《寄刘伯温大监》，见顾瑛《草堂雅集》卷五，杨镰、祁学明、张颐青整理，中华书局，2008；陈基《寄沙剌班伯温秘卿》，见顾瑛《草堂雅集》卷一，杨镰、祁学明、张颐青整理，中华书局，2008；陈基《夷白斋稿》外集《跋学斋侍御张掖刘公洛阳怀古诗》，《四部丛刊》本；郑元祐《侨吴集》卷七《跋聚星楼卷后》，《四库全书》本；余阙《青阳先生文集》卷一《送刘伯温之江西廉使》，《四部丛刊续编》影明本。

③ 杨亮：《文化传统的继承与发展——以元代翰林国史院文士的生活方式为中心》，《船山学刊》2010 年第 1 期。

④ （元）揭傒斯：《送张都事序》，载《全元文》第 28 册，凤凰出版社，2004，第 380 页。

之士，以检校图籍等事为上所宠礼”①。“奎章阁学士院下辖群玉司、艺文监、博士司、授经郎、艺林库、广成局等部门和机构，这些职能部门和机构笼络了大量优秀的文人供职其中……他们共事一处，常诗文往来，共襄文坛盛业”②。虽然奎章阁从成立到废罢再到更名宣文阁仅有12年时间，但有力地推动了元代的学术繁荣、文化传播和文学发展。深受儒家正统思想影响的奎章阁馆阁文人们“对诗文创作的热衷和对后进才学者的荐拔奖掖很容易刺激民间对于诗文创作的热情”③。阁内翰苑名臣中有不少非汉族文士，如北魏拓跋氏后裔元明善，女真人孛术鲁翀，蒙古人泰不华以及色目人马祖常、赡思、贯云石、盛熙明、赵世延、康里巎巎、刘沙剌班、雅琥、斡玉伦徒、甘立等。奎章阁多族文人一起参与修撰了《大元太常集礼稿》《经世大典》《大元通制》等。多族同僚间的活动、交游，对元代中后期多族士人文化互动频繁有很大的推动作用。

纵观元代文化史和文学史，忽必烈藩府文人所起的作用是其他文人群体所无法比拟的。这些来自不同部族和不同地域、信奉着不同宗教、有着不同文化背景的各族人士凝聚在一起，彼此结纳、往还密切。忽必烈藩府君臣的崇儒兴学，以及对元代科举政策的推动，还有他们互相学习的交游聚会，促使并引领了有元一代多族士人聚会雅集之风，促进了元代多族士人对中华文化和儒学的认同和学习。忽必烈藩府中聚集的是当时北中国的大批精英，其中不少人在忽必烈继位之后，成为他的心腹股肱之臣。元代大政规划的制定有赖于这一文人群体的谋划，元世祖时期的文化政策取向以及整个元代文化政策的基础也都是这一群人奠定的。他们对儒学的推崇必然会影响元代文化政策，“元王朝统治者从接受儒学到尊崇儒学，从根本上说是为了统治的需要”，“元王朝尊崇程朱理学，也就是尊崇儒学传统及其在社会生活各个方面的御众地位，实

① （元）秦惠田：《学礼》，《欧阳玄集》，魏崇武、刘建立校点，吉林文史出版社，2009，第402页。

② 邱江宁：《奎章阁文人与元代文坛》，《文学评论》2009年第1期。

③ 邱江宁：《奎章阁文人与元代文坛》。

质上又是维护封建秩序"[1]。为了消除汉族儒生心目中固有的"夷夏之防"以巩固统治，也为了安抚百姓以图至治，随着学校教育的发展，元代儒学上升为官方哲学。在此过程中，忽必烈藩府文人对儒学的推崇和发展功不可没。

① 邓绍基主编《元代文学史》，人民文学出版社，1991，第17～18页。

寺观内外：清代子弟书中的北京寺庙与文化记忆*

◇崔蕴华**

摘　要：清代八旗文人创作的子弟书中有不少寺庙书写，这类寺观不再仅仅是作品人物的陪衬场景，而拥有自身独特的文学价值与“记忆”功能。在子弟书中作为主题出现的清代北京寺观主要有护国寺、碧云寺和灵官庙。在子弟书的叙述中，曾经的信仰空间逐渐成为城市的公共空间，青烟消逝而市井情浓，泄露出与创作者相依相惜的情感互动。进而言之，它们汇集为京城民众日常游逛与节日庙会的重要符号。子弟书中的京城寺观乃是八旗子弟笔下有选择的民俗记忆、西山记忆与时事记忆。它们以真实空间建构了文人群体的都城记忆与艺术想象。

关键词：子弟书　北京寺庙　民俗记忆　八旗子弟

一　引言：文学中的空间与寺庙

时间与空间构成文学书写与批评的经纬之度。历来文学中的时间问题炫目幽深，学者多措意于此。空间则往往被视为静态场地，或是空洞之容器，了无生趣。一些学者甚或认为对空间之研究具有“反历史的

* ［基金项目］国家社科基金重大项目“中国历代民间说唱文艺研究资料整理与数据库建设”，项目编号：17ZDA246；中国政法大学“钱端升杰出学者支持计划”资助项目，项目编号：DSJCXZ180309。

** 崔蕴华，中国政法大学人文学院教授，主要研究方向为古代文学史、元明清文学。

气息”。[①] 近些年学界对相关问题重新反思，对空间、场所及相关问题陆续着墨，如古典小说中的西湖、寺庙与城市空间等，又如以传统扬州为中心从不同层面对“文学中的扬州”进行多元文化研究。[②] 尤其值得注意的是汉学家从空间、场域等视角分析中国传统社会，这些研究不再是对城市/乡镇的简单观照，而是涵盖了社会、信仰、出版、精英意识与民间观念的丰富呈现，施坚雅、姜士彬、罗友枝、韩书瑞、包筠雅等均有深入论述。施坚雅更是自信地认为，自己是从空间视觉研究中国的提出者。[③]

作为空间的寺院与中国文学因缘深厚，关系微妙。一方面，寺院内的清净世界与寺院外的滚滚红尘分茅设蕝，界律精严；另一方面，寺院的晨钟暮鼓滋养了诗人的灵韵幽思，寺院的相对独立与封闭为小说家开启了新的叙述主题与想象空间，在古代小说、戏曲中寺院俨然成为红尘之外的欲望空间，这在“三言”“二拍”等话本小说中尤为突出。笔者在清代八旗文人创作的文类——子弟书中亦见到不少的寺庙书写，其中很多乃是改编自前人小说如“三言”、《金瓶梅》、《红楼梦》等。这些改编篇章中的寺庙书写实则赓续了原小说中寺庙之叙述功能，此处不再赘述。笔者感兴趣的是另一类寺庙，即清代北京真实存在而子弟书不惜笔墨描摹的一类寺观庙宇。这类寺观不再仅仅是小说人物的陪衬场景，而拥有自身独特的文学价值与“记忆”功能。在子弟书中作为主题出现的清代北京寺观主要有三个：护国寺、碧云寺和灵官庙。在子弟书的叙述中，曾经的信仰空间逐渐成为城市的公共空间，青烟消逝而市井情

---

① 〔法〕福柯：《关于地理问题》，转引自〔美〕韦格纳《空间批评：批评的地理、空间、场所与文本性》，载〔法〕热奈特等著《文学理论精粹读本》，中国人民大学出版社，2006，第135页。

② 古代文学中的空间研究，国内如：葛永海《古代小说与城市文化研究》，复旦大学出版社，2004；刘勇强《西湖小说：城市个性和小说场景》，《文学遗产》2001年第5期。国外如：Roland Altenburger，Margaret B. Wan，Vibeke Børdahl，*Yangzhou，a Place in Literature：The Local in Chinese Cultural History*，University of Hawaii Press，2015。

③ 如〔美〕施坚雅主编《中华帝国晚期的城市》序言及第一编等论述，见〔美〕施坚雅主编《中华帝国晚期的城市》，叶光庭等译，中华书局，2000。另外参见〔德〕安如峦对此问题的分析：Roland Altenburger，Margaret B. Wan，Vibeke Børdahl，*Yangzhou，a Place in Literature：The Local in Chinese Cultural History*，2015。

浓，泄露出与创作者相依相惜的情感互动。进而言之，它们汇集为京城民众日常游逛与节日庙会的重要符号，“成为定居者和游客所想象北京的一部分，并且在界定北京过程中起着重要作用”[①]。闲逛与娱乐也偶会逸出道德底线，触犯律法，此时交往空间则滑落为犯罪空间。子弟书中的京城寺观乃是八旗子弟笔下有选择的民俗记忆、西山记忆与时事记忆。它们以真实空间建构了文人群体的都城记忆与艺术想象。下面试论之。

二　娱乐、市井与书坊：《逛护国寺》中的庙会与民俗记忆

寺庙往往因地制宜发展出合乎民生的娱乐与喧嚣，这便是庙会。以寺庙为中心挟裹着丰富的人群，庙会就在长期的民俗活动中逐渐固定，形成娱乐与贸易交织的文化空间。学者指出，“清代出现了一个不同的互相联系、遍布城市的月度庙市，其间远离宗教和面向经商的平衡被打破”。[②] 有明以降，北京城外的庙会发展迅速，典型者如西郊的西顶庙会[③]、东郊的东岳庙会等。西顶庙与东岳庙均与泰山信仰相关，传说为泰山东岳神之女的碧霞元君（泰山娘娘）颇受庶民崇拜。然而上述庙会活动多集中于北京城外，城内则鲜有热闹市集。究其原因主要来自清廷对首都的有意设计。明清鼎革之后京城格局渐变，内城为满族八旗居住，严禁酒馆、戏楼及相关娱乐场所的构筑。不过，时过境迁，18 世纪以来，在内城两个重要寺庙附近逐渐形成了热闹的庙会集市——护国

① 〔美〕韩书瑞：《北京：公共空间和城市生活（1400—1900）》，孔祥文译，中国人民大学出版社，2019，第 94 页。

② 〔美〕韩书瑞：《北京：公共空间和城市生活（1400—1900）》，孔祥文译，第 97 页。

③ 如马头调《阔大奶奶逛西顶》。此曲讲述一位阔妇人穿戴华丽参加北京西顶庙会的活动，极富京城风情与市井趣味。清代一些书坊书目中列有此曲，如《时道下曲马头调上单下单目录》收录此曲，并在旁批注“瞧玩艺，小曲，上单，三百”。“百本张”抄本《马头调合选》也选录该曲。（清）富察敦崇《燕京岁时记 · 西顶》云：“每至四月，自初一起，开庙半月，繁盛与万寿寺同。……每开庙时特派大臣拈香，与丫髻山同，他处无之。”（北京古籍出版社，2001，第 62 页）

寺（西庙）与隆福寺（东庙）。这两个内城的庙会遂成八旗子弟不出城门而自享其便的休闲场所。

护国寺金元时已有之，旧称有崇国寺等。有关其来历，文献记载略有差异。光绪《顺天府志》云："护国寺，旧称崇国寺，元僧定演建也。"①《宸垣识略》云："崇国寺在发祥坊，今西四牌楼大街东，德胜门大街西。元时有东西二崇国寺，此则西崇国寺也，为托克托丞相故宅。明宣德间赐名大隆善寺，成化间赐名大隆善护国寺。"② 明人记载则较为详细："大隆善护国寺，都人呼崇国寺者，寺初名也。都人好语讹语，名初名。寺始至元，皇庆修之，延祐修之，至正又修之。元故有南北二崇国寺，此其北也。我宣德己酉，赐名隆善。成化壬辰，加护国名。正德壬申，敕西番大庆法王领占班丹、大觉法王着肖藏卜等居此，寺则大作。中殿三、旁殿八，最后景命殿。殿旁塔二，曰佛舍利塔。"③ 可见在明代护国寺已经作为藏传佛教之圣地而名重一时。

不过，自18世纪尤其是19世纪以来，该寺的宗教功能渐趋式微，寺庙内外逐渐发展为百货云集、百艺荟萃的休闲娱乐场所。《燕京岁时记》云："西庙曰护国寺，在皇城西北定府大街正西。东庙曰隆福寺，在东四牌楼西马市正北。自正月起，每逢七、八日开西庙，九、十日开东庙。开庙之日，百货云集，凡珠玉、绫罗、衣服、饮食、古玩、字画、花鸟、虫鱼以及寻常日用之物，星卜、杂技之流，无所不有。乃都城内之一大市会也。(后注小字：隆福寺于光绪二十七年十月二十二日毁于火。)"④ 护国寺庙会除一般的商品交易外，还有不少独具特色的艺

① （清）周家楣、（清）缪荃荪纂《顺天府志》，清光绪刊本。

② （清）吴长元：《宸垣识略》，载《笔记小说大观》三十五编第五册，新兴书局，1983，第147页。

③ （明）刘侗、（明）于奕正：《帝京景物略》，上海古籍出版社，2001，第50~51页。

④ （清）富察敦崇：《燕京岁时记》"东西庙"条，第53~54页。《老北京旅行指南·护国寺》记载与其相似："今该庙每逢七、八两日，为庙会之期。庙会期本为旧历，自十八年十一月起，经官厅令改为国历。每逢开庙之日，商贩云集，游人颇盛。凡珠玉绫罗衣服饮食玩具花鸟鱼虫等，及星卜杂技之流，无所不有。乃西城一带之大市会也。"（马芷庠：《老北京旅行指南》，吉林出版集团有限责任公司，2007，第134页）

术演出。子弟书《逛护国寺》以作者行走路线为轴心，将该庙会的丰富活动一一呈现。下面笔者根据子弟书中的描写将相关地点活动罗列出，如表1所示。

表1　子弟书《逛护国寺》庙会活动路线一览

庙会具体地点	店铺名或庙会事项
庙西门	永和斋梅汤、玉器
弥勒殿	翎子张、古董木器
天王殿	玉器摊、吉顺斋饽饽、云林斋、德丰斋、冰玉斋(此三处卖京扇)、首饰棚
东碑亭	百本张抄本、泥人张、南纸摊(卖湖笔)、西洋水法车、旱三七、苦果、龙爪姜、天元堂眼药、莲花落、杠子
塔院	算命、测字、仁义堂、熟食摊、档子、相声、跑旱船、吞剑、耍耗子、看海豹、弦子、西湖景
塔院外	云林斋、玉器摊、书画摊、本立堂烟料、卖耗子药、治瘩子、卖膏药、卖烟袋、治牙疼
西碑亭	同乐堂戏本、手艺堂、破书摊、绸缎棚(德昌号)、盆盆(卖虾鱼龟等)、缸店
庙门外	估衣床、联盛号、九庆堂、永春花厂、聚文书坊

这是八旗文人笔下的庙会记忆。其中颇值得注意的是文中多次提及的书坊交易市场。在鹤侣氏的记忆中，书坊名称分别是东碑亭的“百本张”、西碑亭的“同乐堂”、庙门外的“聚文书坊”。书坊向来就是中国通俗文艺的传播集散之地，唐宋以降，城市经济逐渐发展，市民娱乐阅读需求不断增加，书坊业也不断扩大规模。明清时期，各地的书坊得到了迅速的发展。市井民众喜爱小说、评书、戏曲，而这些文艺向来是官方所不齿，甚至禁止通行的，因此，官方极少出版或传播这类文艺。于是民间书坊成了传播通俗文艺的“温床”。为迎合市井民众的趣味，获得利润，民间书坊大量刻刊或抄录了“不登大雅之堂”的通俗文艺。如明代《三国》《西游》《水浒》等早期都是坊刻本。书坊与通俗文艺就这样结下了不解之缘。清中叶以来，子弟书等说唱文类发展迅猛，于是，许多民间书坊看中这一机缘，大量抄录（刊印）唱本，客观上为子弟书艺术的传播提供了广大的空间。

上述所提三个书坊以抄刻售卖民众喜欢的戏本小册等为主业，成为清代北京地区珍贵的民间文化符号。民间书坊不载于经籍史册，却通过子弟文人的庙会记忆得以绽放容颜。上文所提“百本张”对于子弟书意义非凡，正是该书坊编辑抄写了大量的子弟书唱本。“百本张”，亦称“百本堂”，创于乾隆五十五年，即1790年。它几乎代表了一个时代的唱本形象，其所抄售唱本颇受市民欢迎，在热闹的集市中不失为亮点，一册册小小唱本被购买走，抄卖唱本的本家也把生意越做越大，可以说，借问唱本何处有，市人遥指“百本张”。

《逛护国寺》子弟书中细致地描摹了庙会中的唱本（包括子弟书）交易：“至东碑亭见百本张摆着书戏本，他翻扯了多时望着张大把话云。我定抄一部施公案，还抄一部绿牡丹亚赛石玉昆。张大不语扭着个脸，又见张二本旁边挥（掸）着泥人。……见同乐堂在西碑亭下摆着书戏本，近日他新添小画想发财。马六站起忙让坐，说斋请看这两回新书倒诙谐。这是鹤侣氏新编的两回《时道人逛护国寺》，他说拿来我看看坐下将书接过来。看了两篇摇头晃脑说成句而已，未必够板数来宝一样这是何苦来。……他批评了多时将书扔下扬长去，将马六气的眼发呆。”①

这段文字不仅可做珍贵文献补充史料之不足，更有一种创作者自嘲己作的“元写作”意识。《逛护国寺》的作者鹤侣氏不仅书写了庙会之热闹场景，还在闲逛中特意审视与评点一下自己的作品。他走到同乐堂书坊售卖处，看到自己最新创作的《时道人逛护国寺》，当书坊的马六向他推荐此新书时，鹤侣氏强调此书写得不好：“看了两篇摇头晃脑说成句而已。”这种写法在传统文学中颇为少见，别具匠心。庙市中显主体意趣，闲散中有隐约机锋。如此行文使得这篇作品流连于庙市器物间却含安静自观之意，八旗子弟的创作个性跃然而出。

庙会乃是寺庙公共空间的节日性呈现。在此商品交易、庶民娱乐与宗教场所混杂于一体，烧香拜佛的娱神宗教活动逐渐衍生出自娱与娱乐

---

① 北京市民族古籍整理出版规划小组辑校《清蒙古车王府藏子弟书》，国际文化出版公司，1994，第275～278页。以下《逛护国寺》文字均出自该文。

的狂欢活动。从娱神到娱人，昭示着寺庙活动功能的潜在变迁。在护国寺这样的大型都市庙会中，可以购买琳琅满目的货物，亦可观赏丰富多彩的民间艺术。对于子弟书的创作者——八旗子弟而言，闲逛之余还可看到自己的作品被抄售，观赏他者与重审自我在喧闹叫卖声中切换自如。

三　山林、历史与政治：子弟书中的西山记忆与皇家寺院

16 世纪末，文人顾璘在北京西山游览，山回路转间一座寺院惊现眼前，巍峨壮丽。这位出身于江南的诗人写下了如下诗句："山中楼台一何丽，路人告是碧云寺。"① 这是明代文人笔下的西山宝刹碧云寺，也开启了该寺进入中国文学的崭新篇章。碧云寺建于元代耶律楚材时期，倚山而建，这座寺院没有内城护国寺的庙会喧嚣，更无运河畔灵官庙的冶艳灵动，全然一派宁谧气象。这座安静的寺庙在 18 世纪随着乾隆三山五园的园林计划而更增庄严气象。碧云寺的皇家风范与历史气概成为子弟书《碧云寺》的渲染焦点："圣驾亲谒静宜园。……圣心感念佛身露现，宣旨重修内外全。见庙景相抵御园又咫尺，就将那碧云收交入香山。差派了内务府的兵丁名苑户，官员有郎中员外七八品乌呼拉达看守严。"② 此处多次提及的圣驾即乾隆。而满语"乌呼拉达"的出现则有意无意间泄露出创作者的八旗身份与文化认同。《碧云寺》开篇的诗句"禹治九州汤伐夏，周列分邦降圣贤""累朝帝王遵古训，碧云古刹设佛禅"云云，呈现出寺院建立背后的政治语境与玄黄义理。

乾隆下旨修复碧云寺，并亲自撰写《碧云寺碑文》云，愈加凸显该寺的皇家风范。如数百年来御制碑文保存良好，安静地坐落于碧云古刹中："西山佛寺累百，惟碧云以闳丽著称，而境亦殊胜。岩壑高下，

① （明）顾璘：《息园存稿诗歌》，《顾华玉集》，上元蒋氏慎修书屋，民国三年至五年（1914～1916）刊本。

② 张寿崇主编，北京市民族古籍整理出版规划小组辑校《子弟书珍本百种》，民族出版社，2000，第 511 页。以下《碧云寺》文字均引自该文。

台殿因依，竹树参差，泉流经络。学人潇洒安禅，殆无有踰于此也。自元耶律楚材之裔名阿利吉者，舍宅开山，净业始构。明正德中，税监于经为窀穸计，将以大作功德，而寺遂廓然焕然。至魏忠贤踵而行之，奢僭转甚。夫奉佛者不废庄严，要以清净为本。如梵夹所载人天供养穷极珍异，皆本清净为庄严也。否则汙法席而玷山灵，何福田利益之有？虽山体常新，如如不动，初无纤毫增损，而自人事观之，有足慨者。当明政不纲，椓人专恣，鬼神为之怨痛，犹欲佞佛以求庇于地下。而为其上者方且假以宠灵，锡之题额，若惟恐其香火之不延，宅兆之不固，厥后罪恶贯盈，刑诛踵接，而秽迹之标揭于林莽间者，迨易世乃克铲除，追惟末造，谁实尸之？斯足为车鉴也已。朕驻跸静宜园，时过此寺，乐观林壑之美，而念古刹之有待于护持也。爰命重加整葺，喜其涤瑕荡秽而复为净域，因笔之于石，用垂戒焉。"① 乾隆这段碑文首先介绍碧云寺的历史脉络，转而在佛法庄严的叙述中隐现良苦用心：前朝政纲不举、刑诛踵接而神鬼不佑，足为今日之车鉴。明此，则乾隆重修旧寺的政治意涵不言而喻。

一座经历元明清三朝的西山名寺造就了皇族赫赫行径，也成就了子弟书《碧云寺》宏阔的叙述空间。子弟书《碧云寺》共两回，第一回诗篇书写了寺院的渊源与历史，彰显古今之变；第二回诗篇则展开对碧云寺殿宇的楼阁书写，彰显法相空间之幻。与其他一些作品描写寺院用作反讽与陪衬不同，此文对寺院的内外景色大肆泼墨，真正彰显了神仙境界。整篇文辞没有大量游客的涌入与俗情，随处点染着超出尘世的庄严气象："山门外桥梁深玄如嵯峨陡涧，并群墙随着山势门露金环。……又搭着各种奇花异果生别样，古怪蹊跷树中长树树连着山。……海气儿冲霄月光映山景，叠翠重楼轻风晓日透碧泉。"此处笔墨令人想起海上仙山与深山神烟，在虚无缥缈间将京城近郊寺庙推至万里之遥，腾挪转移间仙境顿出。

仙境之中亦有善恶之意、正义之旨。子弟书凸显了碧云寺头层大殿

---

① （清）乾隆：《碧云寺碑文》，香山公园管理处编《清・乾隆皇帝咏香山静宜园御制诗》，中国工人出版社，2008，第 513 页。

中的惊恐塑像，尤其是七十二司的严酷之状，从掏心割舌到油锅刀山，惨状历历，不一而足："割舌头只为挑拨里外串，掏心肝扒肠子因心嫉妒狗来餐。……打公婆恨丈夫的婆娘先把油锅下，怨父母害弟兄的郎君上了刀山。"佛祖的庄严圣象与阴间的无情惩罚并列于同一空间，天堂地狱瞬间变换，视觉的强烈冲击带来了非凡的警醒效果。日本学者仁井田升指出，在10世纪的敦煌手稿中便有地狱"十王"指挥折磨有罪之人包括笞杖鞭打等司法行为。康豹细致研究佛院道观中的阴间塑像后认为，在宗教和人间司法中存在"司法的连续统一性"，它肇始于宗教和法律元素"正义观"之间的交互作用。[①] 学者将中国宗教场所的酷刑画面与西方同类形象进行对比后指出，在西方，躯体之折磨有神化意味，苦难成为贯穿西方文化史的一个重要主题，而"在中国，审美观和道德价值建立在完全不同的范式之上。遭受苦痛的躯体，除了罪恶、惩罚、羞耻或其他无关紧要的价值外，毫无意义"[②]。确实，19世纪一位西方人在看到碧云寺这些塑像后惊诧于惩罚之残忍。[③] 这种视觉冲击使西方文化语境下的人士颇难适应。在恐怖景象之后作者转而描写殿外的其他景致，洗心亭之清悠、养静阁之文雅、对经楼之碑刻林立，让阅读者瞬间转换情绪，心情豁然开朗渐趋平静。一篇描写寺院的铺陈文字并非平铺直叙，充满了心绪的跌宕起伏，一张一弛颇得文法三昧。

《碧云寺》擅于空间场域的腾挪调度，全文不仅仅是对一座佛教寺院的孤立描摹，在每回结尾处均将空间维度延宕放大，气象闳阔。第一回结尾处从碧云寺延宕至西山群像，万花山、天台山、翠微山、玉泉山层叠而出，香界寺、三山庵、龙王堂、秘魔岩铺排而来。群山众庙汇成了清代北京的丛林之密与泉壑之美。碧云寺非孤立之寺，在群山与群庙的陪衬下愈显雄伟。第二回结尾则更将视野升高，从碧云寺塔顶眺望京

① 转引自〔法〕巩涛《法律地狱：关于中国宗教正义观念和法律的比较》，孙家红译，载〔法〕吕敏、〔美〕陆康主编《香火新缘：明清至民国时期中国城市的寺庙与市民》，中信出版集团，2018，第72～73页。

② 〔法〕巩涛：《法律地狱：关于中国宗教正义观念和法律的比较》，孙家红译，载〔法〕吕敏、〔美〕陆康主编《香火新缘：明清至民国时期中国城市的寺庙与市民》，第71页。

③ 〔美〕哈巴：《参观北京两座著名的寺院》，《教务杂志》1881年第12期。

城全景，蓟门烟树、金台夕照、卢沟晓月皆隐约可见。这些胜景乃不同季节不同时序的胪列，与其说是实景再现，不如说是清代八旗文人的都城记忆与心中丘壑。元明以来，蓟门烟树、金台夕照等逐渐出现在文人笔记中，至有清一代已经成为稳定的文化符号与人文记忆。这些景物不再是地理方位，而是生于斯长于斯的文人的脉脉温情与家园回望。

四 时事、法律与规训：子弟书中的“灵官庙”与时事记忆

当鹤侣氏悠游于内城的庙会品评书籍、另一位无名氏在西郊感受寺院的林壑之美时，还有一些八旗子弟则有强烈的现实关怀，他们将笔墨对准时事中的庙宇——灵官庙。寺院是中国文学尤其是叙事性文学中经常出现的场所，在明清小说中，寺院既可以作为人物情节的陪衬性场景而出现，也可以作为“色空”的反面题材出现，当作为反面素材时则往往与偷情、杀人等不良甚或违法行为相伴而生。学者已经发现在“二拍”中寺院的公案性因素比“三言”更为突出。[①] 当公案因素或相关的犯罪行为与寺院关联时，会凸显出一种极强的审美张力。不过明清文学中寺院相关的公案多为虚构或据前人笔记改编，而罕见对时事热点案件的及时反馈与艺术处理。子弟书中的两篇则及时捕捉在真实寺庙中发生的“时代大案”，彰显出子弟书的时代因缘与艺术因应。

子弟书《灵官庙》与《续灵官庙》书写了浸淫于个体享受与群体狂乐而导致触犯律条的时代大案。灵官庙位于京城东郊，毗邻游览胜地二闸。运河之滨、士女云集的便捷位置竟使其成为藏污纳垢之所。道光十八年（1838），京城巡查御史在此查获一起吸毒案件，此案牵连出多位朝廷功勋、皇室宗亲，一时舆论哗然，朝野震惊，这便是“灵官庙事件”。灵官庙事件并非孤例，它所折射的乃是国朝积重难返的时代困

① 钟晓华：《从“三言”本事考看寺院场景的叙事功能与文化意蕴》，《明清小说研究》2012年第4期。

境。18 世纪中晚期，鸦片问题日益彰显，朝廷与官府多次下达上谕与文件，表明对该问题之关切，言辞之激烈溢于楮墨。之后几十年该问题偶有平抑但却积重难返，甚或愈禁愈烈。1838 年前后，京畿地区县官吸烟，上百名鸦片贩子被捕。[①] 烟毒问题往往裹挟出狎妓赌博等不良现象。而藏烟、吸烟的“犯罪场所”问题亦一并带出，一些寺院逐渐成为鸦片的聚散之地。灵官庙在清代文人的记忆中已成不法场所之代表：“东便门外运河之滨，有灵官庙，实尼僧广真住持，时人呼为广姑子。于道光中叶，其庙中香火极盛，且地邻二闸，夏季游人众多。广真又招伎设赌，诱贵族诸子弟入局。历数年之久，风声甚大，为御史所参。步军统领派弁往抄，适值广真作寿，来宾甚盛，因而俱罹于难，复究出庄亲王、喜公爷诸人，皆因之革爵。广姑子则归刑部判罪发遣。好事者编作曲词，到处唱之。今单弦排子曲与马头调中灵官庙，即此事也。”[②]

崇彝的这段记载主要写灵官庙“招伎设赌”，并未提及吸食鸦片，或许是作者有意避之？在正史文献中则强调了灵官庙与鸦片之关联。《清宣宗实录》中存有对此案处理的几份上谕，如其中一份：“道光十八年九月壬寅。谕内阁：此案庄亲王奕镈、辅国公溥喜，各赴尼僧广真庙内吸食鸦片烟，镇国公绵顺带同妓女赴庙唱曲，均属不知自爱，卑鄙无耻，著交宗人府分别严加议处。已革内务府郎中文亮、笔帖式通桂，辄因广真生辰，前往挟妓弹唱，已属卑鄙，迨经被拿，复敢诡称姓名，妄希狡脱，尤属不堪之至。已革理藩院郎中松杰，以一等司员，并经保送副都统。乃不知自爱，因问知广真生辰，致送香资，并容妓女在屋唱曲，实属有玷官箴。文亮、通桂、松杰仅予革职，不足蔽辜，均著发往热河效力赎罪。解任刑部员外郎吉清、文奇、理藩院主事奎英，赴庙闲游，于妓女唱曲时不即引避，辄留坐饮茶，均属不自检束，著交部严加议处。刑部员外郎庆启，因溅水湿衣，赴庙烘烤，亦有不合，著交部照例议处。拣调东城正指挥王钰查访此案，并不即行拿究，致令逃逸，迨

① 〔美〕韩书瑞：《北京：公共空间和城市生活（1400—1900）》，孔祥文译，第 755 页。
② （清）崇彝：《道咸以来朝野杂记》，北京古籍出版社，1982，第 19～20 页。

随同该御史将广真拿获，又不严行看守，以致广真于到案后，乘间潜回，均属疏忽，王钰著交部议处。其在逃之定儿、金环、玉佩、柳李氏、赵四、辛二、李四、老张等，仍著严缉务获，送部审办。”[①] 同月，道光帝接连下数道手谕，痛斥不法行为并接续公布处理结果。据《清实录》及《清史稿》等文献，笔者将相关事件及处理结果整理为表2：

表2　灵官庙事件所涉主要朝廷人员及犯罪事实

涉案人姓名	职位(爵位)	犯罪事实	处理结果
奕镈	庄亲王	吸食鸦片	革爵，罚应得养赡钱粮二年；后改戍黑龙江
溥喜	辅国公	吸食鸦片	革爵，罚应得养赡钱粮二年
绵顺	镇国公	挟妓唱曲	革爵
文亮	内务府郎中	挟妓弹唱	革职，发往热河
通桂	笔帖式	挟妓弹唱	革职，发往热河
松杰	理藩院郎中	挟妓弹唱	革职，发往热河
吉清	刑部员外郎	赴庙闲游不避妓女	交部严议
文奇	刑部员外郎	赴庙闲游不避妓女	交部严议
奎英	理藩院主事	赴庙闲游不避妓女	交部严议
郎庆启	刑部员外郎	溅水湿衣，赴庙烘烤	交部例议
王钰	拣调东城正指挥	查案不力	交部议处

从上表可知，两位天潢贵胄（亲王、公爵）参与吸毒，此二人身份最高，所涉罪名亦最重。而文奇等几位官员身为刑部主管却知法犯法，颇具反讽意味。如此巨大的信息量必然使得案件成为京城坊巷的热点谈资。子弟书作为八旗子弟所创设的说唱文类，对于八旗贵胄的时事捕捉颇为迅速。现存子弟书有两篇（《灵官庙》《续灵官庙》），均书写此事而书写意趣又不尽相同。《灵官庙》通俗流畅、生趣盎然，而《续灵官庙》典雅中正、意近黄钟，两文在一俗一雅中唱叙时事，摇曳生姿。两篇都写到了皇族显贵赴庙吸烟狎妓等事实，但各有侧重。《灵官庙》塑造了两个群体的“说”话场景。首先是小尼姑群体的冶艳之辞，

① 《清宣宗实录》卷三一四，全国图书馆文献缩微复制中心，1996。

当显贵进庙后，这些小尼姑主动迎上去极为亲热，“说怎得了人家并无得罪处，这些时连影儿不傍太狠心。我们是佛门弟子到替你等活寡，哦弥陀佛上天有眼菩萨也不佑负心的人”云云，可见这些官员贵胄是寺院的风流常客。酒过三巡之后则是来客群体的侃爷之辞，他们在酒精促发下大谈官场内幕：“有的说当官差见上司如何苟活，有的说交朋友拉拢事会弄金银。……又说某人升迁是谁出的力，又说些某人遇事是谁托的人。”[①] 文中只有一句提到“在禅堂吸烟过瘾”。

《续灵官庙》的作者韫楱氏乃子弟书名家，文辞典雅。与上篇不同，本文则擅长场景画面的铺排陈赋。开篇提到灵官庙主持广真“贪心易动”后，用大段文辞铺陈灵官庙的清雅场景：“更兼着户对河水迎绿浪，清幽洒脱自无尘。门前嫩柳摇金影，苑内新竹碎碧阴。……况是那殿宇规模多富丽，禅堂制度更深沉。清高点缀无俗韵，雅典铺陈有慧心”，[②] 之后用丰富词汇描写“风流女”的百变仪态。此文还对鸦片有较为详细的描写：“更备着流毒无穷烟鸦片，说能够延年益寿添助精神。论烟膏地道外洋真正黑土，锻炼煎熬火候匀。砂烟斗油透多年黑而且润，烟枪用久微添醇。”作者写该文并非出于好奇与娱情，而是体现了力透纸背的批判精神：“韫楱氏毫端怒震雷霆力，电光赫耀破精邪。”《续灵官庙》彰显出文学对时事记忆的独特价值。文学书写时事案件，不应该简单陈述某个真实时空中的“实情”，而应以事件为经、以庙宇为纬编织出虚实相生的心灵图景与人生思考。

在这一案件中，灵官庙不再是烟火鼎盛、殿宇巍峨的神圣之地，而是宝筏迷津、妙法回尘的嚣杂空间。寺院中的氤氲鸦片与冶艳青蛾相互激发，将清凉丛林翻作是非之地，也彰显出寺庙无非另一个红尘的深刻意涵。

① 北京市民族古籍整理出版规划小组辑校《清蒙古车王府藏子弟书》，第 169 页。以下《灵官庙》文字均出自该文。

② 北京市民族古籍整理出版规划小组辑校《清蒙古车王府藏子弟书》，第 306 页。以下《续灵官庙》文字均出自该文。

余 论

除上述几篇专门以北京寺院为题外，另有一些篇章在行文中偶有对寺院的简单提及。这些篇章中的寺庙大多无名，乃为衬托主人公境况或心境，如“偏遇着钟鸣古寺惊残梦，满腹中烧实可怜”[①]（《长随叹》）、“只落得半途而废将京上，庙宇中设帐教书度晚年”（《先生叹》）、“那日孤庙住一宿，鬼哭狼嚎吓死人”（《阔大烟叹》），还有的以“庙”来写书中人物的工作或娱乐，如“坛庙差使朝衣朝帽，差毕还家像惊影相同”（《銮仪卫叹》）、“难道说庙内一天还未乐够，务必的来至家中把骂话儿招”（《为票嗷夫》）。《假老斗叹》中描写一位市井闲人冒充富贵，“走会赶庙从来他不辞心苦，……无事也学要去查查庙，撒冤也要去逛逛高山”。此处的查庙撒冤乃是一种民间信仰活动。《饭会》中则提到了北京地区的极乐寺：“极乐寺虽好和尚可恶，陶然亭却好后半天热的难堪。”极乐寺位于今海淀区东升五塔寺附近，有清一代乃观赏游乐胜地。此处的评价说明该寺在八旗子弟中颇具负面形象。还有两处涉及女性的寺庙活动，一为女性拜佛祈祷，“猛抬头信步行来佛堂院，不由的无言默祝秉虔诚”（《文乡试》）；另一个则是女性去西顶烧香，“大奶奶陪笑说何妨碍，人生谁不有穷通。……我也曾西顶烧香闲遣兴，二闸儿游游畅心胸”（《打十湖》）。

总之，本文主要分析了描写北京三座寺观的四篇作品。这些子弟书将真实庙宇与虚构想象挽结，呈现出熟悉空间的诗化风范与细节填补。三座寺观分别坐落于京城内城及近郊，同为宗教场所却有不同的叙事策略与文化记忆。护国寺乃是内城八旗子弟钟情的购物场所，碧云寺因皇家修缮而气象闳丽，而灵官庙则牵扯出道光间轰动一时的时事案件。无论静谧或热闹，反讽或崇拜，它们都会在文人的闲逛与闲谈之余进入文

① “余论”部分引文全部来自以下两书，不再一一注出：北京市民族古籍整理出版规划小组辑校《清蒙古车王府藏子弟书》；张寿崇主编，北京市民族古籍整理出版规划小组辑校《子弟书珍本百种》。

字序列。学者曾这样评价小说中的空间书写："小说家创造了一个对读者而言已知空间的幻象。因此，认知的张力某种程度上构成了小说的魅力。无论小说家选择不断逼近真实，抑或在地理与想象间自由呈现，最终的结果乃是一个幻觉。人物展现作者的主题并推动虚拟现实。"① 子弟书不是小说，但同样具有类似的艺术功能。它存留了清代的城市与寺院生活图景，也彰显了八旗文人的京城记忆与寺院记忆。这些记忆源自真实的寺院场所，亦建构了一种文化的寺院空间。

① Peter Brown and Michael Irwin, *Literature and Place 1800 – 2000*, Oxford: Peter Lang, 2006, p. 18.

陆机：唐太宗御选的文学典范*

◇黎思文**

摘　要：陆机是西晋的文学标杆，兼善创作和理论，在南朝时被称为“太康之英”“《文选》之冠”。对陆机的推崇至初唐达到巅峰，史臣将陆机的思想渊源定调为“服膺儒术”，唐太宗在《晋书·陆机传》中将其奉为文学典范，提出了“词雅义博”的文学观，确立其在文学史上“百代文宗，一人而已”的崇高地位，用以矫正儒家纯功利诗教观的弊病，同时扭转齐梁陈隋以来的绮艳文风。

关键词：陆机　唐太宗　词雅义博　百代文宗

陆机是“太康之英”，总体而言，自晋迄唐，文人学士对其人物品藻和文学品评以褒扬为主，称许其为“天才绮练，当时独绝”。陆机于西晋平吴之后北上入洛，在中州文坛甫一登场便受激赏，张华见其人辄云“平吴之利，在获二俊”[①]，“见其文章，篇篇称善”[②]。与潘岳、张协和左思等北方文人不同，陆机在洛阳传播一种来自南方的文学范式，这种“新声”在两晋南北朝时期被广泛接受。臧荣绪在其《晋书》中评陆机云：“新声妙句，系踪张、蔡。”[③] 沈约在《宋书·谢灵运传论》中讨论文学流变时说：“降及元康，潘、陆特秀，律异班、贾，体变

*　［基金项目］中国社会科学院博士后创新项目“陆机学术史及资料汇编”，项目编号：ZBH20191003。

**　黎思文，中国社会科学院文学研究所在站博士后，主要研究方向为魏晋南北朝文学。

①　（南朝·宋）刘义庆：《世说新语笺疏》，（南朝·梁）刘孝标注，余嘉锡笺疏，中华书局，2007，第104页。

②　（南朝·宋）刘义庆：《世说新语笺疏》，（南朝·梁）刘孝标注，余嘉锡笺疏，第309页。

③　（南朝·梁）萧统编《文选》，（唐）李善注，上海古籍出版社，1986，第761页。

曹、王，缛旨星稠，繁文绮合。”① 陆机“繁缛”的创作特色与其“矜重”的人物个性不无关系，他著作繁多，是为“《文选》之冠”；辞藻缛丽，情感繁复，尤其在创作拟古诗时有意将质朴的古诗雅化，并大获成功，深受追捧。陆机之后，拟诗成为一种创作风气和逞才手段，谢灵运有《拟魏太子邺中集诗八首》，江文通作《杂体诗三十首》。钟嵘《诗品》推陆机为上品，以为他继承了曹植词采华茂的一面，影响了颜延之的创作风貌，成为宋齐檀、谢七君师法雅致风格的对象。与陆机诗文创作在两晋南北朝时受到青睐的情形一致，陆机的创作论名篇《文赋》在先唐逐渐成为文论经典。南朝人在总结前代文学理论成就时，往往胪述区判文体之作，钟嵘《诗品》、刘勰《文心雕龙·序志》、萧子显《南齐书·文学传》等均对《文赋》表示出较高的认可度，臧荣绪在《晋书》中则盛赞陆机“妙解情理，心识文体，故作《文赋》”②。萧统《文选》在赋体“论文”类选录且仅录《文赋》一篇，反映了当时论文叙笔的潮流，同时肯定了《文赋》的文学价值。

陆机文名至唐而极。隋代及初唐，微波尚在，人们对于前代才子的评价残存着六朝余绪。唐太宗和初唐史臣在扬弃六朝文风之时，既有对传统之继承，亦有现实之考量。若论威彊敌德、克定祸乱，秦皇汉武和唐宗宋祖都堪称千古一帝；要论文艺成就，则其余三人都稍逊唐太宗一筹。唐太宗在戎马生涯和治国理政时，保持着对文学创作的浓厚兴趣，著述颇丰，《新唐书·艺文志》录《太宗集》四十卷，《全唐诗》收录其诗一卷九十八首，与大臣联句《两仪殿赋柏梁体》一首，残句三联；《全唐诗补编·全唐诗续补遗》卷一补一首，《全唐诗补编·全唐诗续拾》卷二补九首移正一首；《全唐文》收录其文七卷，其中有《临层台赋》《感旧赋》《小山赋》《小池赋》《威凤赋》等四篇赋。此外，他还精于书学，笃好“王体”，尤为擅长行草，笔力遒劲，为一时之绝。正因独特的政治背景和艺文爱好，唐太宗在敕诏房玄龄等人修《晋书》

① （南朝·梁）沈约：《宋书》，中华书局，1974，第1778页。
② （南朝·梁）萧统编《文选》，（唐）李善注，第761页。

时，躬自撰写了《宣帝纪》、《武帝纪》、《陆机传》和《王羲之传》四篇史论。《宣帝纪》和《武帝纪》的论赞是为统一政治思想而作，《王羲之传》表现出痴迷书法者对书圣的追慕，而《陆机传》则以官方的形式，推崇陆机的诗文风格，肯定其在辞和义上达到的极高成就，确立了陆机的文学典范地位。

一　服膺儒术的思想

陆机的思想渊源无疑是复杂的，从他的诗文创作和学术经历来看，儒学和玄学均对他有所影响。葛洪曾指出二陆不仅是儒雅文士，而且是谈玄妙手，《抱朴子》云："嵇君道曰：'每读二陆之文，未尝不废书而叹，恐其卷尽也。《陆子》十篇，诚为快书。其词之富者，虽覃思不可损也；其理之约者，虽鸿笔不可益也。观此二人，岂徒儒雅之士，文章之人也。'"[①] 其又云："嵇君道曰：'吾在洛，与二陆雕施如意，兄弟并能观，况身于泥蚌之中，识清意于未□之□，诸谈客与二陆言者，辞少理畅，言约事举，莫不豁然，若春日之泮薄冰，秋风之扫枯叶也。'"[②] 葛洪转述好友嵇含的话，确实代表了晋人的一些看法。在玄学鼎盛的魏晋时期，陆机学习过玄学并参与谈玄是比较可信的事情。

在唐修《晋书》中，陆机谈玄的成分被删汰剔除，其思想被确定为"服膺儒术"。与此类似的说法还有"服膺儒教"，《晋书》中共出现过两次，分别在卷一《宣帝纪》和卷六十八《顾荣传》中。鉴于唐太宗直接参与了《宣帝纪》和《陆机传》的撰写，可注意的是《宣帝纪》和《陆机传》开篇对传主的形象描述：

少有奇节，聪明多大略，博学洽闻，伏膺儒教。[③]（《宣帝纪》）

少有异才，文章冠世，伏膺儒术，非礼不动。[④]（《陆机传》）

---

① （晋）葛洪：《抱朴子外篇校笺》，杨明照校笺，中华书局，2014，第751页。

② （晋）葛洪：《抱朴子外篇校笺》，杨明照校笺，第750～751页。

③ （唐）房玄龄等：《晋书》，中华书局，1974，第1页。

④ （唐）房玄龄等：《晋书》，第1467页。

二人相异处在于身份：司马懿是帝王，所以本纪突出其雄才大略的一面；陆机是文士，所以文章才华被凸显出来。此外，二人有两个相同的特质：年少奇异和服膺儒学。年少奇异很好理解，历史上的许多杰出人物往往都是很早就展露出别样的才华，小时了了，大亦佳善。而服膺儒学，则涉及司马氏统治思想的重大问题。

魏晋统治者的社会阶级不同，决定了其统治思想也大不一样。谯县魏氏出身寒族，“魏武好法术，而天下贵刑名，魏文慕通达，而天下贱守节。其后纲维不摄，而虚无放诞之论盈于朝野”①。曹魏实行重才不重德的选人策略，儒家礼法秩序遭到严重破坏。但这只是一时的，曹氏抑制豪强、摈弃儒术的做法必然会激起豪族的反扑。经过一系列斗争，政权最终落到了司马氏手中。河内司马氏是地方上的豪族，服膺儒教，标榜名教，希望通过上定名分来教化天下，重新建立汉代以来的伦理纲常制度。他们提倡重孝、重礼，尽管言行时常不一致，但是这套思想一旦与取士和选官相结合，就瞬间成为统治的利器。中正官品评人物的根据是家世和行状，晋代的实际操作却是以门第族望来确定品级，以至形成“上品无寒门，下品无士族”的局面。

《晋书》称陆机“服膺儒术”，表明其至少在思想上与儒家统治思想保持一致，实则亦令其符合初唐统治者的需要。《晋书·陆机传》的第一段，与现存臧荣绪《晋书》、《晋阳秋》、《世说新语》和《机别传》最为接近。“服膺儒术”却不见于上述任何一种文献，唯《机别传》有相近的说法：“博学善属文，非礼不动。”② 既然唐太宗要选出一个典范，那么这个典范的主导思想一定是主流的、官方的正统思想，将陆机的思想渊源定调为“服膺儒术”，与晋朝奠基人宣帝司马懿所“服膺儒教”一致，实在是再稳妥不过的做法了。要塑造陆机的这样一个形象，初唐史臣还煞费苦心地对史料进行了甄别，主要表现在《晋书》对陆机代表作品和二陆习玄文献的取舍上。

---

① （唐）房玄龄等：《晋书》，第 1317～1318 页。

② （南朝·宋）刘义庆：《世说新语笺疏》，（南朝·梁）刘孝标注，余嘉锡笺疏，第 104 页。

二　选取有益于儒教治世的文章而舍弃文学性较强的作品

唐太宗敕令司空房玄龄、中书令褚遂良、太子左庶子许敬宗等人修撰的《晋书》，以臧荣绪《晋书》为底本，广采十八家晋史、晋代杂传和文人文集而成，北宋修《册府元龟·国史·采撰》中指出："莫不博考前文，旁求遗逸，芟夷芜蔓，举其精要……以臧荣绪《晋书》为本，捃摭诸家传记而附益之，爰及晋代文集，罔不毕记。"① 这是全面肯定《晋书》的评价。日本学者清水凯夫将《晋书·陆机传》与残存的臧荣绪《晋书》比较，发现臧荣绪收录了《文赋》、《豪士赋序》和《谢平原内史表》等三篇文章，初唐史臣则做了有"意图性"的修改，选取了陆机的《辩亡论》、《豪士赋序》和《五等论》三篇，配以官历，重构了《陆机传》。他认为："与臧《晋书》采录陆机个人生活有关联内容文章，偏重于陆文学修辞方面相对照，《晋书》在改修时主要采录有关陆机的经世济民观内容的文章，而重视陆文的儒教治世方面。"② 对此，孙明君解释说，《晋书》对陆机文章的选择只是唐人修史的一个原则：载录可裨于政理的文章。③ 他援引《贞观政要》唐太宗对房玄龄的指示："比见前、后《汉史》载录扬雄《甘泉》、《羽猎》，司马相如《子虚》、《上林》，班固《两都》等赋，此皆文体浮华，无益劝诫，何假书之史策？其有上书论事，词理切直，可裨于政理者，朕从与不从，皆须备载。"④ 这个认识大体不差。检阅《晋书》，其所全文引录的以疏论驳议为主，属于魏晋南北朝文笔之辨中笔的一类，即便收文学性较强

① （宋）王钦若等编纂，周勋初等校订《册府元龟》（第7册），凤凰出版社，2006，第6375页。

② 〔日〕清水凯夫：《论唐修〈晋书〉的性质》，《北京大学学报》（哲学社会科学版）1995年第5期。

③ 孙明君：《唐太宗〈陆机传论〉解析》，《北京大学学报》（哲学社会科学版）2013年第3期。

④ （唐）吴兢：《贞观政要集校》，谢保成集校，中华书局，2003，第387页。

的赋作和对问，其抒情言志也不离政治和仕途，如《晋书》卷五十五《潘岳传》载录的《藉田赋》是美武帝躬耕，《闲居赋》是叹仕宦不达；卷七十二《郭璞传》著录的《客傲》申述自己才高位卑，而不载其丽辞名篇《江赋》。即便如此，《潘岳传》还是出现了《西征赋》，《郭璞传》还是提及了《江赋》，只是“文繁不录”罢了。反观《陆机传》，通篇几乎不提在六朝就已显名的《文赋》，唯有传论中的一句“睹其文章之诫，何知易而行难”，源自《文赋》“盖非知之难，能之难也”，算是证明唐太宗并非视若无睹。

《晋书》以陆机仕宦经历为经，以其政论文章为纬，揭示了陆机的文章之才和进退矛盾，说到底都是对“服膺儒术”的演绎。

首先，《辩亡论》在史学和文学上都合符儒家思想的要求。贾谊的《过秦论》在汉代被确立为史论经典，与其以秦为鉴的精辟见解分不开。从晋代开始，陆机《辩亡论》模拟《过秦论》做法，左思和范晔等人以《过秦》为论说准则，萧统《文选》更将其作为文学经典选录，《过秦论》的文学价值逐渐受到重视。《辩亡论》文学造诣不低，《文心雕龙·论说》云：“陆机《辩亡》，效《过秦》而不及，然亦其美矣。”① 其政治讽喻也很深刻，“贾谊之《过秦》，以谕汉也；陆机之《辩亡》，以警晋也：有经世之心焉”②。章太炎《陆机赞》称其“庶几小雅风人之绪”③。史臣选录《辩亡论》，既可以凸显陆机的文学才华，又可以明治乱，以隋亡为诫，借此利用文学为政教服务。

其次，《豪士赋序》的讽谏令闻之者足以诫。《豪士赋》作于何时？李善和五臣看法不一，前者认为作于齐王冏亡后，后者认为作于其生前。原因在于，陆机作此赋前后，危在旦夕，序和赋多在说理和抒情。何焯《义门读书记》卷四十九云：“陆士衡《豪士赋序》，当时之体，然懇切动听。‘广树恩不足以敌怨’二句，惊心动魄之言。”④ 参照

---

① （南朝·梁）刘勰：《文心雕龙注》，范文澜注，人民文学出版社，1958，第 327 页。
② （宋）陈师道：《后山集》，《四部备要》（第 78 册），中华书局，1989，第 117 页。
③ 章太炎：《陆机赞》，《太炎文录初编》，上海人民出版社，2014，第 237 页。
④ （清）何焯：《义门读书记》，中华书局，1987，第 963 页。

《晋书》对齐王冏和两《唐书》对太子李建成、齐王李元吉的评价，归结起来都是淫乱骄恣。唐太宗对“玄武门之变”耿耿于怀，西晋的“八王之乱”给他提供了最好的前车之鉴和辩解机会。他在《武帝纪》的“制曰”中说：“惠帝可废而不废，终使倾覆洪基。夫全一人者德之轻，拯天下者功之重，弃一子者忍之小，安社稷者孝之大；况乎资三世而成业，延二孽以丧之，所谓取轻德而舍重功，畏小忍而忘大孝。”[①]这番话可谓是指桑骂槐，充满了现实意义。

再次，《五等诸侯论》满足了儒家对圣王政治的期待。晋初和唐初，统治者都遇到一个相同的问题，那就是如何稳定天下，保持政权的长治久安。晋武帝在代魏立晋过程中为取得世族的支持，于咸熙元年（264）始建五等爵，泰始二年（266）诏封五等。此项制度在易代一事中发挥了重要作用，然而其弊端也日渐显现，成为“八王之乱”的根源。刘颂和陆机都主张封建诸侯，陆机《五等诸侯论》即为这种政治制度寻找理论依据，以为分封是先王之制，以诸侯为藩屏可形成磐石之势，延祚久长。到了贞观时期，实行封建制还是郡县制的问题又摆到了唐太宗的面前。而他认为周、汉分封宗室，封建亲贤，国祚绵长；秦、隋实行郡县，官吏图物，二世而亡。唐太宗当然有李氏基业万年永固的愿望，因此主观上希望实行分封。他诏令群臣议封建，封子弟为诸王，封功臣为世袭刺史。此事遭到了魏征、马周、李百药、颜师古等人的强烈反对，他们皆上疏言其非。唐太宗毕竟是开明的君主，并嘉纳其言，分封之事遂寝。《晋书》存录陆机的《五等诸侯论》和刘颂的《论封建疏》，如实展现出西晋君臣对此问题的态度，对唐代统治者来说亦可资借鉴。

《晋书》曰：“以孙氏在吴，而祖父世为将相，有大勋于江表，深慨孙皓举而弃之，乃论权所以得，皓所以亡，又欲述其祖父功业，遂作《辩亡论》二篇。”“冏既矜功自伐，受爵不让，机恶之，作《豪士赋》以刺焉。”　“机又以圣王经国，义在封建，因采其远指，著《五等

① （唐）房玄龄等：《晋书》，第82页。

论》。"[①] 史臣所言不差，但读史仅至于此，则只得皮相，其言外之意还需要读者自行体会。

《金楼子·立言》云："曹子建、陆士衡，皆文士也，观其辞致侧密，事语坚明，意匠有序，遗言无失。虽不以儒者命家，此亦悉通其义也。"[②] 萧绎认为陆机虽然不是儒生，但精通经义，这对其文学风貌的形成有一定的影响。当然，这并非什么秘密，从上述政论文以及陆机诗中大量称引《诗经》就可以看得出来。明乎此便能发现，唐太宗在传论中对陆机文学和仕宦的要求和感慨，都是基于儒家雅正的文学观和"有道则现，无道则隐"的出处观。

三 选取陆云"谈老殊进"的传说而舍弃陆机遇王弼的异事

刘敬叔《异苑》记载"二陆遇鬼"的离奇之事，一说是陆机遇王弼，一说则为陆云遇王弼。往者多不加区别，笼统视之为二陆习玄的民间传奇。北魏郦道元在《水经注》中引袁氏《王陆诗叙》以为是陆机故事，《晋书》则谓出自陆云，并对《异苑》稍加改写：

> 初，云尝行，逗宿故人家，夜暗迷路，莫知所从。忽望草中有火光，于是趣之。至一家，便寄宿，见一年少，美风姿，共谈《老子》，辞致深远。向晓辞去，行十许里，至故人家，云此数十里中无人居，云意始悟。却寻昨宿处，乃王弼冢。云本无玄学，自此谈老殊进。[③]

陆云善谈最明显的证据是在张华主持下与荀隐的谈玄辩难，二人开

① （唐）房玄龄等：《晋书》，第1467～1475页。

② （南朝·梁）萧绎：《金楼子疏证校注》，陈志平、熊清元疏证，上海古籍出版社，2014，第770页。

③ （唐）房玄龄等：《晋书》，第1485～1486页。

场的“云间陆士龙”和“日下荀鸣鹤”便非常语。《陆云传》“云本无玄学，自此谈老殊进”这一颇具结论性的话语是史臣所加，意在说明陆云善谈有据可循。

然而，玄学关乎名教与自然的选择，涉及士族集团的统治思想问题。玄学家祖述虚无，好为玄远，正统学术遭到极大的破坏，“浮虚相扇，儒雅日替，（范）宁以为其源始于王弼、何晏，二人之罪深于桀纣”[①]。谈玄者成日与麈尾药酒相伴，不婴事务，吏治颓废，王衍等人因此背负“清谈误国”的罪名。初唐史臣对清谈也持责备态度，《晋书》纪传中的相关论调比比皆是，《儒林传序》云：“有晋始自中朝，迄于江左，莫不崇饰华竞，祖述虚玄，摈阙里之典经，习正始之余论，指礼法为流俗，目纵诞以清高，遂使宪章弛废，名教颓毁，五胡乘间而竞逐，二京继踵以沦胥，运极道消，可为长叹息者矣。”[②] 初唐史臣对待这些神异和玄学材料，不能视若无睹。《晋书》选取陆云与王弼共谈《老子》的“鬼话”，如此一来，就将陆机与玄学之关系不着痕迹地撇清了。

此外，《晋书》将陆机与遇鬼异事的切割，还符合儒家不语“怪力乱神”的训诫。自唐五代以迄明清，史学家们对《晋书》评价普遍不高。《史通》、《旧唐书》和《四库提要》等对其讥讽尤甚，刘知幾云：

> 晋世杂书，谅非一族，若《语林》、《世说》、《幽明录》、《搜神记》之徒，其所载或恢谐小辩，或神鬼怪物。其事非圣，扬雄所不观；其言乱神，宣尼所不语。皇朝新撰《晋史》，多采以为书。夫以干、邓之所粪除，王、虞之所糠秕，持为逸史，用补前传，此何异魏朝之撰《皇览》，梁世之修《遍略》，务多为美，聚博为功，虽取说于小人，终见嗤于君子矣。[③]

刘知幾对《晋书》所记“其事非圣”“其言乱神”的讥评，其实

① （唐）房玄龄等：《晋书》，第1984页。
② （唐）房玄龄等：《晋书》，第2346页。
③ （唐）刘知幾：《史通通释》，浦起龙释，上海古籍出版社，2009，第108页。

是有失公允的。实际上，刘知幾本人也有两面性，“一位是史学家的刘知幾，他肯定偏记小说的史料价值，‘求诸国史，最为实录’；另一位是笃信名教的刘知幾，他坚持历史只能‘彰善瘅恶’，而所有那些‘非圣’、‘乱神’的东西都必须排除在历史之外”①。然而，两晋本就是一个多语“怪力乱神”的时代，舍此而不录，反而会失去晋世的本来面目，有违史实。

四　词雅义博的文学

唐太宗对陆机文学特征的评价集中体现在《陆机传》中。《晋书》卷五十四载唐太宗“制曰”：

古人云：“虽楚有才，晋实用之。”观夫陆机、陆云，实荆衡之杞梓，挺圭璋于秀实，驰英华于早年，风鉴澄爽，神情俊迈。文藻宏丽，独步当时；言论慷慨，冠乎终古。高词迥映，如朗月之悬光；叠意回舒，若重岩之积秀。千条析理，则电坼霜开；一绪连文，则珠流璧合。其词深而雅，其义博而显，故足远超枚马，高蹑王刘，百代文宗，一人而已。然其祖考重光，羽楫吴运，文武奕叶，将相连华。而机以廊庙蕴才，瑚琏标器，宜其承俊乂之庆，奉佐时之业，申能展用，保誉流功。属吴祚倾基，金陵毕气，君移国灭，家丧臣迁。矫翮南辞，翻栖火树；飞鳞北逝，卒委汤池。遂使穴碎双龙，巢倾两凤。激浪之心未骋，遽骨修鳞；陵云之意将腾，先灰劲翮。望其翔跃，焉可得哉！夫贤之立身，以功名为本；士之居世，以富贵为先。然则荣利人之所贪，祸辱人之所恶，故居安保名，则君子处焉；冒危履贵，则哲士去焉。是知兰植中涂，必无经时之翠；桂生幽壑，终保弥年之丹。非兰怨而桂亲，岂涂害而壑

① 李培栋：《〈晋书〉研究（下）》，《上海师范大学学报》（哲学社会科学版）1984年第3期。

> 利？而生灭有殊者，隐显之势异也。故曰，衒美非所，罕有常安；韬奇择居，故能全性。观机云之行己也，智不逮言矣。睹其文章之诫，何知易而行难？自以智足安时，才堪佐命，庶保名位，无忝前基。不知世属未通，运钟方否，进不能辟昏匡乱，退不能屏迹全身，而奋力危邦，竭心庸主，忠抱实而不谅，谤缘虚而见疑，生在己而难长，死因人而易促。上蔡之犬，不诫于前，华亭之鹤，方悔于后。卒令覆宗绝祀，良可悲夫！然则三世为将，衅钟来叶；诛降不祥，殃及后昆。是知西陵结其凶端，河桥收其祸末，其天意也，岂人事乎！①

"制曰"大抵可分为两个部分：前半部分是对陆机文学特征和文学成就的评价；后半部分是对其政治人生的慨叹。唐太宗主要是一位政治家，其良好愿望是陆机能够践行儒家的出处观，进能匡乱济世，退能屏迹全身，做一个忠臣孝子。当然，唐太宗还是一位出色的诗人和诗论家。闻一多在《类书与诗》中判定唐太宗对于好诗的认识力很差，理由是他推崇的是虞世南、李百药等人，而忽视了崔信明、王绩等。② 这个观点还有待商榷。且不说崔、王二人诗才如何，就现实来讲，唐太宗与虞世南君臣朝夕相处，关系亲密"犹一体也"③，虞又博学广记，有"行秘书"之称，对他的诗文多有评价是很自然的事。就唐太宗本人的论诗主张来看，他对诗歌的理解还是不乏高见的。

《帝京篇序》体现了唐太宗的雅正文学观。与梁陈隋君主玩弄宫体诗不同，唐太宗虽游息艺文，但对文学有着更为深刻的认识，他将文学与政治紧密联系在一起，颇为看重文学的价值。鉴于前面几个王朝短祚的事实，初唐统治者对淫艳文风极为警觉，史臣往往将亡国之音当作灭国之因。作为马背上取天下的皇帝，他当然更愿听到治世之音。不过，仅仅要求文学有益于政教，追求质木无文，容易陷入简单的功用论，不

---

① （唐）房玄龄等：《晋书》，第1487～1488页。

② 闻一多：《唐诗杂论》，上海古籍出版社，2009，第6页。

③ （五代）刘昫等：《旧唐书》，中华书局，1975，第2570页。

符合文学发展的客观规律。唐太宗非但不提倡纯功利性的文学，甚至不掩饰对丽辞的喜爱，他在《陆机传》中对陆机的“文藻宏丽”就极为赞扬。如何拿捏内容和形式？其要归于雅。《帝京篇序》云：

> 予以万机之暇，游息文艺。观列代之皇王，考当时之行事，轩昊舜禹之上，信无间然矣。至于秦皇、周穆、汉武、魏明，峻宇雕墙，穷侈极丽。征税殚于宇宙，辙迹遍于天下；九州无以称其求，江海不能赡其欲。覆亡颠沛，不亦宜乎！予追踪百王之末，驰心千载之下，慷慨怀古，想彼哲人。庶以尧舜之风，荡秦汉之弊；用咸英之曲，变烂熳之音，求之人情，不为难矣。故观文教于六经，阅武功于七德；台榭取其避燥湿，金石尚其谐神人；皆节之于中和，不系之于淫放。故沟洫可悦，何必江海之滨乎？麟阁可玩，何必山陵之间乎？忠良可接，何必海上神仙乎？丰镐可游，何必瑶池之上乎？释实求华，以人从欲，乱于大道，君子耻之。故述《帝京篇》以明雅志云尔。①

君主纵人欲则亡国，所以应当以史为鉴。而反映在文学上，一是主张“节之于中和”，反对淫放和娱乐。所谓“节制”与“中和”，就是要求总体审美情趣的适度，既不过分激切，亦不过分悲怨，合符孔子对《关雎》“乐而不淫，哀而不伤”的评价，达到“中和之美”的和谐状态。清代王士禛曾明确将“节制”说应用于文学作品，《分甘余话》有云：“凡为诗文，贵有节制，即词曲亦然。”② 二是追求“雅志”，反对“释实求华”。浮华之文，往往内容空洞无物，格调靡弱低下，与雅相

① 《唐太宗全集校注》，吴云、冀宇校注，天津古籍出版社，2004，第 3 页。学者对《帝京篇序》的理解略有偏差，罗宗强先生《隋唐五代文学思想史》认为此序主要体现的是文学有益于政教的主张；孙明君《唐太宗〈陆机传论〉解析》［《北京大学学报》（哲学社会科学版）2013 年第 3 期］则认为这不是一篇论文学之作，它主要阐述的是唐太宗的政治理想；唯有陈顺智《论唐太宗的雅正文学观及其对贞观诗坛的影响》［《武汉大学学报》（哲学社会科学版）1999 年第 4 期］和赵小华《雅正：唐太宗礼乐文化观和文学思想的核心》（《文史哲》2007 年第 2 期）等文章提出唐太宗的雅正文学观。

② （清）王士禛：《分甘余话》，中华书局，1989，第 28 页。

去甚远。唐太宗诏令修史时就曾指出“文体浮华，无益劝诫”。

唐太宗以陆机为文学典范，提出了“词雅义博”的文学观。首先，从形式上看，陆机“文藻宏丽”。这个评价延续了两晋南北朝对陆机的普遍看法。传中援引深深推服陆机宏丽辞藻的张华、陆云和葛洪等人的赞语，传论中一连串的形容词“高词迥映”“朗月悬光”“叠意回舒”“重岩积秀”，说明唐太宗看重文学的修饰性，并不排斥“高词”、丽辞，反对的只是淫靡放荡之辞。其次，从内容上看，陆机“言论慷慨”。《世说新语·赏誉》曾谓：“士衡长七尺余，声作钟声，言多忼慨。”① 不过这只是就人物个性而言。作家性格与文学体性有一定的关系，刘勰甚至认为性情对文辞的影响是决定性的：“吐纳英华，莫非情性。”他将陆机的品性特点概括为“矜重”，将其与文学的情辞特征联系起来：“士衡矜重，故情繁而辞隐。”② 为何会形成文辞繁缛、情意深隐的特点？六朝人多将其原因归结为陆机“才高”。这是陆机的优点，同时也是缺点。唐太宗则不以为然，他以“词雅义显”取代刘勰的“情繁辞隐”，在肯定陆机文辞之功的基础上，进而认为陆机在论理和陈情方面具有慷慨之气。此说虽然和寡，不过黄庭坚《跋柳枝词书纸扇》云：“刘宾客《柳枝词》虽乏曹、刘、陆机、左思之豪壮，自为齐梁乐府之将帅也。”③《柳枝词》即古之《折杨柳》。陆机曾经作了一首《折杨柳行》感慨时光易逝，盛衰无常。从诗中的一些典故来看，陆诗或有所指，是刺世嫉俗之作。与刘禹锡托意杨柳写离情、叹兴替不同，陆机情绪外露，壮怀激烈，这或许就是黄庭坚所谓之“豪壮”了。

唐太宗心中的陆机，在词和义两方面均是近乎完美的文学理想和文学典范。钟嵘曾标举雅正的“颜陆体”来对抗靡嫚的“鲍休体”，而唐太宗将陆机地位推向顶峰，则意在矫正儒家纯功利诗教观的弊病，同时扭转齐梁陈隋以来的绮艳文风。不过钟嵘在诗学理想上推崇“骨气奇

① （南朝·宋）刘义庆：《世说新语笺疏》，（南朝·梁）刘孝标注，余嘉锡笺疏，第 525 页。
② （南朝·梁）刘勰：《文心雕龙注》，范文澜注，第 506 页。
③ （宋）黄庭坚：《山谷题跋校注》，屠友祥校注，上海远东出版社，2011，第 247 页。

高，词采华茂”的曹植，他笔下的陆机还只是“才高词赡”，比较全面地继承了曹植的一体而已。唐太宗笔下的陆机，不仅辞藻宏丽，更重要的是具备了慷慨之气，“其义博而显”。“词雅义显”之说，将西晋以来对陆机情弱的批评之气扫荡尽净，使陆机尊享至高无上的荣耀。

五 凌跨百代的文宗

鉴于陆机的思想和文学都完美地诠释了唐太宗心中的典范，《陆机传》以“独步当时”和“冠乎终古”总结陆机在文学史上的崇高地位。这冠冕的称号，只能令陆机长眠于批评史的坟墓，作为后人追慕的对象而已。前面已经说了，唐太宗是出色的诗人和诗论家，他还企望陆机的雅正文学焕发生命的活力，成为时人取法的对象。

首先，唐太宗给予陆机“百代文宗，一人而已”的最高赞誉，确立了陆机文学巅峰的地位。《陆机传》云：“故足远超枚马，高蹑王刘，百代文宗，一人而已。”认为陆机凌跨汉魏，胜过枚马辞赋和王刘诗歌，这样的评价可谓是前无古人后无来者的。先唐对陆机最为推重的要数钟嵘，在《诗品》的诗学谱系中，陆机源出于曹植，且仅学得词采一端。根据钟嵘的诗歌价值代降原则，陆机不唯劣于曹植，甚至不如以风骨见长的刘桢和以文秀见长的王粲，遑论称雄百代了。唐五代以后，诗学批评较之六朝和隋唐有所偏离，宋人评诗不重才情而重德行义理，对陆机的称赏则大不如前，严羽提出“陆士衡独在诸公之下”①，清代的王士禛更贬低陆机为“宜在中品”②。

其次，唐太宗和虞世南师法陆机“词深而雅，义博而显”的情辞风貌，为唐音的形成导夫先路。不可否认，初唐诗坛回荡着梁陈余响。闻一多在《宫体诗的自赎》中说：“宫体诗就是宫廷的，或以宫廷为中心的艳情诗，它是个有历史性的名词，所以严格的讲，宫体诗又当指梁

① （宋）严羽：《沧浪诗话校笺》，张健校笺，上海古籍出版社，2012，第545页。
② （清）王士禛：《渔洋诗话》，载丁福保辑《清诗话》，上海古籍出版社，2015，第207页。

简文帝为太子时的东宫及陈后主、隋炀帝、唐太宗等几个宫廷为中心的艳情诗。”① 明明白白地指出以唐太宗宫廷为中心的许多诗是艳情诗，是宫体诗，这个观点影响了后世许多中国文学史著作的编写。那唐太宗的诗究竟如何呢？从《全唐诗》收录的作品以及当下更为全面的《唐太宗全集》可看得很清楚。胡国瑞提到他的一首《采芙蓉》，“这首诗，如果要说它‘轻艳’，倒不如说‘清丽’”②。唐太宗还有一首最受诟病的《秋日效庾信体》，胡震亨说“宗向微旨可观”③，像是发现了什么不可告人的秘密，其实无非是暗指唐太宗染梁陈旧习。诗云：“岭衔宵月桂，珠穿晓露丛。蝉啼觉树冷，萤火不温风。花生圆菊蕊，荷尽戏鱼通。晨浦鸣飞雁，夕渚集栖鸿。飒飒高天吹，氛澄下炽空。”④ 清新密丽，主要学习庾信写景状物的技法而已。他的一些咏物诗写得并不高明，但绝非颓废淫靡之作。

世传唐太宗写过许多艳情诗，主要根据北宋《唐会要》和《新唐书·虞世南传》的记载：

> （贞观）七年九月二十三日，上谓侍臣曰：“朕因暇日，每与秘书监虞世南商量今古，朕一言之善，虞世南未尝不悦；有一言之失，未尝不怅恨。尝戏作艳诗，世南进表谏曰：‘圣作虽工，体制非雅。上之所好，下必随之。此文一行，恐致风靡。轻薄成俗，非为国之利。赐令继和，辄申狂简。而今之后，更有斯文，继之以死，请不奉诏旨。’群臣皆若世南，天下何忧不治。因顾谓世南曰：‘朕更有此诗，卿能死否？’世南曰：‘臣闻诗者，动天地，感鬼神。上以风化下，下以俗承上。故季札听诗，而知国之兴废。盛衰之道，实基于兹。臣虽愚诚，愿不奉诏。’”⑤

---

① 闻一多：《唐诗杂论》，第9页。

② 胡国瑞：《初唐诗风平议》，《诗词赋散论》，上海古籍出版社，1992，第126页。

③ （明）胡震亨：《唐音癸签》，上海古籍出版社，1981，第43页。

④ 《唐太宗全集校注》，吴云、冀宇校注，天津古籍出版社，2004，第56～57页。

⑤ （宋）王溥：《唐会要》，中华书局，1955，第1124页。

帝尝作宫体诗，使赓和。世南曰："圣作诚工，然体非雅正。上之所好，下必有甚者，臣恐此诗一传，天下风靡。不敢奉诏。"帝曰："朕试卿耳！"①

南宋陈应行《吟窗杂录》、计有功《唐诗纪事》和尤袤《全唐诗话》的记录与《新唐书》相近。但《旧唐书·虞世南传》并无此记，因此胡国瑞《初唐诗风平议》对上述材料的真实性有所怀疑。据洪迈《容斋随笔》，苏轼题《潭州石刻法帖》第二卷云："唐太宗作诗至多，亦有徐、庾风气，而世不传，独于《初学记》时时见之。"② 此说亦不见今本苏轼集，真伪难辨。

《旧唐书》说，虞世南与兄长虞世基同入长安，并有重名，时人方之"二陆"。褚亮《十八学士赞》称虞世南："笃行扬声，雕文绝世，网罗百家，并包六艺。"③ 唐太宗钦佩天才宏逸、文藻宏丽的陆机，所以群臣中他最欣赏虞世南。而虞世南虽然容貌懦瞾，但性格抗烈，常对太宗进行规讽，多有补益。因此，我们不妨做一个假设：唐太宗本人起初对陈隋旧习表现出极大的兴趣，甚至尝作宫体艳诗，经过虞世南"体制非雅"的讽谏之后，终于改弦易辙而务从雅正。

在初唐诗风的大环境下，虞世南和唐太宗有承袭齐梁陈隋靡嫚余绪的一面，而他们对唐诗的贡献在于对诗歌的体制有比较深刻的认识，没有让妖冶浮荡之气横行天下，通过对陆机的师法，建立了诗歌雅正的范式。虞世南早年学习徐陵，曾作《中妇织流黄》，依隋炀帝要求作一首《应诏嘲笑司花女》。他写边塞的《出塞》《从军行二首》《拟饮马长城窟》《结客少年场行》，"声气稍雄，与王褒、薛道衡诸作相上下，此唐音之始也"④。缘情绮靡和色情轻艳是两个不同的概念，从唐太宗的创作实践来看，他取法高雅，自觉与宫体诗保持着距离。钱基博明确提出

① （宋）欧阳修、（宋）宋祁：《新唐书》，中华书局，1975，第3972页。

② （宋）洪迈：《容斋随笔》，穆公校点，上海古籍出版社，2015，第411～412页。

③ （清）董诰等编《全唐文》，中华书局，1983，第1486页。

④ （明）许学夷：《诗源辩体》，杜维沫校点，人民文学出版社，1987，第138页。

虞世南和唐太宗诗风源出于陆机：

> （唐太宗）诗则调采葱菁，举体华美，而又不同梁陈之轻艳；其源盖出于陆机。①
>
> （虞世南）其为诗多拟古之作，如《从军行》、《拟饮马长城窟》、《出塞》、《结客少年场行》、《中妇织流黄》、《飞来双白鹄》等篇，调采葱菁，辞意倜傥……才高词赡，以铺叙出顿挫，其源出陆机，与太宗格调略同，而倜傥过之。②

唐太宗《经破薛举战地》语言典丽，气势恢宏，是将轩朗高远之志与丽辞骈句相结合的初步尝试，与陆机别构雅正新体的乐府诗格调相近。

唐太宗对陆机的崇尚和追慕，以陆机为文学典范而在创作中加以效仿，是对雅道坠地的挽救，将南朝宋颜延之、齐谢朝宗和丘灵鞠等人坚守的雅正一体延续到了初唐。他的诗虽未达到很高的艺术成就，但这种努力毕竟给贞观诗坛带来一丝新意和启迪。因为君主的倡导和实践，周围群臣的酬唱亦不离雅正这个中心，对唐音有“首辟吟源”③ 之功。

在唐太宗的文学思想中，陆机是雅正文学的典范。因此，初唐史臣在斟酌两晋南北朝的各种史料时，致力于塑造陆机“服膺儒术”的形象。唐太宗还亲自参与到《晋书》的编撰中来，其“制曰”并非简单的四篇割裂的史论，而迎合了当时久经动乱、渴望安定的社会心理，是唐太宗本人借以统一思想、融合南北的“官宣”，其御撰的《陆机传》将陆机的文学成就总结为“词雅义显”而极力推崇。唐太宗和虞世南等人以雅正文学观为导向，保持着对淫艳诗风的警觉，在创作上以陆机为师法对象，真正确立了陆机“百代文宗”的文学地位。

---

① 钱基博：《中国文学史》，上海古籍出版社，2011，第242页。

② 钱基博：《中国文学史》，第243页。

③ （明）胡震亨：《唐音癸签》，第43页。

北宋“东州逸党”及相关问题考论*

——《东州逸党诗》与士大夫阶层的分野

◇徐　波**

摘　要：“东州逸党”是时人对范讽、石延年为核心的文人群体的否定性称谓，实质上是仁宗朝前期士大夫阶层在政治、儒学、文学领域分歧与冲突的结果。颜太初作《东州逸党诗》讥斥“逸党”，得到了台谏势力的支持和响应，共同将矛头指向范讽。以孔道辅为首的台谏与范讽在“废后之争”中产生严重的分歧，引发了台谏打压范讽的集体行动，朝廷贬黜了以范讽为首的“东州党”，“逸党”最终被定性为“朋党”。所谓的“逸风”从本质上说是魏晋以来的“文人习性”，以“名教党”自居的颜太初又得到了石介、姜潜等儒生的支持，形成反对“东州逸党”的儒生联盟。在复兴儒学的背景下，儒生排斥文人化书写和“文人习性”，加剧了文人与儒生之间的分野。

关键词：东州逸党　士大夫　北宋

“东州逸党”的名称最早见于北宋颜太初《东州逸党诗》。景祐（1034～1038）年间，儒生颜太初言辞激烈地挞伐以范讽为首的“东州逸党”放纵不法、败坏礼教，御史庞籍、蒋堂也以同样的罪名弹劾范讽，朝野掀起了一股讨伐“逸党”的风潮。在历史叙述中“东州逸党”多以负面的形象出现，但其在现代学术研究中得到“正名”。20世纪90年代以来学者对“东州逸党”的成员、交游、文学创作、思想源流

---

*［基金项目］国家社科基金重大项目“中国古代都城文化与古代文学及相关文献研究”，项目编号：18ZDZ237；教育部人文社会科学研究青年基金项目“北宋京东文人集团研究”，项目编号：19YJC751051。

** 徐波，九江学院文学与传媒学院讲师，主要研究方向为唐宋文学与文化。

等展开了较为深入的研究，逐渐梳理出一个地域性的诗人群体风貌。群体研究的视角在一定程度上使“东州逸党”的面貌得以显现，但同时也忽视了一些问题。“东州逸党”并不仅仅是一个称谓，还反映了时人对范讽、石延年等的否定与打压，表明当时的士大夫阶层出现了分歧与分野。分歧的焦点与原因是什么？士大夫分野的表现与意义是什么？本文将结合具体的历史语境，对相关问题进行全面的考察。

一 “东州逸党”的由来与相关研究

颜太初《东州逸党诗》描述了北宋前中期的一个地域性士人群体的活动境况，引起了当今学者的极大兴趣。群体的成员及结构是了解一个群体面貌、特征的基础，因此学者都将此作为研究的关键问题。但是颜氏诗歌关于群体的信息比较模糊，为研究留下了空间，同时也设置了障碍。

“东州逸党”被视为一个群体，但是相关的记载非常简略。《东州逸党诗》最早描述了一个所谓“东州逸党”的活动群体，颜太初站在维护“名教”的立场讥讽“逸党”成员不符合儒家礼法的群体性言行，但是关于“逸党”成员的信息比较有限。诗歌交代了群体活动的地域：“东州有逸党，尊大自相推”①，“东州”是北宋人经常使用的地域概念，一般泛指京东路诸州，对应的地域范围非常辽阔。② 诗中对“逸党”成员的指称非常隐晦：“不知二纪来，此风肇自谁。都缘极显地，多用宁馨儿。斯人之一唱，翕然天下随。斯人之一趋，靡然天下驰。”③“宁馨儿”与“斯人”当指“逸党”之首领，“极显地”指此人身居高

① （宋）颜太初：《东州逸党诗》，载（宋）吕祖谦编《宋文鉴》卷十六，齐治平点校，中华书局，1992，第218页。

② （元）脱脱《宋史·地理志》：“至道三年，以应天、兖、徐、曹、青、郓、密、齐、济、沂、登、莱、单、濮、潍、淄、淮阳军、广济军、清平军、宣化军、莱芜监、利国监为京东路。”（《宋史》卷八十五，中华书局，1985，第2107页）

③ （宋）颜太初：《东州逸党诗》，载（宋）吕祖谦编《宋文鉴》卷十六，齐治平点校，第218～219页。

位，但是并没有指名道姓，也没有明确的成员信息。另有一些史料为进一步探索提供了重要的线索。《宋史·颜太初传》是目前可见的最早全面记载群体成员的史料，曰：“山东人范讽、石延年、刘潜之徒喜豪放剧饮，不循礼法，后生多慕之，太初作《东州逸党诗》，孔道辅深器之。”[①] 由此可知，“逸党”核心成员是范讽、石延年、刘潜三人。另外，《宋史·范讽传》也提供了较有价值的信息：“讽类旷达，然捭阖图进，不守名检，所与游者辄慕其所为，时号‘东州逸党’。山东人颜太初作《逸党诗》刺之，而姜潜者又尝贻书以疏其过云。”[②] 此则材料信息相对简略，除了确定范讽为“逸党”的首领外，将其他成员只含糊地表述为“所与游者”。通过对这些材料的综合分析大致可以判断，“东州逸党”是以范讽、石延年、刘潜为核心的京东士人以交游为基础而形成的群体，言行放纵、不尊礼法是该群体的重要特征，但总体面貌依然模糊不清。

“东州逸党”作为一个群体进入当今学者的视野，得到了较多的关注。就笔者知见所及，张富祥、秦寰明、程杰、崔海正等学者逐步推动了“东州逸党”的研究，通过钩沉爬梳有限的史料，将一些符合条件的士人逐渐“归位”到“东州逸党”群体中，似乎比较清晰地勾勒出了“逸党”的群体特征。张富祥《宋初“东州逸党”与齐鲁文化遗风》为第一篇专题研究的论文，确定“东州逸党”的核心成员有范讽、石延年、刘潜、王樵、李冠，同调有李迪、王曾、石介及其门人杜默、何群。张氏的考察以交游为核心兼顾地域，视野比较开阔，在梳理出这份大名单的基础上，将“东州逸党”定性为：“颜氏所指斥的‘东州逸党’，既不是当时政治上的某一朋党，也不是学术界或文坛上的一个宗派，而只是京东一带士大夫文人的一个交游圈子。”[③] 论文侧重于士风特征与渊源的考察。秦寰明《试论北宋仁宗朝前期的士风与诗风》比

① （元）脱脱：《宋史》卷四四二，第13087页。

② （元）脱脱：《宋史》卷三〇四，第10064页。

③ 张富祥：《宋初“东州逸党”与齐鲁文化遗风》，《山东师范大学学报》（人文社会科学版）1991年第1期。

较集中地讨论了“东州逸党”，根据颜太初《东州逸党诗》的描述认为在北宋天圣（1023～1032）至庆历（1041～1048）间涌现了以张方平、石延年、刘潜、李冠、范讽、石介、杜默等为代表的新的士人群体，掀起一股短暂的“复古放逸”的士风和诗风，是北宋诗文革新的重要环节。和张氏相比，秦氏侧重文学研究，将“东州逸党”视为诗人群体。① 程杰先生《北宋京东文人群体及其诗文革新实践》着重探讨了“东州逸党”诗歌创作的地域性特征，认为范讽、石延年、刘潜、李冠、张方平、释秘演等“豪迈超逸”的京东人士构成了“东州逸党”，并在当时诗坛“引入了‘慷慨悲歌’激昂声腔”。② 崔海正《北宋“东州逸党”考论》将“东州逸党”定义为“是北宋前期一个地域性较强的以范讽为首的文人团体和文学流派”，认为成员包括范讽、石延年、刘潜、李冠、李芝、贾同、王樵、张方平及一些不知名的民间人士。崔文侧重于群体成员的生平考察和作品分析，并尝试通过残存不多的作品探索“东州逸党”的文学史意义。③ 以上研究基本都是根据《东州逸党诗》的描述寻找符合条件的群体成员，再据此进行作品研究，但都受限于材料的不足。可以确定的成员基本都生平不详，作品也散佚不全，④ 因此近年来关于“东州逸党”的研究略显沉寂。⑤

“东州逸党”研究的视角经历了“群体士风”到“群体诗风”的转变，在这一过程中“东州逸党”的文学价值不断被发掘。研究者据《东州逸党诗》寻绎出一个“诗人群体”，并将之视为宋诗变革的先行者，全面否定“东州逸党”的颜太初肯定很难预想到这一结果。同样吊诡的是，在现代学者高度评价“东州逸党”的文学史意义的时候，

---

① 秦寰明：《试论北宋仁宗朝前期士风与诗风》，《求索》1992年第3期。

② 程杰：《北宋京东文人群体及其诗文革新实践》，《文学遗产》1996年第3期。

③ 崔海正：《北宋“东州逸党”考论》，《武汉大学学报》（人文科学版）2003年第4期。

④ 有明确记载的“东州逸党”成员只有范讽、石延年、刘潜三人，以诗歌著称的石延年存世诗歌五十余首，作为领袖的范讽今可见的诗歌作品仅有3首，核心成员刘潜无诗歌存世，更遑论其他成员。

⑤ 近十年以来有任晓丽《“东州逸党”考论》（硕士学位论文，南京师范大学，2008）、马银花《“东州逸党”诗人群创作考论》（《河北学刊》2009年第4期）两篇专题论文，但是观点、材料、方法都没有实质性的推进。

《东州逸党诗》又被认为是不够客观的描述。[①] 但对颜太初所论不够客观的原因缺少深入的探讨。庞籍、蒋堂、孔道辅、姜潜等表达的和颜太初相似的观点和态度，尤其是以御史庞籍为代表的官员对范讽的厌恶与打压没有引起足够的重视。

二 “东州逸党”与“东州党”

在颜太初作诗讥斥“东州逸党”放纵不法的同时，庞籍在朝堂以同样的罪名弹劾范讽，最终导致范讽、石延年等获罪。但是具体的罪名是什么？相关的记述对此都语焉不详，现代学者也没有给予关注。

宝元二年（1039），司马光得颜太初诗文两卷，集而序之，认为《东州逸党诗》和范讽获罪有因果关系：

> 景祐初，青州牧有以荒淫放荡为事，慕嵇康、阮籍之为人，当时四方士大夫乐其无名教之拘，翕然效之，寖以成风。太初恶其为大乱风俗之本，作《东州逸党诗》以刺之。诗遂上闻，天子亟治牧罪。[②]

已有学者指出“青州牧”当为“兖州牧”之误，[③] 范讽知青州在明道元年（1032），景祐元年（1034）知兖州。[④]《续资治通鉴长编》卷一一六记载：“（景祐二年二月）丁卯，龙图阁学士、给事中、知兖州范讽责授武昌行军司马，不签公事。”[⑤]“诗遂上闻，天子亟治牧罪”

① 不少学者都指出《东州逸党诗》言辞夸饰。如张富祥《宋初“东州逸党”与齐鲁文化遗风》：“对这个圈子中人的名声和影响，颜氏在所作诗中曾有夸大的描述。”崔海正《北宋“东州逸党”考论》：“而从我们在前文中叙述的逸党诸人的所作所为来看，也并非尽如颜诗中所夸张的那种情形。”

② （宋）司马光：《颜太初杂文序》，《司马光集》卷六四，李文泽、霞绍晖点校，四川大学出版社，2010，第1325页。

③ 钱建壮：《宋诗人刘潜卒年考》，《江海学刊》2012年第6期。

④ 范讽生平参见崔海正《北宋“东州逸党”考论》。

⑤ （宋）李焘：《续资治通鉴长编》卷一一六，中华书局，1985，第2721页。

一语当指此事。由此可知，颜太初《东州逸党诗》作于景祐元年（1034）至景祐二年（1035）二月之间，大约5年后司马光在叙述中明确地指出《东州逸党诗》和范讽获罪有着直接的联系。

两宋之际的叶梦得在《石林燕语》中对范讽获罪有较为详细的记述：

> 天圣、宝元间，范讽与石曼卿皆喜旷达，酣饮自肆，不复守礼法，谓之“山东逸党”，一时多慕效之。庞颍公为开封府判官，独奏讽，以为苟不惩治，则败乱风俗，将如西晋之季。时讽尝历御史中丞，为龙图阁学士。颍公言之不已，遂诏置狱劾之，讽坐贬鄂州行军司马。曼卿时为馆阁校勘，亦落职，通判海州。仍下诏戒励士大夫，于是其风遂革。①

此处所言的“山东逸党”当就是“东州逸党”，相关的表述和司马光相差不大，其主要内容都和颜太初《东州逸党诗》一脉相承。庞颍公即庞籍，字淳之，封颍国公，明道中召为殿中侍御史，不久授开封府判官。② 庞籍弹劾范讽是仁宗朝的重要事件，文献多有记载。叶梦得在叙述中将时人斥责“东州逸党”一事放在庞籍弹劾范讽事之前，特别突出庞籍弹劾范讽的罪状和《东州逸党诗》的一致性，隐约指出庞籍弹劾范讽是针对“东州逸党”的行动，并最终导致主要成员遭到贬斥。叶梦得将范讽获罪的直接原因归结为庞籍的弹奏，但也可以看出《东州逸党诗》在其中发挥了作用。

司马光和叶梦得的叙述都强调范讽和“逸党”的放纵不法，但都并未明确交代范讽的具体罪名。而叶梦得提到“下诏戒励士大夫”，这份诏书今存于世，全文如下：

---

① （宋）叶梦得：《石林燕语》卷七，田松青、徐时仪校点，上海古籍出版社，2012，第65页。

② 庞籍生平参见（宋）司马光《太子太保庞公墓志铭》，《司马光集》卷七六，李文泽、霞绍晖点校，第1541～1551页。

怀谖罔上，彝宪之深惩；挟党背公，前训之攸疾。矧践扬于近列，宜表式于群伦。苟致人言，实干邦治。范讽早繇官牒，擢处诤臣。当铭泽以誓忠，庶敦风而报国，而乃性资伪辩，志骋比周。顷主计文昌，冒干赏典。吴守则常司国帑，未结岁劳，辄废格于旧条，妄保任于空簿。加以内营产利，外托廉贫，假什物于禁司，形妄言于奏牍。仍于列郡，辄市公田。因夙昔之荐论，致州县之阿徇。洎从讯逮，咸露欺诬。伊具狱之上闻，合免冠而俟报，擅还治所，尤骇舆情。特申降黜之科，用判忠邪之类。庞籍比参台选，亟贡囊封，事虽失于审详，理特从于矜贷。噫！事君尽节，乃克荷于宠荣；行己弗臧，盖自取于尤悔。凡百多士，宜悉朕怀。[①]

这份宣告天下的诏书言辞极其严厉，斥责的对象主要是范讽。诏令罗列了一系列的罪状，首先言及“挟党背公”“志骋比周”，皆是斥责范讽树立朋党，结党营私。此外范讽的罪名还有“冒干赏典”，为吴守则虚报磨勘；“内营产利”，私借禁司财务，贱买公田；具狱置对期间，“擅还治所”。对庞籍也有惩戒之词，奏事不实，却“从于矜贷”，语气颇为缓和。可见贬黜范讽是要达到“以肃朋邪”的目的，[②] 颁发诏令的目的是向天下宣告“范讽”结党之罪。

范讽因结党获罪被贬，“凡与讽善者皆黜削”[③]。被列为党羽的除了叶适提到的石延年，还有李迪、李逊、董储、滕宗谅、范拯，《宋会要辑稿》对此有详细的记载：

二月十二日，龙图阁直学士范讽责授鄂州节度行军司马，不签

① 《宋会要辑稿》职官六四，刘琳等点校，上海古籍出版社，2014，第4784～4785页。又见于《宋大诏令集》卷二〇五《责范讽等诏》，文字略有差异。

② （宋）宋庠《龙图阁学士给事中知兖州范讽可责授武昌军节度行军司马不签署本州公事制》：“特从幽黜，以肃朋邪。俾典午于方州，且省愆于散地。”（《元宪集》卷二十，中华书局，1985，第212页）

③ （宋）李焘：《续资治通鉴长编》卷一一六，第2721页。

书州事；祠部员外郎庞籍降太常博士、知临江军。坐奏论事不实，籍合追见任，更罚铜十斤勒停，讽合罚铜三十斤。讽又以不候旨擅归兖州，合罚铜九斤，特有是命。吴守则不候省司磨勘，进状乞酬奖转官，合罚铜九斤，该赦原追纳。东头供奉官、前知齐州李逊移小处知州，知宿州董储移通判差遣，知信州滕宗谅移监当差遣，知湖州安吉县范拯降上佐官，监都进奏院石延年落校勘，同判差遣。仍降敕榜曰……①

这段文字当是源自当时司法机关的判词，其中涉及的人员皆和范讽“党案”有关。庞籍是弹劾范讽之人，吴守则是范讽虚报磨勘转官者，二人的罪状都清晰明了，且处罚较轻。另外李逊、董储、滕宗谅、范拯、石延年都被降官贬黜，但是没有言明罪状，当都是“与讽善者”，也当是被定为“结党”之罪。就在这一干人等遭贬的同时，宰相李迪也因“素党范讽”遭到贬斥。②

坐范讽党案者，大多为京东士人，可以称为“东州党”。李迪与李逊为兄弟，濮州人，与范讽为姻亲。李逊之前曾知齐州，李迪早年也多在京东路任职。③ 石延年，应天府人，与范讽关系密切，一直被公认为“东州逸党”中最有影响的人物。董储，密州人，能诗善书，有名宝元、庆历间。④ 滕宗亮，河南洛阳人，司马光《涑水记闻》云：“范讽性倜傥，好直节，不拘细行。自在场屋，与鞠咏、滕宗谅游，已有轩轾

---

① 《宋会要辑稿》职官六四，刘琳等点校，第4784～4785页。《续资治通鉴长编》卷一一六有相近的记载，内容可参看第2721页。

② （宋）李焘《续资治通鉴长编》卷一一六：“（景祐二年二月）戊辰，工部尚书、平章事李迪罢为刑部尚书、知亳州。……己巳，改新知亳州李迪知相州……庚辰，降资政殿大学士、兼翰林侍读学士、刑部尚书李迪为太常卿、知密州……既坐范讽姻党罢政。”（第2722～2723页）

③ 李迪生平见《宋史》卷三一〇《李迪传》，第10171～10175页。李逊生平参见翟新礼《李迪及北宋濮州李氏家族研究》，硕士学位论文，河南大学，2007。

④ （宋）苏轼《跋董储书》：“董储郎中，密州安丘人，能诗，有名宝元、庆历间。其书尤工，而人莫知，仆以为胜西台也。”（《苏轼文集》卷六十九，孔凡礼点校，中华书局，1986，第2182页）

之名。”[①] 范拯，生平不详。[②] 列入党籍的范讽、李迪、李逊、石延年、董储皆为东州人，朝廷实则贬斥了一个以京东籍贯官员为主的朋党。无论“东州逸党”还是“东州党”的关键人员都是范讽，两份名单之中也皆有石延年。另外一位“东州逸党”核心成员——刘潜可能因为官职太低而没有被列入党案。如果从交游和地域的标准来看，李迪、李逊、董储也大致可以纳入“东州逸党”名单中。“与范讽雅相善”的滕宗谅虽然不是京东人，“尚气，倜傥自任，好施与”的作风和“东州逸党”也颇相近。[③] 至少可以肯定，“东州逸党”成员与“东州党”成员存在高度的重合。

颜太初作诗斥责“东州逸党”，不久之后朝廷就打压了“东州党”，“东州逸党”的两位最核心成员——范讽、石延年皆因结党获罪。“东州逸党”是如何衍生为“东州党”的？颜太初和庞籍同时以同样的罪名打击范讽，背后是否存在更深层的关联呢？

三　“废后之争”的余波

如果进一步考察“东州逸党”和“东州党”之间的关联，会发现和明道二年（1033）的“废后之争”有着联系。围绕废后一事，朝廷分裂成了两派，形成一次小规模的党争。无论是作《东州逸党诗》的颜太初，还是在朝堂弹劾范讽的御史，都与这次党争有关联。

台谏与宰执之间的“废后之争”是北宋仁宗朝前期的大事件。仁

① （宋）司马光：《涑水记闻》卷三，邓广铭、张希清点校，中华书局，1989，第61页。

② 《续资治通鉴长编》《宋会要辑稿》皆作“范拯”。据前引《宋会要辑稿》可知“范拯”因党案贬为“上佐官”，《续资治通鉴长编》卷一一六对“范拯”官职有更为明确的记载，云：“殿中丞、知吉安县范拯为和州司马。”宋庠《和州司马范极可泰州司马制》中“范极”与“范拯”生平吻合，云：“敕：具官范极，早籍铨流，洊擢殿格。向坐势交之援，实从军佐之迁。属乃禋燔，大霈恩号。涤瑕有典，易地为宜。勉新令图，尚弭前悔，可。”（《元宪集》卷二十，第261页）“拯”与“极”字繁体形相近，易出现讹误。范氏名讳与生平有待详考。

③ （元）脱脱：《腾宗谅传》：“与范讽雅相善，及讽贬，宗谅降监池州酒……宗谅尚气，倜傥自任，好施与，及卒，无余财。”（《宋史》卷三〇三，第10037～10038页）

宗年幼登基，章献太后刘氏垂帘听政，掌控皇权。明道二年（1033）三月章献太后驾崩，亲政不久的仁宗萌生废后之意，《续资治通鉴长编》卷一一三记载：

> 初，郭皇后之立，非上意，寖见疏，而后挟庄献势，颇骄。后宫为庄献所禁遏，希得进。及庄献崩，上稍自纵，宫人尚氏、杨氏骤有宠。后性妬，屡与忿争，尚氏尝于上前出不逊语，侵后；后不胜忿，起批其颊，上救之，后误批上颈，上大怒，有废后意。内侍副都知阎文应白上出爪痕示执政近臣与谋之。吕夷简以前罢相故怨后，而范讽方与夷简相结。讽乘间言后立九年无子当废，夷简赞其言。[①]

废后事件的直接导火索是皇后郭氏骄妒争宠而误伤仁宗，背后实则掺杂着宫廷权斗因素。[②] 仁宗的废后意图得到了部分臣僚的响应，宦官阎文应为仁宗谋划争取大臣的支持，三司使范讽为废后提供法理依据，宰相吕夷简赞同废后之说。然而废后引起了台谏的集体抗议。右司谏范仲淹曾在“上意未决”时，“极陈其不可”，[③] 但是未能阻止废后的发生。十二月“乙卯，诏称皇后以无子愿入道，特封为净妃、玉京冲妙仙师，赐名清悟，别居长宁宫”[④]。当日台谏劝阻废后的章疏不得入，权御史中丞孔道辅与右司谏范仲淹率领知谏院孙祖德、侍御史蒋堂、侍御史郭劝、侍御史杨偕、侍御史马绛、殿中侍御史段少连、左正言宋郊、右正言刘涣“伏阁请对”，孔道辅“抚铜环大呼曰：‘皇后被废，奈何不听台谏入言’”。[⑤] 台谏与宰相吕夷简发生正面冲突，但仍未能阻止废后。“废后之争”的结果是台谏落败，范仲淹、孔道辅被贬，其余

---

① （宋）李焘：《续资治通鉴长编》卷一一三，第2648页。
② 参看杨果、刘广丰《宋仁宗郭皇后被废案探议》，《史学集刊》2008年第1期。
③ （宋）李焘：《续资治通鉴长编》卷一一三，第2648页。
④ （宋）李焘：《续资治通鉴长编》卷一一三，第2648页。
⑤ （宋）李焘：《续资治通鉴长编》卷一一三，第2648页。

涉事台谏官员受到了不同程度的责罚。

范讽是“主废后派”的重要人物，但没有引起足够的重视。学界一般认为明道二年的“废后之争”是范仲淹领导的台谏力量与吕夷简为首的宰辅内侍势力之间的正面冲突，引发北宋前中期政坛的波动，如学者梁天赐所言：“北宋党祸，滥觞于仁宗朝。其开之者为废后之争，余波所及则有景祐与庆历之朋党。”① 在北宋党争研究的视野中，“废后之争”经常被放在“吕范之争”的议题中进行讨论。范仲淹和吕夷简在这场小规模的党争中的作用、意义成为讨论的核心问题，党争中的其他成员未得到足够的关注。② 范讽是主张和推动废后的关键性人物，他参与了废后的谋划，其“后立九年无子当废”的建议成为仁宗废后诏书中的官方理由。③ 在废后一事中范讽的推波助澜作用不小于吕夷简。那么范讽是否像吕夷简那样，卷入了日后持续的党争中呢？答案是肯定的，在此后的一两年内，范讽遭受到了台谏的弹劾和攻击。

景祐（1034～1038）年间台谏弹劾范讽就是“废后之争”的余波。在“废后之争”时落于下风的台谏并没有放弃对此事的关注，弹劾范讽就是其中重要的内容之一。曾参与“俯阁请对”的侍御史蒋堂就将矛头明确指向范讽，胡宿在为蒋堂撰写的神道碑中曰：

> 时三司使范讽高虚废务，公以为忧。顷之以侍御史出为江南东路转运使。辞日，面陈讽放逸不事事，大骤厥职。仁宗领之，未几讽罢。④

① 梁天锡：《北宋台谏制度之转变》，《能仁学报》1994 年第 3 期。

② 相关研究参看王德毅《吕夷简与范仲淹》，载《宋史研究论集》第 2 辑，台湾新文丰出版社，1972，第 137～210 页；王瑞来《范吕解仇公案再探讨》，《历史研究》2013 年第 1 期。

③ 仁宗废后诏书中的官方理由正是采纳了范讽之言。《皇后郭氏封净妃玉京冲妙师诏令》：“皇后郭氏：省所奏，为无子愿人道者，事具悉。”（载司义祖整理《宋大诏令集》卷二十，中华书局，1962，第 95 页）。

④ （宋）胡宿：《宋故朝散大夫尚书礼部侍郎致仕上柱国安乐县开国侯食邑一千三百户赐紫金鱼袋赠吏部侍郎蒋公神道碑》，《文恭集》卷三十九，册六，商务印书馆，1935，第 462 页。

范讽景祐元年（1034）二月免三司使，此和蒋堂的弹劾有着密切的关系。蒋堂利用放外任“面辞”的宝贵机会，特意弹劾范讽，指斥的罪状为“放逸”至玩忽职守。前引《石林燕语》已经提到庞籍“独奏讽”，对此司马光在庞籍墓志铭中有更详细的记载：

> 龙图阁学士范讽喜放旷，不遵礼法，士大夫多慕效之，又为奸利事，公屡奏其状，不报。会除祠部员外郎、广南东路转运使，将之官，复奏言之，且曰：“苟不惩治，则败乱风俗，将如西晋之季，不可不察。”有诏置狱，以覈其实。狱成，讽坐贬鄂州行军司马，仍下诏戒天下风俗。[①]

可见庞籍弹劾范讽的罪名与蒋堂如出一辙，只是庞籍更为用力。《皇宋通鉴长编本末》有“恶范讽”篇，比较详细地梳理了庞籍数劾范讽为奸利事的始末：景祐元年（1034）八月庞籍上疏弹劾范讽结交尚美人之父尚继斌并为尚继斌姻亲吴守则矫奏改官；十月庞籍在赴广南路转运使之前，继续上疏重申范讽结交外戚尚继斌，并弹劾范讽“假翰林银器数千两自随”与低价购买公田的贪赃事；之后“诏即南京置狱”，范讽与庞籍置对，范讽最终被贬。[②] 如果联系之前弹奏尚美人事，[③] 庞籍至少弹劾了废后事件的两位责任人——尚美人、范讽，隐约显示出范讽结交尚美人与其父尚继斌的线索，间接指向范讽主张废后的不正当性。其时官居殿中侍御史的庞籍不在“伏阁请对”的台谏名单中，但是从后来的行为来看，他反对废后的立场应该与孔道辅、范仲淹保持一致。如果说台谏“伏阁请对”是一次集体行为，那么蒋堂与庞

① （宋）司马光：《太子太保庞公墓志铭》，《司马光集》卷七十六，李文泽、霞绍晖点校，第1543页。

② （宋）杨仲良：《皇宋通鉴长编纪事本末》卷三十七，李之亮校点，黑龙江人民出版社，2006，第635～637页。

③ （宋）李焘《续资治通鉴长编》卷一一四：“（景祐元年四月）丁酉，殿中侍御史庞籍为开封府判官，尚美人遣内侍称教旨免工人市租。籍言祖宗以来，未有美人称教旨下府者。帝为杖内侍，切责美人……”（第2673页）

籍先后用几乎同样的罪名弹劾范讽也可视为有组织的行动。

作诗斥责“东州逸党”的颜太初背后活跃着孔道辅的身影。在“废后之争”中，孔道辅表现最为激昂愤慨，是“反废后派”最主要的领导者。① 全力弹劾范讽的御史中的一位参与了孔道辅领导的“伏阁请对”，另一位被孔道辅赞赏为“天子御史”②。两人先后在朝堂向范讽发难之际，孔道辅在徐州将儒生颜太初收入麾下。颜太初，字淳之，徐州彭城人，有时名，“喜为诗，多讥切时事”。③ 因反对废后被黜知徐州的孔道辅对前来拜谒的颜太初极为赏识，并命之代笔。④ 联系到“太初作《东州逸党诗》，孔道辅深器之”，《东州逸党诗》极可能是颜太初的干谒或代笔之作。《东州逸党诗》将矛头直接指向范讽，在痛斥其放纵败坏礼法的言行与影响之后，言辞更加激烈：

> 幸有名教党，可与决雄雌。所嗟九品贱，不得立文墀。贾谊惟恸哭，梁鸿空五噫。终削南山竹，冒死指其疵。愿乘九庙灵，感悟宸心知。赫尔奋独断，去邪在勿疑。分捕复大索，憸人无孑遗。大者肆朝市，其徒窜海湄。杀一以戒万，是曰政之基。千奴共一胆，胆破众自隳。无使永嘉风，败乱升平时。⑤

颜太初自叹身份卑微，不能直接向皇帝陈述“逸党”罪行，只能通过诗歌上达天听，并明确向皇帝提出了惩罚“逸党”的建议，“大者

① 参见仝相卿《北宋孔道辅研究三题》，《华中国学》2014 年第 1 期。

② （宋）司马光《太子太保庞公墓志铭》：“明道中，召入为殿中侍御史……中丞孔公道辅尝谓人曰：‘今之御史，多承望要人风指，阴为人用，独庞君天子御史耳。’”（《司马光集》卷七十六，李文泽、霞绍晖点校，第 1542 页）

③ （元）脱脱：《宋史》卷四四二，第 13086 页。

④ 孔道辅明道二年（1033）十二月贬知泰州，之后归省兖州，景祐元年（1034）下半年改知徐州，至景祐二年（1035）四月移知兖州（孔道辅仕宦经历参见仝相卿《北宋孔道辅研究三题》）。另据毕仲荀《幕府宴谈录》记载，孔道辅知徐州时“会颜淳之来谒公，即命代笔”［载（宋）佚名《新编分门古今类事》卷五，中华书局，1985，第 62 页］。

⑤ （宋）颜太初：《东州逸党诗》，载（宋）吕祖谦编《宋文鉴》卷十六，齐治平点校，第 219 页。

肆朝市”，对范讽要杀之而后快；对党羽则“窜海湄”，全部贬谪，读来不禁让人脊背生寒。诚如司马光所言“其文多指讦”①，如此言辞激进的诗歌却得到了孔道辅的赞赏和奖励：“时范讽以罪贬，同党皆坐斥，齐（笔者按：蔡齐）与道辅荐太初。”② 如果放在“废后之争”的背景下去理解，大概就不会觉得诧异了。范讽是孔道辅在“废后之争”时主要的对手之一，此时孔道辅对范讽的态度恐怕也难免有朋党之争的意气。昔日的下属在朝堂不断弹劾范讽，孔道辅支持颜太初作诗讥斥范讽实为策略上的遥相呼应。

颜太初《东州逸党诗》在打击范讽的过程中确实起到了重要的作用。侍御史蒋堂的弹劾导致范讽落职三司使，侍御史庞籍的屡次弹劾导致范讽“置狱”，范讽最终以结党的罪名遭到贬斥。蒋堂、庞籍弹劾范讽的奏状皆不存世，但从今存的只言片语来看，其主要攻击范讽放纵不法、败乱风俗，并未将结党作为弹劾的罪状。颜太初旗帜鲜明地指出“东州逸党”的存在，并指认范讽为党魁，此成为“东州党”罪名的直接源头。“废后之争”从政争最终演化为党争，颜太初指斥的“逸党”在台谏有组织的攻击下最终被定性为“朋党”。

四 “东州逸党”与士大夫的分野

颜太初讥斥“东州逸党”固然掺杂着党争的因素，也明确表达了通过政治手段打压和消灭“东州逸党”的愿望，但所列举的“逸党”种种“罪行”和政治斗争并没有直接的联系。在诗歌中颜太初以“名教党”自居，将“逸党”视为对立者，以“礼法”为衡量标准划分出两个界限分明的阵营。那么有必要对《东州逸党诗》进行新的考察，这样才能厘清“名教党”与“逸党”分野的原因。

在现代学术视域中“东州逸党”被定性为一个诗人群体，而在当

① （宋）司马光：《颜太初杂文序》，《司马光集》卷六四，李文泽、霞绍晖点校，第1325页。

② （元）脱脱：《颜太初传》，《宋史》卷四四二，第13087页。

时这一群体因富有个性的生活方式引起人们的关注。石延年的存在使得“东州逸党”的诗歌成就格外引人注目，但是时人关于“东州逸党”的描述中，基本没有涉及诗歌创作，至少未将诗歌作为关注的重点。颜太初的长诗对“东州逸党”的面貌有较为全面的描述，在此还需征引相关的内容：

昔在典午朝，国祚向陵夷。日向中夜出，赫赫来东陲。地向太极裂，中有苍鹅飞。高厚灾且异，人妖亦繁滋。始有竹林民，怪诞名不羁。次有夷甫辈，高谈慕无为。沉湎多越礼，阮籍兼辅之。虚名能饰诈，光逸与王尼。何曾有先见，不能救其衰。张华徒竭力，无以扶其危。至今西晋书，读之堪涕洟。尔来历千年，炎宋运重熙。东州有逸党，尊大自相推。号曰方外友，荡然绝四维。六籍被诋诃，三皇遭毁訾。坑儒愚黔首，快哉秦李斯。与世立宪度，迂哉鲁先师。流宕终忘反，恶闻有民彝。或为童牧饮，垂髫以相嬉。或作《概量歌》，无非市井辞。或作《薤露唱》，发声令人悲。或称重气义，金帛不为赀。或曰外形骸，顶踵了无丝。尘聚复优杂，何者为尊卑。遥闻风波民，未见如调饥。偶逢绅带士，相对如拘縻。①

颜太初主要批判京东士人中所盛行的“逸风”，并且将源头上溯到魏晋时期。诗歌先列数了魏晋时期的竹林七贤、王衍、光逸、王尼等名士的怪诞不羁、清言玄谈、沉湎越礼、虚名饰诈等行径，并将之概括为“永嘉风”。所谓“永嘉风”的种种行为、风尚基本是对“魏晋风流”的否定性描述，并将之归结为西晋衰败的重要原因。京东“逸风”被视为“永嘉风”的延续，思想学术上表现为诋毁儒家经典，不尊儒教；崇尚纵酒悲歌、重义轻财、放浪形骸、尊卑不分

① （宋）颜太初：《东州逸党诗》，载《宋文鉴》卷十六，吕祖谦编、齐治平点校，第218页。

的生活方式。在颜太初的描述中，“东州逸党”的思想和生活方式是“竹林七贤”“江左八达”等魏晋名士放纵不守礼法的士风的再现。但颜太初言辞不免夸饰，范讽、石延年、刘潜等并未像魏晋名士那样公然抗拒“名教”，[①] 欧阳修就不认为“东州逸党”的行为违背礼教。庆历元年（1041）欧阳修在所作《石曼卿墓表》中评论石延年：“状貌伟然，喜酒自豪，若不可绳以法度。退而质其平生，趣舍大节无一悖于理者。”[②] 此可以看作是对以颜太初言论为代表的激愤言辞的一种回应。

朋饮是“东州逸党”主要的群体活动，颜太初所斥责的放逸不法的行为基本都和朋饮有关。作为一个群体，“东州逸党”因酒而集结，《续资治通鉴长编》曾如此描述：“讽日饮酒自纵，所与游者，辄慕其所为，时号‘东州逸党’。”[③] 不仅范讽“饮酒自纵”，石延年、刘潜皆以豪饮而著称于时。身居高位的范讽在京东士人中具有一定的影响力，成为朋饮之风的主要倡导者。明道二年（1033），应天府宋城的张方平游历山东，得到知青州范讽赏识，曾有机会参与当时的朋饮活动，其《谢苏子瞻寄乐全集序》记述了这段经历：“山东士人若刘潜、吴颢、石延年、韦不伐、陈靖、田度、马武十数人，皆负豪杰之气不得骋，相与纵酒为高。仆年少好奇论，与诸酒徒游……”[④] 此时相与游从的士人

① 明清时期有范讽“居丧饮酒”之说，此不足为据。（明）邵经邦《弘简录》卷一百四十六：“讽性旷达，捭阖图进，不守名检，所与游石延年、刘潜之徒，喜豪放，居丧饮酒，不循礼法，后生多效慕，号‘东州逸党’。颜大初作诗刺之，姜潜又贻书以疏其过。”［清康熙二十七年（1688）邵远平刻本，第3216页］另清人彭孙贻《茗香堂史论》也有近似记载，只是文字略有不同［清光绪十年（1884）巴陵方氏刻《碧琳琅馆丛书》本，第243页］。此段文字与前引《宋史·范讽传》近似，而后者并无“居丧饮酒”之说。前已考知颜太初《东州逸党诗》作于景祐元年（1034）至二年（1035），据《续资治通鉴长编》卷一二〇“景祐四年（1037）秋七月丁未”条可知，讽母丧于景祐四年（第2834页），故范讽“居丧饮酒”而颜太初“作诗刺之”之记载不实。“居丧饮酒”之说应是对“景祐四年秋七月丁未”条文字的误读，限于篇幅，此不赘述。

② （宋）欧阳修：《石曼卿墓表》，《欧阳修诗文集校笺》，洪本健校笺，上海古籍出版社，2009，第666页。

③ （宋）李焘：《续资治通鉴长编》卷一二〇，第2834页。

④ （宋）张方平：《谢苏子瞻寄乐全集序》，《张方平集》卷三十四，郑涵点校，中州古籍出版社，2000，第565页。

大多仕途不显，志不得骋，应当就是被颜太初指为“方外友”的重要成员。豪杰之士皆是“纵酒为高”的“酒徒”，朋饮自然是群体的主要活动。颜太初所谓“东州逸党”的种种“罪行”，主要是宴饮中“饮酒自纵”的表现。有学者认为“或作《概量歌》，无非市井辞。或作《薤露喝》，发声令人悲”是颜太初批评“东州逸党”“创作粗俗，或哀乐由己”，[①] 恐怕是一种误解，此处的“歌”和“喝”不一定是指诗歌写作，更可能是指酒酣耳热时的“歌吟呼啸”。时人田况的一段话可以视为对《东州逸党诗》的注释：“（范讽）好朋饮，高歌嗷呼，或不冠帻，礼法之士深疾之，时人颜太初作《东州逸党诗》以讥。”[②] 田况的这段描述相对颜太初而言更加平和中正，从中可以看到魏晋名士纵酒高歌、率性自然的流风遗韵。

范讽等人朋饮时所展现的“逸风”实为一种“文人习性”。文人（或文士）是士大夫阶层因“能文”而获得的一重文化身份，往往和官吏、儒生相对而言。除了“能文”之外，文人还具有独特的气质禀赋、趣味爱好、生活方式。朱熹曾如此评论韩愈、欧阳修、苏轼三位文章大家：“大概皆以文人自立。平时读书，只把做考究古今治乱兴衰底事，要做文章，都不曾向身上做工夫，平日只是以吟诗饮酒戏谑度日。”[③] 朱熹于言语之间对三位文人颇有微词，却也大致勾勒出“文人”的特征：一是读书作文，二是“吟诗饮酒戏谑”的“文士浮华放浪之习”[④]。文人作为知识阶层，以读书作文为立身之道，但同时也在习性上与官吏、儒生具有区分性。纵酒高歌、放浪形骸的“东州逸党”延续了汉魏以来的文人习气。被朱熹称为文人的欧阳修如此描述“东州逸党”的朋饮：“极饮大醉，歌吟笑呼，以适

① 参见崔海正《北宋“东州逸党”考论》。

② （宋）田况：《儒林公议》卷下，张其凡点校，中华书局，2017，第 68 页。

③ （宋）黎靖德编《朱子语类》卷一三〇，王星闲点校，中华书局，1986，第 3113 页。

④ （宋）朱熹《王氏续经说》：“至于退之《原道》诸篇，则于道之大原若有非荀、杨、仲淹之所及者，然考其生平意向之所在，终不免文士浮华放浪之习，时俗富贵利达之求。”［载（宋）朱熹撰，刘杰人等编《朱子全书》第 23 册《晦庵先生朱文公文集》卷六十七，上海古籍出版社、安徽教育出版社，2002，第 3283 页。］

天下之乐。”① 他就多了一份“了解之同情”，甚至表现出赞许与羡慕。被称为“礼法之士”的颜太初自居“名教党”，有着强烈的“儒生”身份认同感，对“东州逸党”的指认与批判的表象下是对文人习性的反感与焦虑。

颜太初作《东州逸党诗》引发了京东士人的阵营分化。他对“东州逸党”的指认与批评很快获得了儒生群体的认可与支持，形成反对“东州逸党”的儒生联盟。孔道辅因此而器重颜太初，二人分别为孔子、颜渊的裔孙，这使其联合具有了象征意义。前文提到姜潜“尝贻书以疏其过”，今其书信不存于世，但大致可以推测批评范讽的内容应与颜太初接近。姜潜是“仁宗朝老儒先生”②，此时正师从道学三先生之一的石介。石介致书知徐州的孔道辅举荐姜潜，将之与颜太初相提并论，并透露出投奔门庭之意。③ 天圣、景祐年间，石介、孙复、孔道辅、姜潜等人在泰山、徂徕一带为复兴儒道而结盟，④ 将摈斥“西昆体”时文作为复兴儒学的重要策略，痛斥西昆文人“穷妍极态，缀风月，弄花草，淫巧侈丽，浮华纂组”⑤，对具有唯美主义倾向的诗文表现出极度的警惕和痛恨。打压具有文人习性的“东州逸党”的颜太初自然很容易获得这一群体的认可，他的背后清晰地浮现出一群京东儒生的身影。围绕批判“东州逸党”的事件，京东儒生自觉地结合为一个阵营，同时加剧了儒生与文士之间的分野与冲突。

文人与儒生的分野与冲突成为宋代重要的社会现象。二者都是士大

---

① （宋）欧阳修《释秘演诗集序》极具现场感地再现了石延年、释秘演等人的“诗酒风流”：“曼卿隐于酒，秘演隐于浮屠，皆奇男子也。然喜为歌诗以自娱，当其极饮大醉，歌吟笑呼，以适天下之乐，何其壮也！”（《欧阳修诗文集笺注》，洪本健校笺，第1052页）

② （宋）吕本中《童蒙训》：“姜潜至之，仁宗朝老儒先生也。”（商务印书馆，1937，第99页）

③ （宋）石介《上孔徐州书》：“颜太初，鲁人也，实能焉，则阁下已得之矣。有姜潜，故史馆屿之侄也，介素所畏服。其人存心笃道，好学服善，乐死忠义，能守志节，亦能佐阁下行道者也，阁下俱收之。使介三人佐阁下，道其不行乎？”（《徂徕石先生文集》卷十二，陈植锷点校，中华书局，1984，第171页）

④ 相关内容参见拙作《石介将孙复推上“文公儒师”之位》，《文史知识》2013年第8期。

⑤ （宋）石介：《怪说》，《徂徕石先生文集》卷五，陈植锷点校，第63页。

夫的文化身份，可以兼容于一身，但不同主体往往因为天赋秉性及现实际遇的差异而表现出不同的身份认同和侧重。文人、儒生也并非绝对固守知识的边界，但是大部分可以明确地归属到文人或者儒生的阵营中。自汉魏以来文人身份逐渐获得更多的认同，存在的合法性也在逐步确立，文人的审美追求和趣味不断彰显，同时也表现出对士大夫身份的疏离。在儒学成为思想主流的语境中，儒生为士大夫的主导文化身份，往往用“以道自任”的姿态掌握着“文”的价值与意义的解释权，不断尝试对文人身份的解构与重塑。① 汉代扬雄兼擅经术与辞赋，却认为辞赋为“雕虫小技，壮夫不为”，消解自己文人身份的意义。士大夫对文人的地位提升常常保持着警惕的态度，即使是文学成就极高的士大夫也是如此。② 魏晋已降，儒学呈衰微之势，文学大放异彩，“原道”“宗经”“征圣”等观念对文学仍然具有普遍的指导意义。唐代士大夫推崇以张九龄为代表的“文儒”人格，韩愈、柳宗元主张“文以明道”，其初衷为复兴儒学，但是也可以看出文与儒的分野已经成为亟待解决的社会问题。北宋复兴儒学的思潮涌起，石介、孙复为理学的先驱者，宋初的京东路在他们的倡导下成为儒学复兴的重镇。他们主张“辞赋害道”，导致文与儒之间的关系呈现出紧张的对立。③ 程颐进一步宣扬“作文害道”的观念，从根本上否定传统的文人及“文人之文”，文人与儒生之间的分歧进一步凸显，“周程、欧苏之裂”就成为不可避免的现象。④ 宋代文学家和理学家分别承担起各自领域的知识生产与价值观念的建构，诗文革新和新儒学都取得了超越前代的成就，伴之而来的文

① 李春青《趣味的历史》（生活·读书·新知三联书店，2014）第三章“文人身份的生成与文人趣味之表征”、第四章“文人趣味的特征与功能”系统地探讨了文人身份形成以及与儒生的冲突等问题，可参看。

② 汉灵帝设置鸿都学门招纳辞赋书画之士，蔡邕作为当时的文坛宗主仍上封事反对，曰：“夫书画辞赋，才之小者，匡国理政，未有其能……而诸生竞利，作者鼎沸。其高者颇引经训风喻之言；下则连偶俗语，有类俳优；或窃成文，虚冒名氏。”（《后汉书》卷六十下，中华书局，1965，第1996页）

③ 拙作《害道者莫甚于赋——从科举的角度看石介“时文害道”观念》（《阅江学刊》2013年第3期）对宋初京东儒生的“辞赋害道”思想有所论述，可供参看。

④ 关于“周程、欧苏之裂”，可参看朱刚《唐宋“古文运动”与士大夫文学》第二章第四节“‘周程、欧苏之裂’与宋代士大夫文学”（复旦大学出版社，2013，第105~123页）。

人与儒生之间的界限也越来越清晰。思想领域的分歧往往又延伸到政治生活和日常生活，从“东州逸党”事件到“周程、欧苏之裂”，表明儒生与文士的分野从局部区域纷争发展为全国性的现象。

结　语

“东州逸党”不能简单视为一个文人群体的名称，也应看作一个历史现象，核心事件是颜太初等人对“东州逸党”的批判与打压，本质是士大夫阶层的分歧与分野。在复兴儒学的背景下，对“文”进行新的规范和价值构建成为复兴儒道的重要内容，以颜太初、石介、姜潜等为代表的儒生表现出强烈的身份认同和“以道自任”意识，掀起一股打压魏晋以来的追求艺术化的诗文以及文人传统的浪潮。范讽、石延年、刘潜等人朋饮时表现出的文人传统作风很容易引起儒生的警觉和排斥。而此时，“废后之争”中落败的孔道辅、庞籍、蒋堂等台谏将矛头指向范讽，打压“东州逸党”的儒生和敌视范讽的台谏合流，从而在朝野形成讨伐范讽及“逸党”的热潮，而最终制造了范讽“党案”。如果说孔道辅、庞籍、蒋堂等人以官员的立场打压政敌具有一定的偶然性，那么颜太初、姜潜、石介等以儒生的立场打压文人就是一种历史必然。“东州逸党”现象不仅是个文学问题，同时牵涉政治、儒学问题，是北宋士大夫阶层因政治立场、儒学主张、文学观念分歧而发生的分野。

少陵足迹与文本激活：南宋巴蜀诗歌中的杜甫记忆

◇黄楚蓉*

摘　要：巴蜀地域的许多地景空间、意象等，因杜诗的书写而经典化，随着宋代尊杜、崇杜诗学风尚的盛行，巴蜀地域在宋人眼里已经紧密地与杜甫相连，杜甫成为宋代巴蜀诗歌频繁追忆的对象，对于重经杜甫巴蜀足迹的诗人来说，巴蜀山川触发了他们对杜甫与杜诗的记忆。南宋巴蜀诗歌中的杜甫记忆，呈现出三种主要表现形式：杜诗意象、风景的唤起，杜甫遗迹、遗踪的凭吊与亲访，生命的共感与精神的共振。这三种记忆形式都伴随着杜甫足迹上的文本激活，在诗人们的地域感知、对杜甫的追怀、与杜甫精神情感的共鸣等层面呈现出来。

关键词：南宋　巴蜀诗歌　杜甫

杜诗被宋人选为诗学典范，杜甫的“诗圣”地位、杜诗的“诗史”价值与“集大成”的艺术成就，都是在宋代得以确立的。从北宋中叶开始的学杜、崇杜的诗学风尚，一直持续到南宋后期。巴蜀地域，作为杜甫人生旅途的重要驿站，也成就了杜诗创作的一大高峰。巴蜀地域的许多地景空间、意象等，因杜诗的书写而经典化，巴蜀这一方土地，在宋代许多诗人眼里，已经紧密地与杜甫相连，杜甫成为宋代（主要从北宋后期开始）巴蜀诗歌频繁追忆的对象，对于重经杜甫巴蜀足迹的诗人来说，巴蜀山川触发了他们对杜甫与杜诗的记忆。

南宋巴蜀诗歌包含入蜀诗人与巴蜀本籍诗人在巴蜀地区的诗歌创作，相对于本籍诗人，入蜀诗人对于与杜甫有关的巴蜀山川抱有更敏锐

* 黄楚蓉，长沙理工大学文学与新闻学系教师，主要研究方向为唐宋文学。

的感知与更浓厚的兴趣，这些诗人包括王十朋、陆游、范成大等。巴蜀本籍诗人也在踏上杜甫巴蜀踪迹的同时，抒发着对杜甫的追怀，在南宋后期巴蜀地区频受金军、蒙古军侵袭的危难局势下，杜甫“位卑而忧国”的爱国精神也深切地影响了本籍诗人的诗歌创作，这一类杜甫记忆有着与杜甫精神共振的特点，也染上了鲜明的时代色彩。本文所探讨的巴蜀本籍诗人，主要有喻汝砺、李流谦、程公许等。入蜀诗人与本籍诗人，在巴蜀各地宦游，他们以自身的宦游经验与情感体认着杜甫当年流寓巴蜀的生命情感，这是对杜甫更深层次的追忆、理解与同情。梳理这些诗人诗作中的杜甫记忆，笔者发现，南宋巴蜀诗歌中的杜甫记忆，呈现出以下三种表现形式。

一 杜诗意象、风景的唤起

对于行走在巴山蜀水间并亲历着杜诗山川物象的诗人们来说，与杜甫相关的巴蜀地名、意象、风景、民俗等被眼前鲜活的所见所闻唤起，这些真实的山川风物似乎是从杜诗文本中走出的，给诗人们带来了兴奋与惊喜。

正如王十朋在《过虎牙》诗中感慨的“天遣西来亦大奇，眼中浑是少陵诗”①，乾道元年（1165）西行入夔任夔州知州的王十朋惊喜地发现，自己西来的旅途上，满是杜诗中的风景。王十朋于这一年由知饶州任改知夔州，启程后沿江南西路、荆湖北路西行。当他进入荆湖西部地区，尤其是从峡州开始溯峡而上的旅程，与杜甫当年离开夔州顺流而下的足迹发生了重合，所以这段旅途可谓“浑是少陵诗”。不仅是入夔旅途，王十朋知夔州期间所见的山川物象，在在启动着他的杜诗记忆，让诗人感受到无处不在的杜甫身影，追忆起无处不在的杜甫诗句。

上引《过虎牙》作于行经峡州虎牙山时，诗人联想到杜甫当年出

① （宋）王十朋：《过虎牙》，《王十朋全集》诗集卷二十，上海古籍出版社，1998，第356页。

峡时经此地而作的《虎牙行》，杜诗中有"洞庭扬波江汉回，虎牙铜柱皆倾侧"① 之句，王十朋遂与当时行旅艰难的杜甫比较道："虎牙铜柱为我好，却胜先生出峡时"，感叹自己如今在虎牙山的旅况倒是胜于先生出峡之时。又如抵达夔州前所作的《枕上闻鼓角》记录下听到夔州鼓角声的切身感受："五更枕上梦还醒，初听夔州鼓角声。悲壮端如少陵语，它时送我更多情。"② 五更时分的鼓角声把诗人从梦中拉了出来，诗人瞬间意识到这就是杜甫那有名的"五更鼓角声悲壮，三峡星河影动摇"③ 中的"五更鼓角"。那震颤而辽远的鼓角声，真如"少陵语"所描绘的那样悲壮。它打通了400年时空距离，勾连起诗人和杜甫，让诗人动容和欣喜。

当王十朋抵达夔州后，眼前的山川风物又打开了一卷卷少陵的夔州诗卷。《初到夔州》诗序再次感叹道："乙酉十一月朔至夔，水落沙露，宛然在目，所历山川，皆少陵诗中景物也。"④ 这些山川物象，之前都躺在诗人脑海中的杜诗记忆库里，而现在都从记忆库中跳出来，活泼地呈现在诗人眼前。虽然这些山川风物诗人之前未曾亲眼见过，但那些意象和意境却早已因对杜诗的阅读而在脑海中留下了较深的印痕。所以，不是这些新鲜的、未曾见过的异地风物冲击着诗人，倒是这些风物启动了诗人先有的、基于杜诗记忆的幻影和想象。

诗人在《登诗史堂观少陵画像》中这样描述自己眼前的夔州山川："夔子江头吟处景，杜鹃声里拜时身。"⑤ 景是杜甫当年在峡江边吟咏之景，杜鹃声中浮现出杜甫拜杜鹃的身影。杜甫居成都时曾见杜鹃而拜之，因为相传古蜀国王杜宇之魂化为杜鹃，后来杜甫在云安再次见到杜

① （唐）杜甫：《虎牙行》，《杜诗详注》卷二十，（清）仇兆鳌注，中华书局，1999，第1806页。王十朋作于此时的《楚塞楼》中有"南标铜柱北虎牙"句，并在这句诗后自注道："杜诗'虎牙铜柱皆倾侧'，荆门铜柱在南，与虎牙相对。"（《王十朋全集》诗集卷二十，第357页）可见这些有名的峡州山川，直接牵连起的是诗人对杜诗相关描绘的记忆。

② （宋）王十朋：《枕上闻鼓角》，《王十朋全集》诗集卷二十，第358页。

③ （唐）杜甫：《阁夜》，《杜诗详注》卷十八，（清）仇兆鳌注，第1561页。

④ （宋）王十朋：《初到夔州》，《王十朋全集》诗集卷二十一，第365页。

⑤ （宋）王十朋：《登诗史堂观少陵画像》，《王十朋全集》诗集卷二十一，第372～373页。

鹃，却因久病不能再拜，作《杜鹃》诗。王十朋眼前的峡江景色、杜鹃啼声，带着他穿越到了当年杜甫在此地的耳目闻见面前，这江水仿佛是从杜诗中流出，杜鹃也是从杜诗中飞出，所有这一切，在诗人的凝望、倾听与追忆中化作了对杜甫的怀念。

当王十朋见到夔州当地接竹筒引水，立即联想到这种引水方式在杜诗中出现过，其《给水》诗的题注云："夔以竹筒引水，见于杜诗。"[①] 杜甫当年在夔州作有《引水》《信行远修水筒》等诗，写到这一引水方式。又如诗人品尝夔州本地柑橘而作《食柑》诗："萧山陆橘东坡传，夔子黄柑老杜诗。楚越相望五千里，西州滋味独侬知。"[②] 诗人由食柑而想到东坡笔下的萧山陆橘与杜诗中的黄柑，老杜在夔州瀼西种植过一片甘（柑）林，作有《阻雨不得归瀼西甘林》《甘林》等诗，前诗有"园甘长成时，三寸如黄金"[③] 之句。

以上便是让王十朋欣喜不已的"少陵诗中景物"，每次与这些物象、风光的初遇，都能通过视听神经的传导，迅速地启动诗人脑海中存储的杜诗记忆。从这一审美思维过程来看，诗人的行旅与异乡的实地经验，并不热衷于构建新的地域认知，而更乐于验证已有的杜诗文本经验。

除了王十朋，另外两位入蜀诗人陆游与范成大，也由亲见亲历的巴蜀山川，印证着自己脑海中的杜诗地名、意象、意境等。陆游《老学庵笔记》有言："予在成都，偶以事至犀浦，过松林甚茂，问驭卒：'此何处?'答曰：'师塔也。'盖谓僧所葬之塔。于是乃悟杜诗'黄师塔前江水东'之句。"[④] 暂不论此"师塔"是不是杜诗之"黄师塔"，但它直接牵引起陆游对杜诗中"黄师塔"的记忆，使得此塔在杜诗中找到了依托。

陆游于乾道八年（1172）正月离开夔州前往南郑，经过阆州时作

---

① （宋）王十朋：《王十朋全集》诗集卷二十一，第370页。

② （宋）王十朋：《王十朋全集》诗集卷二十二，第403页。

③ （唐）杜甫：《杜诗详注》卷十九，（清）仇兆鳌注，第1660页。

④ （宋）陆游：《老学庵笔记》，中华书局，1979，第117页。

有《南池》一诗："二月莺花满阆中，城南搔首立衰翁。数茎白发愁无那，万顷苍池事已空。陂复岂惟民食足，渠成终助霸图雄。眼前碌碌谁知此，漫走丛祠乞岁丰。"[①] 诗人在诗题后自注云："杜诗所谓'安知有苍池，万顷浸坤轴'者，今已尽废。"杜甫这两句诗出自其游赏阆州南池而作的《南池》。当年坐落于巴阆山谷中的万顷南池，此时早已消失，所以陆游的"万顷苍池事已空"是呼应杜甫的"万顷浸坤轴"，而此联的出句"数茎白发愁无那"也是化用了杜甫《乐游原歌》中的"数茎白发那抛得"[②] 句，两句皆用杜诗语典而形成巧妙工整的对仗。杜甫《南池》诗指斥此地淫祠巫祝之风的虚妄："歌舞散灵衣，荒哉旧风俗"[③]，陆游诗中亦有"漫走丛祠乞岁丰"的描述，一来记眼前的祠祀现状，足见阆中此风之盛，且绵延不绝；二来呼应杜诗当年的感慨，形成文本的对话。

淳熙二年（1175）正月，范成大离桂林赴蜀任四川制置使，行至夔州瞿塘关，作有《离巫山好晴，午后入瞿唐关，憩高斋半日》，诗歌末尾自注："高斋，即杜诗所谓'暝色延山径，高斋次水门'者。"[④] 此联出自杜甫寓居夔州时所作的《宿江边阁》，范成大此时于高斋休憩，故化用杜诗"山径""水门"之句来形容高斋："水门山径高斋外，一枕清风屏万金。"[⑤] 在高斋休憩了半日的诗人，也应看到了老杜诗中所描画的高斋"暝色"。

范成大于淳熙三年（1176）岁末作于成都的《新作官梅庄，移植大梅数十本绕之》记录了官居之时移植梅树以作官梅庄之事，诗中有"契阔西湖惭处士，飘零东阁似诗人"[⑥] 句，由官梅而联想到了两位和梅相关的人物，一是以爱梅著称的林逋，二是曾写过蜀州"东阁官

① （宋）陆游：《剑南诗稿校注》卷三，钱仲联校注，上海古籍出版社，2005，第 221 页。
② （唐）杜甫：《杜诗详注》卷二，（清）仇兆鳌注，第 103 页。
③ （唐）杜甫：《杜诗详注》卷十三，（清）仇兆鳌注，第 1095 页。
④ （宋）范成大：《范石湖集》诗集卷十六，富寿荪标校，上海古籍出版社，2006，第 219 页。
⑤ （宋）范成大：《范石湖集》诗集卷十六，第 219 页。
⑥ （宋）范成大：《范石湖集》诗集卷十七，第 242 页。

梅动诗兴”的杜甫。范成大自愧无林处士的隐逸高情，而异乡漂泊的状态倒是与流离蜀地的杜甫较为相似。“东阁”是指杜甫所写蜀州东阁之官梅，杜甫于上元元年（760）岁末在成都作有《和裴迪登蜀州东亭送客逢早梅相忆见寄》，此诗首联为：“东阁官梅动诗兴，还如何逊在扬州。”[①] 此联将见东阁早梅而起了诗兴的裴迪比作当年在扬州作《咏早梅》的何逊。杜甫因裴迪咏蜀州早梅，而联想起咏早梅的何逊。如今在成都移花而作官梅庄的范成大，又联想起了杜甫，可见，在范成大的诗歌记忆里，杜甫的“东阁官梅”成了书写梅花的新经典。

对杜甫“东阁官梅”的联想还出现在《蜀州西湖》一诗中，此诗为范成大离开成都途经蜀州时所作，诗中云：“谁云不解饮，我已荷香醉。湖阴玉婵娟，夐立红妆外。何须东阁梅，悠然自诗思。”[②] 诗人陶醉于蜀州西湖盛夏的荷香，满足地感慨道：牵惹起“我”悠然诗思的何必是老杜的东阁官梅呢，眼前馥郁的荷花香与娉婷白莲，风韵可谓丝毫不减“东阁梅”。蜀州是引发诗人联想到杜甫东阁官梅的直接触发点。在范成大这里，蜀州和杜甫的“东阁梅”意象紧密关联，蜀州这一地域和“东阁梅”的意象形成对应、象征的关系。

综上可见，巴蜀许多山川风物经杜甫的诗歌书写而经典化，许多地名成为巴蜀的文学地标，许多意象凝定成巴蜀地域符号。这些地名、意象与风景激活了亲历这一地域的诗人们的杜诗记忆，使得夔州的五更鼓角、杜鹃的啼鸣仿佛从杜诗中传出来，夔州蜿蜒山间的竹筒、阆州的南池、蜀州的官梅是从杜诗中映现出来的。

二　杜甫遗迹、遗踪的凭吊与亲访

有学者指出，从北宋中叶到南宋中叶，宋人对杜甫之推崇的主要表

① （唐）杜甫：《杜诗详注》卷九，（清）仇兆鳌注，第781页。

② （宋）范成大：《范石湖集》诗集卷十八，第251页。

现之一就是宋人“在杜甫游历栖迟之地，普遍建立工部祠、杜诗碑”①。这些纪念杜甫的祠堂、诗碑等又以巴蜀地区为多。杜甫因安史之乱而携家流寓巴蜀，前后长达八年之久。宋人在杜甫的巴蜀遗踪上修建祠堂、重筑故居、刻其蜀中诗歌于石碑等，来表达对杜甫的尊崇与爱慕。这些祠堂、故居等遍布同谷、绵州、成都、夔州等巴蜀地域。

文化记忆理论的学者认为：“文字流传的漫长的道路通过遗物检视的短暂的途径变得更加有生气、更得到强调；内行的眼睛撞见了可见的遗留物，使得过去的精神遗产变得可触可感。”② 巴蜀地域留下来的关于杜甫的遗留物，被诗人们的眼睛撞见后，当年杜甫在巴蜀的生活点滴、喜怒哀乐在他们那里也变得可触可感了。在杜甫故居原迹或旧址上的伫立、徘徊与追忆，对杜甫遗像的瞻仰以及对巴蜀山川、风物、民情的切身体验与感受，激荡着诗人们对杜甫深沉的怀念与同情。除了对这一类可见遗留物的凭吊与拜谒，对于那些只存留在杜诗文本中的杜甫巴蜀遗踪，诗人们也拥有着强烈的亲访、求证兴趣，这些凭吊与亲访，一同构成这一时期诗人们追忆杜甫的重要表现形式。

杜甫在成都的草堂旧居，在宋代经过了多次的重建、翻修，并且成为成都与文翁石室、相如琴台、子云墨池等文化胜迹同样著名的历史文化遗迹。③ 由北宋入南宋的蜀籍诗人喻汝砺（？～1143）作有组诗《草堂诗》七律十二首、《晚泛浣花遂宿草堂》，组诗对杜甫诗才进行了极度的夸赞，“灿灿诗翁锦里西，只缘诗好遂穷栖”④（其一）、“诗人以来谁者工，建安元嘉无此翁”（其七）；对杜甫当年困窘、飘零的命运表达了深切同情，“布衾多年窘夜雨，土�无火啼夜餐。一生忠义老寂寞，旋烧竹叶供春寒”（其六）、“昔也杜陵子，澹然此茅堂。客至酒自

① 曾枣庄：《“天下几人学杜甫，谁得其皮与其骨”？——论宋人对杜诗的态度》，载《唐宋文学研究》，巴蜀书社，1999，第40页。

② 〔德〕阿莱达·阿斯曼：《回忆空间：文化记忆的形式和变迁》，潘璐译，北京大学出版社，2016，第358页。

③ 可参看赵晓兰、佟博《〈成都文类〉中的杜甫草堂》，《杜甫研究学刊》2007年第3期。

④ （宋）喻汝砺《草堂诗》十二首，载傅璇琮等主编《全宋诗》卷一五七五，第27册，第17875～17877页。北京大学出版社，1996。

斟，句得意已忘。云何常念饥，零落在道旁。古来技入神，一饭岂所望。吾辈天所穷，慨歌泪沾裳”[①]。从“吾辈天所穷”中的“吾辈”来看，喻汝砺将自己纳入老杜的阵营，即共同遭遇了困窘的命运，所以组诗中一些诗作，既是对杜甫当年草堂生活与心境的还原，也可视作诗人自身生活与心境的呈现，如以下两首：

乱后飘零歇此身，风光无赖更清新。客怀易感酒添病，诗思苦悭花减春。南枝北枝莺舌巧，前村后村雨脚匀。暂借溪边老为客，花心柳眼莫撩人。（其五）

朝元阁边瑶草芳，惟君之故遥相望。人归后雁关塞阻，思入南凫离梦长。悬知同心两相忆，剩欲共看千里光。金舆玉辇不复见，肠断华清云树苍。（其八）

据《宋史》记载，钦宗靖康二年（1127），喻汝砺闻金人欲废赵氏立张邦昌，乃扪其膝曰：“不能为贼臣屈！”挂冠而去，自号扪膝居士，于高宗即位后出仕。[②] 可知，亲历靖康之难的喻汝砺也和老杜一样，是“乱后飘零歇此身”。“金舆玉辇不复见，肠断华清云树苍”固然是写杜甫“每依北斗望京华”的故国情结，而身处南宋半壁江山的诗人，何尝不是在感慨自己的家国与时代呢？喻汝砺这些追忆杜甫的诗作，也代入了自身的生命感受。

我们再以另外一位诗人李流谦为例，对本籍诗人的杜甫记忆进行观照。李流谦（1123～1176）也曾前往成都的杜甫祠堂和草堂故居凭吊杜甫，写下了《草堂》《杜少陵祠》两首七律。《草堂》一诗主要表达对杜甫生前窘困而诗名远播的深慨，以及面对草堂时强烈的古今变幻之感：“乞灵伎薄裳为带，惊世名言海纳杯。相对只今真梦寐，数椽茅屋

① （宋）喻汝砺：《晚泛浣花遂宿草堂》，载傅璇琮等主编《全宋诗》卷一五七五，第27册，北京大学出版社，1996，第17875页。

② （元）脱脱等：《宋史》卷四五三，中华书局，1977，13330页。

老苍苔。”① 《杜少陵祠》在对杜甫命运表达同情的同时，亦渗入了诗人自身的人生体悟：

> 赤绂银章玉骨寒，焚香再拜泪汍澜。黄花鄜县仍羞见，好月鄜州只独看。可是一生长客路，故应千古恨儒官。蚤知涉世元如此，悔不霜林斫钓竿。②

“赤绂银章”是指祠堂中供奉的杜甫塑像所佩戴的赤绶、银鱼袋，诗人想到杜甫一生穷愁飘零，只有在这死后的塑像上才能享有虚幻的荣耀，不禁在祭拜的时候，洒下了沉痛的同情之泪。“黄花鄜县”一联分别化用杜甫《九日》和《月夜》这两首写客情的经典之作，简笔画般勾勒出了杜甫以漂泊为主导的生命状态。诗歌继而总结了杜甫行走在“客路”上的一生，想象着杜甫如果知道选择这条入世的人生道路会带给他飘零困顿的一生，应该会悔恨当初的选择，悔恨没有选择斫竿垂钓的隐居生活吧。李流谦以自身的人生理想与价值来揣度杜甫的心路历程，使得对杜甫的同情充满了个体的色彩。

入蜀诗人经过漫长的旅途来到巴蜀游宦，对杜甫的遗迹、遗踪更是怀着浓厚的探访兴趣。王十朋在夔州，曾拜谒诗史堂、万卷堂、少陵祠等后人为纪念杜甫所修的纪念堂或祠堂，表达对杜甫的怀思。③ 夔州的一些三国遗迹也因为杜甫的亲访或吟咏，激发起王十朋的探访兴趣与浓厚诗兴。诗人曾在八阵台上与三位老友一同观雪，酌酒论文、烹茶品茗，诵杜甫的“江流石不转”之句而赋诗，诗中有“诸葛阵图台上看，少陵诗句酒中哦”④，诗人们因眼前苍茫的怀古氛围而联想到杜甫《八

① 傅璇琮等主编《全宋诗》卷二一一八，第38册，北京大学出版社，1996，第23946页。

② 傅璇琮等主编《全宋诗》卷二一一八，第38册，第23946页。

③ 见其《登诗史堂观少陵画像》、《州宅杂咏》之《万卷堂》《诗史堂》、《至东屯谒少陵祠》等诗以及《谒杜工部祠文》。

④ （宋）王十朋：《与二同年观雪于八阵台，果州会焉，酌酒论文，煮惠山泉，瀹建溪茶，诵少陵“江流石不转”之句复用前韵》，《王十朋全集》诗集卷二十二，上海古籍出版社，1998，第405页。

阵图》中的“江流石不转，遗恨失吞吴”之句，并在樽酒茗茶中，吟诵和赏味着杜甫的这些诗句。想必在这种吟哦中，诗人更能体味到当年杜甫对诸葛亮的同情，诗人的怀古之思和杜甫发生了重合。

王十朋离开夔州前，因自己守夔两载而不曾到过杜甫曾居住的东屯而深为遗憾：“宦游夔子两经年，未到东屯意慊然。端为先生旧吟处，不应容易上诗篇。”① 诗人最终在离开夔州之时得偿此愿，来到了东屯，并作有《至东屯谒少陵祠》二首、《东屯溪山之胜似吾家左原》。这种出于对杜甫的崇敬与喜爱而极为渴望亲访其遗迹的情结，还可以从陆游的巴蜀诗作中窥见。陆游在巴蜀宦游、行旅，凡所经杜甫故居或祠堂，无论是后人修建的，或是那些原迹早已荡然无存的故居旧址，都亲去凭吊，抒发对杜甫深切的怀思。

陆游任夔州通判时期，曾怀着浓厚兴致对杜甫客夔的三处“高斋”做了实地考察与求证。② 因现今还存的东屯高斋的触发，陆游对杜甫流落巴蜀的命运有了更为贴近的体认和感受。从《东屯呈同游诸公》一诗来看，陆游还曾与僚友一起游访东屯，诗中有“按行老子诛茆地，惆怅孤臣许国心”之句。重访遗迹而生发的感动，深化了陆游对杜甫当年流离命运与忠怀的同情与理解。

寓夔时期，陆游还曾登览白帝城楼，作有《夜登白帝城楼怀少陵先生》：“拾遗白发有谁怜，零落歌诗遍两川。人立飞楼今已矣，浪翻孤月尚依然。升沉自古无穷事，愚智同归有限年。此意凄凉谁共语，夜阑鸥鹭起沙边。”③ 诗人在白帝城楼凭栏独立，不禁对经常登临白帝城楼的白发拾遗生起了无限的怀思与怜惜。诗人想到杜甫曾于“独立缥缈之飞楼”④ 而“杖藜叹世”⑤ 的身影已淹没于时光之流，而眼前孤月依然如杜甫当年所见，在峡江的波浪中翻荡，杜甫作于夔州的《宿江

① （宋）王十朋：《至东屯谒少陵祠》，《王十朋全集》诗集卷二十四，第436页。

② 参见（宋）陆游：《东屯高斋记》，《渭南文集校注》，马亚中、涂小马校注，浙江古籍出版社，2015，第213~214页。

③ （宋）陆游：《剑南诗稿校注》卷二，钱仲联校注，第195页。

④ （唐）杜甫：《白帝城最高楼》，《杜诗详注》卷三十一，（清）仇兆鳌注，第1276页。

⑤ （唐）杜甫：《白帝城最高楼》，《杜诗详注》卷三十一，（清）仇兆鳌注，第1276页。

边阁》中有“薄云岩际宿，孤月浪中翻”[①] 句。眼前的造物山川旧貌依然，而当年倚栏独立的杜甫呢？对杜甫的怀思引发了物是人非的今昔之感，使得诗歌浸染在一片悲凄而无可奈何的历史感中。

陆游乾道八年（1172）在南郑王炎幕任幕僚时期，曾因公事至阆中，游赏了与阆中城隔嘉陵江而望的锦屏山，并拜谒了山上的少陵祠，作了《游锦屏山谒少陵祠堂》：

> 城中飞阁连危亭，处处轩窗临锦屏。涉江亲到锦屏上，却望城郭如丹青。虚堂奉祠子杜子，眉宇高寒照江水。古来磨灭知几人，此老至今元不死。山川寂寞客子迷，草木摇落壮士悲。文章垂世自一事，忠义凛凛令人思。夜归沙头雨如注，北风吹船横半渡。亦知此老愤未平，万窍争号泄悲怒。[②]

诗人见到祠堂上眉宇高寒、凭江临眺的杜甫像，不禁生发出了对“杜子”的深切怀思，慨叹其拥有着永恒的生命与价值。这种生命与价值，由其“文章”与“忠义”承载，超越了历史的筛汰，得以垂世千古、引人追怀。诗歌末尾将山谷涧壑四处涌来的怒号之声，想象成大自然为老杜一生之忧愤不平而宣泄出来的满腔悲怒。这种想象流露出陆游对杜甫深挚的同情与爱怜。

又如寓居成都时期，陆游曾游浣花溪旁的杜甫草堂，并拜谒了少陵遗像，作有《草堂拜少陵遗像》，诗中有“计公客此时，一饱得亦罕”[③]，想象杜甫当年在此生活时的困窘状态。对杜甫客居此地时“一饱得亦罕”的生活状态的想象，具体入微，透露出诗人对杜甫发自心底的疼怜，令人动容。

陆游离蜀东归而途经忠州时，特地来到龙兴寺凭吊杜甫当年的寓居之处，并作有《龙兴寺吊少陵先生寓居》：“中原草草失承平，戍火胡

① 《杜诗详注》卷十七，（清）仇兆鳌注，第 1469 页。
② （宋）陆游：《剑南诗稿校注》卷三，钱仲联校注，第 249 页。
③ （宋）陆游：《剑南诗稿校注》卷九，钱仲联校注，第 723 页。

尘到两京。扈跸老臣身万里，天寒来此听江声。”[①] 诗歌末尾自注道：“以少陵诗考之，盖以秋冬间寓此州也。寺门闻江声甚壮。”陆游就杜甫的忠州诗作对其寓居忠州的时间进行了考查，认为其于当年秋冬之际寓于此地。因在龙兴寺寺门切身听到宏壮的江涛声，陆游联想到杜甫，作为曾随驾回京的一介老臣，却飘零万里，在一个寒冷的秋冬时节，也如同自己这样，倾听着岷江滚滚的波涛。陆游所处的南宋王朝的偏安江南，也是由“中原草草失承平，戍火胡尘到两京”所致，同样面临着山河破碎的时局，陆游对老杜当年飘零的命运应该会更加理解。扈从随驾与飘零辗转命运的今昔对比，异乡荒寒的客居景况，更把“老臣”心底的悲凉晕染开来。诗人试图抓住老杜当年的所见所闻，又将自己今日所能体验到的眼前景象，代入对老杜当年生活情状的想象之中。

那些未曾留下实体“遗留物”或后人所修筑的纪念建筑的杜甫足迹，虽只存留于杜诗文本中，却也刺激着诗人们的探访欲。陆游乾道八年（1172）离开南郑赴成都任（改除成都府安抚司参议官），途经绵州时，探访了杜甫当年在绵州时的遗踪。诗人对于杜甫当年在绵州涪江江畔留下的踪迹，流露出浓厚的探访、求证兴趣，正如《绵州录参厅观姜楚公画鹰少陵为作诗者》云：“我来访古涪之滨，不辞百罔冀一真。走马朝寻海棕馆，斫脍夜醉鲂鱼津。越王高楼亦已换，俯仰今古堪悲辛。”[②] 昔日来绵州的杜甫曾为善画鹰鸟的姜皎所画之鹰创作了《姜楚公画角鹰歌》，此次途经绵州的陆游在录事参军厅堂的壁上又观看到了姜皎所画之鹰，并由这幅保存完好的画生发了雄豪的想象与对时局的感慨。杜甫当年避乱，在绵州做短暂的停留[③]，除了观看角鹰而作有上述《角鹰歌》之外，还曾登临唐越王李贞任绵州刺史时所建的越王楼，并作《越王楼歌》；又以生动的笔触记录和描绘了其在涪江东津观看当地渔民打鱼的情景，作有《观打鱼歌》《又观打鱼》；还曾为涪江边公馆前的海棕树赋《海棕行》。

---

① （宋）陆游：《剑南诗稿校注》卷十，钱仲联校注，第784页。

② （宋）陆游：《剑南诗稿校注》卷三，钱仲联校注，第279页。

③ 陈贻焮：《杜甫评传》，北京大学出版社，2011，第675～677页。

了解了杜甫当年的绵州行踪后，我们再反观陆游之诗，其在涪江之滨所渴望访寻的“古”，其实主要指杜甫当年来绵州时的所游、所见，诗人觉得即使那些关于杜甫的遗迹，一百个里边只有一个是真实的，也是值得去探寻的。所以他清晨骑马寻觅公馆旁的海棕树①，夜晚便在老杜观打鱼的东津斫脍醉饮，还曾登览那已经不是原楼的新越王楼，古今之感令诗人不胜唏嘘。陆游亲访这些遗踪时，也作有《越王楼》《东津》等诗，《东津》诗中的“打鱼斫脍修故事”即是联想到杜甫在《观打鱼歌》中描述的当地渔人沉网打鱼、饔子挥刀割鲙的场景。

杜甫当年所游、所观、所赏似乎是陆游此次绵州行的游览清单，或者说旅行导览，陆游竭力、热切地渴望着能够依照这份导览探寻遍所有和杜甫有关的痕迹，希望透过自己的双眼再次捕捉到老杜当年所见，再次经验老杜当年在此地的一切观感。有趣的是，这首诗的末尾产生了“会当原野洒毛血，坐令万里清烟尘”② 的想象。这只在原野上空滴洒着毛血的角鹰也是基于对杜甫早年所作《画鹰》诗中“何当击凡鸟，毛血洒平芜”③ 这一构思的联想。陆游将杜甫这一壮勇的鹰意象和收复中原之志进行了创造性的整合，使得这只或寄寓了“子美胸中愤世嫉邪”④ 之深意的画鹰可以在诗人个人的想象和意志中翱翔。诗人因观看到老杜当年题咏的姜皎的画鹰，连带地激起了他对杜甫其他的咏鹰诗作的记忆，这些记忆交织在一起，倾吐着陆游关于个体与时代的心声。

对前代诗人所怀有的崇敬、爱慕心理，必然会带来探访其遗踪的浓厚兴趣。而在宋代崇杜、尊杜的时代氛围中，这种亲访杜甫遗踪的兴趣想必也更为浓厚。从中亦可窥见，当时这些崇敬杜甫的诗人，对亲临老杜的巴蜀遗踪怀有热切的兴趣与执着的情结。他们渴望与杜甫的足迹及

① 关于对杜诗中的海棕树的寻找，陆游在《老学庵笔记》中也留下了记录：“老杜《海棕诗》，在左绵所赋，今已不存。”（宋）陆游：《老学庵笔记》，中华书局，1979，第67页。

② （宋）陆游：《剑南诗稿校注》卷三，钱仲联校注，第279页。

③ （唐）杜甫：《杜诗详注》卷一，（清）仇兆鳌注，第19页。

④ （元）方回选评《瀛奎律髓汇评》，李庆甲集评校点，上海古籍出版社，1986，第1153页。

其生命经验发生印合。

这种寻访与西方文艺复兴时期人文学者的修养旅行非常相似。当时许多西方人文学者前往古希腊、古罗马的纪念地，借助那些历史遗址与残留物来找寻、回忆过去的精神遗产。[①] “在那儿你不管投足何处，眼望哪里，都能看到一座纪念碑或者回忆起一个古老风俗、一个古老故事。……这些情景使你获得的愉悦是多么的巨大和多么的神秘啊！你跨进的不仅是那些伟大的古人的思想，而是仿佛跨进了他们的眼睛，而我们脚下踩到的土地还是他们自己经常踩过的。”[②] 对于这些重访杜甫遗踪的诗人来说，他们仿佛跨进了杜甫的眼睛，踩到了杜甫踩过的土地，这种找寻与回忆，也给诗人们带来了巨大的愉悦。

三 生命的共感与精神的共振

由杜诗的文本记忆而开启的与杜甫生命的共感、与其精神的共振，也是这一时期杜甫记忆的一大特色。诗人们在巴蜀的宦游体验，尤其是入蜀诗人们在杜甫足迹上的为宦与寓居，使得他们以自身的仕宦情感切身地感悟着杜甫当年的情感世界，有的诗人将杜甫当年的生命状态进行自我代入，在追忆中进行着生命情境的沟通。

对于知夔州的王十朋来说，杜诗成了诗人观照夔州山川物象的透视镜，他在诗歌创作中与杜诗进行呼应与对话，除了这种在诗歌文本上的追忆与对话，杜甫忠君爱民的情怀与思想、暮年客寓殊方的流落之感也引起了王十朋的强烈共鸣，这是两人在生命层次上的对话与沟通。

朱熹在《宋梅溪王忠文公文集序》中指出，王十朋“守番及夔，

① 〔德〕阿莱达·阿斯曼：《回忆空间——文化记忆的形式和变迁》第二部分“媒介”，潘璐译，第 357 页。

② 〔比〕尤斯图斯·利普修斯：《尤斯图斯·利普修斯书信集》第一部分，转引自〔德〕阿莱达·阿斯曼《回忆空间——文化记忆的形式和变迁》第二部分“媒介”，潘璐译，第 358 页。

则又适在葛、杜、颜、范之遗墟，皆尝新其祠宇，以致歆慕之意，盖亦每自比焉"[①]。夔州作为诸葛亮与杜甫的"遗墟"，用这二人的精神与人格濡染着王十朋。诗人认为自己的忠怀与忧国忧民的精神是和杜甫契合的，其《初到夔州》中说自己是"忠怀雅合杜陵诗"，该诗诗序里亦有"然忠犹杜甫，未尝一饭忘君"[②]，坚信自己忠怀不减老杜。又如《庆丰》一诗云："谁道夔门陋，兹坊号庆丰。守臣忧国愿，端似杜陵翁。"[③]

王十朋还在《诗史堂荔枝歌》中极为鲜明地抒发了对杜甫忧国忧民之忠怀的赏爱与尊崇："泸戎一经少陵擘，至今传诵轻红句。少陵伤时泪成血，一点丹心不磨灭。散成朱实满炎方，风味如诗两奇绝。乐天曾画忠州图，自言香味人间无。君谟亦作闽中谱，陈紫声名重南土。何如诗史堂前株，正是一饭孤忠余。"[④] 诗人由诗史堂前晚熟的荔枝，联想到杜甫咏泸州、戎州荔枝的"轻红擘荔枝"句，接着便联想到杜甫伤时悲世的血泪与丹心，想象"满炎方"的朱实便是由其丹心化成，而荔枝的风味也如杜诗风味一样的奇绝。这诗史堂前的荔枝树正是"一饭未尝忘君"的孤忠所遗存下的，诗人由丹红的色泽牵连起荔枝和杜甫赤诚的忠心，想象奇特却贴切。可见，诗人对杜甫的血泪丹心寄予了深切的爱怜和敬慕。

除了上述对杜甫赤诚忠怀的由衷感佩与强烈共鸣，诗人也感慨自身命运和杜甫的相似，如《闻得吴兴》中有"莫年身似杜陵翁，流落乌蛮白帝中"[⑤]，杜甫离蜀后到达夔州时，年五十五岁，诗人抵达夔州时，年五十四岁，彼此年龄相仿，足迹相重，命运相似，所以诗人感慨自己暮年流落在这偏远的乌蛮古夔国，真是像极了"杜陵翁"。此诗作于诗

① （宋）朱熹：《宋梅溪王忠文公文集序》，《晦庵先生朱文公文集》（五），《朱子全书》第24册，戴扬本、曾抗美点校，上海古籍出版社、安徽教育出版社，2002，第3642～3643页。

② （宋）王十朋：《王十朋全集》诗集卷二十一，第365页。

③ （宋）王十朋：《王十朋全集》诗集卷二十二，第390页。

④ （宋）王十朋：《王十朋全集》诗集卷二十三，第429页。

⑤ （宋）王十朋：《王十朋全集》诗集卷二十三，第433页。

人离开夔州前，和杜甫离开夔州后继续流落荆湘不同，诗人得以乞祠东归。

诗人在夔州遇到节序，频起羁思、乡情和年光之叹，且易联想起杜甫一生飘零的命运，如写于夔州第二个除夕日的《除日》："蜗舍三年别，夔门两岁除。盆虽具肴簌，傩不是乡闾。枥马喧新集，桃符换旧书。何如杜陵老，守岁阿戎居。"[①] 在拥有不同民俗的异乡除夕，乡思之情和流年暗换之感交织着，诗人想到一生流寓他方的杜甫，曾在从弟杜位宅中守岁，今日自身的守岁景况较当年的老杜又如何呢？

又如其《元日》诗："元日年年见，天涯意故长。诗篇示宗武，春色酌瞿唐。白发又新岁，黄甘非故乡。弟兄团拜处，归去愿成行。"[②] 诗人元日感叹身在天涯异乡，年华老大，思念弟兄，亦想及杜甫曾于夔州元日作的《元日示宗武》：

> 汝啼吾手战，吾笑汝身长。处处逢正月，迢迢滞远方。飘零还柏酒，衰病只藜床。训谕青衿子，名惭白首郎。赋诗犹落笔，献寿更称觞。不见江东弟（原注：第五弟丰漂泊江左，近无消息），高歌泪数行。[③]

杜甫在此诗中，喜子宗武年龄渐长，体格身材也随之长大，悲自己多年飘零、滞留远方他乡，加之衰老疾病，借助柏酒慰藉自己的飘零，倚卧藜床来休憩自己的病躯，最后更念及漂泊江左的五弟，不禁高歌涕泪。在这新岁伊始，如此多的悲喜之情交加在老杜的胸中。而王十朋的《元日》诗在意象、情感内涵与诗篇布局上与杜诗非常相似，也是携家远在天涯，看着孩子在长大，自己在衰老，饮着夔州的瞿塘春，深情地思念着家乡的弟兄。我们深切地理解了杜甫的《元日示宗武》，更能体

---

① （宋）王十朋：《王十朋全集》诗集卷二十三，第416页。

② （宋）王十朋：《王十朋全集》诗集卷二十三，第416页。

③ （唐）杜甫：《杜诗详注》卷二十一，（清）仇兆鳌注，中华书局，1999，第1849～1850页。杜甫同时所作还有《又示宗武》。

味到王十朋在《元日》诗中传达出的和杜甫生命体验的共鸣。这种对杜甫诗句的化用，对其诗思、诗意的融化，使得此诗在语言和情感方面更具张力，展现了异代时空两位诗人相似命运的沟通。

这种以自身宦游状态来体认、感知杜甫生命境遇的特点，也鲜明地展现在陆游的巴蜀诗作中。陆游在蜀地时的一些生活状态，或积蓄已久的某些情感与心境，激发了他对拥有相似境遇的杜甫的联想，比如陆游罢官后闲散、不得志而又无可如何的生存境遇，自然使他联想到当年蹉跎蜀地的“浣花翁”，又如杜甫“倚楼”“看镜”的形象被符号化为陆游自身的生命状态。重叠的人生境遇与心灵体验，使得陆游借助杜甫的身影来抒发其与杜甫相似的生命感受。

陆游在淳熙三年（1176）三月作于成都的《遣兴》诗中感慨：“鹤料无多又扫空，今年真是浣花翁。”钱仲联注此二句道：“杜甫居严武幕中，不久，乞假归草堂。今游被劾罢官，但仍依范成大居蜀，无官身轻，故以浣花翁自比。”[①] 陆游感慨现在罢官的自己，依附于范成大幕下，这种免官身轻的状态，正如同当年入严武幕的杜甫，曾请假暂归浣花溪边的草堂。人生际遇的相似似乎加深了陆游对老杜心境的体认，而老杜当年的相似境遇或许也给了诗人一些生命的慰藉与力量。

又如淳熙四年（1177）十月陆游在成都收到知叙州新命，而上任之期要待来年冬天，所以他在《得都下八月书报蒙恩牧叙州》中感慨道：“未佩鱼符无吏责，看花且作拾遗颠。”[②] 暂时未佩官印的诗人自然也免于官吏的职责，来年冬天的任期到来之前，就做当年看花的杜拾遗吧。杜甫当年曾在浣花溪旁作有《绝句漫兴九首》《江畔独步寻花七绝句》等诗，记录了浣花溪旁的春光，也写下了他在莺花蜂蝶热闹的春日里所感受到的欢乐与忧伤。陆游此时客寓他乡又“归期渺然”、闲散却又无可奈何的状态使他直接联想到当年在浣花溪看花赏春的老杜，“且作”二字透露出深深的无奈感。“我”现在也只能像看花拾遗那样，

① （宋）陆游：《剑南诗稿校注》卷七，钱仲联校注，第 572 页。
② （宋）陆游：《剑南诗稿校注》卷九，钱仲联校注，第 716 页。

在花鸟诗酒的闲置生涯中消磨着时光。作于同年十二月的《倚楼》中亦有“太史周南方卧疾，拾遗剑外又逢春”①，诗人倚楼伤神，感容颜衰老、功名未酬，就像当年滞留周南的太史公司马谈，现在正卧疾于此；亦如当年飘零蜀地的杜拾遗，如今又迎来了一个异乡的春天。

除了有感于和杜甫相似的人生处境而以“浣花翁”“拾遗”自比外，陆游还在生命经验的层次上与杜甫产生了共感，从而将杜甫在诗中凝塑的自我形象借用来展现自己的生命状态。这一类诗歌不是正面地、直接地追忆杜甫，而是将杜甫诗中经典的情感意象、动作意象等内化为陆游对自身的人生境遇、情感状态的体认。

杜甫作于夔州的《江上》诗中所描画的夜揽貂裘、看镜倚楼、感时忧国的自我形象，因其悲凉的意境、执着的忠怀，深入陆游的内心，并被符号化为陆游自我的身影，尤其是其中的“勋业频看镜”② 这一动作形象，频繁地化用在诗人的蜀中诗作中。如作于其摄知嘉州任上的《晚登望云》其二：“晚来烟雨暗江干，烽火遥传画角残。看镜功名空自许，上楼怀抱若为宽。青枫摇落新秋令，白发凄凉旧史官。饱见少年轻宿士，可怜随处强追欢。”③ 和杜甫一样，陆游也在一个烟雨萧瑟的秋日夜晚，独自倚楼、触目伤怀，那自许的功名如今在哪里呢？这勋业未成却衰颜对镜的悲痛怎能靠登楼而得以宽释呢？

又如淳熙三年（1176）作于成都的《书怀》诗中写道：“摧颓已作骥伏枥，留滞敢嫌船逆风。消日剧棋疏竹下，送春烂醉乱花中。倚楼看镜俱痴绝，赢取烟蓑伴钓翁。”④“倚楼”“看镜”作为企望实现个人抱负、珍视年华的象征，在“摧颓”“留滞”的人生状态和闲放的日常生活中，皆成“痴绝”，满蕴着深沉的无奈。淳熙四年作于成都的《题庵壁》中有言：“衰颜安用频看镜，日日元知有不如”⑤，诗人内心深知容

① （宋）陆游：《剑南诗稿校注》卷九，钱仲联校注，第755页。
② （唐）《杜诗详注》卷十五，（清）仇兆鳌注，第1329页。
③ （宋）陆游：《剑南诗稿校注》卷四，钱仲联校注，第320页。
④ （宋）陆游：《剑南诗稿校注》卷七，钱仲联校注，第557页。
⑤ （宋）陆游：《剑南诗稿校注》卷八，钱仲联校注，第655页。

颜一日日衰老，虽说“安用频看镜”，实则在“频看镜”中流露出忧惧衰老、渴望挽留住时光的心理。《遣兴》一诗也表达了类似的心境：“耆旧日凋谢，将如此老何。遗拈如意舞，狂叩唾壶歌。郡县轻民力，封疆恃虏和。功名莫看镜，吾意已蹉跎。”①“狂”是蕴藏诗人胸中的壮志激怀，“遗”是现实人生的不得志，二者鲜明的对比，使得“功名看镜”的形象染上了浓厚的悲凉色彩。再也无须看镜，自叹衰老、痛惜功名壮志未酬，因为“我”用世的志意与抱负早已衰歇。

“看镜”这样一个对自我年龄、容颜进行直接观照的动作意象，展现出陆游心中潜在的对流光飞逝、容颜老去的焦虑、紧张与无可奈何之感。年华逝去而功业未成的矛盾又加深了该意象的悲剧意蕴。陆游将自己的生命经验填充进杜甫“勋业频看镜”的形象，使得这一带有悲剧色彩的形象成为陆游的自我定位与自我观照。这是诗人与杜甫在相似的人生境遇中产生的异代共感。

如果说上述入蜀诗人是以个体的仕宦体验，理解、体味着杜甫的生命情感，并与其进行着跨越时代的共感的话，南宋后期的一些巴蜀本籍诗人则是因为战乱时局的切身体验而深化了对杜甫生命经验的体认。南宋后期巴蜀动乱的时局，使得杜甫的忠君爱国、忧国忧民的精神与情怀深切地感染着巴蜀本籍诗人，这使得本籍诗人的杜甫记忆呈现鲜明的精神共振的色彩。

自高宗建炎四年（1130）宋军在与金军的富平之战中失败后，陕西之地尽失，四川便成为南宋抗金前线的西部战场。南宋后期，金兵、蒙军加强了对巴蜀地区的攻掠，四川进入危亡、残破的状态，巴蜀本籍诗人在诗歌中满溢着对乡邦和百姓的忧虑以及对和平的渴盼，这背后的忠君爱国、家国深忧都从心灵层面上承续了杜诗的精神内核。本籍诗人在记录巴蜀时局时，不仅追忆起杜诗文本，也在这种文本记忆与化用中，进行着与杜甫精神的共振，以及对其生命情感的体认。我们以爱国诗人程公许为例，来探讨这一时期本籍诗人的杜甫记忆如何融入个人与

① （宋）陆游：《剑南诗稿校注》卷九，钱仲联校注，第704页。

时代的情感因素。

程公许（1182～1251或1252）[①] 作于嘉定十三年（1220）的《东川节度歌》，主要记录了潼川守李埴在该地牛头山增筑城堞这一“盛事”，从诗序可知，东川在当时已频繁遭到北地金兵的侵袭，东川是西川的屏障，战略位置险要，所以当时知潼川府的李埴为了使府城更好地防备与抵御侵扰，向朝廷提出修筑新城堞的请求，并开始了这一增筑工事，程公许感于这一盛事之卓越功绩，作诗纪念之。

诗歌开篇追忆起杜甫当年作于梓州（即潼川府）的《冬狩行》：“东川节度兵马雄，我尝闻之浣溪翁。”[②] 杜甫作于广德元年（763）的《冬狩行》，讽刺当时的梓州刺史兼侍御史、留后东川的章彝率兵三千围猎而不去攻打吐蕃：“君不见东川节度兵马雄，校猎亦似观成功。”[③] 这年吐蕃犯关渡陇，唐代宗逃奔陕州。程公许所处的南宋后期，此地已是“五百年间人事纷变灭，惟有青山衮衮今古同”[④]，杜甫作于梓州的《上牛头寺》中有“青山意不尽，衮衮上牛头”[⑤] 之句，由唐、五代、北宋而至现在的南宋，东川经历了纷乱的战火和人事的变迁，惟有衮衮青山没有改变，今日东川的局势为“是时北尘转骚屑，绿林之寇纷内讧”，“三年厌听鞞鼓噪，甲兵何时一洗空”，北地的金兵、蜀中的匪寇，内外交攻。当此家国动乱、满目疮痍之际，途经潼川府的诗人又追忆起了杜甫及其诗句：“恨无春色浮山之杰句，空有帝乡愁绪之孤忠。”杜甫《望牛头寺》中有“春色浮山外，天河宿殿阴”[⑥] 之句，程公许自愧无老杜诗才，却有其深切的家国之思与忠怀，“空有”句化用了杜甫的“帝乡愁绪外”[⑦]。诗歌对新修城堞进行描绘铺排，并对这一防御

① 关于程公许的生平，可参看程章灿（本卷）主编《宋才子传笺证（南宋后期卷）》中的林日波《程公许传》，辽海出版社，2011，第361～384页。

② 傅璇琮等主编《全宋诗》卷二九九五，第57册，第35643～35644页。

③ （唐）杜甫：《杜诗详注》卷十二，（清）仇兆鳌注，第1056页。

④ 傅璇琮等主编《全宋诗》卷二九九五，第57册，第35643～35644页。

⑤ （唐）杜甫：《杜诗详注》卷十二，（清）仇兆鳌注，第989页。

⑥ （唐）杜甫：《杜诗详注》卷十二，（清）仇兆鳌注，第990页。

⑦ （唐）杜甫：《泛江送魏十八仓曹还京，因寄岑中允参、范郎中季明》，《杜诗详注》卷十二，（清）仇兆鳌注，第984页。

工事的奇伟、守臣的智慧表达了夸赞后，又追忆起了杜甫的《冬狩行》："浣溪曩赋冬狩行，恨不回轡擒四戎。向令眼前见此事，奇伟大篇当复加春容。腐儒自嗟才力窘，安得唤起诗老为我细琢砻。"《冬狩行》中有"喜君士卒甚整肃，为我回轡擒西戎"[①]的渴盼，希望梓州刺史章彝可以带领他这些整肃的士兵去攻打吐蕃，而在程公许所处时局，修此城也是为了抵御北方女真族的侵扰，所以诗人想象，杜甫若生在当朝，见此修城盛事，应该也会激动振奋，而创作出"奇伟大篇"吧。《冬狩行》意在规劝与讽刺，程诗意在赞美，但两诗中对平戎止戈的渴望却是相通的，《冬狩行》中有"飘然时危一老翁，十年厌见旌旗红"，程诗中亦有"三年厌听鞞鼓噪，甲兵何时一洗空"。程公许在诗歌末尾自谦诗才窘弱，希望可以唤起老杜与其切磋琢磨诗句。

诗歌频繁、熟练地化用杜甫诗句，可知程公许对杜甫的崇敬、对杜诗的熟悉与喜爱。正如诗人说自己是"空有帝乡愁绪之孤忠"，杜甫心忧家国的忠怀是诗人对杜诗深感共鸣的精神基础，所以诗篇中对杜诗的化用，既是两位诗人跨越五百年的诗心沟通，亦是借杜诗来书写南宋晚期的巴蜀时局与这一时期士人的心声，赋予了杜诗新的生命力。

经历家国动乱的程公许，对因动乱而流离漂泊的老杜更为理解和同情，对其忧国情怀也有了切身的体验，如《盐亭登高山庙》作于其途经潼川府盐亭县时，因杜甫当年亦曾途经盐亭，且留有诗作，诗人不禁同情起杜甫飘零、窘困的命运，更动容于他的忧国之心："长怜少陵叟，浪走天涯遍。耿然忧国心，甘作忍饥面。世难今略平，军行余后殿。凭高慨往哲，欲去有余恋。"[②]对战乱时局的切身感受，重经杜甫足迹引发的联想与感怀，加深了他对杜甫命运的同情，也是诗人自身忧国情怀的折射。祝尚书先生在《宋代巴蜀文学通论》中指出，杜诗对程公许的巨大影响源于杜甫深沉的忧患意识[③]，我们从程公许的上述诗歌中可以感受到这种对家国深切的忧虑与牵挂。

---

① （唐）杜甫：《杜诗详注》卷十二，（清）仇兆鳌注，第1056页。
② 傅璇琮等主编《全宋诗》卷二九九五，第57册，第35497页。
③ 祝尚书：《宋代巴蜀文学通论》，巴蜀书社，2005，第411页。

不管是诗人个体在巴蜀的仕宦经验与情感，还是南宋后期巴蜀战乱时局带来的忧患心理，都为杜诗的理解注入了个体与时代的新质，使得这一时期巴蜀诗歌中的杜甫记忆，律动着情感与精神的共颤。

结　语

南宋巴蜀诗歌中的杜甫记忆呈现出以上三种表现形式，或者说呈现出以上三个特点。杜诗意象、风景的唤起，旨在揭露杜诗的文本记忆成为诗人们建构巴蜀地域感知的重要因素；杜甫遗迹、遗踪的凭吊与亲访，侧重于展现诗人们对杜甫足迹有意识的探访与求证，并在这种亲访亲历中抒发着对杜甫的追怀、重新体验着杜甫当年的观感；生命的共感与精神的共振，则主要探讨基于杜诗文本记忆的情感与精神的共鸣。这三种记忆表现形式并非截然割裂，而是在一些诗作中呈融合的状态，我们主要就这些诗例最为鲜明的特色进行探讨。对这一时期巴蜀诗歌中的杜甫记忆进行探讨，窥探地缘因素激发起的文学记忆、呼应与对话，并探讨这些记忆中渗入的个体与时代特色，可以为我们深入体察南宋诗人的杜甫接受与尊杜、崇杜风尚，提供一个地域因素与文学记忆交织的新视窗。

元末隐士群体的同题集咏与诗风变迁*

◇李文胜**

摘　要：同题集咏在元末非常盛行，诗、文、书、图、印共存的同题集咏成为群体间隐逸人格构建的主要模式，深化了历代以来隐逸文化的内涵。元末诗坛在多次大型的同题集咏中追慕魏晋，形成“平淡”“尚清”“雅逸”“率真”“重情”的诗风，完成了对元中期雅正盛世诗风的转变。隐逸文化的盛行，引发了同题集咏的流行，也使元末诗风在精神上直接超越盛唐而与魏晋对接。同题集咏确立了元末诗风的品格，对我们重新认识元诗有着重要的意义。

关键词：同题集咏　元末　隐士群体　诗风

同题集咏其实是同题群咏，是文人集体吟咏同一个诗题的群体唱和活动，分为历时和共时两种情况。元初时，同题集咏在遗民群体中大量出现，用来抒发其抗节之志与亡国之痛，引发了遗民群体的共鸣。经过元中期盛世文人群体的大力发展后，同题集咏这种唱和形式在元末达到极盛，成为元诗一个非常突出的现象。同题集咏广泛存在于诗社、题画、鉴书等群体活动中，唱和形式日渐成熟，成为元代文人群体之间运用最频繁的唱和形式。

一　同题集咏在元末的盛行

归隐是元末士人群体的主流心态，而入仕不畅是隐士增多的重要原

---

* ［基金项目］教育部人文社科规划基金项目“元代诗歌同题集咏现象考述”，项目编号：19YJA751023。

** 李文胜，山西师范大学戏剧与影视学院副教授，主要研究方向为宋元明清文学。

因："当时由进士入官者仅百之一，由吏致位显要者常十之九。"① 由于种族歧视，人数众多的汉人与蒙古色目人中举名额均等，汉人落榜人数之多可想而知。因仕途淹蹇游离于政权之外，无官一身轻的文人们逐渐由追求事功转向修身，由"外王"转向"内圣"。举办雅集、流连诗酒、鉴赏字画、收藏古玩、品茗论诗，是元末文人群体在不能实现仕途抱负的情况下采取的一种生命态度："风流纵诞，广延声誉之士，片纸一出，标榜互高。"② 比拼才情、追求内心的高雅成为元末文人群体的时尚，一时间逐渐形成庞大的隐士群体，通过以诗为媒介的同题集咏形成一个以隐逸为核心的思想文化圈，以捍卫自身的名节，抵御政治失意情绪的侵袭。追求真率、恬淡、宁静、悠远的心境，成为一时的风尚。隐逸心态转变为一种群体心态、群体性格，引导了元末士风，并形成比较稳固的社会心理。

"诗能穷人"反映的是一种超越世俗、追慕崇高的诗学理想。元末士人重诗名。诗是吟咏性情的工具，一切感情都包含在诗里，朋友间最易沟通、最易产生共鸣的就是诗。从元初开始，诗就成为宋遗民抒发亡国之悲、黍离麦秀之感的最佳方式，元末隐士群体更是如此。元遗民多具有隐士的双重身份，戴良"自元亡后不忍忘故君旧国，酒酣赋诗，击节歌咏，闻者壮而悲之"③。丁鹤年"自以家世仕元，不忘故国。庚申北遁后，饮泣赋诗"④。唐兀人余阙言："夫士惟不得用于世，则多致力于文字之间，以为不朽。"⑤ 士大夫立德、立功、立言三不朽，在元末只剩立言不朽而已。"惟诗是求"⑥ 成为元末隐士群体的精神寄托，诗成为隐士群体修身立命的重要方式，也成为隐士群体之间情感交流的

① （明）宋濂：《元史》卷一八五，中华书局，1976，第 4255 页。

② （清）沈季友：《槜李诗系》卷四，《景印文渊阁四库全书》第 1475 册，台湾商务印书馆，1986，第 89 页。

③ （清）钱谦益：《列朝诗集小传》，上海古籍出版社，1983，第 15 页。

④ （清）钱谦益：《列朝诗集小传》，第 18 页。

⑤ （元）余阙：《杨君显民诗集序》，载李修生主编《全元文》第 49 册，凤凰出版社，2004，第 132 页。

⑥ （元）吴克恭：《玉山草堂序》，载顾瑛辑《玉山名胜集》上册，中华书局，2008，第 15 页。

重要方式。以诗为媒介的同题集咏实现了隐士群体的理想，在元末士风不畅的年代，成为文人群体寄托生命的重要方式。隐士群体的志向情感、对人生的态度都寄托在了同题集咏中。同题集咏为元末隐士群体提供了重要的交际平台，通过题咏同一幅画、同一个物、同一个事、同一个字帖来引发群体间的情感共鸣，对主人公修身求志的隐逸行为给予肯定。

雅集、诗社在元末盛行，较著者有玉山雅集："园池、亭榭、饩馆、声伎之盛，甲于天下。四方名士若张仲举、杨廉夫、柯九思、李孝光、郑明德、倪元镇，方外若张伯雨、于彦成、琦元璞辈，常主其家，日夜置酒赋诗。……一时风流文雅，著称东南焉。"① 有壶山文会："元季，诸先辈相与结社，以文字为乐，号曰壶山文会。……月必一会，或赋诗琴奕，清谈雅歌以为乐，一时风流文雅有足尚者。"② 元末的雅集引导了元末诗风的走向，改变了元中期的馆阁文风。诗社、雅集活动的兴盛带动了同题集咏的繁荣。元初众多诗社采用同题集咏的形式，月泉吟社模仿科举的形式糊名，举行征诗竞赛，排名发奖，士大夫津津乐道，踊跃争先。科举不开的元初，文人群体用诗社同题集咏的形式满足了内心的虚荣，弥补了不能蟾宫折桂、题名雁塔的遗憾，意义可谓重大。元中期之后虽开科举，由于科举取士名额甚少，大部分文人仍要落榜，于是元初月泉吟社同题集咏排名竞赛的形式屡屡在元中后期被采用，仍然能够满足士人的心理需求。至正十年（1350）吕辅之创应奎文会，采用的是同题集咏竞赛的形式，聘 55 岁的杨维桢为主评，东南文士以文卷赴会者七百余人，中选四十卷，出版发行。"嘉禾濮君乐闲，为聚桂文会于家塾，东南之士以文卷赴其会者凡五百余人，所取三十人，自魁名吴毅而下，其文皆足以寿诸梓而传于世也。……士誉荣之。"③ 杨维桢和李一初主评的聚桂文会参与人数有五百多人，只取三十名入榜，并刻板流传，吴毅获得第一名，诗名赖此流传。

① （清）顾嗣立：《元诗选》初集上，中华书局，1987，第 2321 页。

② （清）谢道承等编纂《（乾隆）福建通志》卷六十六，《景印文渊阁四库全书》第 530 册，第 374 页。

③ （元）杨维祯：《东维子集》卷六，《景印文渊阁四库全书》第 1221 册，第 429 页。

元末文人多悲慨，诗是他们表达情感的最佳方式，虽然老庄思想是隐士群体人生的指导思想，但是儒学仍然是文人立命的根基所在，群体性隐逸是元末士风的重要特征。诗、文、书、图、印共存的同题集咏是隐士群体表达情感的主要方式，是群体内部身份认同的重要渠道。他们特别注重自己的诗人身份，参与同题集咏是诗人身份的体现。元人参与群体活动的意识特别强烈，以发掘内心的价值、提升自己的道德修养、培养群体的人格操守为目标，以诗会友的同题集咏将元诗群体化了。同题集咏唱和推动隐逸士风的形成，深深地影响着元代的文风走向。

二　同题集咏与元末士人隐逸人格构建

同题集咏中隐士群体与方外群体、馆阁群体、少数民族群体互动，跨越身份界限，增强了其他群体对隐士群体身份的认同。思想上的交流互动，使得隐士群体数量愈来愈大，推动隐逸文化的形成，构建起以隐逸为核心的人格价值观。元末隐士追慕高雅，借同题集咏守护独立不迁的人格。

同题集咏是元末士人群体面对政治困境的一种自我解放、守护道统的文化生存模式。元人社会动乱，入仕不畅导致士人群体向内转，重视心灵的解放、身心的修养，注重隐逸人格的建构。雅集、诗社纷纷繁荣起来，客观上促进了艺术的兴盛："元季人士，亦借绘事以逃名，悠然自适，老于林泉矣。"① 元末隐士一大特色是集体逃名，视功名富贵如浮云，全身远害。集体放弃个人仕途和社会价值，逃遁到隐士群体的雅集中，修身守道，守护人格，追求清心寡欲、淡泊宁静的生活，这些在同题集咏中都有鲜明的体现。元末士人多才多艺，士人群体游于艺，从同题集咏中获得内心的安慰，理想境界得以升华。他们诗文书画才能兼备，在艺术境界上打通彼此之间的隔膜，通过同题集咏书画、咏物以保

① （清）吴历：《墨井画跋》，《续修四库全书》第1066册，上海古籍出版社，2002，第204页。

持内心的从容淡泊，他们集咏的是一种隐居的境界和乐趣，增进了彼此之间的友谊，推动了主情诗风的形成。

诗文书画的汇通是元代士人的基本技能。伴随着元人艺术素养全面提高，文人画在元代大兴，具备“诗书画”三绝艺术才能的文人逐渐多起来，画家兼有书家和诗人身份，但是士人核心身份仍是诗人，诗、文、书、图、印共存的同题集咏成为群体间隐逸人格构建的主要模式。通过题画、鉴书使不同地域的士人产生对话交流，形成一个个人际网络，穿越时空与不同时期的人进行心灵的对话，对元末隐逸人格的构建有着积极作用。

倪瓒以老庄思想为背景，在绘画、诗文领域全面复古，追慕魏晋风流，书写胸中逸气，借助绘画提高了自己的雅趣。他不求功利，始终保持心灵的自由，追求淡泊画风。与倪瓒交往的士人多为隐士，如陈惟寅、陈惟允、徐良夫、王蒙、吴镇、黄公望、赵士瞻、钱惟善、杨维桢、顾瑛、陆居仁等。众人归隐原因虽然不同，但是均追求隐逸人格精神，即内心的宁静淡泊与豁达、超然物表、不慕荣利。这是隐士之间交往的基础，是元末隐士的群体性格，在同题集咏的互动中得以构建。

隐士群体之间隐逸人格的构建需要同质性的元素，隐逸或隐逸文化的本质就在于重塑人格、改造人格。隐逸人格在元末大多数雅集对象间仍然是交契的基础。隐逸人格作为精神主体的追求，表现为执着审美、疏离政治。陈惟寅“清介孤峭，甚似其舅，读书鼓琴，不慕荣进，澹泊无欲，以终其身”①。相同的价值取向，轻利重心的老庄思想将彼此紧密联系在一起，同题集咏中建立起群体的隐逸人格。

倪瓒作为隐士群体中的文化名人，具有一定的号召力和凝聚力，倪瓒的山水画透露着隐逸情怀，有20多幅图被元代文士同题集咏。其在绘画中树立起隐居求志的旗帜，群体内部成员与群体外部成员呼应，通过同题集咏形成的隐逸风气，引导士风走向。倪瓒的山水画艺术水平之高、隐居的逸趣之深吸引着广大文士，他们希望自己的名字成为倪瓒画

① （元）倪瓒：《云林竹图并题卷》，载李修生主编《全元文》第46册，第564页。

卷上的一部分。题诗者多为元末诗人，多为隐士，如翠屏道人、双鹤轩人、朽木居士、碧树山樵等。同题集咏将隐士群体紧紧地联系在一起，表现着隐士群体的隐逸志向和淡泊超逸的风致。

例如倪瓒《六君子图》，有黄公望、朽木居士、赵觐、钱云四位题诗，妙香道者题跋。① 此图作于至正五年（1345），倪瓒时年 45 岁，因卢山甫索画而作，淡逸疏朗的笔墨意趣摹画了六株生长在江边坡陂上的挺拔树木，分别为松树、柏树、樟树、楠树、槐树、榆树，皆是君子的象征。客观的树木有了人的情感，“隐”的思想寄托在画中，倪瓒用心灵与山水对话，在对山水的观照中洞悉自己内心的世界，摒弃世俗的困扰，寻求内心的宁静淡泊。一河两岸式的构图，平远的空间传达出隐者高逸、孤寂的情怀，很容易引起隐士情感上的共鸣。

元末隐士群体的隐逸人格构建受到元初遗民的影响。倪瓒、陈方、郑元祐、张雨同题集咏南宋画家赵伯驹的《题赵千里聚扇上写山》，四人均为元末文人，关系融洽，同题集咏中形成了相似的悲怆诗风，表达了对宋遗民国破家亡的感慨和对遗民思想的认同。倪瓒“零落王孙翰墨余，越王台殿久荒芜。要知人好画亦好，爱此当年屋上乌”，陈方“故物凋零百岁余，王孙有恨迷平芜。衡门今日看真迹，始与人辨雌雄乌”，郑元祐“文采于今沦落余，雕阑玉砌凄烟芜。至宝不随黄土化，门上空啼头白乌”，张雨“江南宝绘多遗余，王孙不归恨蘼芜。蘼芜消歇秋风起，班姬为我歌乌乌”，② 可见隐士群体心境的苍凉。作为宋王孙的赵伯驹以墨画写心，发亡国之悲；陈方是龚璛的女婿，龚璛父亲因南宋亡国而绝食自杀，陈方受到龚璛影响很深；郑元祐受南宋遗民影响很深，“咸淳诸遗老犹在，君遍游其门”③，后隐居吴门 40 年。共同的思想基础使得四位元末隐士对其沦落之悲给予同情。这是隐士隔了一个世纪后与遗民的心灵对话，使得元末隐士群体隐逸人格精神带有了宋遗

① （明）汪砢玉：《珊瑚网》卷三十四，《景印文渊阁四库全书》第 818 册，第 646 页。

② （明）朱存理编《珊瑚木难》卷六，《景印文渊阁四库全书》第 815 册，第 189 页。

③ （元）苏大年：《遂昌先生郑君墓志铭》，《侨吴集》附录，《景印文渊阁四库全书》第 1216 册，第 614 页。

民讲气节、守道的色彩。

再如《题钱选山居图》同题集咏，元末士人郑元祐、张雨、顾瑛、楚石道人、倪瓒、俞贞木等与元初遗民钱选、仇远进行对话，对钱选隐居给予肯定。“舜举独隐于绘事，以终其身。……敬慎淡泊，不愧其先，能写花木翎毛……亦君子之志也。”① 钱舜举将隐逸情怀寄托在画中，其遗民守节的君子之志通过元末士人同题集咏得以彰显。

王冕、倪瓒、魏俊民等元末隐士都参加了对元初遗民郑所南《郑所南画兰》的同题集咏，倪瓒写道：“秋风兰蕙化为茅，南国凄凉气已消。只有所南心不改，泪泉和墨写离骚。”② 王冕：“老子平生忠义俱，棲棲山泽太清癯。疏豪不作寻常醉，却似三闾楚大夫。”③ 魏俊民：“南望湘江歌楚声，癯癯鹤骨老山林。濡毫为染苌弘血，淡扫幽芳寄此心。”④ 集体歌咏郑思肖忠贞气节，将其直比屈原。元末隐士群体对元初遗民群体的文化认同代表了一种群体认同，两个群体都是失落、愤懑、孤傲的群体，都是气节的崇尚者、理想的高扬者、山林的栖息者。所以元末隐逸人格精神中有着元初遗民的君子气节，元初郑所南以画寄志的人文精神被元末以倪瓒为代表的隐逸画家所继承，郑所南“纯是君子，绝无小人”⑤ 的狷介气质影响到元末的倪瓒、王冕、张雨等人。

元末较大规模的雅集多在吴地，江南的富庶是举办雅集的基础，出现了顾瑛的玉山雅集、徐达左的耕渔轩及遂幽轩雅集，倪瓒的清閟阁雅集，杨维桢的草玄阁、张德常的良常草堂、王蒙的琴鹤轩、陈宝生的春草堂等众多雅集。雅集是构建隐逸人格的阵地，隐士群体参与雅集中同题集咏的目的是以诗存史、以诗存名、以诗存道。“忧道不忧贫”始终是文人群体的情怀。

元末隐士群体集体归隐，将隐逸精神寄托于艺术才情中。品画、鉴

① （元）赵汸：《赠钱彦宾序》，载李修生主编《全元文》第54册，第320页。

② 陈高华编著《元代画家史料汇编》，杭州出版社，2004，第526页。

③ （元）王冕：《题郑所南画兰》，载杨镰主编《全元诗》第49册，中华书局，2013，第447页。

④ （元）魏俊民：《题郑所南画兰》，载杨镰主编《全元诗》第49册，第449页。

⑤ （元）陶宗仪：《南村辍耕录》卷二十，中华书局，2004，第247页。

书、题诗、篆刻都成了文人群体交际的媒介，成为文人群体精神境界提升的重要途径。群体间的互动促进了艺术的繁荣，隐士群体的身心境界亦得以升华。元末大型同题集咏频频出现，对构建隐士群体的隐逸人格起到了重要的作用。《听雨楼图》《破窗风雨图》《耕渔轩图》《墨菜图》《聚芳亭图》《秀野轩图》《续兰亭会》《良常草堂图》《西湖竹枝词》《陶九成竹居图》《铁网珊瑚图》《南村草堂图》《荆溪图》《琴鹤轩图》，及玉山雅集中的同题集咏，都是以诗、文、书、图、印共存的形式歌咏隐居的心境与雅趣。

艺术的才情让元末隐士群体的隐逸情怀发酵，他们亦将隐逸人格精神寄托在亭台楼阁的建筑中，素雅简洁的亭台成为群体吟咏的对象。元末隐士经济水平参差不齐，富隐士盖亭台楼阁以举办雅集，贫隐士盖茅草屋或接受他人的捐助，虽然自己的居住都成问题，但是仍然没有影响他们隐逸人格的构建。元末张德常做淞江判官，为官有政绩，曾购买良常草堂若干间，目的是解决元末隐士的穷顿问题："今德常欲构草堂，所求者柯、张、杜三君，或宿诺而寒盟，或解嘲以调笑，遄求其实，则罔所知。"① 倪瓒为其写《题良常草堂疏》，同题集咏者有张雨等18位士人。刘性初是元末有志气的读书人，是个典型的儒生，甘于贫遁，隐居陋室，刻苦攻读，希望有朝一日行天下之道，可惜生不逢时，入仕艰难，遂有隐居之志，他是元末乱世士人群体际遇的缩影。刘性初的隐居读书处，翰林学士汪叔志赠以"破窗风雨"之号，周伯琦用篆书书写，杨维桢写记，追慕杜甫秋风茅屋气节。他以贫守志的气节，引发了文人群体同题集咏，赞美其志气不凡，对其君子品格给予高度肯定。"破窗风雨"被王彦强画成图，有41人以诗、文、书、图的形式参与同题集咏。这一方面反映了元代士人生存入仕的艰难、生不逢时的悲叹；另一方面也反映了元末士人群体隐逸求雅的风气盛行。元末雅集频频，"破窗风雨"是元末文人群体追和雅趣，隐逸求志士风弥漫的例证。"清高"是刘性初的境界所在，刘性初在贫困中仍不忘求志、求雅。刘性

---

① （元）倪瓒：《题良常草堂疏》，载李修生主编《全元文》第46册，第616页。

初追慕独立的人格，唾弃功名富贵，代表着元末文人群体自我意识的觉醒。文人们都借助同题集咏歌颂刘性初淡泊名利、清介高洁、持贫守节的君子形象。刘君清如梅花、性比仙鹤，其隐逸人格就是在同题集咏中形成的。

隐士建亭子并不是为了炫富，而是隐逸人格精神的一种表达方式，也是求雅的方式。借助亭子召集隐士以获得隐逸情感的共鸣，元末闵全的聚芳亭就是一个例证。聚芳亭是游息之所，匾额为九皋学士书写。聚芳亭建在群山环抱中，绿树成荫，亭子并不大，仅能容数客。亭子简陋，没什么装饰，仅在亭旁点缀一些花卉。这个亭子仅供游人雅士休息之用，聚芳的意义就在于简陋的亭子能汇集有才华的文人雅士。“一举而兼有之，信乎斯亭之能聚芳，而众芳之聚斯亭也。”[①]“芳”是指君子的品格、高洁的志趣，是隐逸人格的象征。“园池之胜，不在花石台榭，惟其人而已。”[②] 人仍然是同题集咏的中心，这是隐逸群体人格精神的所在。19 人通过同题集咏聚芳亭表达了隐士群体的志向气节，体现着文人对自我精神内在修养的追求，儒家人士清贫守节、独善其身的品质凝聚在了聚芳亭的同题集咏中。以物比德折射出诗人群体的隐逸精神品格，仍然是儒家人格理想的一种历史象征，同题集咏反映了对君子品格的追求。元末隐士群体的人格是在儒、道两家基础上构建起来的。

三 同题集咏与元末诗风

纵观整个元代，归隐一直是士人的主流目标。叹世、遁世的声音从元初遗民群体开始，经元中期被抛弃在官场之外的山林士人的书写，在元末壮大开来。书写隐逸情怀、歌颂隐逸主题的同题集咏频繁发生，在元末达到高潮。伴随着隐逸士人掌握了诗坛的话语权，隐逸诗风逐渐代替了在元中期占主导的雅正诗风。

---

① （元）陈遇：《郑禧聚芳亭图题跋》，《秘殿珠林石渠宝笈合编》第 10 册，上海书店出版社，1988，第 1654 页。

② （明）文彭：《郑禧聚芳亭图题跋》，《秘殿珠林石渠宝笈合编》第 10 册，第 1658 页。

在追慕魏晋的过程中，元末的同题集咏实现了诗风的复古，形成了“平淡”“尚清”“雅逸”“率真”“重情”的诗风，完成了对元中期雅正诗风的转变。每一次同题集咏都是一次雅集，联系着大量的隐士、僧人、官员、道士、少数民族诗人，形成巨大的人际关系网络，他们对归隐的赞同从根本上确立了元末诗风的品格，同题集咏对元末诗风的形成意义重大。

（一）率真诗风

元末隐士群体注重精神境界的高逸，王蒙《听雨楼图》同题集咏就是“率真”诗风的代表。元末至正年间，东海卢士恒有楼名曰“听雨楼”，周伯温篆书“听雨楼”三字。至正二十五年（1365），王蒙于卢生听雨楼中作画，倪瓒同在此楼。经王蒙作画以后，此楼名声大振，引起了众多文人同题集咏。张雨、倪瓒、钱惟善等19位诗人均参与其中。参与同题集咏的士人中既有隐士又有僧人，还有官员饶介、周伯琦。听雨楼诗卷中所载皆一时名士，诗的基调是愁苦悲伤的，展示了元末乱离中文人奔波无定的凄苦，战乱背景下文人特有的隐逸心态：

雨中市井迷烟雾，楼底雨声无著处。不知雨到耳根来，还是耳根随雨去。好将此语问风幡，闻见何时得暂闲。钟动鸡鸣雨还作，依然布被拥春寒。（张雨）

云林夜灯寂，有雨弥更佳。漠漠著树稳，霏霏度檐斜。入静意所便，争喧竞浮夸。弛张任橐籥，细大无根芽。妙运出元造，至理忘纷拿。变化本因忘，声闻耳生瑕。不如且置之，摄心静无哗。危坐不须寤，呼童剪灯花。（王宥）

层檐集飞霤，深砌走鸣瀑。余声殷天籁，清气入林屋。风波任喧汹，燕坐瞑双目。置身得萧爽，洗耳绝尘俗。香毬郁水沉，帘花映湘竹。篝灯动春酌，剪韭留夜宿。与客对床眠，清谈未云足。（严瑄）

飞楼何凝阴，雨气正含雾。潇洒集群雷，淅沥散高树。声悬长风外，坐想当瀑布。习喧久渐息，静听乃真趣。阴晴造化意，年芳暗中度。白发如散丝，凭君写幽素。（郑元）①

《听雨楼图》集咏中的诗作为我们展示了一种人生态度：齐物我，达生死，物我合一。这体现着老庄“贵真”思想，是老庄“致虚极，守静笃”的体现。景物、情理融为一体，表达着隐士任性率真的生命态度。用心静悟着大自然的玄理，心与境会，情与景融，洗耳绝俗，静听天籁。人生而静，因物而动，摒弃世俗，返璞归真，表达着隐士群体在乱离中的超然心境。逸趣高雅，不假雕饰，归于朴素，形成了“率真”的诗风。

（二）雅逸诗风

雪篷同题集咏追逐魏晋士人的雅致与风流，有力地推动了元末诗风的复古，是元末文人群体的生命方式的体现。穿越时空的纸上雅集满足了元末战乱中不能定期相见举办雅集的诗人群体的心愿。雪篷同题集咏反映出隐士群体抛弃政治的重负后，游离于权力之外，以心隐的方式追逐高雅的情致，求雅鄙俗的元末士风推动了“雅逸”诗风的形成。

该同题题咏参与者 16 人，既有隐士、道士，也有僧人，隐逸是他们共同的情怀。雪篷同题集咏并不是同时同地而作，有些成员并未见面：“余虽不识子坚，若取友于焕常，必端人也，他日访雪篷于江上，固不为生客矣。”② 发起人蔡子坚是元末隐士，家在吴淞之上，以耕钓为乐，喜与人交，其中不乏释道之人。他于江上作渔舟，舟成后，宴请士大夫以示庆贺。篷窗洞达，船屋宽敞，不刻意雕饰，仅白粉刷船。贞素洁白的外表，粲然可观。适逢冬日，“上下江山，一白万顷，而吾子

① （明）张丑：《清河书画舫》卷十一，上海古籍出版社，2011，第 545～548 页。

② 故宫博物院编《徐邦达集》第六册，紫禁城出版社，2006，第 616 页。

坚独能把钓垂纶，携琴引鹤，倚蒹葭以为社，狎鸥鹭以为盟，得鱼沽酒，命客赋诗”[①]。众位隐士纷纷赋诗集咏雪篷，以表达自己对蔡子坚隐居之乐的认同。如谢应芳：“雪篷之乐得于天，虽欲同人人孰取。惟有山阴王子猷，清兴颇堪同日语。”这里借用王子猷雪夜访戴，夜泊至门前兴尽而返的典故，点明了隐者之志，表达了豁达、洒脱的魏晋风度。许钧：“醉卧不知天上下，歌狂那问水西东。堪嗟碌碌求名者，争若闲闲一钓翁。”[②] 渔翁成为元诗中隐逸人格构建的价值符号，放浪形骸的士风造就了雅逸超脱的诗风。

文人雅士寓情于物，在同题集咏中借雪篷表达一种隐者之乐。士人不以功名利禄累其心，而能居安分以乐其志。雪篷承载的是一种超脱的人生志趣，无论穷达，士人均要修身养性以完善人格。文人群体吟咏雪篷是隐士群体抛弃儒家功名后尚雅士风的产物。雪篷同题集咏体现了雅逸的诗风。

（三）平淡诗风

朱泽民《秀野轩图》同题集咏有41人参与，影响颇大，自元末一直持续到明永乐年间。隐者把自己高雅的人生志趣完全融汇于大自然之中，心性得到了陶冶。他们超脱物外，超越了名利的束缚，体现了道家的情怀。隐士深层次的心隐，在静观山水的过程中，获得心灵上的“超逸”“清淡”，实现了“道法自然”的老庄精神境界，对元末平淡醇美诗风的形成起到了推动作用。

秀野轩是周景安的隐居之所，是元末众多隐士群体的园林建筑之一，居余杭山之西南，背倚锦峰之文石，是周景安眺览之所。将陶渊明的诗和此组同题集咏对比一下，就会发现惊人的相似性。陶渊明“结庐在人境，而无车马喧”，张端“樵渔不许到，车马几曾喧”；陶渊明

① 故宫博物院编《徐邦达集》第六册，第615页。

② 以上三首诗均出自故宫博物院编《徐邦达集》第六册，第615～618页。

"山气日夕佳，飞鸟相与还"，金觉"挥弦对青山，夕阳见樵牧"；陶渊明"开荒南野际，守拙归田园"，张端"人自千钟禄，君犹独乐园"；陶渊明"方宅十余亩，草屋八九间"，张文震"闻君溪上结幽居，地僻时通长者车"；陶渊明"暧暧远人村，依依墟里烟"，金觉"泓泓水浮溪，霭霭云出谷"；陶渊明"羁鸟恋旧林，池鱼思故渊"，张文震"我亦有家山水窟，十年无地着茅庐"；陶渊明"狗吠深巷中，鸡鸣桑树颠"，金觉"雉雊麦风暖，蚕眠柘烟绿"。①

集咏中，诗人们极力模仿陶渊明的诗风，平淡醇美中可见隐士的宁静淡泊之志。周景安追慕渊明逸趣人格代表着元末士人群体的精神追求。秀野轩成为周景安与文人群体修身养性、寄托情志的地方。建造园林是一种"求志"行为，隐逸山林、逍遥园林渗透着道家情怀，是崇本尚朴的体现。一首首田园诗，有陶渊明的影子，诗中隐居意象非常多。士大夫隐居归田，避世山水间，似陶氏采菊东篱下，精神上获得超脱尘外之自由，同题集咏促进了元末"平淡醇美"诗风的繁荣。

（四）重情诗风

《西湖竹枝词》是元末最后一次规模较大的同题集咏，主持人是杨维桢，参与者身份各异，地位高低不同，但从不同角度描写了自己心中独特的西湖。表面上看，这次同题集咏似乎因兴致偶发，实际上是元末隐逸文化的必然产物。

杨维桢退官隐居西湖，面对西湖山水偶感而发写下九首《西湖竹枝词》，邀请朋友题咏，其中包括倪瓒，来自各族、各阶层的诗人，包括隐士、僧人、闺秀、官员等也都参加了《西湖竹枝词》同题集咏。少数民族诗人有蒙古族同同、基督教士完泽等，更多的是不知名文人，甚至是无名氏，他们出于对西湖的喜爱，主动参与到《西湖竹枝词》同题集咏中来。这是元末的时代风气，是同题集咏成熟的体现，也是诗

① （明）朱存理编《珊瑚木难》卷一，《景印文渊阁四库全书》第815册，第31～32页。

歌传播范围扩展及日渐社会化的表现。

《西湖竹枝词》同题集咏的本质就是杨维桢古乐府运动的延续，是其诗学理念的再次延伸，与杨氏的个性有着极大的关系。杨维桢说“诗本性情”[①]，这次《西湖竹枝词》同题集咏的中坚力量仍然是铁崖派诗人。此次同题集咏没有功利性的目的，是文人雅致的抒发，任情而发，情到诗成。同题集咏弥合了不同民族之间身份、信仰、习俗的差异，他们认同“主情”诗风，推动了元末诗风的成熟。杨维桢发起的《西湖竹枝词》同题集咏是他革新元中期以来逐渐趋向“颓敝”的雅正诗风，大胆创新、求新求变的一部分。“情”在同题集咏中得到热烈彰显，这是一次回归“情本位”的诗风革新运动。

（五）尚清诗风

“清”是元末隐士的群体品格，是隐士内心修养的体现，也是雅致逸趣的反映。隐士格除物欲之后，在长期的艺术书写中渐渐形成了淡泊无欲、求雅自洁的特点，并内化为自身的品格。“清”是内心长期养气的结果，不慕荣华、尚清简、耿介孤峭最终的结果就是“清”，“好尚清雅”[②] 的顾瑛与倪瓒都是“清”品格的反映。具有“清”品格的倪瓒、王冕、吴镇的画引发众多文人同题集咏，对元末“尚清”诗风有很大的影响。

倪瓒的诗朴实无华，不雕饰，一任于情，清淡如水。“欲写新诗尘满几，味我迂言淡如水。白云淡淡何从来，伴我孤吟北窗里”[③]，倪瓒性情清淡如水的特点在诗中有着鲜明的体现。倪瓒作诗求“性情之正”，“诗必有谓，而不徒作吟咏，得乎性情之正，斯为善矣”[④]。“正”

① （元）杨维桢：《东维子集》卷七，《景印文渊阁四库全书》第 1221 册，第 438 页。

② （元）李祁：《草堂名胜集》序，载（元）顾瑛辑《玉山名胜集》，中华书局，2008，第 7 页。

③ （元）倪瓒：《子安淡室图并题卷》，载李修生主编《全元文》第 46 册，第 599 页。

④ （元）倪瓒：《拙逸斋诗稿序》，载李修生主编《全元文》第 46 册，第 612 页。

才可以“清”，“淡”与“清”都是没有杂质、任情绝俗的体现，是人品在诗品、画品中的体现。“吟咏得性情之正者，其惟渊明乎？韦、柳冲淡萧散，皆得陶之旨趣。”① 倪瓒论诗追求萧散冲淡，与他的画风一致，受到陶渊明的清淡诗风影响很大。

王冕也是“尚清”诗风的典型代表。社会黑暗导致其志不获展，隐居修身求志，将自己的人生境界寄托在画梅中，梅花就是他人格的象征。墨梅“清香散作天下春，草木无名借光彩”，白梅“春到玉堂浑不觉，清香疏影自分明”，红梅“清香吹散乾坤外，不是寻常桃杏花”。② 王冕在对梅花的歌咏中获得了精神的慰藉，慨叹梅花“可谓浊世之高士也，观其清标雅韵，有古君子风焉”③。王冕诗风“尚清”的特点是从隐逸人格中得来的，与自身遭际有密切的关系，对君子品格的追求是其诗风“尚清”的原因。王冕梅作为一个种类，引起了众多文人同题集咏，不乏许多重要诗人的参与。陈基、郑元祐、熊梦祥、张渥、丁复、杨维桢、于立、释子贤、刘基、张羽、顾璘、徐渭、陆完、贡性之、刘绩、文徵明、唐肃、钱宰、释来复、释溥洽④、宋禧⑤、成廷珪⑥等众多文人、方外诗人都题过王冕的梅花，茀林人金元素⑦也参与其中，多元身份士人在同题集咏中推动了对“清”的诗风的认同。

元末隐士群体通过同题集咏塑造了隐逸人格精神，创造出有别于前代的隐逸文化。同题集咏对元末隐士群体隐逸精神的构建起到了重要作用，大规模同题集咏的出现改变着元诗的风貌，塑造了迥异于元中期治世之音的元末主情诗风。元末诗风少了儒家重功名、重伦常的道学气，体现出“重本心”的特征，这是诗学领域的一股清流。从同题集咏形

---

① （元）倪瓒：《谢仲野诗序》，载李修生主编《全元文》第46册，第614页。

② 见杨镰主编《全元诗》第49册，第365、441、445页。

③ （元）王冕：《王冕集》，浙江古籍出版社，2012，第278页。

④ （清）陈邦彦等辑《御定历代题画诗类》卷八十四，《景印文渊阁四库全书》第1436册，第292～298页。

⑤ （元）宋禧：《题王山农画梅》，载杨镰主编《全元诗》第53册，第458页。

⑥ （元）成廷珪：《居竹轩诗集》卷四，《景印文渊阁四库全书》第1216册，第349页。

⑦ （元）金元素：《王元章梅竹为省掾郑起清赋》，载杨镰主编《全元诗》第42册，第383页。

成的多元诗风看，元末诗风“得古”远远超越“宗唐”，隐逸文化的盛行，引发了同题集咏的流行，在精神上直接超越盛唐而与魏晋对接。明代以来，学者对元诗多鄙薄，同题集咏深化了对元末诗风的认识，通过群体性同题集咏形成的雅逸尚清诗风是元人隐逸品格的升华，对我们重新认识元诗有着重要的意义。

论陈维崧的骈散关系观*

◇董新宁**

摘　要：陈维崧致力于骈文写作，他的骈散关系观以“骈—散”对举为方式、以为骈文正名为核心，主要有以下几个层面：一、他的文集在去世后分别由亲友整理、刊刻，以“俪体”“散体”为文集分类命名，分体意识明确；二、骈语、散语运用灵活，散体文骈化特征明显，文集分类以六朝骈文范式为标准对俪体文、散体文进行区分；三、认为各体文学具有共通的标准和功用，有意识地消解各体之间的地位差异，并通过骈文创作为其文学观念提供实质依据。陈维崧以这些方式提高骈文的地位，补益创作，扩大了骈文的影响。

关键词：陈维崧　骈散关系　俪体　散体　语体

陈维崧是清前期骈文学史中成就最高的人物之一，他从未掩饰自己对骈文的喜爱，并着力于骈文写作，极力提高骈文地位。不仅如此，陈维崧还具有非常自觉的、明确的骈文写作意识。但由于当时骈文衰微，陈维崧不得不依托于古文，以“骈—散”作为对举关系言说，以骈体为标准，分体明确，以此为骈文正名。①

* ［基金项目］国家社会科学基金重大项目“中国古代散文研究文献集成”，项目编号：14ZDB066。

** 董新宁，北京师范大学文学院博士研究生，主要研究方向为清代文学。

① 关于陈维崧的骈散观念，以下著作、文章皆有涉猎。莫山洪：《骈散的对立与互融》第七章第一节《清初文章骈散对立的形成》（齐鲁书社，2010）；奚彤云：《中国古代骈文批评史稿》下编第一章《清代前期骈文批评的初步发展》（华东师范大学出版社，2006）；吕双伟：《清代骈文理论研究》（人民出版社，2011），《陈维崧骈文经典地位的形成与消解》（《文学遗产》2018年第1期）；曹虹、陈曙雯、倪惠颖：《清代常州骈文研究》第三章第二节《关于〈四六金针〉与〈今文选〉》（江苏人民出版社，2010）；路海洋：《清代江南骈文发展研究》乙编第一章第一节《清初骈文（转下页注）

一　骈散分体，重骈轻散

陈维崧临终前（康熙二十一年，1682），最大的愿望便是自己的作品特别是骈文能够结集以存后世。为此，他分别嘱托最信赖的人——同里蒋景祁（1646～1695）、三弟陈维岳（1636～?）将自己的作品整理刊刻。这件事在后来整理成集的文集序跋中被几番提起，而陈维崧遗集的整理出版，也经由蒋景祁、陈维岳两条路径分别进行。

陈维崧面嘱蒋景祁在先，蒋永修作《陈检讨传》云："髯疾时，余子景祁适在京师，问疾拜床下。髯悉出所著诗古文词手授祁。癸亥祁归，与曹子南耕编次校雠而锓诸版。"① "南耕"即曹亮武（1646～?），是陈维崧的表弟。在陈维崧去世的第二年夏天（康熙二十二年，1683），蒋景祁携稿南归，与曹亮武一同编次、校雠，二人先将骈文付梓，次年（康熙二十三年，1684），蒋景祁在苏州刊刻诗词文合集，这套文集包括诗、词、骈文等②。之所以先将骈文付梓，应归因于陈维崧在遗言中所表达的对骈文的重视，曹亮武《陈检讨集序》转述了陈维崧对蒋景祁的嘱托："其年疾革时，蒋子京少视疾，其年枕上顿首云：'某二十余年来，雅好填词，而薄长尤在俪体，甚不忍其无传，谨以属之子，而论定搜辑，幸呼我南耕共之。'"③ 蒋本《陈检讨集》是陈维崧文集的第一个刊本，在当时产生了很大影响，一时风行。不足的是，

（接上页注①）第一大家：陈维崧》（中国社会科学出版社，2016）；张明强：《陈维崧与清代骈文复兴》（《学术论坛》2013年第5期）；张明强：《明末清初文坛六朝转向与骈文演进》，[《苏州大学学报》（哲学社会科学版）2010年第5期]；李金松：《从骈文名称看清人骈文观念的嬗变》，[载《古代文学理论研究（第三十辑）——中国文论的直与曲》，2009]；张作栋、袁虹：《论清代前期的骈散合一思想》，（《凯里学院学报》2014年第1期）。

① 此文乃储欣代蒋永修所作（《在陆草堂文集》卷三），转引自周绚隆《陈维崧年谱》，人民出版社，2012，第709页。

② 即蒋景祁辑《陈检讨集》十二卷诗钞十卷词钞十二卷，康熙二十二年至二十三年（1683～1684）天藜阁刻本。

③ （清）曹亮武：《陈检讨集序》，载（清）陈维崧《陈维崧集》附录，陈振鹏标点，李学颖校补，上海古籍出版社，2010，第1815页。

这版文集中存在诸多缺漏讹误。陈维岳在《陈迦陵俪体文集跋》中对此有所批评：“兄殁之二年，同邑蒋京少为遴选镂板，吴门一时风驰纸踊。然诗词只锓十之三四，四六文尚遗失三十许篇，且字多讹谬脱落。”① 指出了蒋本作品不全、“且字多讹谬脱落”的缺点。

相比之下，陈维岳与陈宗石（1644～1720）为长兄遗愿倾注了更多精力心血，因此文集质量更高，文稿也更加全面。陈维崧在临终前二日对陈维岳留有遗言：“吾生平所为诗词古文，吾死后，弟为吾润色删定之……”又云：“吾四六文不多，固吾擅场之体，恨未尽耳。”② 当时，四弟陈宗石并不在身边，他是陈家最有能力将陈维崧著作刊刻付梓的人，宗石与维岳会合后，陈维崧文稿的整理工作根据原稿开始分头进行。付梓之时，文集依据骈散文体之别分别被命名为《陈迦陵俪体文集》与《陈迦陵散体文集》。陈宗石在《陈迦陵散体文集跋》中记述了文体的分类方式：“伯兄俪文，海内咸推之，而兄亦自以为有心手独得处。弆之箧中，积有一百六十许首，石已镂板行之矣。兄散文不名一家，脱稿随手佚去，多不存者。”③ 也就是说，俪体与散体文集的分类依据是陈维崧写作时的不同放置方式，“弆之箧中”即为俪体文，“脱稿随手佚去”的则是散体文，这种分类的合理性在于这毕竟是陈维崧亲自整理区分的，能表现他的个人选择与个人意愿。

陈维崧去世当年，陈宗石搜集陈维崧的散体文遗稿，后交于吴任臣、李澄中二人编修选订篇目，在百篇文章中筛选存留八十余篇。④ 俪体文集则由陈氏兄弟亲自校订。陈宗石《陈迦陵俪体文集跋》记载：“至丙寅（康熙二十五年）春，迎三兄至署，簿书抽暇，相与裒辑厘正，凡两阅月，计文一百六十余篇，兄俪体之文，尽于此矣。字句勾

① （清）陈维岳：《陈迦陵俪体文集跋》，《陈维崧集》附录，第1809页。

② （清）陈维岳：《陈迦陵俪体文集跋》，《陈维崧集》附录，第1809页。

③ （清）陈宗石：《陈迦陵散体文集跋》，《陈维崧集》附录，第1802～1803页。

④ （清）陈宗石《陈迦陵散体文集跋》云：“余自黎城七月抵都，裒其一稿，渐次辑成，所存仅仅百篇。志伊、渭清两先生为之选订，所存八十余篇。”（《陈维崧集》附录，第1803页）

校，悉遵原本。遂捐俸购工，付之剞劂，阅四月而始竣。”[①] 陈维岳《陈迦陵俪体文集跋》所载过程颇为一致：“丙寅春，余过子万（陈宗石）四弟安平署斋，共校订大兄四六文一月，所遗三十许篇，既尽入之集，字亦悉改正，所为润色删定者终不敢，篇数宁存无遗。”[②] 陈维岳与陈宗石对待这套文集谨慎至极，他们将陈维崧的骈文遗作全部收入文集，并遵照原稿一字一句校订修正，却始终不敢润色删定，也因此保留了原稿面貌。康熙二十六年（1687）春，陈宗石先将《陈迦陵俪体文集》整理付刻，同年夏才将俪体文集与散体文集共同编入《陈迦陵文集》[③]。通过以上材料推论，蒋景祁与陈氏兄弟手中应各掌有一套陈维崧遗文原稿，但经陈氏兄弟整理的《陈迦陵文集》一版更贴近陈维崧的原作与个人倾向，更具准确性与权威性，因此本文论析陈维崧文章，也以陈氏兄弟整理的《陈迦陵文集》为准。

如上所述，在陈维崧的写作过程、遗言内容及其遗集的整理刊行过程中，处处可见对骈散二体的区别对待。究其原因，仍是陈维崧本人对于骈文的爱重，他在世时，所作骈文就备受推崇，而陈维崧写作骈文也是得心应手，以其为专擅之体，在临终遗言中还吐露出才华未尽的遗憾。《国朝先正事略》卷三十九《文苑》载《陈其年先生事略》：“先生尝曰：‘吾胸中尚有骈体文千篇，特未暇写出耳。’”[④] 亦同此意。由于陈维崧最具权威性的《陈迦陵文集》恰以俪体文集与散体文集两种分类对举，因此当两类文体并举时，本文也以“俪体文”和“散体文”称呼。

陈氏兄弟这样的文集分类与命名方式表明了明确的分体意识。将俪体视为文章一体并单独成集、将赋归入俪体文集，与散体文集分庭抗礼，如此做法在当时是非常罕见的。事实上，早在陈维崧35岁前后，

---

① （清）陈宗石：《陈迦陵俪体文集跋》，《陈维崧集》附录，第1808～1809页。

② （清）陈维岳：《陈迦陵俪体文集跋》，《陈维崧集》附录，第1809页。

③ 即（清）陈宗石辑《陈迦陵文集》，康熙二十六年至二十七年（1687～1688）患立堂刻本。

④ （清）李元度：《国朝先正事略》卷三十九《陈其年先生事略》，《陈维崧集》附录，第1788页。

他与冒氏兄弟冒禾书（1635～?）、冒丹书（1639～1695）[①] 编刻《今文选》时，就已表现出这样的意识。他在《凡例》中写道：“凡云选者，悉仿萧梁太子；凡云抄者，俱拟唐宋大家。”[②] 后来在《征刻今文选今文钞启》中又有说明：“学秦、汉、六朝者，入萧家《文选》之中；仿韩、柳、欧、苏者，归茅氏《文钞》之部。庶几两美，要可单行。”[③] 他认为，俪体文宗法六朝，而散体文宗法唐宋，在《今文选》中自称“萧选之遗裔”，向六朝靠拢，并将秦、汉、六朝放入同一集合与唐、宋对立，有与当时甚为流行的唐宋八大家文章相抗衡之意。

需要注意的是，“俪体”一名在当时属于非常独特的叫法。不过，《陈迦陵俪体文集》与《陈迦陵散体文集》应该不是陈维崧生前亲自确定的文集名称。在现存资料中，并未见陈维崧提及文集命名一事，甚至陈维岳所载陈维崧遗言，都用“四六”之称。而在蒋本的骈文集序跋中，诸家对骈文有“俪体”“四六”“骈体”“排偶之文”“骈俪之文”等多种叫法，显然此时对文集文体的命名缺乏统一性。而至散体文集付刻时，文集序跋皆以“散”“俪”之名区分，似乎已成为编订者、题写序跋者的共识，可见，“俪体文集”的命名，应该是陈氏兄弟结集出版《陈迦陵俪体文集》时确定的，散体文集则在俪体文集后确定名称。“俪体”一名，也确实是陈维崧本人在行文中对骈文的称呼，而通读陈维崧全集，却从未有“四六”的字样出现。因此推断，“俪体文集”乃陈氏兄弟依据陈维崧行文而定，而陈维岳所载的“四六”一说，则很有可能是陈维岳的错记或是他个人对骈文的习惯称呼。

陈维崧用“俪体”而不用“四六”也是经过多重考量的。一方面，在“四六”之名以前，文章有“古文”“今文”之分别，“四六”之名消除了古今对立之说，同时点出了这种文体在句法方面最凸显的四六句式特征。陈维崧以“俪体”命名，与“散体”平等对立，“俪”字不

① 冒禾书、冒丹书均为冒襄之子，《今文选》选编于陈维崧寄居冒家如皋水绘园时期。

② 《今文选凡例》，载陈维崧、冒禾书、冒丹书辑《今文选》，清初刻本，3a。

③ （清）陈维崧：《征刻今文选今文钞启》，《陈迦陵散体文集》卷三，《陈维崧集》，第253页。

显示句法特征，却说明了这种文体最基本的核心要素——对偶，重新表明“骈—散”文体的对立关系，即对偶与非对偶的差别。另一方面，陈维崧不选择“四六”这种沿用最久的叫法，还有更深层次的原因。

柳宗元在《乞巧文》中有云：“眩耀为文，琐碎排偶，抽黄对白，啽哢飞走。骈四俪六，锦心绣口，宫沉羽振，笙簧触手。”① 他将骈文重辞藻、对偶、声律的特点精到地总结出来，但又以“眩耀”“琐碎”“啽哢飞走”等词修饰。这是“骈四俪六”的最早出处，而后，李商隐《樊南四六》的出现使得“四六”之名延续千年，影响不可谓不大，可他解释“四六”时却用游戏之法：“六博、格五、四数、六甲之取也”②，意指“四六”乃文章游戏之作③。对此态度，李商隐也有所解释：“此事（四六）非平生所尊尚，应求备卒，不足以为名。”④ 可见，无论柳宗元还是李商隐，对骈文一体的评价和定位并不高，这与陈维崧心中的理想定位大相径庭。再者，唐代以后，四六一体形式越发僵化，陈维崧所书写的骈文句式多样，远远超出了四六字句式的限制，所以，“四六”所代表的形式特点和内涵定位，都是他不能接受的。

在骈文常用的几个名称中，“骈”“偶”“俪”都有对仗的含义。“俪”同“丽”，刘勰《文心雕龙·丽辞》有云：“岂营丽辞，率然对耳。”⑤ “丽”是魏晋南北朝时期文体的一个共同特征，简言之即是“丽辞”，就是对偶化文辞。莫道才认为，“偶对”仅仅是句子形式本身，仅仅是修辞层面的含义，而“丽辞”说明了其指向于文章，具有

---

① （唐）柳宗元：《乞巧文》，《柳宗元集》，吴文治等校点，中华书局，1979，第489页。

② （唐）李商隐：《樊南甲集序》，《李商隐选集》，周振甫选注，上海古籍出版社，2012，第375页。

③ 周振甫注此句云：“六博：用十二棋，六黑六白，两人对博，每人六棋，取‘六’字。格五：一种棋，走棋碰到五即不能前进，格即阻塞，指不用‘五’字句。四数：古代教六岁孩子东西南北四方，取‘四’字。六甲：教九岁孩子六十甲子，古人用干支记日，干支有六十个，中有六个甲字，取‘六’字。即指取四字六字句，不用五字句。”（《李商隐选集》，第375页）

④ （唐）李商隐：《樊南乙集序》，《李商隐选集》，周振甫选注，第394页。

⑤ 周振甫：《文心雕龙今译》，中华书局，2013，第317页。

了文章学的理论意义[①]。因此，“丽”是一个非常重要的概念。陈维崧宗尚六朝，承继刘勰的叫法也是十分自然的。“丽”本意“双鹿成对并驾”，后有美丽、华美之意，也说明了古人以双为美的心理特征，而俪体，正是通过文字对偶极尽华美之能事。

陈维崧在《娄东顾商尹诗集序》中将“丽制”与“高文”相对，足见对俪体评价之高。总之，陈维崧以“俪体”指称，其与“散体”的对举之意和文章风格的华美特点，都不言自明了。不过，陈维崧并不推崇单一的华美，他在文中常用“清”与“丽”对举，有“清辞”“清句”“丽句”“丽辞”“丽制”等形容出现，“清”与“丽”都是他推崇的风格。“清”的加入使俪体文多了几分雅致格调，而“清”与“丽”的结合，也避免了文章因过度华丽而导致的呆板艳俗。

陈维崧、蒋景祁二人有师承之名，蒋氏曾参与编选、刊刻《陈检讨诗集》《陈检讨集》。他对于俪体文也颇有一番见地，在《陈检讨集序》中梳理了俪体文的大致发展脉络，也表达了自己的看法：

> 文章之有俪体，昔人自奏状表札书传箴铭之属，莫不用之。……自经史子集之外，奇文疑义，不以涉于笔墨；而声律俳偶，或工，或不尽工，要不失乎太朴之遗意。即古人之不敢轻于为文，亦如是而已。故论六朝家言，徐陵庾信为称首。迨唐，一变而王骆，再变而燕许，风格代殊，而体制若一，未有能易此者也。今之论文章者，睹其流不察其本，窥其绪不究其始，每遇文体类齐梁者，辄斥不视。此第浸淫于流俗人之说，而不知沉博绝丽之文，固司马相如、扬雄之徒所为滥觞焉矣。且天下之士，鲜不竞言古文，奉韩柳之成调，袭欧苏之断响，而不审其源流之所在，意指之所出，是言古文而古文亡矣。若夫俪体，学俭不足以供挥洒，气缩不足以纵阖辟，苟且自好者无敢过而问焉，间涉其藩篱，亦自量不克

① 莫道才：《六朝诗赋文的同步骈化与文体互融》，《骈文学探微》，广西师范大学出版社，2017，第71页。

登作者之堂，乃矫语曰：吾固不屑为也。是谫材薄植者不得窃，而徐庾诸公之声价至今在也。不犹大幸矣哉！①

首先，他肯定了俪体的价值及徐、庾在六朝文中的地位，并指出，唐代以来，“风格代殊，而体制若一，未有能易此者也”。在此基础上，他批评“今之论文章者，睹其流不察其本，窥其绪不究其始，每遇文体类齐梁者，辄斥不视”，而论古文者，也同样存在“不察其本、不审源流”的问题。在蒋景祁看来，俪体并不是一种容易学成的文体，“学俭不足以供挥洒，气缩不足以纵阖辟”——学识、气度、才能、对经典本源的研习，缺一不可，有意贬低俪体只是未学成之人虚伪矫饰的障眼法。这段话是蒋景祁为俪体文的正名，某种程度上也揭示了陈维崧俪体文成功的原因，同时暗指出陈维崧源于徐庾并突破原有单一体制、实现俪体文价值的贡献。因此他感叹“徐庾诸公之声价至今在也。不犹大幸矣哉！”其次，蒋景祁提到了陈维崧对于俪体文和散体文的不同态度：

其年先生幼颖异，甫十龄即代大父少保公撰《杨忠烈像赞》，娓娓可诵。长笃学，所撰散体古文最多，时散见诸名人集，皆不录，独以是编授余，其意可知已。由是以推先生不苟传之心，而得其不苟作之心，因知古人不戋戋相肖而自命正复为可传，其道一也。②

蒋景祁指出，陈维崧重视俪体文而不录散体文，“由是以推先生不苟传之心，得其不苟作之心”，从而推导出陈维崧有以俪体文传世之心。正是由于陈维崧本人对于散体文并没有给予俪体文相同的重视，才有了俪体文集与散体文集的区别待遇。总的来说，陈维崧不仅重视自己的俪体文作品，对俪体文的态度也是非常严肃的，这一点，通过他的写作，以及他所表现出的对俪体文的正名，也可以窥得一二。

---

① （清）蒋景祁：《陈检讨集序》，《陈维崧集》附录，第 1811 ~ 1812 页。

② （清）蒋景祁：《陈检讨集序》，《陈维崧集》附录，第 1812 页。

二 骈文尊体，以骈入散

陈维崧“骈—散”对举的另一层面，则是语体的角度。他对骈语散语的特质、语体与文章的整体表现有着非常清晰的认识，这源自他自幼便展现出的语言天分与后天的长期研习。《陆悬圃文集序》有云：

> 将使江萧染翰，弁龙门纪事之文；潘左操觚，序鹿洞谈经之作。则筵前授简，请以属之他人；座上挥毫，愿以俟夫君子。何则？燕函粤鎛，递有专家；北辙南辕，要难并诣。一疏一密，既意隔而靡宣；或质或文，复情睽而罕俪。然而诸家立说，趣本同归；百氏修辞，理惟一致。倘毫枯而腕劣，则散行徒增阘冗之讥；苟骨腾而肉飞，则俪体讵乏经奇之誉。原非泾渭，讵类玄黄。……慨斯世之高文，有宁都之魏叔。猥因品骘之次，沿及鄙人；独于骈偶之家，谬推芜制。①

这段话中的“散行”与“丽体”，即语体层面的散体与俪体。陈维崧认为，从文章功能角度上看，“散行”与“丽体”从根本上“趣本同归”“理惟一致”，因此也并非泾渭之别；若从表现能力角度来看，“散行”与“丽体”则各有优长缺陷：“倘毫枯而腕劣，则散行徒增阘冗之讥；苟骨腾而肉飞，则丽体讵乏经奇之誉。”陈维崧认为，作文若实现疏密有致、文质并重，应骈散兼行，以规避各自的不足。同时，在他的作品中，骈语散语的运用非常灵活，俪体文与散体文也出现骈语散语互渗的现象。

但是，这种骈散互渗并不均等，所体现的功能也有所不同。陈维崧的俪体文中间有散语，主要以散行之法支撑文章结构，夹杂大量虚词转

① （清）陈维崧：《陆悬圃文集序》，《陈迦陵俪体文集》卷六，《陈维崧集》，第 333 ~ 335 页。

折，缓和大量对偶的板滞，起到调节节奏的作用，但主体内容仍严格遵循六朝骈文正格。相比之下，他的散体文的语体骈化特征则更加明显。这并不符合古文家通常的散体文写作方式。平步青《霞外捃屑》卷七"韩欧文骈语"一条有云："于散文用骈语，后来古文家以骈语为厉禁，不思魏晋以前，初不分骈散为两途，分之自韩柳始。"[①] 指出韩柳古文运动之后，"古文家以骈语为厉禁"，散体文的骈化特征是被杜绝的，然而，这一点在陈维崧的散体文中并不适用。《陈迦陵散体文集》中甚至有三篇文章——《刘沛玄诗古文序》《与张芑山先生书》《上龚芝麓先生书》被收入曾燠主编的《国朝骈体正宗》，可见其骈化程度之高。而《陈迦陵俪体文集》中被收入《国朝骈体正宗》的文章也不过五篇而已，可见陈维崧文集分类与《国朝骈体正宗》具有很大的差异。

对此，吕双伟在《陈维崧骈文经典地位的形成与消解》一文中提出，将《陈迦陵散体文集》中的文章视为"骈体正宗"，正反映了骈文宗尚的变化。他认为，陈维崧骈文的经典地位在嘉道以后被逐渐消解，"这一过程反映了清代骈文宗尚从齐梁体到汉魏体的转向，体现了骈文内涵的流变性"[②]。可是，文集与《国朝骈体正宗》所呈现的分类差异有没有可能是其他原因造成的呢？比如仅仅由于编订者在编书过程中的操作失误？依据陈维岳、陈宗石在序跋中所陈述的收录编次过程，文集分体依据陈维崧本人自选的文章分类，《刘沛玄诗古文序》《与张芑山先生书》《上龚芝麓先生书》三篇文章显然不属于"弆之箧中"[③] 的俪体文，因此误编的概率极低，这种假设可以被排除。而骈文风尚又无法与陈维崧的个人偏好与行为直接画等号，作为这种分类的全部归因。那么还有什么原因使这三篇文章被陈维崧剔除出俪体文集，又被曾燠收入《国朝骈体正宗》呢？我们以《与张芑山先生书》一文为例一探究竟。

《与张芑山先生书》节选：

---

① （清）平步青：《霞外捃屑》，上海古籍出版社，1982，第 460 页。

② 吕双伟：《陈维崧骈文经典地位的形成与消解》，《文学遗产》2018 年第 1 期。

③ （清）陈宗石：《陈迦陵散体文集跋》，《陈维崧集》附录，第 1802 页。

崧自结发以来，谬叨奖掖，猥蒙齿牙，已十四载矣。嗣顷戎马鸫张，世故澒洞，眷言畴曩，可为涕泪。自鹿溪被难，皋里赴义，秋浦效田光之奇，云间秉刘琨之节，何尝不似琅琊登山，洗马渡江，无非触目，祇切伤心者乎！春间跪捧素书，扇头珠玉之赠，并读《芑山文集》，剖函发纸，周恻霑至。又闻有国朝古文之选，言之欢忭，诚经国大业，不朽盛事也。崧昔年石城数从次尾师游，出所撰《国玮集》相示，绝叹为经术畅茂，搜葺详雅。无何而触机蹈故，此书不传，竟作裴氏之《语林》，有逊萧统之《文选》，言之可为感伤。先生是书，务使汉魏并收，根叶悉盛。庙堂金石之篇，则吴门姚太史，崔张悉其温丽；军国铭颂之作，则清漳黄相国，马郑惭其闳博。并人伦领袖，文章皋薮，被之山川，不亦焜耀万祀乎！若天平昔石交，当时民望，嵇阮往覆之言，卢刘赠答之作，便已斐然，自当见收匠哲也。《诗》曰："采葑采菲，无以下体。"抑刍荛所据，愿郊万一者。文章以心术为根柢，德行以藻采为锋锷。秽如扬雄，虽沉博绝丽之文，定属外篇；洁如陶潜，则闺房情致之赋，不妨极笔。①

这篇散体文中多间之以骈语。首先，四字句、六字句比例极高，文章断句较符合俪体文的节奏，粗略观之也似俪体文形制。另外，对句比例极高且对句句式多样，四字对有"鹿溪被难，皋里赴义""汉魏并收，根叶悉盛"；六字对有"嵇阮往覆之言，卢刘赠答之作"；多字对有"秋浦效田光之奇，云间秉刘琨之节""文章以心术为根柢，德行以藻采为锋锷"；多句对有"庙堂金石之篇，则吴门姚太史，崔张悉其温丽；军国铭颂之作，则清漳黄相国，马郑惭其闳博""秽如扬雄，虽沉博绝丽之文，定属外篇；洁如陶潜，则闺房情致之赋，不妨极笔"，还有将骈语夹杂在散语中的"无何而触机蹈故，此书不传，竟作裴氏之

① （清）陈维崧：《与张芑山先生书》，《陈迦陵散体文集》卷四，《陈维崧集》，第 84 ~ 85 页。

《语林》，有逊箫统之《文选》，言之可为感伤”。总体而言，这篇文章正是以骈化程度之高入选《国朝骈体正宗》的。

值得深究的是，骈化程度如此之高的文章在陈维崧眼中仍不能被纳入俪体文集。假设清代骈文宗尚发生转向的因素成立，除去这个因素，有没有其他角度供我们继续探索这个问题呢？吕双伟指出，《刘沛玄诗古文序》《与张芑山先生书》《上龚芝麓先生书》三篇文章入选《国朝骈体正宗》，是源于双方所持角度的不同。他认为："从个人（陈维崧）的角度来说，他是'以骈文为散文'；从编选者（曾燠）的角度来看，他写的是骈俪色彩鲜明的骈文。"① 不仅如此，当我们了解了陈维崧的写作，便会发现陈维崧对俪体有着严格的文体概念。更进一步讲，曾燠与陈维崧的分类差异在于他们对于俪体散体应当如何区分持有不同的界定标准。曾燠认为，这三篇文章骈俪色彩鲜明，即可看作俪体文，这是以古文形制为标准的；而陈维崧的文集中，这三篇文章却被收入《陈迦陵散体文集》，与《陈迦陵俪体文集》中的作品对比，这些文章并不符合六朝俪体文的经典范式，也就是说，陈维崧的文集以六朝俪体文范式为划分标准，即使骈化程度再高，不符合六朝体式的文章皆被划入散体文集。这既解释了为何骈语在他的"散体文"中大行其道，也再次印证了《陈迦陵文集》的分类方式不仅是对俪体文的正名，还体现了对俪体文尊体地位的拥护。

陈维崧在其他散体文写作与文学批评中也直接表现了自己对骈语的偏爱。除却入选《国朝骈体正宗》的三篇文章，陈维崧的其他散体文中也常有骈语甚至隔对出现。一方面，散体文中夹杂骈语，可使文章流丽精巧、更富文采，从而避免了"倘毫枯而腕劣，则散行徒增阘冗之讥"② 的弊病。另一方面，陈维崧对骈语技法运用纯熟，对骈语有天然的偏爱之情，常通过骈语对文章进行情境说明、内容填充，表现各种不同的情感。他的散体文章除却对偶特征明显外，还有用典、调声、藻

① 吕双伟：《陈维崧骈文经典地位的形成与消解》，《文学遗产》2018年第1期。

② （清）陈维崧：《陆悬圃文集序》，《陈迦陵俪体文集》卷六，《陈维崧集》，第334页。

饰、铺陈等俪体文学的痕迹。他在《陶冰修诗集序》中的“声情之辨”，既是他文学观念的一部分，也是这篇散体文骈化特征的体现之一：“声患其溢也，托之于情；情患其格也，谐之以器。自汉魏以来，器亡而声亡矣。声所以至今存者，自犹赖夫小夫匹妇之情。……诗尚卓荦，而若辈之声正以则；诗尚性灵，而若辈之声伦以要；诗尚质朴，而若辈之声丽以博，繁以悲。”[①] 铺陈排比本是辞赋的基本方法，作为陈维崧习惯的用语方式，在散体文中亦被自如运用。

他在《宋楚鸿文集序》（作于康熙元年，1662）一文中似以非常自豪的口吻提及这种十分华丽的语体风格：“五茸绮丽，代产文人；九辨缠绵，世生才子。客来南国，相传金粉之篇；居本东邻，大有玉钗之句。何况肩吾父子，递擅雕华；孝绰弟兄，俱称丽则。”[②] 他生于长于俪体的故乡，这种偏爱与江南文学的浸润研习息息相关。此外，陈维崧还提倡骈语的经典性，《陆丽京文集序》有所解说：“固知典谟爻象之篇，《雅》《颂》《国风》之作，鲜不俪兹堂阈，均此川涂已。”[③] 此文作于顺治八年（1651），陈维崧仅 26 岁，且经历尚浅，俪体文还未成为他着力最多的文体。而在此时，他已着重强调骈语起源悠久，在《尚书》《周易》《诗经》等经典中早已存在，对于骈语的经典性定位可谓根植在他的文学观念中。也正是由于这种写作偏好与经典性定位，陈维崧并不遵守以往古文家的散体文规矩，他不仅不在散体文中禁用骈语，反而欲罢不能、随兴用之，还以六朝俪体范式为尊，以此将俪体文集和散体文集相区别。

综上，在语体层面，陈维崧认为俪语与散语在语言功能方面“趣本同归”“理惟一致”，从表现力来看，二者各有所长。他虽提倡骈散兼行，在俪体作品中也有散语融入，但在创作批评中仍表现出对骈语的绝对偏爱和推崇，佐证并提倡骈语的经典性，多以骈语入散体，散体文呈现不同程度的骈化特征。更有甚者，不同于惯行的骈散划分标准，他

① （清）陈维崧：《陶冰修诗集序》，《陈迦陵散体文集》卷四，《陈维崧集》，第 15 页。
② （清）陈维崧：《宋楚鸿文集序》，《陈迦陵俪体文集》卷六，《陈维崧集》，第 336 页。
③ （清）陈维崧：《陆丽京文集序》，《陈迦陵俪体文集》卷六，《陈维崧集》，第 338 页。

的俪体文集和散体文集的界定是以经典俪体文为尊体标准的，将六朝俪体文范式之外的文章皆收入散体文集，并以这种方式确立俪体文的相对高位。

三　统一标准，消除差异

尽管陈维崧对俪体文如此偏爱，但毕竟这种文体在清代前期呈式微之势，他在文章中有时仍会以“别体”来称呼俪体文，以显示其与散体文的地位差别。《椒峰弟诗经稿序》就有“曲腾三阁，宜崔张孔之新妆；才染六朝，雅扇徐庾之别体”[①] 这样的说法。在这一背景下，陈维崧更加有意识地消解文体之间的地位差异，为了证明这种观点的合理性，他突破了“骈—散”这一对关系论说，将视角延伸开来，着眼于文学相融通之处，试图证明各种文体间的共性，并以此抬高俪体文的地位。

> 客或见今才士所作文，间类徐庾俪体，辄曰：“此齐梁小儿语耳”，掷不视。是说也，予大怪之。又见世之作诗者，辄薄词不为，曰为辄致损诗格。或强之，头目尽赤。是说也，则又大怪。夫客又何知。客亦未知开府《哀江南》一赋，仆射在河北诸书，奴仆《庄》《骚》，出入《左》《国》。即前此史迁、班掾诸史书，未见礼先一饭；而东坡、稼轩诸长调，又骎骎乎如杜甫之歌行与西京之乐府也。盖天之生才不尽，文章之体格亦不尽。[②]

这段话语出《词选序》。他未直接讨论词体，而是由俪体开篇：“客或见今才士所作文，间类徐庾俪体，辄曰：‘此齐梁小儿语耳’，掷不视。是说也，予大怪之。”对世人轻视俪体文，表现出了极大的不满，而后才又写到对世人“薄词不为”的不满。这段话中有陈维崧对

① （清）陈维崧：《椒峰弟诗经稿序》，《陈迦陵俪体文集》卷六，《陈维崧集》，第 343 页。
② （清）陈维崧：《词选序》，《陈迦陵散体文集》卷二，《陈维崧集》，第 54 页。

俪体和词体两种文体的正名，“骈—散”关系只是其中的一个维度：他先将庾信、徐陵的俪体篇目与古文、离骚、史书杰作并举；又将苏轼、辛弃疾的长调与歌行、乐府中的名篇并举，不以文体区分而以作品本身的文学价值论高低，这样文学就有了共通的功用要求和评价标准，而不能仅以文体之别论尊卑。进而，陈维崧提出“盖天之生才不尽，文章之体格亦不尽”，认为作家可因个人才能选择相应的文体。

而陈维崧一生最擅长的就是俪体和词体，他对这两种文体的态度非常相似，通过他的词体批评，也可得见他对自己所重视的文体的期待：

> 仆每怪夫时人，词则呵为小道，倘非杰作，畴雪斯言。以彼流连小物之怀，无非淘洗前朝之恨。①（《曹实庵咏物词序》）
>
> 选词所以存词，其即所以存经存史也夫！②（《词选序》）
>
> 词非小道，遂撮名章于一卷，用存雅调于千年。③（《今词选序》）

历来文人轻视词体，以词为“小道”，陈维崧明确反对这种观点，提出“词非小道”。一方面，他认为词体的抒怀言情虽然通过小题材得以实现，在当时却恰恰能够“淘洗前朝之恨”。另一方面，陈维崧强调存词有“存经存史”的意义，他以“经”“史”“名章”“雅调”来定位、形容词体的价值，与他对俪体文的定位也非常相近。

不过，这样的定位成形较晚，甚至陈维崧早年时期的志向也不在此。当时他着力诗歌写作，他认为诗歌源于“六经之一”④ 的《诗经》，因而对诗歌一体的重视非常明显，他在《石汀子诗序》（作于顺治十七年，1660）中说道：“后五年为甲申，余粗涉世事，益日夜发愤

① （清）陈维崧：《曹实庵咏物词序》，《陈迦陵俪体文集》卷七，《陈维崧集》，第 365 页。
② （清）陈维崧：《词选序》，《陈迦陵散体文集》卷二，《陈维崧集》，第 55 页。
③ （清）陈维崧：《今词选序》，《陈迦陵俪体文集》卷七，《陈维崧集》，第 398 页。
④ （清）陈维崧：《陶冰修诗集序》，《陈迦陵散体文集》卷一，《陈维崧集》，第 14 页。

为诗。”① 申酉之变后，经历了人世剧变，告别了繁华生活，陈维崧潜心创作诗歌以排遣苦闷，并在这段时间开始对词体产生浓厚兴趣。而后，清初三大案——“科场案”（顺治十四年至顺治十五年，1657～1658）、“通海案”（顺治十八年，1661）、“奏销案”（顺治十八年，1661）相继发生，整个江南文坛受到重创，人人噤若寒蝉，诗歌成为文学创作的敏感文体，表意幽深的俪体文对文人则不失为一种能够起到保护作用的书写选择。这与陈维崧逐渐将创作重心偏向于俪体文的时间点是颇为一致的。康熙七年（1668），陈维崧抵达京华求官，在给龚鼎孳的书信中诉说了自己对于诗歌书写的困顿。《与芝麓先生书》文曰：

> 王微文藻，每叹途穷；谢朓才情，屡嗟运尽。于兹为烈，自古已然。仆涉笔轻华，持身狂躁。少工声律，不娴《内则》之篇；长喜诗歌，夙昧《归藏》之作。形容台殿，则思竭于灵光；体势虚无，则巧穷于景福。而日月不居，性灵坐夭。兰陵萧绎，忏彼文人；楚泽灵均，歌夫司命。斯仆之自恨者三也。②

他提到此生有“三恨”，第三恨就是自己的创作正在走向困境，诗歌灵感已然枯竭。身处乱世的遭逢与个人的悲剧体验，使他的诗歌创作走向穷途末路，在差不多同期的《汪季青诗稿序》（作于康熙七年，1668）一文中，又重申了这一感受：“仆也一官落拓，恨与年增；三载羁栖，才因兴减。”③ 无论出于外部政治原因的影响，还是内在才思能量的限制，陈维崧的诗歌写作均动力不足，郁郁于胸中的摇落之感则需要新的写作突破口以作抒写。

因此，在中年以后，陈维崧将写作重心逐渐从诗歌转向俪体文和词体，事实上，直到晚年，他对诗歌地位的推崇仍未改变，这一点在《佳山堂诗集序》（作于康熙二十年，1681）有所体现：“揲蓍系象，理

① （清）陈维崧：《石汀子诗序》，《陈迦陵散体文集》卷一，《陈维崧集》，第25页。
② （清）陈维崧：《与芝麓先生书》，《陈迦陵俪体文集》卷二，《陈维崧集》，第193页。
③ （清）陈维崧：《汪季青诗稿序》，《陈迦陵俪体文集》卷五，《陈维崧集》，第298页。

本元公；缉《雅》称《诗》，义缘上相。莫不仰视天汉，俯察华虫，舒惨协乎阴阳，清浊调乎律吕。”① 陈维崧的文学观始终十分传统：“且夫言以旌心，文原载道”“盖自昔兴文，要于养气；从来立德，方许著书”“谓予不信，爰作歌以告问哀；我何求用，赋诗而见志”②。在诗歌难以大行其道之时，他认为只要能够做到言志抒怀、文质彬彬，文学的价值可以不拘泥于文体的形式。在具体创作中，陈维崧选择了俪体文和词体，来实现文学的抒情功能、纪实功能和言志功能，甚至以“经”、以“史”的价值来看待俪体文和词体，将史学功力与现实关怀，都融入自己的文学写作与批评中。这样，俪体文就与古文运动所倡导的“文以载道”取得了一致，而他的创作实践也为弱势文体正名提供了更多实质性的、有力的依据。也正因如此，他的俪体文中还具有散体文之格调，充斥着古文的文气。

简言之，陈维崧具有探索文学相融通之处的意识，他将俪体文、散体文与经、史、诗、词等共同探讨，认为文学的不同形式皆有共通的标准和相似的功用，他有意识地消解各体之间的地位差异，并以此抬高俪体文的地位。落实到创作层面，只要艺术价值足够、文质相宜，文学的价值并不受限于文体的形式，这与他宣扬俪体文也具备纪实言志的功能、与清前期经世致用的潮流有异曲同工之处。如果说陈维崧通过“骈—散”分体对立将俪体文独立出来，作为提高俪体文地位的一种策略；那么他统一文体标准、消除文体地位差异的方式，虽然仍依托古文将“骈—散”并举，实则突破了“骈—散”的范围限制，赋予了俪体文内涵以及更加充分的合理性。

① （清）陈维崧：《佳山堂诗集序》，《陈迦陵俪体文集》卷五，《陈维崧集》，第 276 页。
② （清）陈维崧：《佳山堂诗集序》，《陈迦陵俪体文集》卷五，《陈维崧集》，第 276 ~ 277 页。

清初文人计东生平若干问题考论*

◇于金苗**

摘　要：清初著名古文家、诗人计东命运坎坷多难，入清后仅十年的科场生涯便经历了四次影响其一生的“大事件”：“不再立副榜”“丁酉科场案”“‘蔭’字违式”“辛丑奏销案”。他得中举人复被褫革，后半生十余年为衣食奔波，游谒公卿显贵之门，行迹遍及南北，诗文亦因游走而益工。计东生平依然存在诸多存疑和舛误之处，如十年科场生涯波折多难的原因、晚年游谒行迹及乞食动因等，亟待结合相关文献资料做深入探讨。

关键词：计东　清初文坛　奏销案　游谒

清初文学家计东（1624～1676），字甫草，号改亭，江南吴江县（今江苏省吴江市）盛泽镇茅塔村人。其“以诗笔雄视当世”①，与当时吴中地区的著名文人吴兆骞、潘耒、顾有孝并称“松陵四子”；一生衣食奔走，郁郁不得志，行迹遍及南北，古文亦因“好游而益工”②。他和吴伟业、汪琬、王时敏、吴兆宽、彭孙遹、宋实颖、宋德宜等人一样，是在奏销案影响下个人心态、人生轨迹、文学创作等方面发生不同程度转变的江南文人代表，而其长达十余年的独特游谒经历又折射出了清初文人真实的生存状态。然而，计东生平依然存在诸多存疑和舛误之处，如何以“御试”第二却“三上春官不第”，“‘蔭’字违式”与诖

*　［基金项目］国家社会科学基金重大招标项目“清代诗人别集丛刊”，项目编号：14ZDB076；2019 黑龙江大学研究生创新科研项目，项目编号：YJSCX2019－006HLJU。

**　于金苗，黑龙江大学中国古代文学专业博士研究生、黑龙江大学明清文学与文化研究中心兼职研究人员，主要研究方向为明清文学与文化。

①　（清）陈康祺：《郎潜纪闻初笔》卷八，清光绪刻本。

②　（清）汪琬：《计甫草中州集序》，《钝翁前后类稿》卷二十九，《汪琬全集笺校》，李圣华笺校，人民文学出版社，2010，第 626 页。

误“奏销”内情如何，晚年求食四方的动因何在，兹将结合相关文献资料，详细考辨其生平重要事件，剖析其心路历程，力图还原一个清晰而真实的文人计东，再现明清易代之际非仕非隐的士人群体生存状况之艰难曲折。

一 “御试第二”后却“三上春官不第”因由

作为由明入清的文人，计东入清后并未立即参加科举考试，还经历了一番挣扎。而他的科场生涯则充满了传奇曲折色彩和种种令人疑惑之处。其传奇曲折之处在于，自顺治八年（1651）首次参加科考至顺治十八年（1661）被革去举人身份，计东就经历了影响万千士子前途命运的四件大事：“不再立副榜”“丁酉科场案”“‘蔭’字违式”和“辛丑奏销案”，而计东究竟如何与这些“大事件”产生关系，尚有诸多空白点和舛误之处，个中因由经过究竟如何？本节将着重探析前两件。令人疑惑之处，据尤侗《计孝廉传》所言，计东既然已“御试第二，名动长安”[①]，后为何又“三上春官不第”[②] 呢？

要解开种种谜团，需从计东走上应考一途的心路历程谈起。明朝危亡时，抱有济世救国之心的计东深忧时局，将堂号命为“枕戈堂”，取枕戈待旦之意，百般思索救世之方，于崇祯十七年（1644）一年便辑十万余言，“著《筹南五论》干阁部史公，公奇之，时人未之测也”[③]，可惜“以时势所值，弗能用也”[④]。他还参与了抗清活动，虽在现存资料中甚少提及，语焉不详，但从康熙七年（1668）计东因太仓州王时敏“招集某公园亭，遇苏昆生，有感旧事，即席成二首”[⑤] 来分析，所

① （清）尤侗序，载（清）计东《改亭文集》卷首，清乾隆十三年（1748）计瑸读书乐园刻本。

② （清）尤侗序，载（清）计东《改亭文集》卷首。

③ （清）尤侗序，载（清）计东《改亭文集》卷首。

④ 佚名：《清史列传·文苑传》第18册卷七十，王钟翰点校，中华书局，1987，第5739页。

⑤ （清）计东：《娄东王奉常招集某公园亭，遇苏昆生，有感旧事，即席成二首》，《改亭诗集》卷六，清乾隆十三年（1748）计瑸读书乐园刻本。

谓“二十四年前此日，布帆曾共楚天游”“当时急难在龙门，楚客秦庭欲断魂”即意有所指。“二十四年前”即顺治二年（1645），亦指弘光元年，南京被清军占领前后。诗中所谓“龙门”，为古楚国郢都东门名，隐指都城，又隐指朝廷。以时间推算，“当时急难在龙门”应意指南京弘光朝廷在危难之中。而所谓“布帆曾共楚天游”，当时国势危亡，计东与苏昆生为何会前往湖广？结合“楚客秦庭欲断魂”，应是说计东与苏昆生一同去湖广求援，却未获结果。而此去湖广是向何人求援？据考，当时的湖广驻守总督为何腾蛟。孟亮揆《赠苏昆生》说他“曾随羊祜客湘潭”①。由此看来，诗中的“羊祜”应指何腾蛟，可见二人此行是去向何腾蛟等人求援，可惜并未达到目的。无论如何，面对国家危亡，计东还是尽了一介书生应有的力量和责任。

到了顺治三年（1646）三月，随着父计名的去世，养家的重担落到了计东的肩上。而这一时期，计东正值丁忧，要为父守孝至顺治六年（1649）三月。若要走科考一途自是不通，且亡国之悲尚在，年甫弱冠的计东当是在此际开始开馆授徒以养家的。服丧期满后，随着长子准、次子默的相继出世，教书的收入并不足以支撑一家老小的生活，加之家贫多难，计东不得不开始走科考一途：“丁父丧，家多难，母老贫，无以养，于是慨然投袂，出试于有司。”② 除了家庭因素外，周边友人的相继应试也是促使其参加科考的重要原因。入清初期，计东除了教书外，所参与的结社、集会活动亦不在少数。基于因父辈结交的友人以及复社经历，加之江南地域之利、人文之便，计东游走于各类社集活动，结交四方官宦名士，迎来送往，诗酒酬唱，表现得尤为活跃和热衷。而计东所结交的友人身份复杂，既有仕清者，亦有抗清者。终身不仕者如侯研德、顾有孝、朱鹤龄等，矢志抗清者如魏耕、祁班孙、陈三岛等。其中的魏耕系联络海上抗清义师（郑成功与张煌言）者和地下反清组织策划者之一，后因通海案发，殉节以死。社集期间，魏耕曾多次来吴

① （清）孟亮揆：《赠苏昆生》，载（清）邓汉仪《诗观二集》卷九，慎墨堂刻本。
② （清）尤侗序，载（清）计东《改亭文集》卷首。

江，并与计东唱和赠答，有诗《奉别计东、赵沄、汪琬、汪永恺、吴兆宽、兆宫、兆骞还苕》等。在交往中，这些志节之士不能不对计东产生一定影响，无形中促使他坚守底线，矢志为故国守节。然而，入清以来明末时复社、几社诸多友人的相继应试，对计东产生了更大的触动，为他参加科考提供了合理的理由和借口，或许能稍减内心的愧疚。因此，与不同阵营的友人往还，加之生存压力、功利之心的裹挟，也就促使计东于顺治八年（1651）秋参加了入清后的第一场乡试："辛卯岁，吾郡方复有文会之事，而予于是年秋选海内闱墨。"① 由此开启了他充满传奇又曲折的科考之路。

虽是第一次参加科考，所幸成绩尚可，计东得中浙江乡试副榜第三："辛卯科，予应浙江省试，中副榜第三。"② 至此，他的科考之路还算顺遂。按上届科考惯例，"中副榜者，入成均读书，满一年，送吏部历事，考用如廪生"③，且会有一定的收入。如若按上届科考恩诏，计东本可就此获得一官半职，衣食无忧，但事有凑巧，顺治帝谕令中副榜者不再授予官职，且此后不再设立副榜："本朝独戊子科诏天下廪生中副榜者，贡至吏部谒选人，最者以推官用，次知县，次州郡，佐增广附学。"④ 因此，计东最终仍被罢为诸生。

直至顺治十一年（1654）再次举行科考，计东一直游走于江浙与京师之间。汪琬曾在顺治十年（1653）前后有《松陵江歌，送计甫草》诗："故人方尽别离觞，一任扁舟入帝乡。"⑤ 知是时计东以选举北上京师，此次同行的还有严临⑥："去年北上及三春，况是扁舟有故人谓严览民。"⑦ 顺治十一年（1654），计东得到了由地方贡入国子监的机会：

① （清）计东：《偶更堂诗集序》，《改亭文集》卷二。

② （清）计东：《赠陈翁余序》，《改亭文集》卷五。

③ （清）计东：《赠陈翁余序》，《改亭文集》卷五。

④ （清）计东：《赠陈翁余序》，《改亭文集》卷五。

⑤ （清）汪琬：《松陵江歌，送计甫草》，李圣华笺校《汪琬全集笺校》，人民文学出版社，2010，第 28 页。

⑥ 严临，字览民，与计东同举恩贡，官中书舍人。

⑦ （清）计东：《马上吟有序》，《改亭诗集》卷六。

“计东，秀水籍，见举人，拔贡俱十一年。”① 但碍于生计，计东的浪游之路并未停止，他一直四处寻找晋谒的机会，于顺治十一年（1654）冬十月杪出门，一路先至中州，入燕台，再至京师：“容易辞家到帝州，北门聊避室人愁。田园正是须钱买，那得贫来不浪游。”② 终于在顺治十二年（1655）贡入太学：“乙未贡入太学。”③

应是贡入太学的收入，加之四处游走晋谒，这一时期计东的生活已有所改善，尚有余钱可蓄养两名姬妾以娱声色：“丙申得雏姬，产自湘江北。少小解弹筝，青衣抱锦瑟。更有厮养妇，生长王谢宅。能传南九宫，明慧善自匿。”“予时最怡悦，聊用蠲愁疾。”④ 这一时期计东的生活还算顺遂，科考与晋谒所带来的境遇转变，让他更坚定了走仕途的决心。故计东毫无意外地以京师太学生身份参加了顺治十四年（1657）的顺天乡试，并得中举人：“计东，秀水籍，顺天中式。”⑤ 此届乡试解元为蒋钦宸，而计东则取第七名。尤侗在《计孝廉传》中关于计东此段经历的记载颇为惑人：

> 丁酉举京兆第七人，御试第二，名动长安。时吏部选人，集者千余，闻唱君名，相顾欢曰：“是江南计甫草邪?”争迎而揖之。然君三上春官不第。⑥

按尤侗所说，计东既已举京兆第七，御试第二，当为榜眼，为何还会“三上春官不第”呢？个中缘由须待进入、还原当时的政坛生态，详加考订，方可知晓。顺治十四年（1657）举行的乡试中爆发了清初

① 拔贡是科举制度中由地方贡入国子监的生员之一种。清朝制度，初定六年一次，乾隆中改为逢酉一选，也就是十二年考一次，优选者以小京官用，次选以教谕用。每府学二名，州、县学各一名，由各省学政从生员中考选，保送入京，作为拔贡。经过朝考合格，可以充任京官、知县或教职。

② （清）计东：《马上吟有序》，《改亭诗集》卷六。

③ （清）尤侗序，载（清）计东《改亭文集》卷首。

④ （清）计东：《望夕听同门魏山公弹琴感旧有作》，《改亭诗集》卷一。

⑤ （清）冯桂芬：《（同治）苏州府志》卷六十四，清光绪九年（1883）刊本。

⑥ （清）尤侗序，载（清）计东《改亭文集》卷首。

著名的三大案之一“丁酉科场案”，起于顺天，延至江南，河南、山东、山西等考场均受波及。计东此次在顺天中式，而友人吴兆骞则是在江南中式。是年八月癸酉，顺治帝谕命左春坊左庶子曹本荣、右春坊右中允宋之绳为顺天考试官。故曹本荣即为计东座主，后计东便一直以其学生自居。九月，顺天乡试举行，此次因参试者多，录取者少，于是奔走钻营者四处行贿。发榜之后，考生哗然。十月，北闱科场案起。十一月十六日，刑科右给事中任克溥具本参奏科场舞弊之事，顺治帝得知后大怒，认为“科场为取士大典，关系最重。况辇毂近地，系各省观瞻，岂可恣意贪墨行私？所审受贿、用贿、过付种种情实，可谓目无三尺，若不重加处治，何以惩戒将来？”① 十一月丁巳谕礼部，中式的举人全部进行复试：“复试今年顺天乡试中式举人，已有谕旨。如有托故规避不赴试者，即革去举人，永不许应考，仍提解来京，严究规避之由，尔部再速行传饬。”② 一石激起千层浪，同月二十四日，南闱科场案发。十二月，河南闱科场案又起，不久，山东、山西等地继起。顺治十五年（1658）正月甲寅，顺治帝亲自复试丁酉科顺天举人。计东在此次考试中名列第二，与米汉雯等一百八十二名举人均被准会试，故而才有了“御试第二”之说，并借此在京师士人间声名大震，人人以得识计东为荣。而苏洪浚、张元生、时汝身、霍于京、尤可真、陈守文、张国器、周根部等八人文理不通，俱着革去举人。二月丙戌，会试举行，计东在此次科考未能得中。乡试、复试加上会试，总计三次，故才有了“三上春官不第”之说。若以参加会试的次数算，加上计东顺治十八年（1661）参加的会试也才是第二次，且不久之后他便罹罪奏销案，被革去举人资格，不能再继续参加会试，故不存在三次应试春官。

顺天之式，参加考试生员达四千人，贡监生一千七百余人，能取中的名额只二百零六名，计东能于数千人中脱颖而出得中举人并位列第七，足见其优秀之处。而其后，顺治帝亲加复试，考场兵甲森严，每名

① 王炜编校《〈清实录〉科举史料汇编》，武汉大学出版社，2009，第40页。

② 王炜编校《〈清实录〉科举史料汇编》，第40页。

举人身侧都配有两员持刀护军，此时京师天气尚寒，惊慌战栗的士子要在此等严峻紧张的形势下完成三场考试：二书、一赋、一诗。而计东能在此等状况下考取第二名，除却聪明才智外，其心理素质之强也是毋庸置疑的。而在三月庚戌，顺治帝又亲加复试丁酉科江南举人，友人吴兆骞则以战栗失次，几不能终卷。当然，关于吴兆骞因何被黜，众说纷纭，兹从此说，余不赘言。丁酉科场一案，乃是清廷有意威劫江南士人之举："盖明季江南义师多倡文社，清廷怀恨最深，故泄愤亦倍烈也。"① 江南士子大受打击，无辜受累者不在少数，吴兆骞即是为人陷害而含冤被黜流徙宁古塔。而此次幸免于难的计东则多方奔走，倾力斡旋营救："昨年遘难，吾兄屡顾我若卢之中，衔涕摧心，慰藉倍至。等公孙之奔走，似田叔之周旋，愧荷深情，犹在心骨。"对于负屈在狱的友人，他凡事"重为周全"，多方给予接济，以至吴兆骞有"感恩入骨"之感："儿凡事承右与甫，骨肉至爱，重为周全，儿真感恩入骨，两兄真千古一人也。"② 顺治十六年（1659）九月，计东下第归里，恰值吴兆骞于同年闰三月出塞前夕有《别吴中诸故人》长诗寄回吴江，计东又与丁彪为之刊行，其孝友之诚笃于此可见。

二　"'蔭'字违式"与诖误"奏销"内情试析

顺治十八年（1661）对于计东来说，是喜忧参半的一年，也是他生命中重要的转折之年。这一年，长子准年十五，补为诸生，于计氏一家而言，是门户可振、后继有人。也是在这一年，正月初七，顺治帝福临崩逝，初九，年方八岁的玄烨继位，是为康熙帝。三月，计东第二次

---

① 夏承焘：《顾贞观寄吴汉槎金缕曲词征事》，载《唐宋词论丛》，中华书局，1962，第266页。

② （清）吴兆骞：《家书》，载（清）吴兆骞、戴梓《秋笳集·归来草堂尺牍·耕烟草堂诗钞》，黑龙江大学出版社，2010，第241页。

参加会试，却“未待撤闱，先报罢”[①]。六月，江南奏销案起，计东又被褫革举人身份。那么，计东究竟为何会未待撤闱便被告下第？又是何种因由致使他在奏销案中被剥夺功名呢？因缺乏相关史料，历来尚未有人能详述其情。

顺治十八年（1661）三月初九，在“丁酉科场案”中幸免于难的计东再次以举人的身份参加了会试。踌躇满志的他相信自己此次定能一举得中、光耀门楣，却万没想到再次铩羽而归，未待撤闱便下第。据他赠友人的诗中所言，致使他会试下第的原因是“‘蔭’字违式”，而此次会试中仅因“‘蔭’字违式”被迫下第者就不下百人，足见牵连颇多，多少士子的前途命运因此而发生转变。对此，计东以“衔冤”呼之：

> 古《周礼》六官之掌各分，独攻文之官既有外史、外令，掌三皇五帝之书，达书名于四方，专其职于宗伯之属矣，而家胥、瞽史、谕书名之职复统之行人。朱子又云：“每岁使大行之属巡行天下，考文正否，统于大司寇，则为罚必严，而法无所贷。”今者不但废其官，即三年之中一行其令于科举，一点画不可误，司其事者先不识正、通、俗三等之形，不知《三苍》《说文》为何书，“蔭”“廕”两字正、俗之辨，考官既厘究于章皇帝之前。而辛丑南宫之役，以“蔭”字衔冤者百人，则颠倒淆乱，莫此为甚。[②]

清代科举的各级考试中，对内容、试卷书写及誊录均有严苛的规定，其中，《钦定科场条例》卷四十二“违式”条明确规定了临文敬避、抬写格式、杂项违式的标准，而计东等人所违者应是未用官定正字。明清时期，并未设立大司寇一类的职位，专门负责修订官方统一使用的正字标准，这就容易造成科举考试后阅卷考察士子是否“违式”的官员“不识正、通、俗三等之形，不知《三苍》《说文》为何书”。

① （清）计东：《严方贻稿序》，《改亭文集》卷四。
② （清）计东：《赠胡涛公序》，《改亭文集》卷六。

而此次负责考评计东等士子试卷的官员正是混淆了“蔭”“廕”的正字和俗字之别，认为“蔭”为“廕”的别字，故将所有写“蔭”字的士子均予黜落。

此次与计东一同下第的还有友人严曾榘①：“予与方贻俱以‘蔭’字违式被落。”② 这次落榜给二人精神上带来的打击着实不小。未待撤闱，二人便被告落第，伤心无奈之下，只得各自返回故乡，“方贻陆行，予沿流而下，各不相见，至广陵复相遇，握手慰劳。予既支离凄恻，而方贻亦有憔悴风尘之色矣”③。计东以“支离凄恻”来自我形容，而严曾榘亦有“憔悴风尘之色”，在南归途中所题旅壁之作《至任丘醉后》一律，满是慷慨悲凉之语。其实，严曾榘为严沆④长子，少入太学，自幼便随父出入官场，“昔共金闺彦，题诗玉殿间。挥毫来禁苑，如堵看朝班”⑤，自认高中进士是早晚之事，最终却是“天语如名熟，公车报罢还”⑥，灰心失望的他只能感叹“慰藉惭知己，飘零自不才”⑦。多年后，计东于漂泊途中见到友人题壁诗作，感慨万千，“任邱旅壁见严方贻辛丑四月南归醉题一律次韵和之”。此时，二人境遇翻转，严曾榘于康熙三年（1664）得中进士，仕途顺畅；而计东则罹罪奏销案，被褫革举人身份，只能四处游走乞食。无怪乎计东发出“君已飞腾摩日月，我仍摇落度冬春”的感慨。

沉浸在落第忧伤中的计东没想到，还有更大的打击随之而来。是年

① 严曾榘（1639～1700），字方贻，号柱峰，严沆长子，浙江余杭（今杭州）人。顺治十四年（1657）乡试中举，康熙三年（1664）中进士，改庶吉士，擢升广西道监察御史，历官至兵部右侍郎。著有《德聚堂集》《西台奏疏》《醇发堂文集》《燕台诗草》等，曾评点《月湄词》《香严词》《棠村词》等。

② （清）计东：《任邱旅壁见严方贻辛丑四月南归醉题一律次韵和之》，《改亭诗集》卷五。

③ （清）计东：《严方贻稿序》，《改亭文集》卷四。

④ 严沆（1617～1678），字子餐，号灏亭，浙江余杭（今杭州）人，明太常严大纪孙。顺治十二年（1655）进士，选庶吉士。官至户部侍郎。善书画，山水近米氏，又在倪、黄之间。为“西泠十子”之一，著有《严少司农集》《古秋堂集》。

⑤ （清）严曾榘：《闲居漫兴》，载（清）魏宪辑《诗持一集》卷四，魏氏枕江堂清康熙刻本。

⑥ （清）严曾榘：《闲居漫兴》，载（清）魏宪辑《诗持一集》卷四。

⑦ （清）严曾榘：《闲居漫兴》，载（清）魏宪辑《诗持一集》卷四。

六月，奏销案起，江宁巡抚朱国治自造欠册，名曰抗粮册，追缴江南各府积年所欠税粮。江南13000余人俱在褫革之列，计东、吴伟业、吴兆宽、徐乾学、汪琬、叶方蔼、邵长蘅、韩菼、董含、董俞、王昊、顾予咸、曹尔堪、钱陆灿、秦松龄、宋实颖等名士均未幸免，不论拖欠多少，都或褫革或降谪："奏销一案，绅衿一网打尽，从来所未见也。"①罹祸士绅镣铐加身，衣冠扫地，斯文不在："既而尽行褫革，发本处枷责，鞭扑纷纷，衣冠扫地。"② 以至一时间"仕籍、学校为之一空"③。计东的很多友人也在此次奏销案中罹罪，如吴兆宽、汪琬、吴伟业、徐乾学、王时敏、宋实颖、叶方蔼、宋德宜等，或因欠钱或以姻友门生牵连，其中探花叶方蔼因仅欠一钱而被黜，民间遂有"探花不值一文钱"之谣。对于计东缘何获罪，尤侗并未在为之所作传记中明言，只以"诖误"带过："旋遭奏销一案，诖误被黜。"④ 有关此事的史料记载亦是语焉不详。然翻检计东文集，或能解开疑惑。计东自言"而予以姻友诖误不得入闱，策蹇出国门"⑤，那么，所指"姻友"又系何人？

据考，计东有二子一女：长子准，年方十五，聘宋实颖女，时尚未婚娶；次子默，聘严观女，亦未婚娶。严观并未在罹罪之列，而与宋实颖尚未有姻亲之实。那么，便有可能是女儿夫家有人获罪。据尤侗所述，友人吴兆骞流徙出关后，计东仍不断周济吴家，并将爱女嫁予吴兆骞之子："为恤其家，以爱女字其弱子。"⑥《清史稿》《国朝先正事略》诸书亦从此言，此实大谬。据汪琬所言，计东爱女曾许其次子汪蘅："甫草有女，曾许予亡男蘅。"⑦ 不幸的是，这门父母订立的儿女婚姻并未能如愿，汪蘅于顺治十三年（1656）正月殇于痘疾，年尚不满六岁。那么，计东之女就有可能在成人之后嫁予吴兆骞之子吴桭臣。然经考

① （清）王抃：《王巢松年谱》，江苏省立苏州图书馆，1939，第29页。
② （清）董含：《三冈识略》卷四，致之校点，辽宁教育出版社，2000，第81页。
③ （清）董含：《三冈识略》卷四，致之校点，第81页。
④ （清）尤侗序，载（清）计东《改亭文集》卷首。
⑤ （清）计东：《严方贻稿序》，《改亭文集》卷四。
⑥ （清）尤侗序，载（清）计东《改亭文集》卷首。
⑦ （清）汪琬：《闻计孺子殇，寄甫草二首》，《钝翁前后类稿》卷三，《汪琬全集笺校》，李圣华笺校，第124页。

证，出关之前，吴兆骞尚未生子，仅有二女，分别安置在杨俊三与李宾侯家，儿子吴桭臣于康熙三年（1664）生于戍所，并娶叶氏为妻。而据计东自云，与之结姻者实为吴兆骞之兄吴兆宽："既闻夏之兄子㮣赘于东，东以儿子蓄之。"[①] 闻夏即吴兆宫，吴晋锡次子，"闻夏之兄"即吴晋锡长子兆宽[②]，吴计㮣则为兆宽次子。故计东爱女所嫁之人实为吴兆宽次子吴计㮣，而尤侗所言实为张冠李戴之误。而在现存计东文集中，亦有人用毛笔将尤侗之序中"友人吴兆骞流徙出关，君周恤其家，以爱女字其弱子"的"骞"改作"宽"，应是知其内情者所改，然吴兆宽并未流徙出关，故所改亦不甚准确。可见，纵是相熟之人所作序跋，讹误之处亦是在所难免。总之，奏销案发时，计东长女应已嫁于吴兆宽子计㮣，而吴兆宽恰在奏销案中被褫革，而计东很可能是因与之有姻亲关系，而在被革之列。当然，也不排除是因其他姻亲关系被牵连其中，可见此案牵连之广、惩处之烈。

有不少人为此次奏销案中的无辜罹祸者鸣冤求情，"江左三凤凰"之一的彭师度就曾有《上严灏亭副宪书》，认为钱中谐、彭孙遹、计东、董俞等皆是通明之才，可堪任使，希望严沆能向朝廷陈说无辜者之冤屈："江南奏销一案，罣斥万余。以分毫之逋欠，遭森严之重科。禁锢数年，极重难返，虽改业死亡者已多，而青年洁行、沉困里闬者，亦自不乏进士如钱中谐、彭孙遹，孝廉如计东、董俞等，皆有通明之才，可备任使。先生能乘此机会，陈共冤而举之乎？"[③] 不知严沆是否为之求情，但人微言轻，加之清廷早有整顿江南士人之心，想必纵使能上达天听，亦难被采度接纳。

此次奏销案中无辜受累的计东不仅被褫革举人身份，还不得再入闱，再走仕途已是无望。至此，灰心丧气的他对科考已然彻底死心。除了科考的打击，更让他伤心欲绝的是康熙元年（1662）长子准的离世："岁将

① （清）计东：《赠赵明远序》，《改亭文集》卷五。

② 吴兆宽有三子：桓臣、计㮣、树臣。俱以文名。

③ （清）彭师度：《上严灏亭副宪书》，载吴曾祺编《传世文选·历代名人书札》（二），西苑出版社，2003，第237页。

近，计东丧长子。长子名准，聪颖早慧，不幸殇于痘，年仅十六。”长子自幼聪慧自立，有“神童”之目，颇具其父之风。计东深慰门风振济有人，对长子一直颇为爱惜、寄予厚望。而长子的离世可谓是压倒他的最后一根稻草，在重重打击之下，他心灰意冷，彻底放弃科考。

三 晚年旅食动因考论

自顺治十八年（1661）至康熙十四年（1675）去世，计东都是在漂泊无依的游谒乞食中度过的。这长达十五年的漫长岁月中，他受尽白眼与冷落，却矢志不再另觅他途，那么，究竟是何种因由，让他做出此种坚定又执拗的抉择呢？

纵观计东后半生的游谒乞食之旅，受到冷眼与轻视似乎已是一种常态。然而，这种冷遇在他参加科考时期就已初见端倪。计东自幼性格狂纵跳荡，纵使步入成年后科考屡屡受挫也依然如故。在酒宴上异常活跃，善于调笑戏谑，常常慷慨陈词，在其诗文作品中常能见到此类自我评价式的话语：“忆丁酉夏，予遇君燕市，君与王锬、宋荦同逆旅。每召予，酒酣，予与王、宋皆慷慨为大言、为调笑，起舞属君。”① 由此，计东在世人眼中展示的多是自己喜戏谑、善笑骂的人格印象，大多数时候，这种行事方式都能受到宾主的欢迎，透过友人尤侗之口便能见之一二：“其在吾吴，狎主齐盟，与予辈横经说剑，议论风生，一座尽倾，间或激不平之鸣，嘻笑怒骂，无所不有，见者怪之。”② 然而，也会偶有对此并不买账之人，让他颜面受挫，其中一次就发生在徐乾学召集的宴会上：“酒半，计孝廉甫草议论蜂起，谈谐间作，随叔毅然以庄语折之而罢。”③ 从张玉书对翰林申随叔的推崇来看，有些人对计东行事作风是颇有微词的：“随叔与人交，踈中介气不随俗俛仰，自应制举时已

① （清）计东：《贡士侯君墓志铭》，《改亭文集》卷十四。

② （清）尤侗序，载（清）计东《改亭文集》卷首。

③ （清）张玉书：《敕授文林郎翰林院检讨申君墓志铭》，《张文贞集》卷十一，清文渊阁四库全书本。

然。余一见即心韪其为人，此余与随叔定交之始也。”① 无论这种行事方式是出于本性抑或为了交际需要，可以说，这是他在面对外部世界时所展现的精神面貌和人格特征之一。纵使受挫，他也未改变继续游谒乞食的决心，终年颠簸于旅途。其实，计东的投谒之路在参加科考之余便已开启，在其诗文集中时能见到诸如“予丙申游商丘”②“丙申岁暮我游宋”③ 的记载。彼时，他已有意识通过四处结交权贵来确立和强化自己的身份，建立自己的交际圈，所结交者尤以在京师者为多。投赠权贵之作几占其现存诗歌的一半，作品中多以官职称呼对方。而计东漫游名山大川所用之资，也多来自这些官宦贤士。如果没有这一经济支持，他在浪游乞食之路上将寸步难行。

计东选择四处奔走游谒，经济困窘与养亲育子一定是不可忽略的因素。如果说，计东在奏销案之前的游谒只是科考之余的生存方式之一，那么，罹祸奏销后的游走旅食则是其遭政治放逐后不得不采取的生存谋略。在奏销案中，纵使含冤被革去举人身份，计东也未有半句怨言，在吴家为吴兆骞一案已倾家荡产却还要筹措吴兆宽被官府追缴所欠钱粮的情况下，他不惜“割产以偿”：“吴既赦还，复缘奏销累君割产以偿，君让还其半。”④ 此处“吴既赦还”实为舛误，吴兆骞赦还在康熙二十年（1681），时计东已去世多时，所指之人当是吴兆宽，然此前吴兆宽并未被流徙，故此为谬。计东的义气之举虽为自己赢得了美名，却也致使计氏一家的生活陷入窘境。自失去贡生收入后，计东的经济状况并不乐观，加之长子的离世，无人可与分担，一家老小的生计全赖他一人：“我母年六十五矣，我亦无同产兄弟，我有贤子，能助我养母，不幸早世。今有子一人，年二十而未成立。”⑤ 对家人的责任感和职责所在促使他不得不于康熙二年（1663）冬，与叶燮、陈西美、赵山子一同北

① （清）张玉书：《敕授文林郎翰林院检讨申君墓志铭》，《张文贞集》卷十一。

② （清）计东：《赠侯贻孙序》，《改亭文集》卷五。

③ （清）计东：《济上喜晤李屺瞻，感述一首，并呈王贻上、汪苕文、宋牧仲》，《改亭诗集》卷二。

④ （清）尤侗序，载（清）计东《改亭文集》卷首。

⑤ （清）计东：《送唐万有游广陵序》，《改亭文集》卷七。

往帝京，四处晋谒，寻求新的出路："癸卯，予同尊公西美与山子、甫草四人同策蹇北行。"[①] 诚如朱彝尊所言，游食入幕大有益处："束脩之入可以代耕，广誉之闻胜于儋爵。游也，足以扬亲之名；居也，足以乐亲之志。"[②] 入幕束脩既可维持生计，又可从事文学创作与交游，提升自己的文化声名。早年偶有的投谒经历让计东深信，凭自己的才华找到一份幕府书记之类的工作应不是难事，从叶燮《赠计希深北游》一诗来看，计东的晋谒之路并不顺利，所到之处遭受冷遇十之八九："恻恻癸卯冬，褛被偕帝城。朱门十九闭，冷炙冲晨星。"[③] 纵使亲自登门求职，也多为人所拒："仆久在两河间，仰而依人，无一善状。"即使谋到一份幕僚之职，自视为幕中陈琳，似乎也只是一厢情愿，他的才气并未得到幕主的赏识。在给友人钱湘灵的信中，他陈说了入幕的种种辛酸："昨足下称某巨公好士，但不当以某人与邑子某并致，倾倒之意恐失天下士心，甚善，甚善。仆向客中州，亦曾遇某公，相待颇厚，而仆意怏怏，不久辞去者。观其厚仆与彼中一老伧无异，仆耻与为并，且以见某公衡鉴，非真知士轻重者也。"这位传说中颇为好士的幕主并未对他另眼相待，而是将之等视于"老伧"，这使他自感人格尊严深受打击，但不得不以"夫然士既已不能自立，降志依人，何所不可忍者"[④] 来宽慰自己。从尤侗的赠诗来看，计东过得并不如意，与幕主相处不太融洽："名纸应逢官长怒，药囊却为故人留。荆乡市上歌声苦，豫让桥边衫色愁。叹息英雄多失路，明朝匹马又西游。"[⑤] 而计东笔下也真实叙写了他与幕主的依存关系："负米客京华，庾釜须主人。周防从所主，束缚同众宾。旬日不得出，局曲含苦辛。"[⑥] 当然，也会有宾主和谐的时候。计东所入幕之主人多已难考，就现存材料看，其与幕主王泽宏相处颇为融洽，且

① （清）叶燮：《答陈颖长》，《已畦诗集》卷五，《清代诗文集汇编》第 104 册，上海古籍出版社，2009。
② （清）朱彝尊：《孙逸人寿序》，《曝书亭集》卷四十一，四部丛刊景清康熙本。
③ （清）叶燮：《赠计希深北游》，《已畦诗集》卷五，《清代诗文集汇编》第 104 册。
④ （清）计东：《与同年钱湘灵书》，《改亭文集》卷十。
⑤ （清）尤侗：《维扬遇计甫草读其〈游草〉感赠》，《看云草堂集》卷五，《西堂诗集》，清康熙刻本。
⑥ （清）计东：《太保敬哉王先生招饮丰台观芍药得诗四章》，《改亭诗集》卷一。

与幕主之子王子重相交甚欢："子重不以予为抵牾，开诚写意，交益欢。"[①]

除了养家需求外，自幼受儒家熏染所树立的济世救民之志也是计东选择游谒之路不可忽视的动因，尤其在科考无望后，这几乎成了他可能实现此志的唯一路径。纵使历经生活的百般折磨，计东的济世救民之心依然不灭，自顾不暇尚且不忘关心苍生疾苦："凶岁无衣万万人，沟中瘠骨路旁尘。吾生虽是长贫贱，犹为苍生愧此身。"[②] 他相信，凭借个人的才能，通过入幕可获高位，实现志向："幕府各辟名士，授官掌书记，士即以此致高位，其为遇之途盖广矣。"[③] 因此，计东不得不遍谒友人，以求汲引，希冀在养家有余力的情况下可以一展胸中抱负。他曾上书汪琬请求援引，汪琬以"丈夫不宜轻受人恩"[④] 婉拒。他在回信中遍引古今求食成功的先例为自己乞食之举开脱："彼北郭子、徐仲车、孙明复三人者，非天下豪杰哉！犹以亲之故受人之恩，况于东哉！……今有如晏子、崔公、范公其人者乎？东感之当不后于所称三人者矣。"[⑤] 以古贤士徐仲车、北郭子、孙明复自喻，认为自己的才能并不亚于先贤，只是缺少际遇，表达了强烈渴望得人赏识资助的焦灼之心。除了求助汪琬，计东还在《与某人书》中诚恳表示求助之愿，请求对方予以汲引："向闻阁下散金结客，今见阁下惜财慢士，亦可谓识时务之尤矣。……即为阁下货殖计，何不稍稍出其家中最多之金钱，结纳一二坎壈失志、魁杰非常之士，以备阁下异日缓急之用，若居积然，于阁下大有利。不然，当凄风焚絺绤，一旦炎威炙人，始挥汗而采葛，窃笑阁下之疏于计矣。"[⑥] 计东自认具备治国之才，恳切希望对方能招之入幕，自己一定不负所托，助其成就大业。有时，为了能谋得职位或得到重用，他不得不恭维对方，对其官绩或为人有夸大之嫌："公持心以敬，临事以至慎，接物以至和，守身也以廉以洁，御下也以仁以严，有才而

① （清）计东：《送王子重还楚序》，《改亭文集》卷七。
② （清）计东：《庚戌冬夜排闷四首》，《改亭诗集》卷六。
③ （清）计东：《赠徐山仿序》，《改亭文集》卷五。
④ （清）计东：《答汪钝翁书》，《改亭文集》卷十。
⑤ （清）计东：《答汪钝翁书》，《改亭文集》卷十。
⑥ （清）计东：《与某人书》，《改亭文集》卷十。

不炫其才，有识而不矜其识，整齐谨肃而非刻核寡恩，精明强固而不失和平宽大。兵甲之往来赖以无哗，湖海之伏戎赖以不发。民无冤狱，井税依然。有吾公而东南之民生安，民生安而三大郡之财赋可以给兵食。"① 当然，有时他也以情动人，向对方坦陈自己负米养母的孝心和定会结草衔环以报的诚心："思公两度再求见，咫尺相违难对面。负米归来空两肩，倚闾阿母双眼穿。依人何处刘荆州，伏枥年年泪暗流。以公意气能得士，何不令我承知遇。得士须得国士心，报恩自比常人深。结客须结穷途中，感恩讵与常时同。"② 他对友人宋荦有投奔之意，但听闻宋荦据客不纳，故于康熙六年（1667）修书以试探，信中不无恭维之辞，将之比作唐代名臣严武、李德裕："私念天下之大、人才之众，求丰采言论可敬爱，才略兼文武、堪将相如唐严郑公、李赞皇辈，当今如宋子牧仲者，东目中实未多见也。"③ 但对自己的经世才干亦颇为自信，自比于王猛、马周："而布衣失职，坎壈无聊之士，忍辱好奇计，勃勃有飞扬之气，能上下千古人物，事会得失成败之数，及经世救时之大略，若古王猛、马周辈者，天下之大如东比者，亦不多数人。"可见在投谒过程中，阿谀吹捧、言过其实的违心之论是难以避免的，有时甚至会让他自动忽略所交往之人的品行。

当然，计东多年来一直不停地四处游谒奔走，与其跳荡不羁的个性也有莫大关联。计东曾坦诚表示，多年来入幕求食是因个性跳脱不羁、不愿忍受饥贫："我性不耐贫，年二十余，即饥驱浪游。"正是这种自幼年起便形成的"幼跳荡不羁"④ "健如初生犊，跳荡不自量"⑤ 的个性，让他纵使经历多年的人生起伏与摧残，仍不改本性，不愿困于一隅，不向命运妥协。当然，他也并非爱慕官场："我今滞京华，便欲求禄食。岂真爱一官，势亦有所迫。"⑥ 身为一家之长，他自感有养母育子和振兴宗门

① （清）计东：《兵备副使方公寿序》，《改亭文集》卷六。
② （清）计东：《投赠吴明府》，《改亭诗集》卷三。
③ （清）计东：《与宋牧仲书》，《改亭文集》卷十。
④ （清）李元度：《清代 1108 人传记》（下册），易孟醇点校，载《国朝先正事略》，1991，第 1052 页。
⑤ （清）计东：《赠许于王侍御》，《改亭诗集》卷一。
⑥ （清）计东：《梦严四览民》，《改亭诗集》卷一。

之责，因此要“努力振衰宗”①。从计东后半生行迹来看，一定是基于这样一以贯之的价值观和责任感，他才矢志不移地坚守游谒一途。

虽然在种种因素的催化下，计东后半生一直处于浪游状态，但屡屡受挫失意，不能不让他感到倦怠和灰心：“倦客京华独悄然。赖有空文娱白日，忍无真意答苍天”，“最是家园今日里，老亲双眼为谁穿。”②越到晚年，养家日益艰难，他自感“沉沦錮废，交游凋谢，意气颓堕，人弃之若敝蹝”③。于他而言，家人永远是难以割舍的牵绊和心灵皈依之处，长年不能陪侍亲侧，安享天伦，其憔悴落魄之状从友人尤侗所撰祭文或可窥见一二：“寂寞门墙，凄凉骨肉。老母年高，佳儿孤独。桁有悬鹑，瓶无储粟。十口何依，百身莫赎。”④ 寥寥数语，凄惨已极。多年的游谒求食经历也激发了他的创作灵感，愈到晚年愈发高产，仅康熙十一年（1672）一年，他就作诗近百首。在诗中，他向友人诉说着自己失意落魄的窘境：“独有失职士，坎壈多悲辛。裋褐困京华，蒙袂避故人。”⑤“负米年年叹倦游，倚闾老泪裹双眸。何时粗足供衣食？坚坐江村老陌头。”⑥ 也有友人对他长年浪游在外表示不解，认为除了科举、入幕，尚有很多治生之道。友人钱陆灿便来书劝其“杜门息交读书”⑦，汪琬对他不顾“太夫人在堂，病妇在室”，远走他乡十分不解，“足下归而庸文力田，亦足以具饘粥、资菽水，不至若渊明之屡空也”，并在书信中表达了深切的谴责和不满：“而足下概欲求之京师诸贵人，固仆所不解也……顾舍此不事，而匍匐数千里外，干请求食。……必不免于实应且憎，况望其以渊明视甫草也。”⑧ 当然，也有友人对他表示

① （清）计东：《示兄子炳》，《改亭诗集》卷一。
② （清）计东：《壬子除夕》，《改亭诗集》卷五。
③ （清）计东：《圣初兄五十寿序》，《改亭文集》卷七。
④ （清）尤侗：《西堂杂组》杂组三集卷八，清康熙刻本。
⑤ （清）计东：《酬宋右之缪歌起二首》，《改亭诗集》卷一。
⑥ （清）计东：《对兰有感，再成四首》，《改亭诗集》卷六。
⑦ （清）计东：《又与钱湘灵书》，《改亭文集》卷十。
⑧ （清）汪琬：《答计甫草书》，《钝翁前后类稿》卷二十，《汪琬全集笺校》，李圣华笺校，第500页。

理解和支持。徐作肃勉励他“君自飞腾饶壮岁，出门那可厌风尘”①。孙枝蔚则安慰他入幕游走可增长见闻，亦有可羡之处：“到处逢迎亦堪羡，王家旧幕号芙蓉。”② 对于诸多友人的意见和鼓励，计东也有所反思和考量，常年游走在外，甚少归家，不能奉母诲子、陪伴老妻，内心的愧疚自责之情时常伴随着他的游谒之旅，“去家已两年，内顾多惭疚。音书久不来，倚闾恐老瘦。百端攻寸心，徘闷非醇酎”③。他自剖心迹，尽是悲凉之语：“去矣人宜贱，归哉志不群。几时有余粟，养母更论文。母老犹论绩，儿衰懒著书。远游难即返，身废竟何如？永夜思天曙，晨寒望日舒。几年羁旅泪，未洒向牛衣。”④ 他也曾想遵从友人的建议，动过归隐田园的心思，试图以著书授徒为生，安享天伦：“誓将披此裘，负米归故里。左顾越江碧，右揽吴山紫。著书授生徒，灌园树兰芷。僛舞老亲前，此乐谁能比。”⑤ 可惜终未成功，不久“又为饥所驱，依依出门。师为黄冈学士所招，游于畿内”⑥。

计东曾是个意气风发、自比马周的有志少年，奋力于世，奈何才高命蹇，仅十年的科举生涯竟历经了四个影响无数士子的“大事件”，最终被革去功名，后半生不得不入幕依人，变成了四处晋谒乞食的落魄老人，也正是因为要养护家人的高度责任感和期盼壮志得酬的济世之心，才让他看似笨拙而又执拗地坚守着游谒一途。计东曲折凄惨的人生经历足见这类非仕非隐的士人在清初大环境下生存境况之艰难，或许友人汪琬的吊诗最适合诠释其“才高命蹇”的一生：“从来才誉冠群伦，骨相谁知晚最屯。太息东南风土薄，江湖不复有斯人。”⑦

---

① （清）徐作肃：《次韵计甫草五日见示》，《偶更堂集》诗稿卷下，清传盛社刻本。

② （清）孙枝蔚：《赠计甫草孝廉　时甫草居王涓来学士幕中》，《溉堂集》续集卷四，清康熙刻本。

③ （清）计东：《初冬院中月下闻歌》，《改亭诗集》卷一。

④ （清）计东：《旅夜不寐成二首》，《改亭诗集》卷三。

⑤ （清）计东：《鹿皮裘初成志喜自述》，《改亭诗集》卷一。

⑥ （清）徐釚：《南州草堂集》卷三十，清康熙三十四年（1695）刻本。

⑦ （清）汪琬：《闻甫草凶问，予既为位以哭，明日作四绝句寓哀》，《钝翁前后类稿》卷十二，《汪琬全集笺校》，李圣华笺校，第389页。

旗人？杭人？

——清中期杭州八旗驻防士人的乡愁书写*

◇李桔松**

摘　要：杭州八旗驻防士人作为身在旗籍却通晓汉族文化的角色复合体，为我们观察清代中期八旗士人的身份认同提供了范本。自清嘉庆十八年（1813）朝廷下谕批准驻防八旗子弟就近参加乡试起，中举士子随着仕宦生涯的变动开始了地域间流动，杭州旗营文士的“乡愁”文学也随之出现。分析这些记录八旗子弟内心的思乡之作，为我们了解他们的自我身份认同提供了一个途径。在杭州八旗心中，杭州不单是他们生长和抚育他们的家乡，还是在浸染并积淀了历代文化后诗意的灵魂居所。杭州驻防八旗群体的杭州身份认同在这个时期已然形成。

关键词：清中期　八旗士人　乡愁文学　身份认同

清朝从建立起就一直担心来自“江南”地区汉族文士对自身统治权威的挑战，不断通过“文”“武”两个方面来强化自身执政的合法化。从文化政策来看，清朝建立起始就确定以儒家文化作为治国的根本思想，但为了防止八旗族裔特性被汉文化所融化，遂制定了“国语骑射”的祖训。[①] 就武力来说，清初在“江南”中心杭州城营建驻防旗营就是对此区域的近身监管，但为了防止八旗驻兵与汉民接触而融合，八旗兵营多划地筑城，因而出现了“城中城”。不过，当八旗驻

* ［基金项目］北京社会科学基金青年项目“清代北京八旗士人文学书写与文化认同研究”，项目编号：18WXC011。

** 李桔松，北京教育学院人文与社会科学学院讲师，主要研究方向为清代文学。

① 有关清初三帝文化政策的论著汗牛充栋，具体可参考叶高树《清朝前期的文化政策》（台北稻乡出版社，2002）、姚念慈《康熙盛世与帝王心术》（生活·读书·新知三联书店，2015）等。

防官兵远离北京政治中心的管控，不可避免要和所驻防地区的文化产生不同层面的交流，八旗子弟也就在这种情境中渐被融合。杭州八旗驻防士人作为身在旗籍，却通晓汉族文化的角色复合体，为我们观察清代中期八旗士人的身份认同提供了范本。关于杭州旗营的八旗子弟在清中期后不断被融合的原因，潘洪钢从制度方面将其归结为“归旗制度的废止与死者的就地安葬、在所驻地方参加科举考试、户口与京旗脱钩及诉讼就地处理”三个方面。[①] 可是不容忽视的是，杭州驻防八旗从始至终与汉民分隔居住，且自行管理，驻防八旗官兵对自身旗民身份的确认是不会随着时间发生变化的。“旗民”身份的差别贯穿清代始终，在此背景下产生的地方性认同，以及由此扩展出的“文化融合”的原因值得我们思索。

自清嘉庆十八年（1813）朝廷下谕批准驻防八旗子弟就近参加乡试起，至道光二十四年（1844）甲辰恩科改翻译乡试止，杭州驻防旗营内总计有 36 人中举，其中 6 人进士及第。这些中举士子随着仕宦生涯的变动开始了地域间流动，杭州旗营文士的“乡愁”文学也随之出现。分析这些记录八旗子弟内心的思乡诗词，为我们了解他们的自我身份认同提供了一个途径。

一 思家：乡愁诗的永恒主题

杭州八旗驻防旗营士人在杭州日久生情，都将杭州视作自己的家乡。同在外宦游的汉族文士一样，他们离杭到各地任职后，杭州就成了心中的牵挂。

《如舟吟馆诗钞》较为完整地保留着瑞常（1804 ~ 1872）从道光到咸丰时期的日常生活印记。瑞常，字芝生，号西樵，石尔德特氏，蒙古镶红旗人，杭州驻防。道光十二年（1832）进士，改庶吉士，散

① 潘洪钢：《八旗驻防族群土著化的标志》，《中南民族大学学报》（人文社会科学版），2011 年第 5 期。

馆授编修。同治元年（1862）以吏部尚书协办大学士，官至文华殿大学士。谥文端。①

道光十二年（1832），瑞常 29 岁以二甲第七名进士及第。“频年名落孙山外”（《春闱捷报》）② 的瑞常喜出望外，经过十年的奋斗终于一朝得中，而且供职于进士群体梦寐以求的翰林院。当年中秋佳节，他写诗说：

> 良辰屈指记中秋，细雨连番暑气收。宦味尝来如嚼蜡，闲情寄处等浮鸥。风清三径人吹笛，月朗重霄客举头。何日娱亲归旧里，看山齐上望湖楼。（《中秋感怀》）③

其中不见作为京官的喜悦，反而满纸闲愁，尤其是中秋佳节的到来，勾起了瑞常对千里外父母亲人的牵挂。还未真正开始仕宦之途的瑞常，就用老练的语言表现出对宦途的厌倦和闲散生活的向往。之后，瑞常半夜孤枕难眠，又写《闻雁》诗：

> 每逢佳节旅愁牵，雁阵惊寒向耳边。八月凄清凉露下，一声嘹亮晚风前。来从塞北霜初冷，听到江南客未眠。我有尺书烦汝寄，白云惆怅路三千。（《闻雁》）④

诗中所流露出的思乡怀家的感情要比前诗显得更加深沉。作为从江南来的游子，在北方初冷的夜晚，借由南飞的大雁表达出内心对远在杭州家人的思念，希望借由鸿雁能够传书给远方的父母，捎去自己的问候。次年（1833），瑞常大考二等，晋侍讲，他写诗寄给杭州的亲友说：

① 瑞常生平参见赵尔巽等撰《清史稿》卷三八九，中华书局，1977；（清）三多辑《柳营诗传》卷二，清光绪十六年（1890）刻本。

② （清）瑞常：《如舟吟馆诗钞》壬辰，清光绪四年（1878）刻本。

③ （清）瑞常：《如舟吟馆诗钞》壬辰。

④ （清）瑞常：《如舟吟馆诗钞》壬辰。

燕台客况君休问，仍是盘堆苜蓿时。(《寄怀吟香》)

未必尺书能写出，客居难遣漏沉沉。(《晋秩侍讲寄内》其一)

努力爱春华，儒业须珍重。(《书寄雪堂弟》)①

这三首诗一封是寄给好友文秀，一封是寄给自己妻子，一封是给自己弟兄的嘱托。虽身在京城，但是挂念的仍旧是杭州的亲朋好友。这个时期，“江南客”是瑞常如实的内心定位。乍离江南，亲友远隔，瑞常对杭州的怀念与日俱增。

三年后，道光十六年（1836）三月，瑞常之弟瑞庆上京赶考，得中殿试三甲第五十八名。瑞庆及同乡盛元的到来，又搅动了瑞常看似平静的心绪。在这期间，他的《思乡》诗云：

思乡不解意缠绵，南北真疑气候偏。花过三春才见蝶，树稀五月未闻蝉。怕逢赤日窗先闭，为盼甘霖眼欲穿。曾记江南梅子熟，也来风雨搅清眠。(《思乡》)②

居京四年，瑞常仍旧不适应北方春迟、日晒天干的气候。瑞常用自己对北方气候的不适来反衬作为“南方人”对家乡杭州的思念。瑞常的这种抱怨在今日的南北方人的比较中也常常出现，而这首《思乡》诗的对象正是作为老乡的瑞庆和盛元，其中暗含了瑞常对自身“杭州人”的内心认同。

瑞常在京也常和同乡前贤赫特赫讷诗词唱和，诗中内容总也离不开杭州往事：

襟上酒痕怀往事，客中心绪话今宵。(《藕香赞善假满旋京书赠四律》其一)

---

① （清）瑞常：《如舟吟馆诗钞》癸巳。

② （清）瑞常：《如舟吟馆诗钞》丙申。

回忆段家桥畔路，湖光山色寄相思。（《再和藕香见答原韵》其一）

他乡明月同翘首，小阁寒梅定著花。（《再和藕香见答原韵》其一）①

青年时期杭州生活场景不断在瑞常的脑中闪回，杭州的里巷桥影、湖光山色都是作为杭州人成长中的共同记忆。瑞常是借由诗歌引发一种集体性思乡情节。

道光十八年（1838），瑞常不断在家信中表达对杭州的家的思念：

六一泉边细品茶，湖山迢递隔天涯。举头怕见长安月，入梦犹寻故里花。心绪过多难下笔，头衔虽好总思家。一言我向诸昆嘱，须劝高堂餐饭加。（《寄玉亭诸弟》）

每逢佳节临，思亲泪常有。池塘梦惠连，梁月念朋友。行将买棹归，家园煎春韭。（《述怀》）②

同年冬，瑞常即请假回杭州省亲，这是他离开杭州后第一次回乡。他在《仲冬乞假旋杭省亲》中感叹道："一别孤山经岁月，七年京邸殢功名。"除夕之夜晚合家团聚，他见父母白发满头，心中无限感慨：

不是寻常夜，重闻爆竹声。迢迢京国梦，恋恋故乡情。家宴红灯敞，高堂白发生。思量无限事，衷曲未分明。（《除夕》）③

道光十九年（1839），瑞常还未补缺，京中居大不易，入不敷出之时，远在杭州的家人成为瑞常的后盾。远在杭州的父母经常给瑞常筹集生活费，并寄去北京。道光二十年（1840），他被任命为日讲起居注

① （清）瑞常：《如舟吟馆诗钞》丙申。
② （清）瑞常：《如舟吟馆诗钞》戊戌。
③ （清）瑞常：《如舟吟馆诗钞》戊戌。

官，侍讲学士。中秋又至，瑞常想到远在杭州的父母亲人，写诗感叹：

> 人逢佳节看明月，我恋春晖忆故乡。亲老家贫愁未已，米珠薪桂价难偿。宦途滋味今尝遍，毕竟西湖莫肯忘。（《中秋书怀》）①

诗中所透露的酸楚非在帝京生活的人所能体会。瑞常不仅要受思亲的情感煎熬，在经历了京城生活的不易，宦途的凉薄后，37 岁的瑞常有了深切的人生感慨。家在他的心目中的地位越发显得亲近，但相隔遥远。

此后他仍旧以平均每年一首的频率书写着乡愁：

> 如何京国春来缓，仍是围炉冷不支。（《花朝》道光二十一年）
>
> 庭前添个梧桐树，便是家乡五月天。（《夏夜即景》道光二十一年）
>
> 乡心到此已飞动，况听邻家擫笛声。（《秋夜》道光二十二年）
>
> 无限乡心同怅触，西湖东岱两情牵。（《七夕泊子凌钓台邀子厚杨君小酌》道光二十四年）
>
> 此后燕台怜寂寞，依然翘首白云端。（《抵家》道光二十四年）
>
> 乡心萦绕三千里，轮铁消磨十五年。（《腊月廿八日入直六班有怀雪堂》道光二十五年）②

直至道光二十五年（1845）后，怀乡诗在瑞常的诗集中消失。在这五年中，瑞常的宦途一帆风顺，先后担任武英殿总裁、兵部左侍郎、户部右侍郎兼管钱法堂事务、册封朝鲜国王正使等职务。职务的繁忙削减了他对于家乡的思念，而他的父母在道光二十六、二十七年接连亡故也是他对杭州少了牵挂的重要原因。道光三十年（1850），瑞庆从杭州回京候选，瑞常给他的信中说："浙西遥望慈云断，风木

① （清）瑞常：《如舟吟馆诗钞》庚子。

② （清）瑞常：《如舟吟馆诗钞》辛丑到乙巳。

萦怀共惘然。”（《九月雪堂弟赴京候选》）瑞常早已定居北京，双亲的离世将他和杭州最为密切的联系切断，他书写杭州的文字几近消失。仅在咸丰五年（1855）的重阳节和咸丰七年（1857）秋日，他写下了几句思乡的诗句：

> 梓乡归不得，鸿雁寄相思。（《书怀》）
>
> 忽向银河高处望，乡心又随雁南飞。（《秋夕口占》）①

杭州是瑞常出生成长的地方，虽然双亲不在，还有好友兄弟，有自己少年的全部回忆。杭州在瑞常的诗中就是家的存在，而家就是父母双亲及妻儿的所在。瑞常并不是一个孤例，同样北上任职的裕贵在诗中也诉说着对杭州亲友的相思之苦。

裕贵（？～1861），字乙垣，又字八桥，汉姓白，巴雅拉氏，满洲镶红旗人。嘉庆二十三年（1818）戊寅科举人，以国子监典籍由主事补员外郎。后寓居京师法华寺，额其居曰：铸庐。性傲岸。濒死，嘱其家人将生平著述尽纳诸棺，故存者绝少。②

裕贵屡困春闱，道光十二年（1832）下第后，谋得国子监典籍任，为从九品小官，随即留京未归，以希求可以继续举业。在第二年的清明节，裕贵在读好友所寄诗后颇有所感，和诗说：

> 唯有清明时节近，秭归声里最思家。（《春日感怀和莲波韵》其一）③
>
> 梦里西湖记不真，关情最是倚楼人。（《春日感怀和莲波韵》其二）

① （清）瑞常：《如舟吟馆诗钞》乙卯、丁巳。

② 裕贵生平参见《铸庐诗剩》跋，清光绪石印本。（清）三多辑《柳营诗传》卷一，清光绪十六年（1890）刻本；（清）丁申、丁丙编《国朝杭郡诗三辑》卷九十二，清光绪十九年（1893）刻本。

③ （清）裕贵：《铸庐诗剩》，清光绪石印本。

清明时节，正是家中祭扫祖先之时，也是一个人乡愁最浓之时。每到这个时候自然会牵挂杭州家中的情况，虽然西湖的景色在记忆中都有些模糊了，但是怎能忘记家中的妻子呢？清明对裕贵的触动就有如中秋对瑞常的触动一样。道光十六年（1836），其父病重，裕贵暂时回杭，而在此时他被任命为光禄寺署丞，不过是从七品，同年即丁父忧回到杭州。道光十八年（1838），他再次辞家北上。在留别诗中特意说，即使自己没能回家祭扫，但是在梦中也会回到家中，万望后人替自己祭扫先人：

环碧楼台谁做主？踏青时节梦还家。纸钱麦饭先人陇，吩咐雏丁好替爷。（《正月十二日北上，留别西湖四首　戊戌》其三）[①]

新春时节，裕贵却滞留京城。他在北京听闻杭州下了六尺深的雪，不由担心家中妻儿，他修书给自己的妻子说：

三岁客中度，今宵岁又阑。怜予千里外，知尔寸心难。年事曾多累，寒威可渐残。料应当此夕，卿定忆长安。（《除夕寄内》）[②]

他知道妻子定是操劳备至，万家团圆之际，他想此时家中的妻儿应该也在担心着他一人在京的生活。当得知有同乡好友回杭州赴任，他在赠别之际还不忘向好友托付子女：

儿女心常系，湖山梦屡看。（《送鹏云茂才之浙省令祖将军》其二）

未能真免俗，所托在吾儿。学浅兼年少，家贫更力疲。倘能怜故旧，惟望代提携，施报原难定，真诚谅夙知。（《送鹏云茂才之

① （清）裕贵：《铸庐诗剩》，清光绪石印本。

② （清）裕贵：《铸庐诗剩》，清光绪石印本。

浙省令祖将军》其四)[①]

裕贵长期滞留京城，生活的窘迫、仕途的压力都让裕贵倍感艰辛。道光二十一年（1841），他移居到城郊的法华寺居住。由于和瑞常交好，瑞常在得知其迁居后，写诗以赠，意味深长：“莫共牡丹争富贵，好同姜桂图芬芳。安贫本是书生分，且等黄花晚节香”，“舌存恰合前贤意，骨傲终非智士名。韦恐太柔弦太急，商量志气要和平”[②]。诗中瑞常则是以好友身份向他传授为官哲学，并含有隐晦的劝诫。裕贵感动之余，在回信中表达出渴望挂冠回乡的感情：

何日身闲赋遂初，西湖大好作村居。旅况真同云外雁，乡思怕看月中蜍。(《移寓法华寺芝生学士赠以诗，中寓规谏之意。予感其学之深而谊之厚也。遂不计工拙，依韵奉答》其一)

宦途偃蹇思银鲙，乡梦缠绵冷玉蜍。(《瑞芝生学士复迭前韵见示亦迭韵奉酬》)[③]

“举头望明月，低头思故乡”，诗中反复用月亮指代自己对家的思念，并且借用张翰“莼羹鲈脍”之典，表达出希望挂冠南行的心意。但裕贵犹豫再三，终究没有离开北京，法华寺内的寓居被他自己命名为“亦是吾庐”，并记说：“吾庐静掩似登仙，随意翻书倦即眠。”（《亦是吾庐即事》）他把法华寺作为了一个城中归隐之地，他在诗中说：“古寺为家仕隐兼，诗成献佛当参禅。”（《漫兴》）日子虽清苦了一些，胜在乐得逍遥平静。

他留在北京的原因也写在一首寄给妻子的词中：

客窗遥忆寒闺，正四十平头，今朝设帨。替卿惆怅，五载离

① （清）裕贵：《铸庐诗剩》，清光绪石印本。

② （清）瑞常：《乙垣移寓法华禅林即赠》，《如舟吟馆诗钞》辛丑。

③ （清）裕贵：《铸庐诗剩》，清光绪石印本。

情，数行别泪。天涯人未返，剩孑影衔杯思往事。纵有那、儿女称觞，应是愁萦眉翠。为贪紫诰金章，反赢得孤鸾，长依萧寺。帘前花影，陌头柳色，可曾憔悴。此身须郑重，更记取当年临去誓。博得个衣锦荣归，华筵同醉。（《西湖月·寄内》）①

此词是为庆贺妻子生辰而作。裕贵用《西湖月》词牌填曲，可见其心思细致，光看词牌即可知其思乡之心。词中遥想子女在妻子身旁贺寿之景，仍旧不能掩盖丈夫不在的悲伤。而丈夫如此则是为了当时离别时的誓言：定要博得衣锦还乡。其中之辛酸也只有夫妻二人才能体味。

又一年的除夕，裕贵从京城寄信给远在杭州的妻子：

寒儒原奈太常斋，惟有思乡泪暗揩。避债台高同此夕，离家路远叹予怀。祭诗有例闲酬笔，沽酒无聊笑拔钗。儿女渐知心事否，可能绕膝话天涯。（《除夕寄内》）②

诗中感叹夫妻二人两地分居，自己又债台高筑，离家路远，无限悲苦。不知儿女是否已经长大，可以分担妻子的心事和愁苦？此诗将裕贵独居萧寺，痛念故乡的感情刻画得淋漓尽致。翌年清明，他写诗说：

怪底前宵梦踏青，芒鞋闲步在西泠。闻钟疑到南屏路，醒后才知客里听。（《清明后一日作》）③

家乡的风物又一次走入梦境，梦中甚至听到南屏晚钟，醒来才知是客居萧寺的钟鸣。现实和梦境在诗中自然结合，真切反映出裕贵对家、对杭州的感情。冷官虽同鸡肋，却又是继续升迁的希望。他宁愿忍受亲

① （清）裕贵：《蕉竹山房词剩》，《铸庐诗剩》，清光绪石印本。
② （清）裕贵：《铸庐诗剩》，清光绪石印本。
③ （清）丁申、丁丙编《国朝杭郡诗三辑》卷九十二，清光绪十九年（1893）刻本。

人离别的痛苦，为的就是衣锦还乡的那一天。杭州西湖与家乡的亲人，都是他在孤清岁月中的一丝丝安慰。他最后病殁于北京法华寺中，死前立下遗嘱，将自己所有的作品一同埋入地下随葬，可见裕贵对诗稿的重视。即便是死去，他也需要记载着他思考和回忆的诗词带给他身后的安宁和温暖。裕贵的乡愁，是他写给自己的麻醉剂，是让自己心灵安稳的最后的居所。

瑞常和裕贵是旗营中走出的八旗士子的代表，一个身居高位，一个位卑下僚。他们的乡愁诗，就是思家诗，杭州的家才是他们心头真挚的思念。尤其是裕贵，由于宦途不顺，他的乡愁诗就更多了悲苦感人的力量。正如“乡愁”本就是“家园文化与离散现实的冲突结果，并人生旅途心灵诉求所触发的、带有悲剧意味的情思与感想”①，所以回忆家园永远是乡愁诗的主题，从杭州驻防旗营走出去的八旗士人也不例外。

二　湖山：故乡代指和精神寄托

杭州八旗士人的乡愁诗中不仅记录了对亲人的怀念和家庭的眷恋，更重要的是诗中表达出的对杭州作为故乡的精神上的依赖和归属之情。由于生长于杭州，这些隶属京籍的八旗子弟从心理上更加认同杭州为自己的故土，并且把杭州风景浓缩成一脉山，一片湖，即成为他们在怀乡诗中经常书写的“湖山”。湖山渐渐成为家乡的代名词，想到湖山，就会自然联想起江南风物、杭州美景。

由于裕贵在北京始终孑然一身，宦途的不顺，物质生活的困蹇都使他对杭州的怀念更为深切，与同乡比其诗词的悲苦之声也较多。这种心绪使裕贵的诗歌中经常流露出对杭州生活的回想，而湖山之思则是他的主题之一：

春风吹冷段家桥，倦把离觞倚画桡。胜地昔游余梦想，现年远

① 张叹凤：《中国乡愁文学研究》，巴蜀书社，2011，第5页。

别欲魂销。孤山梅树开成雪，九里松声响似潮。此去燕台每南望。最难忘却是花朝。

悔不从前领略多，临歧空唱懊侬歌。及时行乐原须早，薄宦难归可奈何。红紫若开应忆我，丹青虽好怎描他。时嘱友人绘《西湖惜别图》。可怜无限勾留意，祇学江淹赋绿波。

陈迹年年记未差，冷吟闲醉度春华。曾听葛岭三更雨，忍负苏堤几树花。环碧楼台谁作主，踏青时节梦还家。纸钱麦饭先人陇，吩咐雏丁好替爷。

而今更与湖山约，待我归时汗漫游。那免深情思故土，无边春色到皇州。官阶一级人将老，胸次千秋泪肯流，鹭友鸥朋闲谢却，吟魂犹系总宜舟。①

这是裕贵在道光十八年（1838）辞家北上前写给友朋的赠别诗，诗名为《正月十二日北上，留别西湖四首》。惜别自然是组诗的主旋律，裕贵在题目上就表示是留别西湖，可见杭州西湖在其心中的地位。孤山梅雪、九里松潮、春草碧色、春水绿波，裕贵看似难以割舍的是杭州四时之佳景，实质是酒侣吟朋流连湖山的安逸岁月。其后裕贵在京生病，其作《小病》中说："南郭旷怀希达者，西湖相思动归与。旅居百事宜排遣，闲把愁根努力锄。"人在病中内心会比较脆弱，所以他自然就想到了家。而家在此诗的语境中，则是杭州安乐岁月的代名词。但是归家不易，裕贵也只能是靠写诗排遣心中的离愁别绪。

瑞庆在进士及第后，游宦四方，他的很多怀乡诗更多的是对杭州西湖的念想。瑞庆（？～1868），字雪堂，蒙古镶红旗人。瑞常弟。道光十六年（1836）丙申科进士，三甲第五十八名。直隶候补道。通籍后以知县用，选湖北郧县。丁忧服阕，改直隶。历任宣化、清苑县知县，易州知州，遵化、直隶州知州。同治中开缺，以道员归直隶候补。同治

① （清）裕贵：《铸庐诗剩》，清光绪石印本。

七年（1868）卒。存《乐琴书屋诗集》一册。[①]

道光二十三年（1843）二月，瑞庆入京赴选，等候选官的日子虽闲逸，但是也有说不出的烦闷：“偶然得句抄仍弃，随意看书过亦忘。”（《京寓偶成》其三）杭州自然成为书信一端的挂念：

> 半生人说地行仙，抛得湖山又客燕。（《京寓偶成》其一）
> 日长炉篆千回袅，纸短家函两面书。（《京寓偶成》其二）[②]

第二首是说自己内心千回百转，有很多的话想和家人说，这是离家在外人的正常心理反应。最值得玩味的则是第一首说自己半生都在羁旅行役中度过，甚至被人戏称为“地行仙”，这次又客居北京，远离了故土。诗中没有直接说杭州，而同样是用“湖山”替代了杭州。在北京居住期间，他同在京的杭州同乡交往频繁，“良友亦随明月到，谈诗夜夜坐更深”（《闲写截句呈裕乙垣监簿》其四）。裕贵常常来和他讨论诗文，瑞庆诗中对裕贵说：

> 此日燕台才小住，梦魂时觉绕湖西。（《闲写截句呈裕乙垣监簿》其五）[③]

虽然才到北京四月有余，但自己归心似箭，时常梦中就回到了杭州，漫步在西湖。表面上，牵扯着自己感情的是西湖的青山秀水，但其实仍旧是杭州熟悉的生活。瑞庆之所以同裕贵促膝长谈至深夜，一是由于二人难得见面，更主要的原因是离乡在外之人会不自觉地产生陌生感和疏离感，杭州的青山秀水才是安稳的所在。他的这种心态，在《七

① 瑞庆生平参见（清）三多《柳营诗传》卷二，清光绪十六年（1890）刻本；（清）潘衍桐《两浙輶轩续录》卷三十六，清光绪刻本；（清）张大昌《杭州八旗驻防营志略》卷十，《续修四库全书》第859册，上海古籍出版社，1996；（清）王廷鼎《人物二·乡贤瑞常传附》，载《杭防营志》卷三，清光绪稿抄本。
② （清）瑞庆：《乐琴书屋诗集》，清抄本。
③ （清）瑞庆：《乐琴书屋诗集》，清抄本。

月既望，同苏笑梅水部、裕乙垣泛舟庆丰闸》诗中暴露无遗。瑞庆同苏讷、裕贵在七月十六日泛舟北京庆丰闸，诗云：

> 路出重城远市嚣，柳荫深处橹声摇。一船都是杭州客，指着长堤话六桥。[①]

庆丰闸在北京城东，为通惠河一段，两岸景色优美，时人赞誉此地风致有如江南之感。清人完颜麟庆在《鸿雪因缘图记·二闸修禊》中写道："其二闸一带，清流萦碧，杂树连青，间以公主山林，颇饶逸致。以故，春秋佳日，都人士每往游焉。……于是或泛小舟，或循曲岸，或流觞而列坐水次，或踏青而径入山林。日永风和，川晴野媚，觉高情爽气，各任其天。"[②] 可想见此处风光与江南景致颇肖。瑞庆等人泛舟于庆丰闸，眼前陌生却又熟悉的景色勾起了全船人对于杭州西湖的遥念，虽然身在北京，却感觉如身在西湖，眼前所见全部幻化为苏堤六桥之景。但二闸在杭州八旗士人眼中的真实景象并不是没有记录，同样客居北京的杭州驻防籍贵成在游览二闸后说："近无树作林，远无石为岛。剩有荒垅多，丛芦青袅袅。何期负盛名，如人副实少。"[③] 觉得二闸风光名不副实。从瑞庆和贵成对二闸不同的印象中，可以看出贵成是觉得二闸风光并不能媲美江南盛景，而瑞庆一行人其实是将内心中的杭州乡愁附会到了北京的二闸。"一船都是杭州客，指着长堤话六桥"，这句诗不仅写出了瑞庆自我的心理感触，还代表了全船人的心声：一船的杭州人，看到类似家乡的景色，不觉搅动了乡愁。

杭州的山水滋养了杭州八旗士人的身心，生于斯长于斯的八旗子弟们天然就会产生出对湖山的爱恋，"湖山"已经内化为他们生命的一部分，成为远在异乡游子心中故乡的典型意象。如裕贵在《南楼令·明

① （清）瑞庆：《乐琴书屋诗集》，清抄本。

② （清）完颜麟庆：《鸿雪因缘图记》第1集，北京古籍出版社，1984。

③ （清）贵成：《文山招游二闸》，《灵石山房诗草》，《清代诗文汇编》第695册，影印清同治刻本，上海古籍出版社，2010，第488页。

清前二日黄海华司马之斋小坐，同步至仰苏楼放怀畅饮》中说："云影酿春荫，羁愁无限心，正拈毫打点微吟。……旅思倏时沉，闲情缓步寻，且登楼凭眺遥岑。一角孤亭山几迭，浑不厌，酒频斟。"① 凭楼望，远山孤亭，是否也似西湖的隐隐青山，引发出无尽乡思。瑞常诗中说："手批案牍皆陈迹，梦到湖山即故乡。"②（《入闱口占》）可谓点睛之笔，长时间的远离故土，他们已经学会如何与乡愁相处，"湖山"就成为他们慰藉精神的良药。

"湖山"不仅成为异乡人对杭州的指称，而且具有了疗愈乡愁的作用。基于此，杭州八旗士人诗词中湖山最后进而演变成为他们心灵停靠的港湾，寻求精神安稳的所在。

咸丰七年（1857）瑞常已位至镶黄旗护军统领，左都御史，仍有感于宦海沉浮："磨穿铁轮缘何事，宦海茫茫未息踪。"（《岁暮写怀》）但他用"镜清寰海我归去，西子湖边理钓竿"③（《世事》）来自我安慰。瑞庆北上任职，途中歇于驿馆中感叹"频年领略轮蹄苦，一夜思乡梦几回"（《九月七日界河驿阻雨》），"半世蹉跎已如此，一朝问我与谁争"（《夜发连镇口占》）。他也用浪迹西湖以自慰：

> 似我天涯客，真如逐浪鸥。水萍千里聚，斗米半生谋。鸿爪思陈迹，湖滑忆昔游。何时同拨棹，煮茗剥鸡头。（《和裕乙垣仪雨部雨窗拨闷元韵》其二）④

而裕贵也在诗中表达说：

> 苍髯渐觉年来改，须渐白一二茎。待向西湖卜数椽。（《漫兴》）
> 双鬓无缘黑似鸦，冲寒底事逐官车。恩膏莫请临淄粟，春色虚

① （清）裕贵：《蕉竹山房词剩》，《铸庐诗剩》，清光绪石印本。
② （清）瑞常：《如舟吟馆诗钞》乙巳。
③ （清）瑞常：《如舟吟馆诗钞》丁巳。
④ （清）瑞庆：《乐琴书屋诗集》，清抄本。

看上苑花。烟笠持竿渔父艇，霜裘沽酒美人家。故乡大好不归去，梦绕孤山路几叉。[①]（《叠尖叉韵》）[②]

在《叠尖叉韵》诗中，裕贵更加直白地说希望自己可以回到家乡去做一名“孤舟蓑笠翁”的渔父。诗人借着归隐西湖而表达自己渴望解甲归田，摆脱功名利禄的羁绊，乐享湖山逍遥的生活态度。

宋代林逋就隐居孤山，梅妻鹤子的故事在历代文士笔下相传，林逋也成为具有清雅高尚人格的文人代表。同时西湖秀美的山水风光吸引着无数的文人雅士在此地流连，留下了无数歌咏青山绿水的佳篇。所以以西湖为中心所组成的自然山水，就是真实的文人盆景和园林，可以任由文人雅士在其中乐享山水带给人的逍遥快意。“西湖”或者说“湖山”为士人提供了内心和精神的安顿之所，遂成为文人雅士笔下乃至心头的理想家园。[③]

结 语

瑞常、裕贵、瑞庆等人的诗作多是写给亲朋好友的信笺，具有私密的性质，但经过本人或他人的搜集出版之后，原本承载着作者情感认识、交游和私密的回忆的诗作明显具有了明确的身份指向性。这些充斥着念家思亲的文字，无不说明杭州驻防虽然身负镇守江南的重任，但这些八旗子弟已然将祖先埋骨、亲眷生活的杭州作为了自己的故乡，更在西湖的佳山秀水中找寻到自我心灵安稳栖居之所。杭州八旗士人经历宦海沉浮的顿悟，使他们内心中更加认同遁迹湖山的归隐文化，也对杭州有了更深层次的发现。杭州以及西湖在这些驻防八旗文人的心中有了更多的理想意味：杭州不单是抚育自己生长的家乡，也是在浸染并积淀了

① （清）丁申、丁丙编《国朝杭郡诗三辑》卷九十二，清光绪十九年（1893）刻本。

② （清）裕贵：《铸庐诗剩》，清光绪石印本。

③ 有关西湖隐逸文化的形成、发展、流传研究可参考任聪颖《湖上常留处士风——晚清民初的西湖隐逸文学研究》，博士学位论文，华东师范大学，2015 年。

历代文化后诗意的灵魂居所。杭州对驻防此地的八旗士人来说已经超越了地缘、亲缘的联系，成为更高层次的文化归属。

这一点恰和汉族士林产生了心灵共鸣。作为杭州人的夏同善，在为瑞常诗集写序时说："吾杭山水据东南之胜，灵秀之气尤萃于西子一湖。古诗人宦游于此，往往勾留不能去，白公、苏公其尤著者也。矧性耽风雅，生长其地者哉！"[①] 长期居于杭州的俞樾在评价善能的《善让廷〈自芳斋吟草〉序》中说："诗中多忆西湖之诗，盖既生长于斯，虽长白世家，而实杭之人也。"[②] 从这些序文中都可以看出，在江南汉族文士心中，基于杭州山水文化的地方化认同，已经超越民族界限，已然将杭州八旗驻防族群视为一体。

不管是从自我书写还是从他者的评价看，清代中期的杭州驻防文士群体无疑同样被看作了杭州人。从隶属京城的八旗子弟，到驻防杭州的八旗官兵，直至成为世居此地的杭州人，杭州驻防八旗群体的杭州身份认同在这个时期已然形成。

① （清）夏同善：《〈如舟吟馆诗钞〉序》，清光绪刻本。

② （清）俞樾：《春在堂杂文》四编卷六，清光绪十五年（1889）刻春在堂全书本。

从三分模式到两重标准:《昭昧詹言》的诗歌叙事学*

◇周剑之**

摘　要: 方东树《昭昧詹言》在诗歌叙事批评上有独特贡献。桐城派的学术背景开启了方东树以文法论诗的道路,为其诗歌叙事批评引导了方向。叙、写、议的三分模式,促进了其诗歌叙事批评的成熟。以此为基础,方东树提出诗歌叙事的两重标准,建立起一套成熟圆融的批评体系。古典诗歌叙事批评的理论与实践,在方东树这里实现了新的突破。

关键词:《昭昧詹言》　方东树　诗歌叙事学

清代方东树的《昭昧詹言》是一部极有特色的诗学著作。对桐城派诗歌理论的系统化、对传统诗歌批评模式的发展,奠定了其在诗歌批评史上的重要地位。《昭昧詹言》以批评实践见长,批评话语兼具独创性与集成性。尽管学界对其主要内容与诗学价值已有颇为深入的研究①,《昭昧詹言》依然存在许多值得深挖的课题。尤其令人瞩目的是他在诗歌叙事方面的批评,其精细程度远超以往诗学著作。将《昭昧詹言》置于诗歌叙事传统的脉络之中,我们会发现其在诗歌叙事批评上的独特成就。本文将从叙事视角切入,考察

---

* [基金项目] 中国社会科学院项目"中华思想通史"。

** 周剑之,北京师范大学文学院副教授,主要研究方向为唐宋文学。

① 有代表性的研究成果如许结《论方东树在桐城派文学理论建设中的作用》(《古代文学理论研究丛刊》第十三辑,上海古籍出版社,1988)、蒋寅《诗学、文章学话语的沟通与桐城派诗歌理论的系统化——方东树诗学的历史贡献》[《复旦学报》(社会科学版)2016年第6期]、郭青林《方东树〈昭昧詹言〉的理论体系述论》(《中国韵文学刊》2016年第4期)等。

《昭昧詹言》批评实践的具体展开，梳理贯穿其中的诗歌叙事批评体系。

一　以文法论诗：诗歌叙事批评的理论基础

方东树是桐城派大家姚鼐的弟子，其学术脉络有着浓厚的古文家印记。桐城派以古文知名于世，提出了许多著名文论，如方苞的义法说，姚鼐的义理、考据、词章合一等，均影响甚广。钱锺书先生说："桐城亦有诗派。"[①] 桐城派作家的诗歌创作与诗歌理论，染上了鲜明的古文色彩。如姚鼐指出"诗之与文，固是一理"[②]，有着以文法论诗的明确取向。在桐城派以前，以文为诗的现象固然已有众多讨论，但基于文章义法对诗歌展开批评，尚未形成风气。将这一批评方式真正理论化、体系化并积极付诸实践的，是方东树。关于此点，学界已有共识：汪绍楹称《昭昧詹言》是"以'桐城文派'的眼光来评诗"[③]，许结揭示了方东树对桐城派"文法通诗法"命题的发展与推进[④]，蒋寅亦指出"文法"是方东树论诗的一个统摄性概念[⑤]。本节将进一步揭橥"文法"在方东树诗论体系中作为叙事批评之基石的重要意义。

在方东树的理论体系中，"文法"占据着至为关键的位置[⑥]。《昭昧詹言》以文法论诗的条目比比皆是。一些条目明确表示，论文之理可

---

① 钱锺书：《谈艺录》，生活·读书·新知三联书店，2001，第370页。

② 见（清）姚鼐《与王铁夫书》，《惜抱轩诗文集》文集后集卷三，上海古籍出版社，2010，第290页。

③ 见（清）方东树《昭昧詹言·校点后记》，人民文学出版社，2006，第539页。

④ 许结：《论方东树在桐城派文学理论建设中的作用》，载《古代文学理论研究》第十三辑，上海古籍出版社，1988，第329～346页。此外，袁泽宇《以"桐城文法"评诗：论方东树〈昭昧詹言〉的诗学理论渊源》（《开封教育学院学报》2019年第8期）等亦有相关讨论。

⑤ 蒋寅：《诗学、文章学话语的沟通与桐城派诗歌理论的系统化——方东树诗学的历史贡献》，《复旦学报》2016年第6期。

⑥ 在《昭昧詹言》中，"文法"一词出现频率极高，在不同语境中有狭义、广义之分。狭义的"文法"，指语句之间的衔接方法；广义的"文法"，指文章之法。总体上看，广义用法更为常见。本文探讨的以"文法"论诗，也正是广义用法。

通于诗。如卷一引朱熹论文之语，并云："愚谓此虽论文，皆可通之于诗。"① 又引桐城派姚范所说"昌黎于作序原由，能简洁，而文法硬札高古"，认为"此言移之于诗，如杜公、陶、谢皆然"②。《昭昧詹言》中固然也有关于道、才、学、识等方面的论述，然而细读即知，这些论述相较于前人并未有实质性的超越。以"文法"论诗，才是方氏的独得之秘。

诗文有别，此前学者多有论断。如李东阳《〈沧州诗集〉序》："诗之体与文异，故有长于记述，短于吟讽，终其身而不能变者，其难如此。"③ 又如吴乔《围炉诗话》："文之词达，诗之词婉。书以道政事，故宜词达；诗以道性情，故宜词婉。"④ 这些观点多偏重诗文之异，坚守二者界限。亦有人肯定诗、文的相通，如云"六朝文中有诗，宋朝诗中有文"⑤，偏重文体的交汇、艺术门类的互融。方东树的不同之处，则是从学理层面认定，文法乃诗歌创作的基石，对文法的熟识与活用是使诗歌独步的必要条件。在谈古体诗时，方东树反复申说"不解古文，不能作古诗"⑥，"不解古文，诗亦不妙"⑦：

> 观韩、欧、苏三家，章法剪裁，纯以古文之法行之，所以独步千古。南宋以后，古文之传绝，七言古诗，遂无大宗。⑧

韩愈、欧阳修、苏轼之诗，具有以文为诗的特点，此乃人们共识。但前人对以文为诗的评价有高有低，像方东树这般视古文法为诗歌"独步千古"之原因的，并不多见。这些观点体现着方东树对诗文关系的独特理解。以此为前提，方东树超越了诗文批评的界限，得以将文法层面的要素顺理成章地引入诗歌批评。

---

① （清）方东树：《昭昧詹言》卷一，第 29 则，第 11 页。
② （清）方东树：《昭昧詹言》卷一，第 61 则，第 23 页。
③ （明）李东阳：《李东阳集》，周寅宾、钱振民校点，岳麓书社，2008，第 443 页。
④ 郭绍虞编《清诗话续编》，富寿荪校点，上海古籍出版社，1983，第 479 页。
⑤ （明）谢榛：《四溟诗话》卷二，人民文学出版社，1961，第 51 页。
⑥ （清）方东树：《昭昧詹言》卷十二，第 161 则，第 283 页。
⑦ （清）方东树：《昭昧詹言》卷十二，第 211 则，第 296 页。
⑧ （清）方东树：《昭昧詹言》卷十一，第 1 则，第 232 页。

以古文经典为诗歌评价的参照系，是方东树以文法论诗的鲜明表现。《左传》《史记》等经典历史叙事散文，常常出现在其诗歌评论中。如卷十二评价杜甫《古柏行》，详细分析其叙写议论、用笔安排，认为"此似左氏、公羊、太史公文法"①。又认为杜甫、韩愈之诗，"乃以《史》、《汉》为之，几与《六经》同工"②。对《左传》《史记》高度推崇，是桐城派文论的特色。方苞据此提出著名的"义法"说："记事之文，惟《左传》、《史记》各有义法。一篇之中，脉相灌输，而不可增损。然其前后相应，或隐或显，或偏或全，变化随宜，不主一道。"③"序事之文，义法备于《左》《史》。"④ 方东树将方苞"义法"说由文章领域推衍至诗歌领域，自然也将叙事的观照视角由文带入诗。

细观方氏的诗歌叙事分析，其渊源正是文章之法。卷十七评杜甫《九日》云：

> 用文章叙事体，一气转折，遒劲顿挫，不直致，不枯瘦。乃知严沧浪所讥"以文为诗"之论，非也。⑤

此段称杜甫诗以文章法为之，高度肯定"以文为诗"的价值，是对严羽讥讽"以文为诗"的有力反驳。卷十二论七古，多处结合古文来谈诗歌叙事的妙处。如论韩愈《山石》，"从昨日追叙，夹叙夹写，情景如见，句法高古"，"只是一篇游记，而叙写简妙，犹是古文手笔"⑥。又说韩愈《桃源图》"抵一篇游记"、韩愈《石鼓歌》"抵一篇传记"⑦。韩愈历来被认为是"以文为诗"的代表，以文法解读其诗作，确实有据可循。方东树在比照韩愈诗文时，特别关注叙事技法的相通，

① （清）方东树：《昭昧詹言》卷十二，第87则，第265页。

② （清）方东树：《昭昧詹言》卷一，第28则，第11页。

③ （清）方苞：《书五代史安重诲传后》，载《方苞集》卷二，上海古籍出版社，1983，第64页。

④ （清）方苞：《古文约选序例》，载《方苞集》集外文卷四，第615页。

⑤ （清）方东树：《昭昧詹言》卷十七，第55条，第415页。

⑥ （清）方东树：《昭昧詹言》卷十二，第105则，第270页。

⑦ 分别见（清）方东树《昭昧詹言》卷十二：第108则，第271页；第113则，第272页。

揭示韩愈诗歌的叙事技法，指出其为“古文手笔”，并将其与游记、传记等文体并置，显示诗文叙事脉络的一致性。论苏轼《韩干马十四匹》，亦持此种眼光。原诗云：

二马并驱攒八蹄，二马宛颈騣尾齐。一马任前双举后，一马却避长鸣嘶。老髯奚官骑且顾，前身作马通马语。后有八匹饮且行，微流赴吻若有声。前者既济出林鹤，后者欲涉鹤俯啄。最后一匹马中龙，不嘶不动尾摇风。韩生画马真是马，苏子作诗如见画。世无伯乐亦无韩，此诗此画谁当看。①

方东树评曰：

叙十五马如画，尚不为奇，至于章法之妙，非太史公与退之不能知之。故知不解古文，诗亦不妙。……起四句分叙写。“老髯”二句一束夹，此为章法。……“前者”二句，总写八匹。“最后”二句补道足。“韩生”句，前叙后议。收自道此诗。……此以退之《画记》入诗者也。②

认为苏轼《韩干马十四匹》取法韩愈《画记》，一一叙述画面中马匹的动作神情，看似寻常罗列，其实脉络通贯，妙不可言。独特的叙事安排，正是此诗关键。方东树敏锐抓住了苏诗与韩文之间的相通之处，分析其叙事方式与章法安排，从而揭示了苏轼此诗的独得之妙。

总之，在方东树的诗歌理论体系中，文法乃是重要的柱石。对文法的重视，促生了他敏锐的叙事眼光，亦促使他将“叙”列为诗歌批评的关键之一。

---

① （宋）苏轼：《苏轼诗集》卷十五，第3册，中华书局，1982，第768页。

② （清）方东树：《昭昧詹言》卷十二，第211则，第296页。

二 叙、写、议三分模式与诗歌叙事批评的成熟

在《昭昧詹言》的诗歌品鉴中，对叙、写、议手法加以分析说明，是方东树最常用的批评方式。这一源于文法的三分模式，为诗歌叙事批评的成熟奠定了坚实基础。

方东树在总论七古时，明确将叙、议、写视为关键“三法”：

> 七言长篇，不过一叙、一议、一写三法耳。即太史公亦不过用此三法耳；而颠倒顺逆、变化迷离而用之，遂使百世下目眩神摇，莫测其妙；所以独掩千古也。①

类似的说法在全书中还有许多：

> 大约不过叙耳、议耳、写耳，其入妙处，全在神来气来，纸上起棱，骨肉飞腾，令人神采飞越。此为有汁浆，此为神气。②
>
> 凡大家短章皆如此。必备叙、写、议三法，而又须加以远势，又加以变化。③

尽管“三法”是在方东树谈七古时提出的，但在他的批评实践中，并未囿于七古，而遍及其他诗体。卷五论《古诗十九首·驱车上东门》云“前八句夹叙夹写夹议”④，卷十七论杜甫《崔氏东山草堂》开篇为“夹叙、夹议、夹写”⑤。前者是五言古诗，后者是七言律诗。可见在方氏的具体批评中，叙、写、议实为通贯各体之法。

---

① （清）方东树：《昭昧詹言》卷十一，第4则，第233页。
② （清）方东树：《昭昧詹言》卷十一，第8则，第234页。
③ （清）方东树：《昭昧詹言》卷十一，第28则，第239页。
④ （清）方东树：《昭昧詹言》卷二，第23则，第58页。
⑤ （清）方东树：《昭昧詹言》卷十七，第59则，第416页。

叙、写、议分别对应着叙事、描写、议论三种表现手法。三者各有其用、各有其妙。我们可以通过一些具体例子来理解方东树的批评方式。卷十三评黄庭坚《谢黄从善司业寄惠山泉》云:

起三句叙。四句空写。五六句议,二语抵一大段。七八句另一意,又抵一大段。叙、写、议虽短章而完足,转折抵一大篇。凡四层,章法好,短章之式。①

黄庭坚原诗云:

锡谷寒泉椭石俱,并得新诗虿尾书。急呼烹鼎供茗事,晴江急雨看跳珠。是功与世涤膻腴,令我屡空常晏如。安得左轓清颍尾,风炉煮饼卧西湖。②

第一、第二句紧扣题目,写自己获得友人寄来的山泉和书信,此即叙事。第三、第四句方氏解读为“空写”,因为此处所写的景物与主题并无直接关联,作者是借助烹茶赏景来侧面呈现自己对山泉的喜爱。第五、第六句写山泉烹茶令人舒坦,又隐含对世俗“膻腴”的不屑,故方氏解为“议”。第七、第八句表达作者希望归卧西湖、风炉煮茗的愿望,依照方氏的逻辑,亦属于“议”。在这首仅为八句的七言古诗中,叙事、写景、议论一个不落,且层次分明,意思转折,故深为方氏赞赏。

对诗歌叙、写、议的标示与剖析,几乎遍及整部《昭昧詹言》。指出叙事的,如《今日良宴会》“起四句平叙”,《结发为夫妻》“起四句总叙,次四句叙事”,《又作此奉卫王》“起句叙事明净”,《使次安陆

① (清)方东树:《昭昧詹言》卷十三,第296则,第316页。

② (宋)黄庭坚:《山谷诗集注》卷六,载《黄庭坚诗集注》第1册,中华书局,2003,第226页。

寄友人》“起二句点叙时令行历”①。指出描写的，如《从斤竹涧越岭溪行》“起四句写早景”，《千叶红梨花》“三四句写……风轻二句夹写”，《晋祠》“起六句写”，《积雨辋川庄作》“三四写景极活现，万古不磨之句”②。指出议论的，如《千叶红梨花》“从来四句，僦衬入议收”，《天育骠骑歌》“年多二句转入议”，《山石》“收入议”③ ……叙、写、议构成了方东树解读诗歌的主要工具。三者结合，即可实现对一首诗歌的条分缕析。如评《和虞部卢四酬翰林钱七赤藤杖歌》：

> 只造语奇一法，叙写各止数语，笔力天纵。起二句叙。“滇王”二句追叙。“绳桥”句议。“共传”二句虚写。“几重”句叙。“光照”句写。“空堂”二句冲口而出，自然奇伟。④

细细标明何处为叙、何处为写、何处为议，辅以相应的品评、点拨。以“三法”为骨架，加以剖析，构成了方氏诗歌批评的基本模式。

叙事、描写、议论，本是各体相通的文学表现手法，文章可用，诗歌也可用。然而从古代文学批评史来看，对这些表现手法的讲究，更多属于文论而非诗论。唐代的诗格、诗式之作，侧重声律、对属与基本格调；宋代诗话则侧重诗歌本事与炼字炼句。真正将一篇作品拆开揉碎、条分缕析的，反倒是古文尤其是八股文的评点。文论的这种发展方向，影响了诗歌批评。清代不少诗论著作和诗歌注本，或多或少体现了这一点，譬如《杜诗详注》对诗歌叙事、议论的细致分析等。在《昭昧詹言》中，这一倾向尤其凸显，甚至成为该书的基本特色。方东树的桐城派身份及其治学路径，为诗歌批评与文章批评的语言建立起沟通的桥

① 分别见（清）方东树《昭昧詹言》：卷二，第 14 则，55 页；卷二，第 40 则，第 63 页；卷十七，第 42 则，第 411 页；卷十八，第 12 则，第 423 页。

② 分别见（清）方东树《昭昧詹言》：卷五，第 65 则，第 148 页；卷十二，第 132 则，第 276～277 页；卷十二，第 134 则，第 277 页；卷十四，第 9 则，第 389 页。

③ 分别见（清）方东树《昭昧詹言》：卷十二，第 132 则，第 276～277 页；卷十一，第 56 则，第 256 页；卷十二，第 105 则，第 270 页。

④ （清）方东树：《昭昧詹言》卷十二，第 117 则，第 273 页。

梁。当方东树以文法律诗时，就决定了其不同以往的诗歌批评方式。叙事、描写、议论等在文章评论中活跃的概念，也就成为方东树解剖诗歌的利器。

在将这些批评术语、批评方式转化到诗歌领域时，方东树还针对诗歌的特点进行了微调。诗歌篇幅毕竟相对短小，且注重精练与含蓄，在表现方式上与文章仍然存在许多不同。一个比较突出的不同是：叙事、描写、议论时常会以相互交融的状态出现。许多诗句兼有多种表现手法，而难以明确区分开来。面对诗歌的这一特色，方东树在诗歌批评中采取了兼容的态度，对叙、写、议三法的融合有着细致的判断和区分。“夹叙夹议”“夹叙夹写”“夹叙夹议夹写”“以叙为写”“以叙为议”等表述方式的大量出现，显示了方东树的兼容式观照。如：

> 《青青河畔草》“盈盈”四句，始言自己，夹写夹叙。①
>
> 《古柏行》起四句以叙为写……“君臣”四句，夹议夹写。②
>
> 《和对雪忆梅花》先叙后点，叙处夹议夹写，此定法也。③
>
> 《登快阁》起四句，且叙且写，一往浩然。④

此种观照方式既延续了文章批评中的思路与做法，又在诗歌领域焕发出特有的阐释效力。诗歌的表达方式，本就具有一定兼容性：描写景物的诗句，可能暗藏叙事的线索；叙述一事的由来，也可能传达着诗人的观点和态度。《古诗十九首·青青河畔草》前六句为：“青青河畔草，郁郁园中柳。盈盈楼上女，皎皎当窗牖。娥娥红粉妆，纤纤出素手。”⑤如果说前二句还可以看成单纯的写景，后四句就在写景的同时带出了人物的行为和动作。方东树评为“夹写夹叙”，确实贴切。杜甫《古柏

① （清）方东树：《昭昧詹言》卷二，第12则，第55页。
② （清）方东树：《昭昧詹言》卷十二，第87则，第265页。
③ （清）方东树：《昭昧詹言》卷十二，第161则，第283页。
④ （清）方东树：《昭昧詹言》卷二十，第32则，第451页。
⑤ 隋树森集释《古诗十九首集释》卷二，中华书局，1957，第3页。

行》首四句云："孔明庙前有老柏，柯如青铜根如石。霜皮溜雨四十围，黛色参天二千尺。"① 首句是明显的叙事语调，接下来三句以描写为主，但在对古柏之枝柯、树皮、围度、高度的逐项描写中，也包含着一定的叙事意味。故方氏称"以叙为写"，有其道理。接来下四句云："君臣已与时际会，树木犹为人爱惜。云来气接巫峡长，月出寒通雪山白。"② 对君臣际会的判断、对树木为人爱惜的认识，属于议论，"云来""月出"二句侧重写景，故方氏称为"夹议夹写"。这类看似模糊的处理方式，其实是方东树对以文法论诗的坚持，从客观效果来说，则构建了一种新的诗歌批评方式。

在这一新型批评模式内，叙事表现手法占据着重要地位。从诗歌叙事传统的角度来看，这无疑是一大突破。一首诗中哪些部分是叙事？其叙事有何种特点？又占据全诗的什么地位？诸如此类的问题，获得了批评者的特别关注和精细解答。这实乃诗歌叙事批评的重要推进。

三　叙事批评标准之一：叙次清晰与本末具备

既然叙事批评是《昭昧詹言》评诗的一个重点，那么何种叙事是好的诗歌叙事？细析方氏评论，其要求可分为两重。"叙次详尽"与"本末曲折具备"，是对诗歌叙事的第一重要求。

卷二对曹植《赠白马王彪》的相关解析，是一个典型例子。曹植与曹彪在从都城回封地的途中被迫分开，诗歌先写离开洛阳的情形，有"伊洛广且深，欲济川无梁。泛舟越洪涛，怨彼东路长。顾瞻恋城阙，引领情内伤"③ 等诗句。方氏称此六句"叙次详尽，一路如画"，又说

① （唐）杜甫：《杜诗详注》第3册卷十五，（清）仇兆鳌注，中华书局，2007，第1358页。

② 《杜诗详注》卷十五作："云来气接巫峡长，月出寒通雪山白。君臣已与时际会，树木犹为人爱惜。""云来"二句下注云："二句旧在爱惜之下，今依须溪改正。"（第3册，第1358页）依据方东树对《古柏行》的分析推断，其所见当为未改正本。

③ （三国·魏）曹植：《曹子建诗注（外三种）》卷一，黄节注，中华书局，2008，第61～62页。

"因'无梁'而后'泛舟',何等清晰次第"①。叙次清晰,是方氏特别看重的优点。他追求"言有序",批评"往往疏漏,否则冗絮,而寻其意脉,转不得明了"的"小才"之作②。由此可知其基本要求:必须脉络清晰,不可疏漏,亦不可烦冗。

在叙次清晰以外,详尽明白也是评价叙事的一条重要准则,尤其是在长篇古体诗中。《赠白马王彪》中有"本图相与偕,中更不克俱。鸱枭鸣衡轭,豺狼当路衢。苍蝇间白黑,谗巧令亲疏。欲还绝无蹊,揽辔止踟蹰"③数句,写不能与兄弟同行,眼见豺狼当路、遭受谗言离间,但却无可奈何,只能踟蹰揽辔,无限伤悲。方氏评此数句云:"叙述本事,详尽明白,至痛无隐语。"④当然,诗歌中的"详尽明白"是有限度的,过分详细,就会成为方氏所说的"冗絮"。他所看重的"详尽明白",从根本上说,仍是对"本末曲折"的呈现。这种呈现不必是长篇大论的,但必须是次第清晰、前后照应的。

诗歌叙事的本末曲折,实以文法为依托。方氏在评陶渊明《桃花源》时,称:"此诗叙一大事,本末曲折具备,而章法布置,抵一篇文字。"⑤又评陶渊明《咏荆轲》:"次叙高简,托意深微,而章法明整。"⑥评谢灵运《庐陵王墓下作》:"叙述一大事,言简事明,本末无不该悉;而仍从容文法,范我驰驱。他人指陈冗絮,转不得要领,心忙语乱,不暇论文法,然后知作者擅场。"⑦可知方氏心目中的叙事次第、本末曲折,均参照文章作法,要求诗歌具备清晰的叙事脉络,将事情缘起经过、前后次第一一呈现,让人有迹可循,有法可依。

在《昭昧詹言》的批评体系中,"叙题"是与叙事密切相关的概

① (清)方东树:《昭昧詹言》卷二,第68则,第73页。
② (清)方东树:《昭昧詹言》卷二,第68则,第73页。
③ (三国·魏)曹植:《曹子建诗注(外三种)》卷一,黄节注,第65页。
④ (清)方东树:《昭昧詹言》卷二,第69则,第73页。
⑤ (清)方东树:《昭昧詹言》卷四,第35则,第110页。
⑥ (清)方东树:《昭昧詹言》卷四,第85则,第125页。
⑦ (清)方东树:《昭昧詹言》卷五,第54则,第141页。

念，也是方东树尤其看重、反复品评的一点[①]。在他看来，诗歌叙事的重点之一，就是要将题目中包含之“事”清楚明白且有技巧地陈述出来：

> 姜坞先生曰：“大凡文字援据，虽有详略，然必具见端末。”余谓作诗无援据之事，而必有序题。大凡变化恣肆，文法高古，超妙入神，全在此一事上讲求。[②]

姜坞先生即姚范，方东树引姚范语，目的在于引出“序题”。“序题”与“叙题”相通。在《昭昧詹言》全书中，作“叙题”的情况更多。方东树此处想说的是，“序题”虽有别于“援据”，但“必具见端末”的要求，当与“援据”一致。据汪绍楹先生点校，中国国家图书馆所藏《昭昧詹言》抄本将这里的“序题”抄作“题事”，其下还有“须叙述明白”五字[③]。抄本另有一则，与这段文字极为相似，可互为印证：“前论文字，援引事类，要见端末。诗人序题，亦必知此义。古大家无不交代题目清楚明白者。”[④] 方东树又言：“一题有一题本意本事，所谓安身立命处也，须交代点逗分明。大家冠绝古今，所以能嗣《风》《骚》，比于经者全在此处。”[⑤] 方氏高度重视“叙题”，给予其“安身立命”的重要地位。“叙题”的好坏，甚至决定着诗歌境界的高下。

那么何种“叙题”是好的？简言之，是“不略题字，不出题外”[⑥]，紧紧围绕题目本身做文章。在方氏眼中，“叙题”是一项相当高

---

① 其卷十一第 9 则论七言古诗甚至将“叙”等同于“叙题”：“其能处，只在将叙题、写景、议论三者，颠倒夹杂，使人迷离不测，只是避直避平、避顺。”（第 234 页）不过依据其具体的诗歌分析，“叙”的概念显然更大，“叙题”从属于“叙”。

② （清）方东树：《昭昧詹言》卷一，第 60 则，第 21 页。

③ （清）方东树：《昭昧詹言》卷一，第 60 则，第 21 页。

④ （清）方东树：《昭昧詹言》卷一，第 80 则，第 27 页。

⑤ （清）方东树：《昭昧詹言》卷十四，第 3 则，第 376 页。

⑥ （清）方东树：《昭昧詹言》卷五，第 55 则，第 142 页。

深的技巧,“六代小名家已不足以知此,矧其下焉者乎!”[①] 谢灵运是方氏比较看重的一家,其在“叙题”上的表现,也获得了方氏的肯定。在对谢灵运作品的分析中,可以清楚看到方氏关于“叙题”的评价标准。评《从斤竹涧越岭溪行》:

起四句写早景,兴象涌现,为题作圆光,甚妙。“逶迤”四句,点题交代细叙,使题中“从”字、“越”字、“行”字、“岭”字、“涧”字、“溪”字,一字不漏,而句字劲拔,无一庸熟。[②]

原诗“逶迤”四句为:“逶迤傍隈隩,迢递陟陉岘。过涧既厉急,登栈亦陵缅。”[③] 诗人书写自己沿着幽深的道路曲折前行,越过遥远的山谷与山岭,和衣通过水流湍急的溪涧,又登上栈道、面对高深的山谷。确实如方氏所言,题目中的关键字眼一一得到了呼应。题目与诗歌叙述之间,以绝妙的方式形成完美勾连。对谢灵运《九日从宋公戏马台集送孔令诗》的解读,同样显示了方东树对“叙题”的条分缕析。不妨先看原诗:

季秋边朔苦,旅雁违霜雪。凄凄阳卉腓,皎皎寒潭洁。良辰感圣心,云旗兴暮节。鸣葭戾朱宫,兰卮献时哲。饯宴光有孚,和乐隆所缺。在宥天下理,吹万群方悦。归客遂海隅,脱冠谢朝列。弭棹薄枉渚,指景待乐阕。河流有急澜,浮骖无缓辙。岂伊川途念,宿心愧将别。彼美丘园道,喟焉伤薄劣。[④]

东晋安帝义熙十四年(418)重九,尚书令孔靖即将归隐,宋国公

① (清)方东树:《昭昧詹言》卷十四,第 3 则,第 376 页。
② (清)方东树:《昭昧詹言》卷五,第 65 则,第 148 页。
③ (南朝·宋)谢灵运:《谢康乐诗注》卷三,载黄节笺注《谢康乐诗注 鲍参军诗注》,中华书局,2008,第 117 页。
④ (南朝·宋)谢灵运:《九日从宋公戏马台集送孔令诗》,载《谢康乐诗注》卷二,第 45～46 页。

刘裕在彭城戏马台设宴饯行，命群僚即兴赋诗，谢灵运故有此作。诗歌题目已经涵盖了事件的时间、地点、人物、事件等基本要素。方东树解析此诗，依照题目一一列出诗歌的叙述层次：

> 起四句，从九日起，高迈，炼句写时景。“良辰”四句叙宋公集送。“饯宴”四句，将宋公之饯送说足，然后入孔，入己送。……“归客”六句叙孔。“岂伊”以下始入己之送。[①]

诗歌前四句写景，呼应“九日”这一时间点；再叙述宋公宴集的情景，接着紧扣孔令来写，叙述其离别的因由，从而落实题目里的“送”字；最后归结到自己，写送别时的不舍与感喟，亦扣住了题目中的“从”字。此诗确如方东树所言，按部就班，层次井然。相较之下，谢瞻的同题之作，在“叙题”一事上有所不足。诗云：

> 风至授寒服，霜降休百工。繁林收阳彩，密苑解华丛。巢幕无留燕，遵渚有来鸿。轻霞冠秋日，迅商薄清穹。圣心眷嘉节，扬銮戾行宫。四筵沾芳醴，中堂起丝桐。扶光迫西汜，欢馀宴有穷。逝矣将归客，养素克有终。临流怨莫从，欢心叹飞蓬。[②]

尽管前人都推崇谢瞻此作，方东树却不这么认为：

> 当日共推宣远作，昭明亦并登于《选》。然彼于起处，叙九日太多，章法偏压，后半叙本事词意未满，大不及康乐。[③]

谢瞻诗写景固然生动，然而就整体安排而言，描写重阳景物的部分

---

① （清）方东树：《昭昧詹言》卷五，第53则，第140页。

② （南朝·宋）谢瞻：《九日从宋公戏马台集送孔令诗》，载《文选》卷二十，上海古籍出版社，1986，第957页。

③ （清）方东树：《昭昧詹言》卷五，第53则，第141页。

略嫌太多；而对宴会、送别等事宜的叙写，却用力不足。相较于谢灵运诗“言有序，按部就班，一毫不漏，一字不蔓”①，谢瞻此诗对于题事的安排显然是有所欠缺的。

从文法的角度看，“叙题”确实具有重要意义。尤其是在许多大家手中，题目往往是文章安排的起点。欧阳修《醉翁亭记》紧扣“醉翁”，曾巩作《醒心亭记》则紧扣“醒心”，皆是此类。如何紧扣题目作出一篇文章，是一门精深的学问。对于诗歌而言，虽然不必像文章那样铺排，但仍应在诗中实现题旨的贯穿，并对相关时间、地点、人物、事件情境有到位的交代。而诗歌的形式、篇幅及基本风格的制约，实际上对“叙题”提出了更高的要求。方东树对“叙题”的重视，建立在对诗歌叙事特殊性的深刻体认之上，也为诗歌叙事的实践指出了一条行之有效的道路。

要之，诗歌叙事应叙次清晰、本末曲折具备；“叙题”是诗歌叙事至为关键的环节，既不可“漏略不明”，又不可“冗絮平钝”，应做到“不略题字，不出题外”。是为诗歌叙事的第一重境界。

四　叙事批评标准之二：忌平顺与尚变化

叙次清晰、本末具备，此乃诗歌叙事第一重要求，然而仅凭这一条，仍不足以达到超凡入圣的境界。方东树称“题面题绪，作旨归宿，必交代清楚，又忌太分明”②，还赞赏“叙题浑脱，不作死语”③的灵活性，可知方氏第二重要求在于追求变化。必须在第一重要求的基础上加以精心安排，逆转顺布，才有可能超妙入神：

譬名手作画，无不交代溪径道路明白者。然既要清楚交代，又不许挨顺平铺直叙，騃蹇冗絮缓弱。汉、魏人大抵皆草蛇灰线，神

① （清）方东树：《昭昧詹言》卷五，第53则，第141页。
② （清）方东树：《昭昧詹言》卷一，第80则，第27页。
③ （清）方东树：《昭昧詹言》卷十二，第216则，第297页。

化不测，不令人见。苟寻绎而通之，无不血脉贯注生气，天成如铸，不容分毫移动。昔人譬之无缝天衣，又曰："美人细意熨贴平，裁缝灭尽针线迹。"①

简言之，忌平顺与尚变化，是《昭昧詹言》评价诗歌叙事的另一准则。诗歌叙事既要层次分明、本末具备，又要避平、避直、避顺。扁平顺直，容易让人一览无余，缺少一探究竟的兴趣。必须将叙述脉络深藏起来，泯灭明显之痕迹，才能具有曲径通幽之妙，获得引人入胜的阅读感受。

如何避免扁平顺直的叙述方式？在方东树的批评中，包含着两种有效的解决方法。

第一种方法，是叙述顺序的调整变换。所有事件都是在时间轴上发生发展的，时间从本质上说就是一种顺序。叙事是对事件的陈述与再现，属于人为的建构。叙事顺序与事件发生的顺序可以一致，也可以不一致。当二者一致时，优点是符合实际情况，易于理解和接受，缺点是平铺直叙、索然无味。方东树对此有清晰认识，故而主张灵活多变的叙述顺序：

一叙也，而有逆叙、倒叙、补叙、插叙，必不肯用顺用正。②

起法……叙起居十之九，最多亦最为平顺。必曲，必衬，必开合，必起笔势，必夹写，必夹议。若平直起，老实叙，此为凡才，杜、韩、李、苏、黄诸大家所必无也。③

逆叙、倒叙、补叙、插叙，都是有别于事件发生发展正常顺序的叙事方式。正因为如此，能够给人意料之外的效果，诗人也能借此实现诗歌主旨的巧妙传达。方氏主张活用这类叙述顺序，回避正面顺直的叙

① （清）方东树：《昭昧詹言》卷一，第80则，第27页。
② （清）方东树：《昭昧詹言》卷十一，第5则，第233页。
③ （清）方东树：《昭昧詹言》卷十一，第10则，第234页。

述，达到奇峰突起的效果。我们可以参看方氏对一些诗歌的具体分析，来理解他所说的几种叙述顺序。

先说倒叙。苏轼《荔支叹》前四句云："十里一置飞尘灰，五里一堠兵火催。颠阬仆谷相枕藉，知是荔支龙眼来。"① 方东树称第四句为"倒入叙"②。细玩诗意，前三句都是在描写驿站运送、颠坑（阬）仆谷的情形，至第四句才点明这是为了进贡荔枝龙眼，呼应题目。又如欧阳修《葛氏鼎》前四句："大河昔决东南流，萧条东郡今遗湫。我从故老问其由，云古五鼎藏高丘。"③ 首二句所写与"葛氏鼎"并无直接关系，三四句才回到葛氏鼎上来，故方氏称三四句为"倒叙"④。由此可知，方氏所谓的"倒叙"，指的是先宕开一笔，再回过头来叙述题目中的事情。

逆叙与倒叙看上去颇为相似，但其实不同。仍可参看方氏对《荔支叹》的分析。诗歌八九句云："永元荔支来交州，天宝岁贡取之涪。"⑤ 方东树称此句"逆入叙，结上"⑥。诗歌上文描写了运送荔枝的具体情形，此处进一步写出进贡荔枝的具体时间、荔枝出产之地，将唐代荔枝进贡之事叙述得更加精准翔实。按一般的叙述方式，应先说这两句，再展开"飞车跨山鹘横海，风枝露叶如新采"⑦ 等具体描写，苏轼却倒转过来，故方氏称之为逆叙。

补叙。杜甫《天育骠图歌》先描写图画中的马匹，后有"当时四十万匹马，张公叹其材尽下。故独写真传世人，见之座右久更新"⑧ 四句，补写绘画缘由。方东树称为"补叙"⑨。韦应物《寄李儋元锡》

① （宋）苏轼：《苏轼诗集》卷三九，第 2126 页。
② （清）方东树：《昭昧詹言》卷十二，第 264 则，第 308 页。
③ （宋）欧阳修：《欧阳修诗文集校笺》卷五，洪本健校笺，上海古籍出版社，2009，第 146 页。
④ （清）方东树：《昭昧詹言》卷十二，第 141 则，第 278 页。
⑤ （宋）苏轼：《苏轼诗集》卷三九，第 2126 页。
⑥ （清）方东树：《昭昧詹言》卷十二，第 264 则，第 308 页。
⑦ （宋）苏轼：《苏轼诗集》卷三九，第 2126 页。
⑧ （唐）杜甫：《杜诗详注》卷四，（清）仇兆鳌注，第 254 页。此诗诗题，别本作"天育骠骑歌"，方东树所见当为此，与《杜诗详注》本不同。
⑨ （清）方东树：《昭昧詹言》卷十二，第 56 则，第 256 页。

“去年花里逢君别，今日花开已一年”①，方氏评云：“本言今日思寄，却追叙前此，益见情真，亦是补法。”② 可见“补叙”即补充叙述，与当前所叙事情相互补充、相互印证，加深感受，促进理解。

插叙。韩愈《奉酬卢给事云夫四兄曲江荷花行见寄并呈上钱七兄阁老张十八助教》是一首酬赠之作，游览曲江荷花的本是别人，而韩愈却在对别人的叙述中插入几笔关于自己的叙述，如“我今官闲得婆娑，问言何处芙蓉多”③。方氏评云：“从原人起……中插入己。”④ 这种做法避免了单纯叙述他人之事的平面刻板，为诗歌平添了几分活泼趣味。

除了倒叙、逆序、补叙、插叙这些字眼外，方东树还大量使用曲入、逆卷、倒勒、反掉等称法，虽表述不一，但大都是对叙述顺序的揭示与说明。如“故意曲入，以避平叙，突起奇纵”⑤、“衬起曲入，以避直叙平叙”⑥ 等等。方东树的核心思想，就是通过叙述顺序的调整变化，令诗歌产生草蛇灰线、峰回路转的表达效果。

避免扁平顺直的第二种方法，是对叙述重点进行有效选择与合理安排。“文法不过虚实顺逆，离合伸缩。”⑦ 如果说叙事顺序的调整体现为“顺逆”，那么叙事内容的选择即为“虚实”。

《昭昧詹言》评王粲《七哀诗·其三》云：

> “冰雪”以下，实叙而皆虚矣。读此乃知彼徒述边地苦景，皆犯实面，痴矣。故文法高妙，别有能事。⑧

---

① （唐）韦应物：《韦应物集校注》卷三，陶敏、王友胜校注，上海古籍出版社，1998，第166页。

② （清）方东树：《昭昧詹言》卷十八，第15则，第424页。

③ （唐）韩愈：《韩昌黎诗系年集释》卷九，钱仲联集释，上海古籍出版社，1994，第994页。

④ （清）方东树：《昭昧詹言》卷十二，第121则，第274页。

⑤ （清）方东树：《昭昧詹言》卷十二，第56则，第256页。

⑥ （清）方东树：《昭昧詹言》卷十二，第56则，第257页。

⑦ （清）方东树：《昭昧詹言》卷十一，第14则，第214页。

⑧ （清）方东树：《昭昧詹言》卷五，第81则，第77页。

原诗有云:“冰雪截肌肤,风飘无止期。百里不见人,草木谁当迟?登城望亭隧,翩翩飞戍旗。”[①]叙写边城风雪景象,极其苍茫。方氏以为,这些叙述包含“虚”的意味,并非直白地呈现风势如何猛烈、雪花如何纷飞,而是通过看不见人影、戍旗飘飞等情境侧面呈现。不正面说苦,但一切尽在不言中。至于“徒述边地苦景”的做法,容易“犯实面”,缺少这样动人的效果。

又如杜甫《高都护骢马行》前四句:“安西都护胡青骢,声价欻然来向东。此马临阵久无敌,与人一心成大功。”[②]方东树评:“直叙起。三四夹叙夹议顿住,却皆是虚叙。”[③]此四句叙述骢马声价如何高、猜想它怀揣立功的雄心,都不是正面的叙写。骢马的外貌、经历等更为实在的内容,是在下文才铺展开来。而前面的虚叙绝非无用之功,正因为有这些虚叙,才能凸显骢马的过人之处,也才能绾合马与人(高都护),实现双层次的叙写。

方氏在对谢灵运《述祖德》二首的分析中,也重点谈到了实叙与虚叙的区别及妙用。相较而言,其一偏虚。如“达人贵自我,高情属天云。兼抱济物性,而不缨垢氛”[④]等诗句,皆从高处立意,表明祖父谢安的高情与风标;又援引古人示例加以印证,如“空中布阵,实者仍虚”[⑤]。其二则为“实叙”,前六句云“中原昔丧乱,丧乱岂解已。崩腾永嘉末,逼迫太元始。河外无反正,江介有蹶圮”[⑥],是对当时历史状况的照实陈述,方氏称“起六句叙时事,语壮阔该简”[⑦];诗中又以“拯溺由道情,龛暴资神理”写谢安取得淝水之战胜利、以“贤相谢世运,远图因事止”[⑧]写北伐计划的终止、以“遗情舍尘物,贞观丘

① (三国·魏)王粲:《王粲集》卷一,俞绍初校点,中华书局,1980,第6~7页。
② (唐)杜甫:《杜诗详注》卷二,仇兆鳌注,第86页。
③ (清)方东树:《昭昧詹言》卷十二,第55则,第256页。
④ (南朝·宋)谢灵运:《谢康乐诗注》卷二,第39页。
⑤ (清)方东树:《昭昧詹言》卷五,第51则,第139页。
⑥ (南朝·宋)谢灵运:《谢康乐诗注》卷二,第42页。
⑦ (清)方东树:《昭昧詹言》卷五,第52则,第140页。
⑧ (南朝·宋)谢灵运:《谢康乐诗注》卷二,第42页。

鋆美”[①] 写其归隐山林，都是据实而写。二首诗歌虚实结合，各有奇妙，故方氏称谢灵运“叙述重大情事，简重老炼”[②]。

相较而言，实叙容易而虚叙偏难。过分实叙，容易呆板。故方东树指出，应熟悉“文法虚实轻重、宾主易位法”，掌握了这些应变方式，“以视平铺实叙，冗絮而不可了者，灵蠢全别矣”[③]。

五　“语不接而意接”：叙、写、议的综合运用

以上两重叙事标准缩合到一起，即可得出方东树对诗歌叙事的总体追求——“语不接而意接”：

> 古人文法之妙，一言以蔽之曰：语不接而意接。血脉贯续，词语高简，《六经》之文皆是也。俗人接则平顺騃蹇，不接则直是不通。韩公曰：“口前截断第二句。”太白云：“云台阁道连窈冥。”须于此会之。[④]

“语不接而意接”是文法的关键，更是诗法的关键。插叙、逆叙、倒叙、补叙，是通过对叙述顺序的变化来实现语意的曲折；实叙、虚叙，是通过叙事内容的虚实组合来形成语意的差别——此为“语不接”。至于“意接”，则是内在思理脉络的通贯，在叙事上体现为叙次的清晰、本末曲折的完备。“语不接”与“意接”的辩证关系，形成丰富的张力，在似断实续的虚实变幻中达至诗歌的妙境。

“语不接而意接”的实现，仍以叙、写、议三分为基础。单纯一种表现手法，容易陷入平直呆板；三种表现手法的错综，则能诞生多种组合方式，滋生出丰富的样貌。在方东树叙、写、议三分的批评体系中，

① （南朝·宋）谢灵运：《谢康乐诗注》卷二，第43页。
② （清）方东树：《昭昧詹言》卷五，第51则，第139页。
③ （清）方东树：《昭昧詹言》卷五，第51则，第139页。
④ （清）方东树：《昭昧詹言》卷一，第82则，第28页。

三种表现手法的互促互动，本就是应有之义：

一叙也，而有逆叙、倒叙、补叙、插叙，必不肯用顺用正。一议也，或夹叙夹议，或用于起最妙，或用于后；或用于中腹。一写也，或夹于议中，或夹于叙中，或用于起尤妙，或随手触处生姿。①

当叙事与描写、议论相结合，能使诗歌行文充满变幻、摇曳多姿，既能摆脱平顺駮蹇，又能以巧妙的方式贯通诗歌的血脉。

叙、写、议的交互使用，这一点上文已经论及。此处再结合方氏对具体诗作的分析，做更进一步的揭示。谢灵运《登永嘉绿嶂山诗》前十二句为：

裹粮杖轻策，怀迟上幽室。行源径转远，距陆情未毕。澹潋结寒姿，团栾润霜质。涧委水屡迷，林迥岩逾密。眷西谓初月，顾东疑落日。践夕奄昏曙，蔽翳皆周悉。②

方东树评曰：

起四句叙。“澹潋”二句写。“涧委”二句又叙。句法皆劲峭，无凡庸平常率漫。“眷西”四句，于叙中写，奇警异常，词理俱胜。③

此诗起四句叙述打点行囊、寻幽探胜、上岸登山，是题目本义；“澹潋结寒姿，团栾润霜质”以精美的字词描写水波凝寒、竹干霜润，是描写之工。“涧委水屡迷，林迥岩逾密”既是描写，也包含叙述，可

① （清）方东树：《昭昧詹言》卷十一，第5则，第233页。
② （南朝·宋）谢灵运：《谢康乐诗注》卷二，第80页。
③ （清）方东树：《昭昧詹言》卷五，第64则，第147页。

见渐渐走入更深的山谷丛林之内，故方氏说“又叙”。“眷西谓初月，顾东疑落日”，透过诗人的感受来写景物，是叙事，同时也包含写景，方氏称为“叙中写”。归结起来，正如方东树的总说：“前十二句叙题，迤逦而入，且叙且写，平趋缓步，最为正格。”①

又如谢朓《同谢咨议咏铜爵台》：

> 穗帏飘井干，樽酒若平生。郁郁西陵树，讵闻歌吹声。芳襟染泪迹，婵媛空复情。玉座犹寂寞，况乃妾身轻。②

方氏评曰：

> 每二句一断，一换意、换笔、换势。诗止八句，而分四层，顺逆离合，夹叙夹写，笔笔转，反复咏叹，令人凄断。……“穗帷”二句，叙也，而二句中用意用笔，已具有往复。“郁郁”二句，议也，即反承上二句逆折。“芳襟”二句，顺叙也，而二句用意用笔，折断作两层顿挫，自叹自怜。“玉座”二句，忽放声极口明言，而用笔仍作两层折换，仍复含蓄不尽。古人独步千古，岂偶然哉！③

铜雀台乃曹操所建，据说曹操临死之际，吩咐子孙将自己葬在西岗，并命歌姬居住于铜雀台，每月初一、十五于灵帐前奏乐歌舞。谢朓此诗，首二句写铜雀台祭祀的情形，方氏称“叙也”；三四句写曹操所葬西陵已不可能听见铜雀台的歌舞之声，方氏称“议也”；五六句写铜雀台上的歌姬即便芳襟染泪也只是空余多情而已，是为顺流而下的“顺叙”；末二句再发感慨，如曹操这般的英杰也难免身后寂寞，更何

① （清）方东树：《昭昧詹言》卷五，第64则，第147页。

② （南朝·齐）谢朓：《谢宣城集校注》卷二，曹融南校注集说，上海古籍出版社，2001，第195页。

③ （清）方东树：《昭昧詹言》卷七，第13则，第189～190页。

况是默默无名的姬妾呢。此诗虽短，但叙述、描写、议论抒怀紧密结合，故能含蓄不尽、意味悠长。

同一诗题，若诗人对叙、写、议表现手法的运用不同，诗歌就会呈现截然不同的面目。典型的例子是关于桃源的三首诗歌：王维《桃源行》、韩愈《桃源图》、王安石《桃源行》。方氏云：

> （韩愈《桃源图》）先叙画作案，次叙本事，中夹写一二，收入议，作归宿，抵一篇游记。……辋川只叙本事，层层逐叙夹写，此只是衍题。介甫纯以议论驾空而行，绝不写。①

王维诗以叙事为中心，复述《桃花源记》故事，只在叙述过程中夹入描写，如"遥看一处攒云树，近入千家散花竹"等；韩愈诗先说图画，然后说桃源本事，其间同样夹杂描写，最后以议论收结；王安石诗以议论为主，关注现实世界历史变迁的残酷，如"世上那知古有秦，山中岂料今为晋"，"重华一去宁复得，天下纷纷经几秦"等句，几乎不设专门描写。三首诗都是经典名篇，呈现方式却如此不同。比照之下，诗人对表现手法的灵活运用可见一斑。诗歌主旨的传达即以此为基础，而诗歌整体的风格面貌与艺术意境，也以此为基石。

还须指出的是，在方东树的叙事批评体系中，平铺直叙并非一无是处。尤其对于古人经典之作，方东树的评价不再囿于技巧："亦有平铺直赋，而其气体自高峻不可及。如《雅》、《颂》诸作，岂必草蛇灰线之引脉乎?"② 这是经典的独有魅力。对技法的讲求、对文法的吸纳，已是第二义。尽管是第二义，但毕竟为后世作者提供了可供参照的法则，也是后世作者通往神妙境界的必经路径。方东树致力于叙事批评体系的建构，原因正在这里。

那么通往神妙境界的方法与技巧，究竟该如何掌握？方东树有言：

---

① （清）方东树：《昭昧詹言》卷十二，第108则，第271页。

② （清）方东树：《昭昧詹言》卷一，第81则，第28页。

“叙在法，存乎学。”[①] 所学的对象，就是文法。需从文章入手，“以古文之法行之”，方能变化莫测、独步千古。[②] 由此可知，方东树从文法论诗出发、在三分模式基础上形成的诗歌叙事批评，最终仍归至对文法的讲求，形成一个圆满自如的理论体系。

总之，方东树《昭昧詹言》在诗歌叙事批评上极有建树。桐城派的学术背景开启了他以文法论诗的道路。在将文法引入诗法的过程中，他建立起叙、写、议三分的批评模式，使叙事成为诗歌批评尤为重要的一环。在具体实践中，方东树结合诗歌的独特体式，归纳出诗歌叙事的两重标准，并提示了具体做法。凭借叙事、写景、议论等多种手法的综合运用，实现“语不接而意接”，即可通往出神入化的艺术境界。古典诗歌叙事批评的理论与实践，在方东树这里迈上了新的台阶。

---

① （清）方东树：《昭昧詹言》卷十一，第 12 则，第 235 页。

② （清）方东树：《昭昧詹言》卷十一，第 1 则，第 232 页。

四铭论*

——兼谈鲁迅创作《肥皂》时的心态

◇庄　纾　刘春勇**

摘　要：小说《肥皂》中的四铭长期以来被解读为负面形象，罪魁祸首就是他的“咯支论”。本文以“咯支论”为切入点，仔细剖析小说中的三个人物——何道统、四铭和卜薇园的言行、思想及其命名背后所隐藏着的作者的态度和个人经历，并将文本重新放置到作家写作的具体历史语境当中，试图探寻小说的创作意图与意象隐喻义以及作者创作此篇的内在心理，从而将《肥皂》一篇的理解从原有刻板疏离的论断中解脱出来，最终为“四铭”正名。

关键词：肥皂　四铭　假道学　卜薇园　兄弟失和

小说《肥皂》中的四铭是一个非常微妙且费解的人物。鲁迅在小说中对四铭的“咯支咯支”论和买肥皂举动的刻画，令人印象深刻，其用笔让人觉得既暧昧，又隐晦，堪称绝妙，令人一读不解，再读了然，几乎使得笔者也要像大多数读者那样唾弃其卑劣肮脏了。在以往的评论中，四铭的形象被归为“封建复古派代表人物”，“一肚子男盗女娼的卑劣心理”，因“政治上的极端反动”与“道德上的极端堕落”，有一副“肮脏灵魂”①，他给四太太买的肥皂反“洗掉了自己道学先生

* ［基金项目］国家社会科学基金一般项目“鲁迅与中国传统‘文章’的创造性转化研究”，项目编号：16BZW133。

** 庄纾，中国传媒大学中国文化国际传播研究所助理研究员，主要研究方向为中国现当代文学；刘春勇，中国传媒大学人文学院教授、博士生导师，主要研究方向为中国现当代文学、中国现代思想史。

① 于朝贵：《鲁迅作品手册》，转引自张秀枫编《鲁迅小说全编》，北京工业大学出版社，2005，第156页。

的假面"[①]。甚至连鲁迅的好友许寿裳也咒其恶劣，"（沛君）既不像四铭的阴险腐臭，恶骂青年，以致四太太对他也有诛心之论，也不像高老夫子的丑恶卑鄙，种种矫饰，带着流氓的气息"[②]。可见四铭的恶劣假道学面目早已定论了。

然而笔者还是有一点小小的疑问：若四铭与卜薇园、何道统是一类人物，为什么何道统听到"咯支咯支"论后爆笑不止，而四铭却只是恼怒与气愤呢？这背后的心理机制难道一般无二吗？在对待孝女施舍问题上，四铭和卜薇园是一样的虚伪吗？这样一些细小的地方常常会被读者忽略，然而说不定其中就隐藏着《肥皂》创作的奥秘。

一　谁最"假道学"？

首先，须分析何道统为什么笑，这是一切谜团的突破口。依照发"笑"的作用机制，大致可以将"笑"分为两类：其一是因事物"滑稽"（即客体特征）而"笑"；其二是因"幽默"行为（即主体行为）而"笑"。虽然"咯支论"严格说来与幽默的智慧有些出入，但鉴于孝女并不是个"滑稽"的对象，我们可初步认定是"咯支论"本身的说法可笑。

叙述者制造幽默的方式大体有三：主体的"痴气"、接受时的"不隔"效果以及语言的"以庄入卑"或"以卑入庄"——或者说是一种"乱同异"手法。就本文的"咯支论"而言，这三种方式在何道统这里几乎全部成立："阿发，你去买两块肥皂来，咯支咯支遍身洗一洗，好得很哩。"（54页）[③] 这是由四铭转述的一段光棍的话，代表着光棍的心声，四铭转述时很是气愤，从而构成了"痴气"的主体条件。光棍的话在语言上制造了一种轻佻的感觉，使得四铭很气愤，然而却令何道

---

① 程光炜、郜元宝等主编《中国现代文学史》，北京大学出版社，2011，第63页。

② 许寿裳：《关于〈弟兄〉》，《鲁迅传》，吉林人民出版社，2001，第174页。

③ 《彷徨·肥皂》，《鲁迅全集》（第2卷），人民文学出版社，2005。下文与该小说有关的引文均作随文注。

统听了之后爆笑不止，它将卑劣的成分嵌入一幅并不儿戏的画面，又有“阿发”“两块”等语言上煞有介事的表述，为笑准备了“乱同异”的语言上的条件。

然而若真有人觉得好笑，少不了接受时的“不隔”效果。这“不隔”效果有两方面意思。钱锺书认为“不隔”指“读者对于这许多情感、境界或事物得到一个清晰的、正确的、不含糊的印象”①，林语堂也曾指出“有相当的人生观，参透道理，说话近情的人，才会写出幽默作品”②，也即“不隔”既指一种思想上的理解，也指一种情感上的认同，在于叙述者的话是“近情”的。要会心而笑，无论这笑是微笑，是大笑，都有一种潜在的理解，对叙述者或讽刺、或机智、或解嘲的话认同乃至鼓励。这是“笑”的最后一道关卡，是一种幽默叙述在接受环节的“惊险的跳跃”，关乎成败。

作为两个不同的接受者，若要讨论对同一个叙述，为何何道统笑而四铭不笑，就只剩下“不隔”这个变量了。仔细阅读后不难发现，何道统觉得好笑的原因在于他认同“咯支咯支”这句话，而且不是一般的认同——不是“生气却仍要保持微笑”，也不是“一笑置之”，而是“响亮的笑声突然发作了，震得人耳朵嗹嗹的叫”（54 页），而且边笑边重复“咯支论”中的每一个细节，显然每个细节对他来说都有可笑之处，都在他这里找到了共鸣。

四铭显然明了这句话的意思，但这句话对他来说是“隔”的，似乎他在情感上不能接受。此外，四太太也并不觉得这句话难懂，她甚至像个无师自通的心理学家，洞察人性微末，很快就明白了肥皂同这句话背后所隐含的意思，但她也不认同，一方面是生四铭的气，另一方面则是作为女性，并不觉得这下流话“近情”。小孩子们甚或连意思也不懂，只知道跟着大人说四铭“不要脸”。而卜薇园，那个性格不明朗的第三个旧式知识分子，也并没笑，却也没怒，他不认同，却也不像四铭

① 钱锺书：《论不隔》，《钱锺书集·人生边上的边上》，生活·读书·新知三联书店，2011，第 110 页。

② 林语堂：《论幽默》，载庄钟庆编选《论语派作品选》，人民文学出版社，2011，第 175 页。

一样反对，只发表了些“要会作诗，然后有趣”（54页）的奇论，然后公事公办地走了。

从上面的分析，我们可以看得出，真正口言“挽颓风而存国粹”“专重圣经崇祀孟母”而心口不一的是何道统，即他最“假道学”。

二　四铭的脾气

如此，便有了四铭全篇为何怒气不断的问题。难道他是“恼羞成怒”，或是“无意识”中欲求不满导致的肝火旺盛，所以借机发作，从而更显卑劣？其实不然，我们可以从小说中的一些看似与肥皂无关的“闲笔”入手做一番分析。其实这些“闲笔”看似可有可无，却在塑造四铭形象上大有深意。

首先，是一句“洋话”：“恶毒妇”。其义不是“女人”，不是“恶特弗罗斯（odd fellows）”，四铭的儿子学程于是想来想去想到一个“阿尔特肤尔”，却不敢直陈其意为“老蠢材（old fool）”。这个细节贯穿小说前半部分，不仅串起了四铭的一系列怒骂，而且引出了事情的原委，导致了四太太态度的转变，并点燃了争端的导火索。其重要性绝不容忽视。

其次，是四铭对学堂和女学生的态度。许寿裳说他“恶骂青年”，“阴险腐臭”①，于朝贵视其为“攻击改革”“极端反动”。② 但他们都有意忽略了一些不可解的细节，如四铭曾力倡开学堂，而且“好容易”给学程进的学堂虽说是“中西折中”的，但英文专是“口耳并重”，而且看不惯只谈“自由”“解放”而“没有实学”，可见其教育观是开通而不死板的。还有他关于“秀儿她们也不必进什么学堂了”（48页）的气话，以及“九公公先前这样说，反对女学的时候，我还攻击他呢”（48页）这样的细节，想必几乎让学者们下负面定论时颇具困扰，终不

---

① 许寿裳：《关于〈弟兄〉》，《鲁迅传》，第174页。

② 于朝贵：《鲁迅作品手册》，转引自张秀枫编《鲁迅小说全编》，第156页。

了了之。但不可解，便不解了吗？

再次，是故事发生的时间，正值当月十六。四铭与二位老友会面时，特意提到第二天“逢七”，小说结尾四铭在院内踱步，又是在“玉盘似的月亮”（55 页）下。俗话说：“十五的月亮十六圆”，鲁迅将故事设置在月亮最圆的时候，纯属无心之举，还是有何用意？

最后，设置四铭不布施这一环节，增加了论者攻击其虚伪的把柄，此又何解？

如上种种看来，四铭的脾气真可以说“无头的乱麻——一团糟”了。或许他实在纯是一个“恶毒妇（old fool）”，不如“由他去罢”①！然而，不幸的是笔者却渐渐从四铭的言行中窥见到了深藏其中的鲁迅的身影以及他的深心。

鲁迅显然并不是一个激进主义者，他怀疑，他审视，在新文学发起之初，他便已是个消沉下去的“中年人”②，在多番挫折和生活负累的碾压下，他多半已像《孤独者》中的魏连殳一样，以复仇的姿态做着一切他曾反对的事③，对一切空话都怀疑，对各种美名都贬斥。④ 30 余岁，正当盛年，在教育部供职的他压着性子保全生计，研究碑刻，多次校勘《嵇康集》，大量看佛经，两次在国子监参加祭孔典礼。⑤ 故纸堆中，他是否已有了“陈死人”⑥ 的心态？看到光景年复一年，不见起势，不再相信高墙有打破的一天，纵然文学革命已起，也仅是“听将令”⑦，以一种不忍的心态姑且助些声威，但是“我的一种妄想破灭了”，“我发现自己是一个……是什么呢？”“中国历来是排着吃人的筵宴，我自己也帮助着排筵宴”，“不成问题了，都革命了，浩浩荡荡”，

---

① 化用自鲁迅《野草 · 我的失恋》，《鲁迅全集》（第 2 卷），第 173 ~ 175 页。

② 鲁迅：《呐喊 · 自序》，《鲁迅全集》（第 1 卷），第 440 页。

③ 参考《彷徨 · 孤独者》中魏连殳的信，《鲁迅全集》（第 2 卷），第 103 页。

④ 参考《野草 · 这样的战士》，《鲁迅全集》（第 2 卷），第 219 ~ 220 页。

⑤ 参考黄乔《鲁迅影集》，人民文学出版社，2018，后附生平简表。“大量看佛经”参考许寿裳《鲁迅传》，第 49 页。

⑥ 鲁迅：《野草 · 题辞》，《鲁迅全集》（第 2 卷），第 163 页。

⑦ 鲁迅：《呐喊 · 自序》，《鲁迅全集》（第 1 卷），第 440 页。

“问题倒在我自己落伍”。[①] 显然，从《狂人日记》一直到30年代，他对于自己的“落伍”和“帮凶”的疑虑是一直存在的。[②] 我们绝不能说鲁迅一直是一个激进的弄潮儿，相反，在他自己方面，他总能“戳破新盒子而露出里面所藏的旧物”[③]，看到激进的假面。《肥皂》写作于1924年3月22日前后，那时候，他刚与周作人决裂，从大家庭中搬出来才八个月，痛苦与消极成分占据了思想的上风，个人主义的成分开始在其生命中悄然抬头。

四铭又“忽而愤怒起来了。‘我对你说：那是一句坏话，骂人的话，骂我这样的人。懂了么?’”（48页）仿佛他心底认定洋学生并没有乱骂。愤怒源于无力，他不生气洋学生骂他是个女人，而怕在他所不知道的领域，他与“恶社会”中“坏学生”口中的咒骂相合了。鲁迅说“我知道我自己，我解剖自己并不比解剖别人留情面”，而他又是惯会“发些牢骚”的人。[④] 四铭这个形象完全可以看作鲁迅杂取种种合成后的一个人物，[⑤] 除却一些类似“女祸论”、中庸论、八卦拳、“孝”等负面特征之外，四铭言行品性中未尝没有鲁迅自己的身影在其中晃动：激烈的气话、对现状的失望、与坏学生与恶社会的对抗、布鞋、万年青[⑥]等。此外还有自知虚耗但却真实的抗辩，都让我们触到一丝鲁迅生活的痕迹。我们在笑四铭的同时发现了这个人的血肉可感，看到这位半新不旧的文人不是极恶之徒，甚至于有些可怜与孤独。他的错处，也许只在于他是一个“老蠢材”——一个平凡的重道德的时代落伍者，感愤于一些现象，却兼罹“外”患与“内”忧，终无所容身，只得孤寂彷徨。从这方面看，四铭或者是可居于魏连殳、吕纬甫乃至高老夫

① 鲁迅：《而已集·答有恒先生》，《鲁迅全集》（第3卷），第473页。
② 参考《呐喊·狂人日记》，《鲁迅全集》（第1卷），第454页。
③ 鲁迅：《三闲集·我和〈语丝〉的始终》，《鲁迅全集》（第4卷），第176页。
④ 鲁迅：《而已集·答有恒先生》，《鲁迅全集》（第3卷），第473页。
⑤ 鲁迅：《且介亭杂文二集·不应该那么写》，《鲁迅全集》（第6卷），第321页。
⑥ “鲁迅先生家里的花瓶，好像画上所见的西洋女子用以取水的瓶子，灰蓝色，有点从磁釉而自然堆起来的纹痕，瓶口的两边，还有两个瓶耳，瓶里种的是几棵万年青。”（萧红：《“万年青”》，载鲁迅博物馆、鲁迅研究室、《鲁迅研究月刊》选编《鲁迅回忆录（散篇）》中册，北京出版社，1999，第693页。）

子、沛君等半新不旧的文人谱系中的，他们是消沉下来的新人，脱不下时代和历史的疮疤。至于鲁迅究竟想就这一形象寄寓什么，需要从“恶毒妇”（或者说“老鼁材”）这一“鬼子话”本身入手。

于是就引出了小说中人物的命名问题来了。鲁迅的人物命名向来有学问，据许寿裳回忆，鲁迅自青年时代起就好给人起绰号，往往既准又狠①，这一习惯一直延续到后来的创作中，不仅体现为他杂文中国民性的“共名”，也体现在他小说中的众多人名中。纵观其笔下人物，姓则常取“赵钱孙李”，如果不是，就一定另有深意，这一点多见于前辈学者的研究②，周作人的回忆性著述中也曾提及过。③ 如阿 Q，除外形像个拖着辫子的小人，又有“阿桂”的原型，日本学者丸尾常喜从“Quei”与“鬼”音上的相似发现“思想里有鬼似的”鲁迅在阿 Q 形象国民性刻画中纳入对自我思想的国民性成分的剖露。④ 又如《弟兄》中的中医白问山，是“问也白问”；《药》中的“华夏”二家；孔乙己的“孔”、魏连殳的“魏”都暗示其向孔、向魏的倾向，“殳”指一种有棱无刃的兵器，似也与人物的悲哀处相合。这一命名倾向令人联想到《儒林外史》乃至古典小说的命名倾向，如《儒林外史》中的王仁、王德便是“忘仁忘德”之徒，又如《官场现形记》中的区奉人（趋奉人）、贾筱芝（假孝子）等。王瑶就认为，鲁迅的小说在士林风习、讽刺艺术及形式、结构、语言上受《儒林外史》等古典小说的影响，命名问题其实也是其中一个小方面⑤；起绰号的癖好也更说明鲁迅在人物命名上常含深意。

---

① 许寿裳：《杂谈名人》，《鲁迅传》，第 12 页。

② 参看刘平清《试论鲁迅小说人物命名问题》（《鲁迅研究月刊》1995 年第 1 期）、李春林《鲁迅〈孤独者〉主人公命名本意》（《社会科学辑刊》1983 年第 6 期）等。

③ 参看周作人《周作人谈鲁迅》（叶君编《鲁迅的青年时代》，北方文艺出版社，2014）以及《鲁迅小说里的人物》（北京十月文艺出版社，2013）中关于人物名字的论述等。

④ 参见〔日〕丸尾常喜《“人”与“鬼”的纠葛》“仿佛思想里有鬼似的”一节，《“人”与“鬼”的纠葛——鲁迅小说论析》，秦弓译，人民文学出版社，2006。

⑤ 参见王瑶《论鲁迅作品与中国古典文学的历史联系》，载《中国现代文学史论集》，北京大学出版社，1998，第 20 ~ 23 页。

如此，《肥皂》中众多人物的名字又作何解呢？

“何道统”，旧文人叫道统，合情合理，偏他又姓何，像是个反问，恰印证了前文对他的分析。“卜薇园”的“卜”或与“卜世仁”（不是人）的“卜”一个用法，至于“薇园”何解待下文斟酌，而四铭却连姓都没有交代，或为了纯化他的特征而干脆姓“四”，夫人也干脆叫“四太太”。鉴于他对孝女的推崇，笔者大胆推测“四”即代指“忠、孝、节、义”四种传统道德，“四铭”指其人将这四种铭记在心，惴惴不忘。

然而可以说这正是他的“老”“蠢”处，也是他“怒”的原因。正因“铭”记在心，成为一种信仰，所以他的“不布施”和圆月下彷徨的细节有了理解的入口，这一切也在与“卜薇园”的对照下更显真切。

三　卜薇园的秘密

卜薇园名字中的“薇园”二字并非不可解，现代文学史上便有多处以“蔷薇”代表一种美好的事物的例子，如田汉写有《梵峨嶙与蔷薇》[①]，以蔷薇象征爱情。鲁迅自己也在《无花的蔷薇》中以“没有蔷薇的刺”自比，反复自嘲“大煞风景”[②]，这是写《肥皂》两年后的事了。[③] 而就在《肥皂》写作前八个月，还有一封给鲁迅生活以重创的信中提到了蔷薇，即周作人1923年7月19日给他的绝交信，其中一句是：“大家都是可怜的人间，我以前的蔷薇似的梦原来都是虚幻，现在所见的或者才是真的人生。我想订正我的思想，重新入新的生活。”[④] 此处“蔷薇”具体所指并不明了，许是指一种兄弟之情。[⑤] 综上所述，我们可以大

① 参见《田汉文集》（第1卷），中国戏剧出版社，1982，第34页。

② 参见《华盖集·无花的蔷薇》，《鲁迅全集》（第3卷），第271页。

③ 对此笔者认为鲁迅创作《肥皂》后对卜薇园这一文人形象存在重新思考，这一点有待后续进一步探究。

④ 转引自余斌《忘却斜阳上土堆》，人民文学出版社，2017，第161页。

⑤ 参见余斌《忘却斜阳上土堆》第十四节“兄弟失和”中的解释，第161页。

体判断，“卜薇园”这个人物的设置同“兄弟失和”有一定关系，或许表示要重新订正自己的思想，对美好不再抱有幻想的想法也未可知。

相应地，我们应尽可能将卜薇园的性情明朗化。鲁迅对此人着墨不多，只有孝女“要会作诗，然后有趣”等寥寥数语，并且同样设置了他没有给孝女布施的细节，原因是他恰恰身边没有带钱，另有两次“连摇带推”地奔向四铭，被四铭推开的描写。同时他“应承”、拱手，说话一股“那倒不然，而孰知不然”的腔调，令人觉得是个很平凡和气的文人，只不过有些旧式读书人的可笑。因为他避开了像“咯支论”这样有争议的话题，使得读者非常容易忽视他的存在。

但值得注意的是，卜薇园的“避其锋芒”与何道统的大笑一样，将四铭的困惑弃置，促成了他“无告之民”的心境。在卜薇园的一团和气的“应承”背后，藏着一双隔岸观火的眼睛。

或许也可以这样认为，卜薇园的不再相信美好，正体现在他不重孝，而重诗——“要会作诗，然后有趣”。同样没有布施，他从容大方地对自己恰没有带钱的辩解，与四铭的骤然被问方才省觉而近乎无力的自辩相比照，反而泄露了他们内心信仰的巨大不同。

在朱光潜早年所著的《悲剧心理学》中，曾对道德同情与审美同情做了区分，认为二者虽在“设身处地，在想象中把自己和他们等同起来”，“使我们分有他们的感觉、情绪和感情”等方向是一致的，但在三个极重要的方面有区别：一是道德同情主体会更自觉地意识到，而审美同情的主体“分有客体的生命活动而不自知”；二是道德同情“总是伴随着希望和担忧、得失利害的算计、目的和手段的探究以及其他种种实际考虑”，其主体是“一个并未停止做利己主义者的利他主义者”，然而审美同情却“是完全超功利的活动”，“生活史的不同并不会打断同情之流”，而“迷失在对象中，即甚至忘记自己的个性、意志”；三是道德同情“通常引出一些实际结果”，“对于道德家来说，没有行动的同情只是伪善者嘴里的空话”，但“审美同情几乎就是这样”，审美同情类于谷鲁斯的所谓“内模仿”，是与客体的活动平行的，“同情模仿并不会引出任何实际结果”，相反实际结果还“会毁了悲剧”，“道德同情常常消除距离，从而破坏悲剧效果”。[①]

由此我们不难得出，若卜薇园那种上前与孝女搭话——甚至问她会不会作诗的，且不说他对孝女有没有同情，纵有也应归为纯粹的道德同情，道德同情他人而空有满嘴的好词好句和“连摇带推”的姿态，只能说是非常高超的“伪善者”，又或许，心中一无同情，绝无“蔷薇”之想，更符合鲁迅对这一人物命名的深意。

相比之下，四铭发现孝女这一幕后，“从旁考察了好半天”（54页），说别人不给钱“岂不是全无心肝”，等四太太问起才坦承自己也分文未给，紧接着的解释，言语间透露出馁弱，或许此刻他对自己不布施的行为有某种歉意。

在《肥皂》创作后六个月（1924年9月24日）创作的《野草·求乞者》中，鲁迅以一种挑战的口吻称：“我不布施，我无布施心，我但居布施者之上，给与烦腻，疑心，憎恶。”[②] 他决然不表示同情，反而憎恶毫无建设性的麻木求乞，并设想自己也将得不到布施心，所以只会用“无所为和沉默”求乞。这一切固然纳入对鲁迅反抗者形象的构建体系中，反映出他对浅薄虚伪的人道主义的反对[③]，但由此去反观他对四铭形象的塑造，我们是绝不能简单地断定他对于四铭的不布施行为是纯然讥讽的。说四铭的言行不一是为了取得如《儒林外史》“虽无一贬词，而情伪毕露”[④] 般的强烈讽刺效果，笔者认为是不确的，因为讽刺的背后有着叙述者态度的明确指向性，[⑤] 而鲁迅后来的这一表态，却更像一种辩解和声援，策应了此前稍有些茫然的“四铭”。

---

① 朱光潜：《悲剧心理学》第四章“悲剧快感与同情”，江苏文艺出版社，2009，第45～53页。

② 鲁迅：《野草·求乞者》，《鲁迅全集》（第2卷），第171页。

③ 参见孙玉石《〈野草〉研究》，北京大学出版社，2010，第84页。

④ 鲁迅：《中国小说史略》“清之讽刺小说”，《鲁迅全集》（第9卷），第231页。

⑤ 此处讽刺义参考〔加〕弗莱《批评的解剖》中的界定：“当读者肯定不了作者的态度为何时，或读者自己的态度应该如何时，就是讽刺成分甚少的反讽了。”“‘讽刺是激烈的反讽’。……讽刺背后的道德标准相对而言是明确的，也容易察觉，而对反讽的判断则相对困难。”（转引自吴晓东《战时文化语境与20世纪40年代小说的反讽模式——以骆宾基的〈北望园的春天〉为中心》，《文艺研究》2017年第7期。）

而通过朱光潜的理论，我们或许能从另一个角度解释四铭的茫然。不像一般的看客，四铭对于孝女“从旁考察了好半天”，却不像卜薇园那样有利己的实际考虑或交谈的实际结果（“作诗”“有趣”），只从旁为她“只要讨得一点什么，便都献给祖母吃”（50页）而动容，又为光棍的“咯支论”对这一动人画面的侮辱而感愤，对于自己的未布施，他的辩解是“她不是平常的讨饭”（50页），那么她是什么呢？她于四铭成了“孝”的悲剧性代言，是一幅大概堪称“圆满”的悲剧画面，是要登报颂扬并借此针砭社会的。

另一佐证是无意识的买肥皂行为，正是一种与客体的活动平行的“内模仿”。不赠孝女而赠己妻，无论他是为心中信仰被一笑话破坏而抱不平，还是这一刻提到肥皂突然想到妻子耳后的积垢所以顺势买来给妻子，都不能将其归因于四铭内心的龌龊。笔者认为以“男盗女娼”的性心理来解读这一行为，是四太太作为一个旧式妇女无理的“诛心之论”，也是后人的过度解读。[①]“诛心之论”之于言必谈社会的四铭，或许可以跟《不周山》中声讨其“失德灭礼败度，禽兽行”的古衣冠的小丈夫之于心系补天事的女娲[②]相对照，同样带着一点尴尬的“隔膜”，且一手支起这隔膜的人是不可理喻的。通观全文，若说鲁迅的讽刺笔墨在四铭对布施的言行不一上尚且还有一点点的施加，对这一诛心之论的态度便可谓独独半分也无。就文本本身所呈现的看来，四铭与卜薇园不同的地方正在于他还做着“孝”的梦，保持着对社会的关切，而他对“四德”近乎愚信，连作者自己，都要在文中半藏半露地骂他一句“老蠢材”。

周作人晚年曾以写鲁迅的故家及小说中的人物等卖文为生，将鲁迅

① 此处涉及“伦理的相对性”观点。周作人1919年所列青年必读书中有一本是芬兰威斯德马克的《道德观念之起源与发达》，提出了伦理的相对性（ethical relativity），认为道德判断最终以情感为基础，道德观念不过是将情感趋向加以归纳概括的结果，不具有客观性。并认为习俗不非难异端的胡思乱想（heretical mind），但谴责离经叛道的行为，它要求在特定环境下能做或不能做什么特定动作，却不关心行动者的动机。参见袁一丹《“书房一角”：周作人阅读史初探》，《现代中文学刊》2018年第6期。

② 参见鲁迅《故事新编·补天》，《鲁迅全集》（第2卷），第357～369页。

每篇小说都做了一遍解读，以追忆原型为主。谈及《肥皂》时，他说“我都不知道有没有模型，所以无可说的”，随后颇可玩味地借由“拴儿”的名字猜测地点是北京，又借由“糊纸锭”推测是在绍兴等东南地方，顺势大谈纸锭如何糊以及怎么糊好看等学问，文不对题让人生疑，很符合周作人遇到要害避重就轻的惯常做法，也使我们对其人物的分析少了旁证。[①] 对此做任何结论同样近乎“诛心之论”，但也确证了该篇人物，一则用意隐秘，周作人不愿多谈，以至于用“糊纸锭”填充篇幅，另一则概念性强，属鲁迅由“一点因由”生发开去的创造，是1924年时鲁迅某种心态或思想困惑的反映。

四　四铭的寂寞

卜薇园之流已经梦破了，可怜口上牢骚的四铭却还做着美好的梦。从种种细节我们都能见出四铭的用心，他买肥皂时的挑三拣四，又要好，又要便宜，只好“折中”，折中下来也不能有瑕疵，要拆封验货，以致洋学生讥其“老”“蠢”。教育后代也煞费苦心，送去“口耳并重”的“中西折中”的学堂，授以昼夜之交利用时间练八卦拳的“经济法”。四太太觉得他乱发脾气，但显然他吃饭前很有一段时间“赞许”学程，并在旁“感奋”地踱步，这一责备倒像四太太自己在借机撒准备晚饭前就积下的气。四铭见太太要发脾气，马上软下口气，家和最重要，但仍不免“母鸡和小鸡又唧唧足足的叫了起来”，使他“立即放轻脚步，并且走远些”（55页）。至于孝女，在小说篇末，鲁迅忽而一改旁观视角，以四铭的视角，见其所见，感其所感，感到了心里的“不安逸”与“踟蹰”，听到自己孩子悄悄说的“不要脸不要脸”，看到另一个孩子在脸上羞他的动作，觉得“存身不住”，踱出院子去。在院子里，他“看见一地月光，仿佛铺满了无缝的白纱，玉盘似的月亮

① 周作人：《彷徨衍义·肥皂》，《鲁迅小说中的人物》，河北教育出版社，2001，第216～218页。

现在白云间，看不出一点缺”（55 页）——这是全篇仅有的抒情。尔后，他“很有些悲伤，似乎也像孝女一样，成了‘无告之民’，孤苦零丁了”（55 页），而月亮不解意，没有一点缺地照着，“他这一夜睡得非常晚”（55 页）。

在与二弟决裂、搬出八道湾前的鲁迅，一直负责家中主要经济创收。正是为了生计，他此前在学业和立身原则上做出了诸多妥协。作为家中长子，家族从绍兴到北京迁居的一应事务都是鲁迅操办，上至新屋选址，下至家具置办，都无须远在日本探亲的二弟夫妇过问。为了合家安宁，他献出经济权，苦苦支持，最终却仍受到家中女人孩子不公的对待。① 对此他心中何感，他在文章中极少单独、直接流露，然而，我们或许能从上面这个片段中窥见他昙花一现的心事。

圆月意象的内涵在中国文化中古已有之，思故人、团圆、家和之意隐现。而“看不出一点缺”（55 页）既是四铭略显偏执近于完美主义的性格，又是他的一腔的心愿。只是，他的付出，只像肥皂一样换来了四太太清洗积垢时如横行的“大螃蟹”“嘴上”更高的“水泡”，“高高的堆在两个耳朵后”（56 页）罢了。

结　语

鲁迅自己曾言《肥皂》“技巧稍为圆熟，刻划也稍加深切”，且“一面也减少了热情”，并憾其“不为读者们所注意了”，② 足见其内涵蕴寓之深是经得起解读的。四铭这一人物的处理，或许掺入了可恨的元素，然而该人物的背后，应当也寄寓着鲁迅自己灵魂的困惑。尤其是在对鲁迅的作品更多以其革命的民族的一面切入其思想褶皱的当下，四铭对孝的愚守姿态与“无告”心情，对家的付出与受辱，是否也透露了鲁迅于私事上的一些困惑？或者说，“老蠢材”是不是鲁迅当时对自我

① 参见周海婴《鲁迅与我七十年》，南海出版公司，2001。

② 鲁迅：《且介亭杂文二集·〈中国新文学大系〉小说二集序》，《鲁迅全集》（第 6 卷），第 246 页。

的一种审视与自嘲？四铭对于传统道德的记忆过于深刻，终于“存身不住”，“走远了些”，徒然看着没有一点缺的月亮，成为在鲁迅小说人物长廊中无法顺利归类的一人，而他用心花钱买的肥皂，即便方便了家里的女人，也因一句无妄的“诛心之论”成为他百口莫辩的污点。“肥皂”的意象究竟是意在洗脱四铭的“道学先生的假面”和“内心的龌龊”，还是在感叹纵然肥皂也洗不净泼在自己身上的脏水和心头的污点，只徒然造出大螃蟹嘴上的水泡？对于这篇在文学史上解读单一、向来未投射足够重视，甚而李长之以“不可原谅的失败之作”①视之的小说，是否能有此逸出常轨的解读？② 笔者探究尚浅，不敢妄言。但若笔者的分析为确，想来能帮我们窥见当时鲁迅在家庭方面的一部分凄惶心境吧？

鲁迅在晚年曾心平气和地分析其另一篇作品说：“纵使谁整个的进了小说，如果作者手腕高妙，作品久传的话，读者所见的就只是书中人，和这曾经实有的人倒不相干了。”③ 的确，客观来讲，四铭自《肥皂》发表之日始，便成为独立的艺术形象，当初作者创作时的种种心事已无关紧要。然而，笔者不禁想，或许当初鲁迅自己也有片刻为四铭的受屈而不平，于是点染之下将诛心之论交由读者评判。④ 可惜的是，这一作品并不为读者们所注意，而注意到的学者们似乎也终于并不站在

---

① 李长之：《鲁迅批判》，北京出版社，2011，第93页。另有竹内好视其为“愚蠢之作”“读后甚至感到不快”，参见〔日〕竹内好《近代的超克》，生活·读书·新知三联书店，2005，第77、85页。

② 〔英〕凯瑟琳·贝尔西《批评的实践》：“批评的目的不是去寻找作品的统一，而是去发现文本中可能具有的多样和不同的意义，文本的不完全性，它所显示出但未能描述的省略，尤其是它的矛盾性。文本在其空白中，在其各种意义之间的冲突中，隐含着对自身所属意识形态的批评；就读者可能有一个新的生产意义的过程来说，文本自身包含了对自身价值观念的批评，在这一过程中，它能够提供认识意识形态所表现的局限的真正的知识。”转引自吴晓东《战时文化语境与20世纪40年代小说的反讽模式——以骆宾基的〈北望园的春天〉为中心》。

③ 鲁迅：《且介亭杂文末编·〈出关〉的“关”》，《鲁迅全集》（第6卷），第536页。

④ “传记生涯形象和作品生成形象的有效内在关联的建立，从而取得一种作家人格形象的整一性。”“文本细读是作家经典化的不可或缺的环节，但内部研究并不是仅把眼光局限于文本本身，也需要引入作家论和文学史的视野。”（吴晓东：《“细读”和“大写”——关于沈从文研究的访谈》，《当代文坛》2018年第5期）。

四铭一边。[①]

然而纵使综合来看四铭仍不免是道学先生，但“诛心之论”真能证其为“假”吗？笔者故此为“铭四德”的四铭正名。

① 〔加〕琳达·哈琴：《反讽之锋芒：反讽的理论与政见》：“在没有被诠释为反讽之前，反讽就不成其为反讽。”反讽需要读者的“发现”，笔者认为鲁迅对四铭的暗骂是包含反讽义的，有自伤的成分。转引自吴晓东《战时文化语境与20世纪40年代小说的反讽模式——以骆宾基的〈北望园的春天〉为中心》。

“他不是只能吹出一种单调的稻草”*
——郭沫若早期小说创作的审美之维

◇王玉春**

摘　要：驰骋想象、涅槃更生的“诗人郭沫若”和耽于写实、困顿潦倒的“小说家郭沫若”，在早期创作中呈现出热情激越、雄浑豪放与颓废阴郁、感伤遁世的双重文风。其“写作空间”的转换包括文体空间的转换、叙述空间的转换以及发表空间的转换，为考察郭沫若早期创作提供了新维度。在带有某种同质化的创作潮流的裹挟下，作为小说家的郭沫若贡献了迥异的文本，不从理念出发，不追求典型性戏剧性的情节。这些带有鲜明写实意味的“零距离”书写的身边小说，在互文阅读中意义得以彰显，尤其在当时的读者鉴赏中表现出格外重要的“偏爱价值”。

关键词：郭沫若　《漂流三部曲》　写实　偏爱价值

长期以来，在五四新文学的书写中郭沫若都以狂飙突进、开一代诗风的激越风格独树一帜，闻一多在《女神之时代精神》一文中对他的评价得到了广泛认可：“若讲新诗，郭沫若君底诗才配称新呢，不独艺术上他的作品与旧诗词相去最远，最要紧的是他的精神完全是时代的精神——二十世纪底时代的精神。有人讲文艺作品是时代底产儿。《女神》真不愧为时代底一个肖子。”① 的确，在《女神》中我们可以领略到雄浑洒脱、悲壮豪迈的激情和浪漫。诗人用夸张奇特的想象，火山爆

---

* ［基金项目］基本科研业务费重点项目“通信文体与五四文学研究”，项目编号：DUT20RW210。

** 王玉春，大连理工大学中文系副教授，硕士生导师，主要从事中国现当代文学与文化研究。

① 闻一多：《女神之时代精神》，《创造周报》第4号，1923年6月3日。

发般狂飙突进的气势，塑造了一个个感情炽热、吞吐日月、涅槃更生的抒情主人公，他们勇猛地否定一切，反叛一切。这正是鲁迅所张扬的“摩罗诗力”，也是五四时代精神的诠释。在早期的诗剧创作中，郭沫若同样大胆想象，破除陈腐旧规，塑造出一系列性格鲜明的具有叛逆精神的女性形象。因此，“诗人郭沫若”[①] 作为上进一派作家的代表，是努力向上的青年的表现者，而与代表颓废一派、颓废幻灭的青年的表现者的郁达夫，形成了鲜明的对比。然而，“小说家郭沫若”却展现出了迥异的创作旨趣。1920 年代，郭沫若创作了相当数量的记叙身边琐事、人生经历或披沥心境的小说，以写实的笔法摹写原生态的生活图景：养家糊口、身心疲累的父亲，操劳家政、生儿育女的妻子，幼小待哺的儿女，贫穷悲冷，颠沛流离，饥寒交迫。其中的主人公“我”或者“爱牟”，敏感自卑、颓废阴郁，那个自言“我要左手拿着《可兰经》，右手拿着剑刀一柄”[②] 的激进炽热的创造者沦为“软弱的消极者”[③]，这些被认为具有鲜明自叙传色彩的小说坦白赤裸地呈现了郭沫若的另一面。

不难看出，作品中的双重风格所对应的恰是作者的双重身份（驰骋想象、涅槃更生的“诗人郭沫若”和耽于写实、困顿潦倒的“小说家郭沫若”）及其塑造的两类抒情主人公（激进炽热的创造者和颓废软弱的消极者）。其中，“诗人郭沫若”的“创造者”形象获得广泛认知，那么，“小说家郭沫若”的这些写实性文本的意义何在？两种文风的并存参见，对重新认识郭沫若的创作风格与艺术特征，提供了哪些有益的补充？本文以郭沫若早期的创作为主要研究对象，试图梳理其文学创作中的审美风格，并在与其同时代作家的作品的互文阅读中，深入阐释郭沫若小说的文学价值与史学意义。

---

① 钱杏邨：《诗人郭沫若》，《郭沫若研究资料》（上），中国社会科学出版社，1981，第 83 页。

② 郭沫若：《力的追求者》，《创造周报》第 4 号，1923 年 6 月 3 日。

③ 闻一多：《女神之时代精神》，《创造周报》第 4 号，1923 年 6 月 3 日。

一

对于郭沫若作品中所呈现出的迥异文风，研究者们往往将其归因为郭沫若前后思想的转变。早在 1930 年代，钱杏邨就撰文论述了“转变说”，认为 1924 年是郭沫若“生活史上的一大关键”[①]，并分析了其回国后因经济问题而发生的转变，从之前的“诗人与梦”走向“经济的苦闷”。的确，郭沫若在小说《漂流三部曲》中也描述了自己生活的今昔对比：“他在学生时代，一月专靠着几十元的官费还可以勉强糊口养家，但如今出到社会上来，连这点资助也断绝了。他受着友人们的接济寄居在安南路上的一个弄子里”，“他的物质上的生涯也就如象一粒种子落在石田，完全没有生根茁叶的希望了”。1923 年从日本归国后对国内社会现实的真切体验以及 1924 年对河上肇《社会组织与社会革命》的研读、翻译也都被视为郭沫若思想嬗变的契机。但是，这种生活状况的改变所导致的其思想的变化，进而引起的创作文风的改变，也许并没有如此立竿见影、泾渭分明，而且更多时候郭沫若的这两种文风是同时存在的。在归国前的所谓“诗人与梦”时期，郭沫若的内心世界未尝没有此类的苦闷彷徨与绝望。1920 年，郭沫若在致宗白华的书信中为对方的一句“诗人人格”潸然泪下而连称“我是坏了的人”，他写道：“我自己底人格，确是太坏透了。我觉得比 Goldsmith 还堕落，比 Heine 还懊恼，比 Baudelaire 还颓废。”[②] 信中还抄录了自己的旧作《寻死》《夜哭》，其中的“出门寻死去，孤月流中天”“有生不足乐，常望早死好”等诗句都是后期小说中“软弱的消极者”的写照。同样，在后期的经济苦闷里，诗人的梦也未尝就消失了。

这种差异或许还可以从“写作空间”的角度来加以考察。这里所

① 钱杏邨：《诗人郭沫若》，载李霖编《郭沫若评传》，现代书局，1932，第 5 页。转引自《郭沫若研究资料》（中），知识产权出版社，2010，第 561 页。

② 郭沫若：《三叶集》，《郭沫若全集·文学编》（第 15 卷），人民文学出版社，1990，第 16 页。

说的“写作空间”体现在以下三个方面。

首先，是由诗歌到小说的文体空间的转换。如上所述，在郭沫若的具体创作中其实是兼具浪漫与写实两种风格的，而且在诗歌中往往浪漫主义风格更浓，而在小说中尤其是书写身边琐事的自我小说中则体现出较为鲜明的写实风格。

创造社的作家向来被认为具有浪漫主义的创作倾向，郭沫若在很多文章中也鲜明地表达了自己的文学表现观。1923 年，在《自然与艺术》一文中，郭沫若斩钉截铁地提出了自己的文学主张：“二十世纪是文艺再生的时候，是文艺从科学解放的时候，是文艺从自然解放的时候；是艺术家赋予自然以生命，使自然再生的时候，是森林中的牧羊神再生的时候，是神话的世界再生的时候，是童话的世界再生的时候；艺术家不应该做自然的孙子，也不应该做自然的儿子，是应该做自然的老子！”① 于是，复活转来的伟大的诗人，在舞台上高唱：“是谁区分出这平匀灵动的节文，/永恒生动着一丝不乱地动颤？/是谁唤集万散而成一如，/调和音雅地鸣弹？/是谁使狂风暴雨惊叫怒号？/是谁使落日残晖散成绮照？/是谁投美丽的春花/于彼情人并步的中道？/是谁组织无谓的碧叶/使成荣誉之冠冠彼人豪？/是谁奠定峨岭普司之山聚集神祇？/啊，人生之力，全由我们诗人启示！”② 这样的抒情方式，堆砌排比的运用，夸张的想象，与《女神》毫无二致，让人联想到《湘累》中“我效法造化的精神，我自由创造，自由地表现我自己。我创造尊严的山岳、宏伟的海洋，我创造日月星辰，我驰骋风云雷雨”的豪迈磅礴。这是“诗人郭沫若”擅长的笔法。

但具体到小说创作中，文字的风格便陡变。上述的这篇激情洋溢的文章写于 1923 年“8 月 21 日夜”，一个星期后的“8 月 28 日夜”，郭沫若创作了小说《月蚀》。琐碎地记录了 8 月 26 日这天一家人看月蚀的经过。一家人原本打算到吴淞看月亮，后来因为车费太贵，而不得已

① 郭沫若：《自然与艺术——对于表现派的共感》，《创造周报》第 16 号，1923 年 8 月 26 日。

② 郭沫若：《自然与艺术——对于表现派的共感》，《创造周报》第 16 号，1923 年 8 月 26 日。

改去“华人和狗不得入内”的黄浦滩公园。面对黑团团的黄浦江，“我”想念起家乡神韵袭人、未经斧钺的好山好水，妻子说起自己昨晚的奇怪又惊悚的噩梦，其间又回忆起在日本时与邻居宇多姑娘的朦胧情愫。整篇小说结构平淡，看不到构思，仿佛平铺直叙的日记。对于新文学读者来说，《天狗》无疑是具有划时代意义的名篇，其中“我是一条天狗啊！我把日来吞了，我把月来吞了，我把一切的星球来吞了，我把全宇宙来吞了，我便是我了”（《天狗》）的慷慨激越，在小说《月蚀》中，变成了父亲与儿子们之间的一段毫无浪漫可言的平庸对白：

> 我说：“那不是新月，那是有一条恶狗要把那圆圆的月亮吃了。”
>
> 二儿的义愤心动了，便在电车上叱咤起来：“狗儿，走开，狗儿！”
>
> 大的一个快满六岁的说：“怕是云遮了罢？”
>
> 我说：“你看，天上一点云也没有。”
>
> ——“天上有没有狗啦。”
>
> 啊，我简直找不出话来回答了。（《月蚀》）①

还有一点需要注意的是，郭沫若的小说中常常出现大段大段的诗歌，这些诗歌往往不是引用古人的诗歌来赋诗言志，而是作者自己创作的新诗，以此来承载其抒情的功能，例如《十字架》中的多首诗歌，这些诗歌不具有叙事功能，更多地承担着情感宣泄的功能：“他反反复复地沉吟，起初只是一二句不整饬的悲愤语，后来也渐渐成了这么一首歌词。这是文人们的一种常有的经验，每到痛苦得不堪忍耐的时候，突然经一次的发泄，表现成为文章，他的心境是会渐渐转成恬静的。爱牟也味觉到这种心境上来了。不怕他的心中，他的歌中，对于文艺正起了无限的反抗，但他却从他的衣袋中搜出了一枝铅笔，俯就桌上，把他夫人的来信翻过背面来，便写出他这首歌词。信上的泪痕还有些是湿的，

① 郭沫若：《月蚀》，《创造周报》第17号、第18号，1923年9月2日、1923年9月9日。

写时每为铅笔刺破，但他也不回避，只是刺刺的写，好像他所把捉着了的东西，深恐失掉了的一样。他写好了后，又反复念了一回，他只觉得他的心尖异样的战栗。”① 此外，《月蚀》中宇多的歌、《行路难》中《新生活日记》里的诗，《歧路》《炼狱》中的爱牟反复讴吟的诗等，也都承担着抒情功能。

其次，叙述空间的变换。对郭沫若而言，这种空间的变换不仅表现在从日本到上海的地理空间的变化所引发的生活感受的落差，如《月蚀》中写道，“我们在日本的时候，住在海边，住在森林的怀抱里，真所谓清风明月不用一钱买，回想起那时候的幸福，倍增我们现在的不满”②，还表现在文本叙述中由室内的私人空间到室外的公共空间的转换。

小说《湖心亭》的镜头从室内开始：“小小的家庭中，低气压已经低迷了两三天了。”夫妻二人因朋友的寄住发生争吵，“我”怒气冲冲地窜出家门，随后镜头追着“我”，如纪录片般地拍摄了“我”离家出走一天路上的所见所闻、所思所感。从外国人建筑的堡垒，到比租界还要繁华的中国市街，再到城隍庙，作者在游历过程中不时地感叹国人的麻木精神、“算盘主义”。到了湖心亭，作者的忧愤更加激越有力：

> ——哎，颓废了的中国，堕落了的中国人，这儿不就是你的一张写照吗？……
>
> 美好过的我们古人！你们的成绩虽然已掩蔽在那重重的丑劣的秽障之中，但你们的精神不是通过了那千重万层的秽障来和我接触了吗？……
>
> ——哎，要解救中国，要解救中国人，除非有一次彻底的兵火！不把一切丑恶的垃圾烧尽，圆了寂的凤凰不能再生！③

---

① 郭沫若：《十字架》，《创造周报》第 47 号，1924 年 4 月 5 日。

② 郭沫若：《月蚀》，《创造周报》第 17 号，1923 年 9 月 2 日。

③ 郭沫若：《湖心亭》，《学艺》第 7 卷第 1 期（1925 年 8 月 15 日），转引自《郭沫若全集·文学编》（第 9 卷），人民文学出版社，1985，第 412 ~ 413 页。

尽管“脑里的空隙完全被怒气填满”，但走出家门的“我”，由“小我”变成了“大我”。此外，在《亭子间中》《行路难》等小说中，我们都能看出由空间转换所带来的叙述风格的变化。

现实对创作的冲击和影响是毋庸置疑的，郭沫若在自己的写作中，则通过物理空间的转换，完成了两种创作风格的转换。正如作者自己所言：“他的精神取的总是这样的一种路径。注意力分散在外界的时候，不是和小儿一样无谓地喜欢，便是和歇斯迭里的女人一样，无谓地猜忌；注意力一收回到自己的时候，他又执拗地悲观着自己的生活起来。”①《亭子间中的文士》以主人公居住的私人空间为标题，仅有两立方米的一座小小的亭子间，是爱牟的书斋兼寝室，其间只能安放一张书桌。书桌是从友人处借来的年老方桌，爱牟睡在地板上，因为他没有钱买床，也没有空间放床。当他把西窗推开，对面邻家的亭子间便现在眼前，而当他聚焦外部世界时，“突然间一种小说般的结构羼进了他隐痛着的脑里来了”②。于是作者开始驰骋想象，想象亭子间中的罗密欧与朱丽叶。在这些作品中，他往往在室内的私人空间中展开现实叙事，这时的笔触细微记录着疲惫的生活。逼仄狭小的居所，为妻儿的生活疲于应对的困窘的运命，都被认为是作者的真实写照。而室外的公共空间则承担着理想叙事，体现他对家国命运的思考，或成为其浪漫情感的想象和寄托。

同样的转换在鲁迅的小说《伤逝》中也有体现。与子君同居后，涓生在吉兆胡同的小小家中感受到的是禁锢，是感情的空虚、经济的困窘以及对一地鸡毛的生活的无力。而当他走出家门进入公共空间时，涓生不再颓唐，变得意气风发、振翅驰骋：“我看见怒涛中的渔夫，战壕中的兵士，摩托车中的贵人，洋场上的投机家，深山密林中的豪杰，讲台上的教授，昏夜的运动者和深夜的偷儿……”③ 空间的转换恰恰呈现

① 郭沫若：《行路难》，《东方杂志》第22卷第8号（1925年4月25日），转引自《郭沫若全集·文学编》（第9卷），人民文学出版社，1985，第323页。

② 郭沫若：《亭子间中的文士》，《现代评论》第1卷第8期（1925年1月31日），第386页。

③ 鲁迅：《伤逝》，《鲁迅全集》（第2卷），人民文学出版社，2005，第124页。

出现实与理想的冲突，郭沫若在给田汉的信中也有过类似的表达：“我的灵魂久困在自由与责任两者中间，有时歌颂海洋，有时又赞美大地；我的 Idea 和 Reality 久未寻出个调和的路径来，我今后的事业，也就认定着这两种的调和上努力建设去了。”① 这种现实与理想的冲突，在某种程度上反映出 20 世纪中国文人的共同命运，折射出中国知识分子们的时代焦虑。

在郭沫若小说中还有一个值得关注的虚构的想象空间“梦境”，同样承载着对现实的宣泄和焦虑。郭沫若在《牧羊哀话》《残春》《喀尔美萝姑娘》等作品中都插入了梦的场面。其中，《残春》中的梦境就很具代表性，向来为研究者们所关注，此处不再赘述。在梦里，主人公成为自由身，试图摆脱家庭、责任、道德等的束缚。由此我们同样可以窥见理想幻灭的悲哀、理想与现实对立而带来的生存焦虑及其对理想生活的渴望。

再次，文学场域中发表空间的转换。作家的创作主张其实还深受文学场域的影响，一个值得注意的现象是，1924 年前后郭沫若的小说中多是感慨现实的无力之叹，但是在报刊的“公共空间”中，郭沫若所发出的却是另一种声音：

> 别了，低回的情趣！
> 别要再来缠绕我白热的心曦！
> 你个可怜的扑灯蛾，
> 你当得立地烧死！
>
> 别了，虚无的幻美！
> 别要再来私扣我铁石的心扉！
> 你个可怜的卖笑娘，
> 请去嫁给商人去者！

① 郭沫若：《三叶集》，《郭沫若全集·文学编》（第 15 卷），人民文学出版社，1990，第 66 页。

别了，否定的精神！
别了，纤巧的花针！
我要左手拿着《可兰经》，
右手拿着剑刀一柄！①

这首题为《力的追求者》的小诗，刊载于1923年6月《创造周报》第4号，而本期的首篇文章正是成仿吾的《士气的提倡》，文中写道："我们的祖先所表现的士气，还不免是一种消极的反抗精神，现在时代要求我们即为积极的表现了。我们所要表现的新士气，是进而征服的精神。我们要征服一切的障碍，把人类的良心由昏睡之中救起，为他吹起新鲜的生命。我们要使人类的良心，重为正义与真理而战！"② 作者赞美俄国的知识阶级，认为"他们那种纯真的理想，那种对于社会公共福利的热诚，与那种不顾一身的利害，只知努力向上的牺牲的精神，啊，那是人类史上永不可消磨的最美的一页！"③ 不难看出，郭沫若的《力的追求者》实际上是集体合唱中的和声，也是郭沫若作为创造社的主力，与同人引为同调、互相应和的一种表现。而与之相比，小说集、丛书则可以被视为其相对自由歌唱的"自己的园地"。

二

1920年代是郭沫若小说创作最为旺盛的时期，特别是1924年，从小说结尾的落款时间上我们就可以看出作者写作的速度和频率：《歧路》（1924年2月17日）、《圣者》（1924年2月22日）、《炼狱》（1924年3月7日）、《十字架》（1924年3月18日）、《三诗人之死》（1924年8月14日）、《阳春别》（1924年8月15日）、《喀尔美萝姑娘》（1924年8月18日）、《Lobenicht的塔》（1924年8月26日）、

① 郭沫若：《力的追求者》，《创造周报》第4号，1923年6月3日。
② 成仿吾：《士气的提倡》，《创造周报》第4号，1923年6月3日。
③ 成仿吾：《士气的提倡》，《创造周报》第4号，1923年6月3日。

《人力以上》（1924 年 9 月 12 日）、《万引》（1924 年 9 月 18 日）、《行路难》（1924 年 10 月 15 日）、《叶罗提之墓》（1924 年 10 月 16 日）。小说创作无疑在郭沫若的文学创作生涯中占有很大比重。这些小说的主题和内容非常广泛，正如 1947 年郭沫若在小说集《地下的笑声》的序言中所写：“有的是寓言，有的是写实；有的是历史故事，有的是身边杂事，或者可以命名为《五花八门集》吧。”[①] 具体到 1920 年代的小说创作，基本可以分为两类，在此沿用的是《〈中国新文学大系·小说三集〉导言》作者郑伯奇的分法：一类是寄托小说，即“寄托古人或异域的事情来发抒自己的情感的”小说；一类是身边小说，即描写“自己身边的随笔式的”小说。

与诗歌、历史剧的高度评价相比，郭沫若的小说向来评价不高，如沈从文曾有过这样的评价：“让我们把郭沫若的名字位置在英雄上，诗人上，煽动者或任何名分上，加以尊敬与同情。小说方面他应当放弃了他那地位，因为那不是他发展天才的处所。一株棕树是不会在寒带地方发育长大的。”而在这两类小说中，身边小说尤其不被看好。郑伯奇在《中国新文学大系·小说三集》中选取了郭沫若的三篇寄托小说作品：《牧羊哀话》《函谷关》《Lobenicht 的塔》。对身边小说却没有收录。除了篇幅的关系，恐怕主要原因还在于编者认为这两类比较下来，寄托小说是更成功的。的确，一方面，与同时代的大家鲁迅、茅盾相比，郭沫若的小说在深度和广度上都有所欠缺，在艺术上也有明显的瑕疵；但是，另一方面，我们也要看到，郭沫若的那些表现出极其鲜明的写实风格的身边小说，恰恰因为其非英雄、非诗意、非煽动性的特质而别具价值，这些贴着生活如实书写的作品，在互文阅读中所彰显出的价值，有待我们深入探讨。

以婚恋书写为例，同时代的作品在情节设置上往往较为悲壮，突出主人公的悲剧命运，表现出一定的同类化倾向。例如，鲁迅在《伤逝》中以子君之死来终结叙事，这样的处理方式曾受到学者的质疑。[②] 鲁迅

① 郭沫若：《地下的笑声》，上海海燕书店，1947，第 1 页。

② 王钦峰：《“子君之死”是鲁迅的一个艺术失误》，《宜昌师专学报》1994 年第 2 期。

的另一篇小说《在酒楼上》也是用死亡来终结顺姑的包办婚姻。其实，这种死亡叙事与他一贯主张的“激烈”的改革手段非常一致，如其在《无声的中国》中的经典论述：“中国人的性情是总喜欢调和，折中的。譬如你说，这屋子太暗，须在这里开一个窗，大家一定不允许的。但如果你主张拆掉屋顶，他们就会来调和，愿意开窗了。没有更激烈的主张，他们总连平和的改革也不肯行。”① 在这样的理念下，主人公的死就势在必行，不死不足以引起疗救的注意。女作家冯沅君的代表作《隔绝》和《隔绝之后》的男女主人公也是自杀而死的结局。尤其值得探究的是，该小说的主人公明明有生活原型②，但是作者却偏偏在书写中改变人物的命运。女主人公隽华的原型是冯沅君的表姐，上学期间因自由恋爱被母亲囚禁，表姐便以绝食自杀表示反抗。其后母亲在众人的劝说下妥协，同意让她继续上学。但在小说中，作者为了强化封建礼教吃人的本质，舍弃了表姐返京的结局，设计了男女主人公双双服毒殉情的激烈场面。无独有偶，巴金《家》中的鸣凤，也是有生活原型的。据巴金回忆，家中原有个叫翠凤的丫头，远方亲戚要讨去做姨太太，被她严词拒绝，后来她“快乐地嫁了人”[《关于〈家〉（十版代序）：给我的一个表哥》]，现实生活中并没有发生跳湖自杀的激烈事件。但作者却要用鸣凤的悲壮之举来激发觉慧觉醒，推动故事情节发展。再如梅表妹也是真有其人，她和巴金的哥哥恋爱不成功后嫁给了一个有钱人生儿育女，生活看起来安稳幸福，并没有发生小说中失恋后痛苦凄凉一生的悲剧。

这些极端激烈的情节设置，不能不说是作者主观意图的投射，也是五四时期激进思想的反映。在这样的创作理念下，作家为读者提供的往往是一些“伪现实”，正如华莱士·马丁所言：“现实主义小说中的人物依靠他们所读之书中的成规来解释世界。”③ 但是，郭沫若的写作却呈现出不同的风貌。为了更好地说明其身边小说与寄托小说的不同，我

---

① 鲁迅：《无声的中国》，《中央日报》1927 年 3 月 23 日。

② 赵金钟：《院士世家——冯友兰·冯景兰》，河南科学技术出版社，2015，第 146 页。

③ 〔英〕华莱士·马丁：《当代叙事学》，伍晓明译，北京大学出版社，1990，第 75 页。

们以《卓文君》和《漂流三部曲》做一个对比。

1923年，郭沫若在三幕剧《卓文君》中，对古代私奔叙事中最有代表性的文君夜奔司马相如的故事进行了重新演绎。对于《卓文君》的创作意图，郭沫若自言“完全是在做翻案文章”（《写在〈三个叛逆的女性〉后面》），我们知道，广为流传的文君故事其实有一个大家乐于接受的皆大欢喜的结局，人们津津乐道的是文君夜奔之后，卓王孙分财以及相如荣归等扬眉吐气的喜剧结局。《卓文君》在情节设置上却突出其悲剧性，在冲突最为激烈的第三幕中，卓文君相约私奔的书信被发现，当其父前来阻挠时，文君如斗士一般挺剑前行，红箫更是直接刺死了告密的情人后自刎身亡，冲突竟然发展到剑拔弩张、兵戈相见的地步。红箫之死，同样受到很多学者的质疑，认为“红箫在即将逃出那个封建牢笼寻求真正的幸福与自由的时候为情自刎，她的情人秦二根本不配也不值得她那么做”①。而在创作者看来，这种冲突、悲剧效果却正是剧本的创作意图与价值所在。

这种“激烈性”的文学书写可以说带有某种同质性的特点，打上了鲜明的时代烙印。不过，郭沫若在这一时期身边小说的创作中却贡献了迥异的文本，不再从理念出发，不追求典型性、戏剧性的情节，而是贴着生活的本来面目去摹写。例如在前面提到的小说《湖心亭》中，夫妇之间发生激烈冲突，丈夫心灰意冷愤然离家。这样的情形在鲁迅的《伤逝》中发展为悲剧，当涓生再回到家后，只看见冰冷的屋子。子君已然离开了，走前还留下了全部的生活资料，这让男主人公十分伤心感怀。而郭沫若笔下的男主人公在外面悲伤地行走了一天，心情平复后开始自责担忧，待回到家后隔着窗看到妻子安然无恙正在厨下煮饭，三个孩子则嘻嘻哈哈地围在母亲的身旁谈笑，生活仍在原来的轨道上继续着。

再如《漂流三部曲》《行路难》更是带有自叙传性质的写实性的文本，展现出的是更加接地气的书写。《漂流三部曲》由《歧路》《炼狱》《十字架》三个具有连续性的短篇小说组成，从因生活困窘不得不

① 侯芳：《试论〈三个叛逆的女性〉中的传统与反传统》，《郭沫若学刊》2005年第2期。

送别妻子、儿女共沾巾的“歧路”，到妻儿走后，精神在凄切的孤单中自暴自弃又追悔莫及的“炼狱”生活，再到背负着沉重的家庭、责任、生计的“十字架”，主人公卑微却顽强地生活着。特别值得注意的一个细节是，当男主人公深深地沉浸在分别的伤感与焦虑当中时，妻子留下的是极为平实的话语：“我们去了，你少了多少累赘，你可以专心多做几篇创作出来，最好是做长篇。”朴实的言语却具有格外真实而打动人心的力量。郭沫若的这些身边小说可以说真正诠释了鲁迅在《伤逝》中的名言：“人生的第一要义便是生活，人必须生活着，爱才有所附丽。”于是，我们在《行路难》中看到了很多极其琐碎却又十分鲜活的细节，搬家时夫人把蚊帐提前收拾走了，这个错误在孩子们睡下时被发现，蚊子一阵一阵地飞来攻袭，孩子们不能安睡，于是夫妇俩只好与蚊子进行“肉搏战”，拼一个不睡，替孩子们做有生命的蚊麈：

一个蚊麈幽幽地说：“太早了也不行，太迟了也不行呢。”

——“什么事情呢？”又一个蚊麈幽幽地回问。

——“就是我们搬家的事情啦。”

……

两只活蚊麈还是幽幽地在电灯光下对话。

——“你今天为什么没有买一顶帽子呢？”

——“不好买得。买夏季的太迟，买秋季的又太早了。”

——“嗳，什么事情都是一样，太迟了也不行，太早了也不行。”

嗡嗡嗡嗡……

啪的一声又打死了一个蚊子。①

两只“活蚊麈”在灯光下幽幽对话的场景极具视觉冲击力，由人

① 郭沫若：《行路难》，《东方杂志》第22卷第8号（1925年4月25日），转引自《郭沫若全集·文学编》（第9卷），人民文学出版社，1985，第302页、第311～312页。

到蚊塵的拟物化的背后颇具象征意味，主人公在艰辛的生活面前的心酸、无力又无奈之感跃然纸上。与此同时，两只“活蚊塵”在嗡嗡声中的“幽幽地”对话，又在一定程度上显示出主人公对现实生活的坦然与韧性。对于小说的主人公来说，死并不难，最难的是挣扎着生活。他因交不起房租而一次次搬家，被房东驱赶，流离失所，为了一家五口人的生计不得已典卖衣物，避居山野，经济困顿，漂泊不定，鬻文为生，备受屈辱。但是，艰苦的生活并没有销蚀掉他对生活的欲望，也没有使他彻底消沉颓废，就像文中写到的，“那时是绝望的分手，这时有葱茏的希望留在后头。——啊，人生的幸福不原在自己的追求吗?”“一切都有净化的时候。流罢，流罢，大海虽远，但总有流到的一天!”① 郭沫若的写作不雕饰不造作，更没有为了追求悲剧效果而刻意营造“激烈”的氛围，真切地描摹出了中国社会转型期的知识分子们追求、徘徊、挣扎的心路历程，在带有同质性的时代书写大潮中可谓独树一帜。

三

毋庸讳言，郭沫若的这些身边小说，对社会生活缺乏深入的挖掘和开拓，在艺术上也较为粗糙，因此学者们往往更看重其认识价值，如刘纳教授所特别指出的“郭沫若小说的认识价值大于它的审美价值”：

> 郭沫若小说和他的生命如此一致，我们阅读郭沫若小说，仿佛跟随这位杰出人物走过他半生艰难困苦而又壮丽光辉的道路，仿佛亲眼看到了他和他那一代人：他们痛苦的追求，他们英勇的奋斗，他们经历的无限艰辛，他们承受的罕见的磨难。比起他的诗歌、戏剧、散文和自传来，小说使我们更具体地、更深入地了解和理解郭沫若，了解和理解他那一代的中国进步的、革命的知识分子，了解

① 郭沫若:《行路难》,《东方杂志》第22卷第8号（1925年4月25日），转引自《郭沫若全集·文学编》（第9卷），人民文学出版社，1985，第344页。

和理解他所经历过的中国社会和中国革命。郭沫若的小说创作是他留给后代人民的一份不应被忽视的精神遗产。[①]

上述评价无疑是从历时性的角度基于学术史意义做出的阐发，而如果将郭沫若的小说放置在其创作发表的1920年代，对于当时的读者而言可能还具有格外重要的鉴赏价值。郭沫若在《漂流三部曲》中有过这样一段描述，强调作品鉴赏中休戚相关的“共情”与“切肤之痛”：“在空阒的陋室中，在冷寂的夜气中，一个孤独的女人，描写着生离的恨绪。这在不关休戚的人看来，就如像在杀人场上看见了处决死囚，看见了别人的血肉横飞、身首异处，倒可以感受些鉴赏悲剧的快感。但在身当其事的人，在与当事者有切肤之痛的人，他们的悲哀，他们的眼泪，是不能用科学的方法来计算的了。”[②] 同样的文字，可能因为读者的阅历与心情的差异，因为阅读语境的变迁，而产生截然不同的阅读效果。而在那些与作者“振动数相同”“燃烧点相等”[③] 的读者心中，作品的价值则会因此凸显，这就是郁达夫所谓的“偏爱价值”。

1923年，郁达夫在《文艺鉴赏上之偏爱价值》一文中，借用了经济学价值论里的一个专门名词来论述文艺鉴赏中的“偏爱价值”：

有一种货物，对于一般人，并没有什么价值，而对于一定之个人，却有绝大的价值的。这一种价值，在经济学的价值论里，有一个专门名词，即所谓偏爱价值（Affektionswert）者是。例如祖先的图像，对于社会上之最大多数者，并没有什么价值之可言，但对其子孙则可成为无价之宝。这一种偏爱价值，在文艺鉴赏上也有的，不过我在此地所说的，是广义的偏爱价值，她的意义并不是同经济

---

① 刘纳：《谈郭沫若的小说创作》，《中国现代文学研究丛刊》1983年第4期。

② 郭沫若：《十字架》，《创造周报》第47号，1924年4月5日。

③ 郭沫若：《女神·序诗》，《时事新报·学灯》（1921年8月26日），转引自《郭沫若全集·文学编》（第1卷），人民文学出版社，1982，第3页。

学上那么范围狭小。[①]

从“偏爱价值”的角度或许可以更好地解释，为何有些作品在艺术性上并不完美却偏偏深受读者的喜爱。对于郭沫若而言，他的这些带有自叙传性质的身边小说也在当时读者中受到格外的“偏爱”。郁达夫在《北国的微音》中曾提及一个朋友的阅读感受：“昨天一个朋友来说他读到《歧路》，真的眼泪出了。……他说近来他也感染了一种感伤病，不晓怎么的感情好像回返到小孩子时代去了。说到这里他忽而眼圈又红了起来。”[②] 这位朋友对《歧路》的认同显然出自情感的共鸣。小说虽然在艺术上有些粗糙，情节简单，结构单一，记叙松散，却因写实而贴近生活，情感坦白真挚。尤其值得注意的是，小说往往通过大段大段的内心独白，真实地呈现了主人公复杂纠结、怆恼无奈的内心挣扎。《歧路》的男主人公迫于生活无奈送妻儿和三个孩子折回日本，内心却在盘旋：

> 一个年轻的女人带着三个儿子到日本去，还要带些行李，上船下船，上车下车，这怎么能保无意外呢？昨天买船票的时候，连卖票的人也惊讶了一声。“啊，别人都还要惊讶，难道我做人丈夫做人父亲的能够漠然无情吗？我是应该送他们回去。我是应该送他们回去。从上海到长崎三等舱只要十块钱，送他们去耽搁几天回来，来回也不过三四十块钱。啊，我是应该送他们回去。在船上去补票罢。是的，在船上去补票罢。……”但一回头又想起他同朋友们办的一些杂志来了，“那些杂志每期要做文章，自己走了之后朋友们岂不辛苦吗？有那三四十块钱，他们母子们在日本尽可以过十天以上的生活了，日本的行旅不如中国艰难，想来也不会出什么意外。好在同船有T君照顾，我还是不能去。唉，我还是不能去。”……（《歧路》）

① 郁达夫：《文学鉴赏上之偏爱价值》，《创造周报》第16号，1923年8月26日。

② 郁达夫：《北国的微音——寄给沫若与仿吾》，《创造周报》第46号，1924年3月28日。

小说原原本本地记叙着辗转反复的内心情绪，主人公复杂纠结的主观感受跃然纸上，正如郭沫若在《创造十年》中所言："我把妻子送走以后，写了那《歧路三部曲》，尽性地把以往披在身上的矜持的甲胄通统剥脱了。"① 郭沫若早期小说中的真诚、赤裸、袒露的特征，无疑使其书写更具真实感，拉近了作者与读者的距离。所谓"真者，精诚之至也。不精不诚，不能动人。故强哭者虽悲不哀，强怒者虽严不威，强亲者虽笑不和"②，郭沫若的这些"迸射出全部的灵魂，提呈出全部的生命"③ 的"零距离"书写的小说与同时期的包括《三叶集》在内的书信一起呈现了一个立体可信的抒情主人公形象，以及一个让读者真实可感的"小说家郭沫若"。

需要指出的是，郭沫若的这种带有写实特征的"零距离"书写，与"零度写作"有着本质的区别。"零度写作"是法国理论家罗兰·巴特（Roland Barthes）在1950年代提出的概念，后来被国内学者用于阐释1980年代兴起的新写实小说思潮。郭沫若的零距离书写，虽然也带有新写实小说的某些不雕琢、不夸饰、不刻意为之的特质，按照生活本身的自然态进行真实还原，但是与其所强调的"零度情感"恰恰背道而驰。从作者的角度，郭沫若的早期小说无论是叙事上的正面写实、直而不曲，还是在抒情上的直抒胸臆、歇斯底里，内里所隐含着的敏感的自我、炽热的情感却是一以贯之的，诉肺腑的背后正是一颗"像火一样热烈，像水晶一样透明"④ 的心。而对于读者来说，也许会忘记小说的情节，内心却很容易被感染。郭沫若以自己热烈的"坦白"缩短了与读者的距离，因为这些作品"完全是真实与同情的结晶，是心血和眼泪的溶液；而不是字句和符号的堆积物"⑤。而郭沫若小说的"偏爱

---

① 郭沫若：《创造十年》，《郭沫若全集》（第12卷），人民文学出版社，1992，第184页。

② （战国）庄子：《渔父》，（清）郭庆藩《庄子集释》（第四册），中华书局，2006，第1032页。

③ 洪为法：《评沫若女神以后的诗》，载黄人影编《郭沫若论》，上海书店出版社，1988，第132页。

④ 宗白华：《秋日谈往——回忆同郭沫若、田汉青年时期的友谊》，《北京日报》1980年10月19日。

⑤ 全平：《嫩笋》，《创造周报》第48号，1924年4月13日。

价值”就源自小说与读者个体的生命体验的密切联系，在于感同身受所引起的强烈共鸣。

综上所述，郭沫若早期创作中呈现出热情激越、雄浑豪放与颓废阴郁、感伤遁世的双重风格，与之对应的是作者驰骋想象、涅槃更生的“诗人郭沫若”和耽于写实、困顿潦倒的“小说家郭沫若”的双重身份。双重文风的背后体现了“写作空间”的转换，包括文体空间的转换、叙述空间的转换以及发表空间的转换。1920 年代的小说创作中不乏“激烈性”的文学书写，在带有某种同质化的创作潮流的裹挟下，作为小说家的郭沫若贡献了迥异的文本，不从理念出发，不追求典型性、戏剧性的情节，不雕饰不造作，而是贴着生活的本来面目摹写，这些带有鲜明写实性的“零距离”书写的身边小说，因其非英雄、非诗意、非煽动性的特质而在互文阅读中彰显出特别的价值，尤其在当时的读者鉴赏中表现出格外重要的“偏爱价值”。

东北解放区小说综论

◇金　钢*

摘　要：1945 年到 1949 年是东北区域发生巨大变革的时期，东北解放区小说充分表现了这四年中各个方面的社会生活，塑造了形形色色的人物形象，给后来人留下了时代的缩影、历史的印迹。从题材上看，东北解放区小说主要有回忆过往、土改、解放战争、工业等题材。东北解放区小说以其明朗新鲜，喜闻乐见，创造性地继承了延安文艺精神，反映了东北解放区的历史巨变以及社会变革中的诸多社会问题，为新中国成立后的“十七年文学”开辟了道路，有着很高的文学史价值。

关键词：东北解放区　解放战争　土改

从 1945 年日本投降到 1949 年中华人民共和国成立，东北区域发生了巨大变革。在这短短的四年，东北的政治、经济、军事、文化等领域都发生了翻天覆地的变化，这些变化生动形象地展现于东北解放区小说之中。东北解放区小说充分表现了当时各个方面的社会生活，塑造了形形色色的人物形象，给后来人留下了时代的缩影，历史的印迹。

一

1945 年日本投降以后，东北解放区会集了东北本土作家和延安来的大批作家，这一时期东北解放区的作家可谓群星灿烂，作品成果也是非常丰硕，在全国处于很突出的位置。四年的东北解放区小

* 金钢，黑龙江省社会科学院文学研究所副研究员，主要研究方向为中国现当代文学。

说创作大体可以分为两个阶段。第一阶段是从1945年日本投降到1946年中共东北局扩大会议通过“七七”决议。这一阶段的东北局势还不太明朗，国共双方正在角力，但从小说创作的主题上来看，大多是控诉日伪的黑暗统治，呼唤独立自主的新中国的到来，展现了东北区域历经十四年劫难后重现新生的精神力量。像但娣（田琳）的《血族》《早晨七点的时候》，朱媞的《小银子和她的家族》，奚子砚的《小溪流》，蓝苓的《泡沫》《夜航》，鲁琪的《月亮圆又圆》，金刀的《两个旧同事》，袁犀（李克异）的《狱中记》等，都是表现这一主题的佳作。

第二阶段是从1946年通过“七七”决议到1949年新中国成立。中共在东北的战局并不总是一帆风顺的。四平作战失利后，中共领导人积极总结经验教训，认为失利的原因主要是我党我军当时在东北没有做好群众工作，因此，中共在“七七”决议中确立了发动群众、争取群众的正确方针。陈云在决议里写道：“我们的方法，就是从战争，从群众工作，从解决土地问题改善人民生活，从其他一切努力，去增加革命力量，减少反动力量，使双方力量对比发生于我有利的变化。”①

应该看到，抗战胜利后，相当一部分东北群众对国民党政府存有“正统”观念，视其为中国政府的合法代表；同时，长期较为封闭的殖民统治也使东北群众对共产党、八路军了解不多，对共产党的政策和力量存有怀疑，上述这些因素形成了当时所谓的“伪满洲国脑瓜”。

在当时的局势下，中国共产党要最广泛地发动群众，改造那些“伪满洲国脑瓜”并不容易，大批文艺工作者进入东北，便肩负了和武装部队同样重要的“文化部队”的任务，他们用文学作品教育、引导群众，积极参与了打碎旧的国家机器和意识形态的过程。他们在创作中所进行的努力恰如刘白羽所说：“谁都不否认，我们正在进行的斗争，

① 《建党以来重要文献选编（1921～1949）》第23册，中央文献出版社，2011，第345页。

是中国人民反对旧中国统治者空前激烈的斗争。今天（以至将来）我们的任务，首要的是如何推动这一斗争，使这一斗争取得胜利。因此，文学的任务首要就是当前的积极的战斗的任务。不是作家个人考虑爱做什么做什么，而是如何斗争有力就做什么。”①

在党的文艺方针政策的指引下，东北解放区作家们广泛地深入生活，深入农村土地改革、前方战斗生活以及工厂建设之中去，亲身体验群众生活，这使得东北解放区的小说能够反映生产、生活、战斗等各个领域的变化，反映人民精神世界的变化，洋溢着浓郁的生活气息。作品的主题集中在土改斗争和前方战争这两个方面，产生了如周立波的《暴风骤雨》，马加的《江山村十日》，白朗的《棺材里的秘密》《孙宾和群力屯》，井岩盾的《瞎月工伸冤记》，刘白羽的《战火纷飞》《政治委员》《无敌三勇士》，李尔重的《第七班》《舒队长》，西虹的《英雄的父亲》等脍炙人口的作品。

二

从1931年九一八事变到1945年日本投降，这十四年的沦陷历史构成了东北文学不可磨灭的创痛记忆。这段记忆在之后的创作中被不断触及，反复讲述，这段记忆关系到作家们对过往先烈的怀念，对殖民侵略者的批判，对民族国家的思索，对现代中国命运走向的探寻，这段记忆所包含的坚韧与痛楚是那样深刻，我们相信，它是无法被遗忘的。东北作家们经历了十四年日伪统治的高压，在日本投降后终于获得了宣泄的机会，对沦陷时期东北社会生活的回忆，成为这一时期小说的一个重要题材。但娣的中篇小说《血族》展示了那段黑暗日子里百姓的艰难生活，甚至人们的灵魂都因困苦、压抑的生活而扭曲了。袁犀的中篇小说《狱中记》是对日伪惨无人道的法西斯暴行的控诉，不同于沦陷时期其创作的隐晦，《狱中记》的表述是直率、慷慨激昂的。身在狱中的

① 刘白羽：《加强文学的时间性与战斗性》，《东北日报》1948年6月2日。

“我”看到革命志士们为了理想而含笑就义，因而坚定了对胜利终将到来的信心。黄皑的长篇小说《动荡的十年》通过描写一个青年知识分子参加革命所经历的曲折道路，从不同的角度表现了从抗日战争到解放战争期间战争生活的面貌，反映了知识分子参加革命后脱胎换骨的改造过程。

抗战题材小说是对异族侵略者铁蹄下民生困难的真实记录，也是对战争年代民族精神的热情颂扬。仓夷的短篇小说《无住地带》所设置的地点是伪满洲国热河省的边境，日本侵略者用残酷手段制造了“无住地带”，但敌人的残暴并不能击毁中国人民反抗的意志，我们的部队在人民的支持下与敌人展开顽强的战斗，不因一时的挫折而气馁，在“无住地带”里越来越壮大。戴夫的中篇小说《不可征服的人们》展示了抗日斗争的复杂性，长治军民面对的不仅是日寇的奸淫烧杀，还有国民党“中央军”的压榨。而当抗战形势日趋明朗，日寇败势已定的时候，地方豪绅势力却有意阻碍抗战的胜利，他们害怕穷苦人民在抗战中站起来“共产”，“亡给鬼子是一时，亡给八路是一世”，这种不顾民族大义，只顾个人私利的行为是抗战拖延了十四年的原因之一。日本侵略者也正是看到了我们国家内部的不团结，才敢肆无忌惮地侵略我们。

陆地的中篇小说《生死斗争》讲述了一场惨烈、悲壮的阻击战。小说主要包含两个部分。第一部分是阻击，敌人有汽车、骑兵，我们的部队只有两条腿，为了掩护主力撤退，就需要有一部分人来完成阻击的任务。十八团三连的将士们承担了这一艰巨的任务，顽强地阻击了敌人。第二部分是被囚及逃脱，这一部分的叙述揭示了战争中人的生存潜力，对抗战中我军战士、日本侵略者以及屈从于日军的伪军、翻译官等进行了一定程度的心理剖析，虽然还不够深入，但也是一种有益的尝试。小说让我们看到，战争不仅仅意味着死亡，还有囚禁、酷刑，以及大无畏的跳脱囚笼的精神，战争与人的诸多命题都还有待于发掘。

慈灯的长篇小说《入伍》是这一时期极为特别的一部作品，它展示了战争年代的另一个面向。慈灯曾有在旧军队服役的经历，这段经历成为他小说创作的重要内容。值得注意的是，他参加的旧军队是伪满洲国的“国军”，这是日本关东军协助溥仪组建训练的一支傀儡军队，其兵源主要是张作霖奉军的残部和东北各地的土匪武装，改编之后名为“国军”，实际上是亡国奴。对这支为虎作伥的伪满军队的样貌，现代文坛中鲜有作品涉及，慈灯的小说对此是一个补足。作者以切身感受，描述了伪满“国军”的残暴与腐败，这支军队的种种陋习，诸如嫖娼、酗酒、赌博、抽大烟等，在作品中都有真实的反映。作品基本用第一人称的角度进行叙述，使作品自然生动，具有很强的现实感。黄万华曾指出，“对旧军队生活进行集中而深入开掘的，当推东北作家杨慈灯”①。慈灯的旧军队题材小说在具有较高的艺术价值的同时，还具有很高的史学价值，对我们了解伪满傀儡军队的真实面目具有参考意义。

十四年在漫长的历史长河中不过是短暂的一瞬，但对于一个人来说却足够从幼年长成青年。如果一个人在沦陷区的奴化教育中成长起来，那么当沦陷区变为解放区时，他/她的思想会不会茫然无措？范政的中篇小说《夏红秋》以辽南某文工团青年团员夏红秋为主人公，描写了受奴化教育和盲目“正统观念”荼毒的“满洲姑娘”，在时代的影响下，认清了国统区官僚的腐败，最终加入人民军队，选择了为人民服务的道路。关于《夏红秋》，舒群的评论是较为中肯的：“《东北日报》的《尽量办好中学》社论，曾根据第一届教育会议作有以下的结语：‘在东北青年学生中还有很大一部分没有摆脱敌伪的奴化教育和蒋党的愚民教育的影响，依然还是盲目正统观念，反人民思想在他们头脑中占统治地位。’我认为这正符合客观现实，也正符合《夏红秋》的内容。社论还说：‘经过两年的实际教育，东北知识青年的思想是逐渐在发生变化。’而且，事实证明现在已有千万东北知识青年参加革命，在与工农

① 黄万华：《战时军营文学：中国现代军人形象的启端》，《中国海洋大学学报》（社会科学版）2005年第5期。

结合和为工农兵服务。我认为这正是客观现实，也正是《夏红秋》的内容。因此，我认为《夏红秋》的内容，基本上忠实的反映了东北知识青年的主要现实问题，概括地反映了东北知识青年的主要现实问题。因此，夏红秋有典型性。”① 也有评论认为《夏红秋》的前两节不具有典型性，对奴化教育的作用有所夸大，但总体看来，《夏红秋》叙述质朴，情节生动，较为客观地反映了东北青年的思想状况，具有很强的教育意义和现实意义。

骆宾基被称为东北流亡作家群的后卫，他的创作把这个作家群的文学风气延续到了抗战胜利之后，他的长篇小说《混沌》② 以童年视角对故乡的风物人情进行了深情的回望，与萧红的《呼兰河传》在主题上是相近的。对于萧红、骆宾基这样的流亡作家来说，故乡具有特殊的意义，不同的是，萧红的离乡是家庭决裂、故土沦陷的双重别离，而骆宾基的家庭始终给予他支持，帮他渡过难关，因而《混沌》始终包含着对故乡的浓浓情意，可以说是以混沌初开、天真未凿的少年心思演绎的一曲乡土恋歌。用骆宾基自己的话说就是：“尤其是因为它是自传体的小说，虽非历史实录自传可比，但它却记载了作者的幼年与少年两个时期的天真而纯洁的心灵。这个心灵反映着通过家庭而显现出来的一个东北三等小县城的社会风貌。记载了‘九一八’事变之前这座满、汉、回、朝四个民族杂居共处的边域城镇的风俗、人情。自然，它们都是盖有半封建半殖民地的时代烙印的。”③ 骆宾基以清淡如水的笔触，把一座带有异域情调的边疆小城呈现于读者面前，而小说中对闯关东的父亲姜仰山、朝鲜族佃户古班、山东乡亲兼女仆崔婆等人身世的叙述，成功地增加了作品的思想容量与历史厚重感。

---

① 舒群：《关于〈夏红秋〉的意见》，载张毓茂主编《东北现代文学大系·评论卷》，沈阳出版社，1996，第 759 ~ 760 页。

② 长篇自传体小说《混沌——姜步畏家史》第一部《幼年》1944 年在桂林三户书店出版，《混沌》是第一、第二部的合称，1947 年在上海新群出版社出版，考虑到作品的完整性，这里把《混沌》整部纳入本文研究视野之中。

③ 骆宾基：《幼年·自序》，文化艺术出版社，1982，第 2 页。

三

如前所述，回忆过往、土改斗争和前方战争是东北解放区小说的三个重要题材，而土改斗争无疑是重中之重。在那场深刻改变了中国农村政治、经济关系的土改运动中，东北解放区作家将强烈的政治使命感与巨大的创作热情相融合，创作出了大量优秀作品，像《暴风骤雨》《江山村十日》等至今仍被读者反复阅读。

长篇小说《暴风骤雨》通过对松江省元茂屯进行的一场暴风骤雨般的土改斗争的描写，真实展现了东北农民在共产党的领导下，摧毁封建土地制度，翻身闹革命的历史画卷。《暴风骤雨》是周立波长期下乡体验生活、搜集素材之后完成的，杨义曾指出，“周立波和丁玲、欧阳山等早已驰名的作家一道，在解放区文学中开拓了一条不同于赵树理、孙犁、马烽等本土作家的创作途径，即以异乡干部的身份深入农村社会运动，以普通劳动者的姿态，从农民中汲取经验、智慧、情感、语言、直至灵感，以改造自己早年也许是带点欧化意味的艺术个性，把带有浓郁的主观抒情色彩的艺术风格换成平易质朴、在开阔刚健中难免带点粗糙的时代群体风格”①。正是因为能够长期深入生活，周立波才为中国现代文学贡献出萧祥队长、赵玉林（外号“赵光腚”）、郭全海、老孙头等鲜活的人物形象。萧祥队长对农民心理较为熟悉，是一名具有实干精神的共产党员，他认为：“中国社会复杂得很。中国老百姓，特别是住在分散的农村，过去长期遭受封建压迫的农民，常常要在你跟他们混熟以后，跟你有了感情，随便唠嗑时，才会相信你，才会透露他们的心事，说出掏心肺腑的话来。”② 这番话语应是周立波长期体验生活后的深刻认识。

《暴风骤雨》在塑造了一系列正面形象的同时，还勾画出韩老六、张富英、白胡子等反面形象，正反两方面的对比与较量真切地反映出农

① 杨义：《中国现代小说史・下》，人民出版社，1998，第626页。

② 周立波：《暴风骤雨》，人民文学出版社，1956，第23页。

村土改斗争的复杂性。地主阶级不甘心灭亡，不愿意财富被重新分配，企图与广大贫苦民众对抗，小说在尖锐的斗争中推进，从而具有了迷人的艺术力量。在当时的环境下，国民党军仍占领着辽宁、吉林两省的大部分地区，元茂屯附近还有土匪活动，以韩老六为首的地主势力并不甘心失败，他们勾结土匪，拉拢农会中的坏分子，而广大贫苦民众，尤其是一些不愁衣食的中农，害怕“变天”，不敢与韩老六等进行正面斗争，即便是赵玉林起初也对能否打垮韩老六持怀疑态度。

“他翻来复去，左思右想，老是睡不着。他又爬起来，摸着烟袋，走到外屋灶坑边，拨开热灰，把烟袋点上，蹲在灶坑边，一面抽着，一面寻思，烟锅嗞嗞地响着，他想起韩家的威势，韩老五还逃亡在外省，韩老七蹽到大青顶子里，他的儿子韩世元跑到了长春。屯子里又有他好多亲戚朋友，磕头拜把的，和三老四少的徒弟。‘就是怕不能行呵，’他脑瓜子里又钻出这么个念头”①。

这就是普通民众面临社会巨变时的犹豫，周立波的描写是合理而且深刻的。而变革往往伴随着流血牺牲，成长为农会主任的赵玉林在反击土匪时英勇捐躯了，但他的倒下换来的是万千贫苦百姓的站起，小说由此升华出“一籽下地，万籽归仓”的社会、人生哲学。

不同于来自南方省份的周立波，马加是一位土生土长的东北作家，他在1934年便因中篇小说《寒夜火种》（原名《登基前后》）为读者所熟知。在东北解放区时期，他创作发表了长篇小说《滹沱河流域》第一部，中篇小说《江山村十日》，短篇小说《饿》《成物不可损坏》等作品。《滹沱河流域》第一部描写了20世纪30年代末，太行山麓滹沱河畔抗日根据地的社会风貌和阶级动态。这部长篇小说试图营造一个宏大的写作框架，将城与乡、军与民融为一体，马加也拟好了第二部的写作提纲，他曾说：“我已经摆脱了陀思妥耶夫斯基那种忧郁情绪的影

① 周立波：《暴风骤雨》，第38页。

响，我多么赞赏托尔斯泰雄伟的艺术结构。”[①] 可是，由于叙事线索繁多，作家还没有练成操纵自如的艺术手腕，便使小说显得杂乱无章，倒是一些描写的片段清丽可人，显示了作家的创作潜力。

《滹沱河流域》第一部完稿后，马加深感自己语言水平不过关，而且缺乏生活体验，需要按照毛泽东主席《在延安文艺座谈会上的讲话》指出的方向，重新深入生活。1946 年马加从张家口抵达通辽，因国民党军占领了四平，他随一支军事干部队伍绕路内蒙古东科尔沁中旗大草原，到达当时合江省省会佳木斯。后来他根据这段经历写成了中篇小说《开不败的花朵》[②]。1947 年 12 月，马加到佳木斯东五里地的高家村参与土改运动，他广泛听取群众的讨论，四易其稿，写成中篇小说《江山村十日》。在“前记”中马加写道：

> 我从佳木斯到这村子里，突击了十天工作，……这一次给我的印象是强烈的，体会到的情感是饱满的，接触的生活是新鲜的。……新的人物流露出新的喜悦情感，我被他们喜悦的情感所鼓舞、激动，发生了共鸣。我和他们相处的日子是快活的，是健康的，给予我创作上最大的勇气。……
>
> 这个故事是写江山村平分土地斗争开头十天的生活，那翻天覆地的十天呵！……他们以主人的身分走进了这个世界。他们来了，给这个世界添置新的财富，他们带来了自己的气派、智慧和天才。[③]

这段话很能反映《江山村十日》的基调、气氛和思想内容，这部作品具有饱满的政治热情，通过江山村十天中发生的划成分、斗地主、追浮财、分土地、建立党支部、支援前线等一系列活动，充分展示了土改运动给东北农村带来的翻天覆地的变化。这部作品在人物塑造、情节

---

① 马加：《马加文集（1）·写在前头》，春风文艺出版社，1986，第 5 页。

② 该作于 1950 年首次出版，不在本文论述的时限之内，故此处不做深入分析。该作在当时广受好评，曾先后再版 14 次，被译成英、德、日、蒙四国文字出版。

③ 马加：《马加文集（2）·江山村十日》，春风文艺出版社，1991，第 145～146 页。

展开等方面，都远远优于《滹沱河流域》，小说主要刻画了贫农金永生、地主高福彬、中农陈二踹子、雇农孙老蔫四个类型人物，通过他们在土改斗争中的不同表现，反映出土改工作的艰巨性和复杂性。整部作品生活气息很浓，语言是大众化的，具有浓郁的地域特色。

安危的中篇小说《土地底儿女们》在题材与风格上都与《江山村十日》较为类似，这部作品是安危利用在双城参加土改时积累的素材写作完成的。安危在“写在前面”中写道：

> 一九四七年初，我来到东北，在伟大的土地改革中，在东北一万二千干部下乡工作的时候，适逢其会，我也赶上了这个时机。使我有机会能够受到锻炼。而且，能够和农民们——中国伟大的土地的主人——朝夕与共。这对我还是头一回。作为一个知识分子，实际的与群众相结合，这还只是一个开始。但我将永远纪念这个开始，永远纪念在那些日子里教育我，启示我，帮助我的人们。[①]

小说描写哈尔滨附近的红旗村农民发动土改的过程。在党的领导下，翻身群众清理农村干部队伍，将暗中勾结地主姜二白虎的村长姜二啰啰抓了起来，重新改选村委会。村委会在工作队的指导下，按照土地法大纲的规定，依靠贫雇农，团结中农，揭露地主的阴谋破坏活动，斗地主、起浮产，终于打倒了地主姜二白虎及其残余势力，使土地改革获得彻底胜利。小说的思想性很强，行文中大量运用方言土语，也是一部具有时代精神和地域特色的作品。

此外，那沙的《打虎记》、草沙的《东霸天的故事》、方青的《活捉笑面虎》也是相似的土改题材中篇小说。值得一提的是，《活捉笑面虎》是章回体。工农兵读者接受所产生的巨大驱动力，使章回体这种古老的小说形式容纳了时代的新内容，在中长篇小说领域重新崛起。当时最享盛名的章回体小说是马烽、西戎的《吕梁英雄传》和袁静、孔

---

① 安危：《土地底儿女们》，文化工作社，1951，第1页。

厥的《新儿女英雄传》，而在东北解放区则有《活捉笑面虎》和杨耳的《国事痛》。《活捉笑面虎》开篇是传统的定台鼓，四首《西江月》，从第一首的“盘古三皇治世，流传五千余年，星移斗倒山河改，人情世事不变”到第四首“扫清当道豪绅，打倒恶霸封建，皆因来了共产党，穷人才把身翻”①，将古今较好地勾连在一起。整部作品沿用章回体的回目对子，每回结尾也采用有诗为证和“要知后事如何，且看本书慢慢交代”的陈旧套数，不过应该看到，土改题材的作品不像战争题材那样容易编织出传奇性，这部作品远不如《吕梁英雄传》等作那么吸引人。杨耳的《国事痛》被认为是“抗战胜利后，东北出现最早的一部中篇小说”②，共 12 回。小说也是以《西江月》开篇，从第一回“斯大林宣战东北光复　小鬼子倒台举国同欢”到第十二回“蒋介石坚持卖国独裁内战　共产党力争独立民主和平”，讲述了苏联出兵东北，日本投降，蒋介石派兵抢占东北等时政内容，具有很强的现实批判性。

章回体可以招徕工农兵读者，但章回体的陈旧套路也会限制作家的创造力。对于有着深厚文化传统的中国作家来说，如何从传统文学样式中转化出新的文学精神和文学形式，是一个值得思考的课题，只照搬旧的小说模式是远远不够的。

小说创作需要一个孕育的过程，相对来说，中长篇小说需要更长时间来构思和写作，而短篇小说则完成较快。在复杂激烈的土改运动中，东北解放区作家们努力笔耕，迅速创作出大量短篇小说。像董速的《孙大娘的新日月》，方青的《老赵头》《“火车头”又冒烟了》，鲁琪的《崔“傻子”》，谭亿的《一个乡长》等作，都产生了较大的影响。作为东北流亡作家群的重要作家，白朗回到东北解放区工作之后，对当地的农村土改运动进行了深入的观察，完成了一系列短篇小说，包括《棺材里的秘密》《孙宾和群力屯》《顾虑》《复仇》《棺》等。从这些小说中，我们可以看到东北农民在急风暴雨般的土改运动中的精神变

① 方青：《活捉笑面虎》，东北书店，1947，第 1 页。

② 彭放主编《黑龙江文学通史·第二卷》，北方文艺出版社，2002，第 409 页。

化。经历了几千年的封建压迫，农民身上的枷锁不仅是物质上的，更是精神上的，从奴隶变成主人需要一个心灵的搏击历程。《孙宾和群力屯》中的孙宾从一个佃户成长为农民土改运动带头人，领导全村农民斗倒地主姜恩父子，其过程是异常艰难的，他要克服村民依附地主的奴性心理，还要和自身的自卑、彷徨进行抗争。小说中农民反抗地主的斗争一次次失败、“煮夹生饭”让我们认识到，农民在摆脱封建束缚走向新生的路途上任重道远。

应该看到，在土改运动中，翻身农民在打倒地主阶级的同时，也暴露出了自身的一系列问题。虽然东北解放区文学因其强烈的政治使命感，总体色调明朗激昂，但也在一些侧面表现出了土改运动中的民间暴力、坏干部以及中农政策等问题。比如《暴风骤雨》第二部就写了农会主任张富英这个坏干部形象，在社会变革时期，一些具有流氓习气的无产者有时就会借机抢占话语权，狠斗地主甚至中农，从而获得物质和政治的资本。关于这个问题，对农村了解很深的赵树理曾说：“据我的经验，土改中最不易防范的是流氓钻空子：因为流氓是穷人，其身份很容易和贫农相混……可惜那地方在初期土改中没有认清这一点，致使流氓混入干部和积极分子群中，仍在群众头上抖威风。其次是在群众未充分发动起来的时候少数当权的干部容易变坏……我以为这两件事是土改中最应该注意的两个重点。”① 此外，像袁犀的《网和地和鱼》中贫苦渔民被地主女儿诱惑，马加的《成物不可损坏》中翻身农民破坏物资，董速的《顾虑上当》中农民害怕“谁生产的多，就斗谁”而懒于劳作等问题，都是值得反思的。

四

在东北解放区土改题材小说的结尾，往往会出现这样的场面：翻身农民参军支援前线。可以说，农村土改运动与前方战争是中国共产党建立新政权的车之双轮、鸟之双翼，反映前线战争是东北解放区小说的另

---

① 赵树理：《关于〈邪不压正〉》，《人民日报》1950 年 1 月 15 日。

一个重要题材，这些小说真实体现了军民的鱼水情谊。

西虹的短篇小说《英雄的父亲》是当时影响较大的一篇作品，小说表现了军属如何对待战士牺牲的庄严问题。在解放战争中，成千上万青年，其中大部分是翻身农民参军参战，他们中的相当一部分人在残酷的战争中牺牲了。如何对待他们的牺牲，不仅是我党、我军及其家属，也是最广大的人民群众普遍关注和思考的现实问题。当那一封家属通知书被送到烈士家属手中时，“他们能告诉家属们的，不过是他的儿子，她的丈夫，英勇顽强，在战斗中为人民事业光荣牺牲了，全体指战员悲痛万分，并为家属们致哀一类话语。在革命战争中，这是最普通最光荣的事，革命的美丽花朵，正是鲜血培植起来的！”①《英雄的父亲》通过德志的父亲张老汉这个形象，解答了这个战争中最普通也是最光荣的问题。小说着重表现了张老汉盼望儿子立功的心情，揭示出翻身农民对党、对新社会的热爱，当得知了儿子德志牺牲的消息，他更多感到的是骄傲、是荣耀，这似乎有些沽名钓誉，但在小说的背景下，我们得知张老汉的妻子是在旧社会饿死的，大儿子是出劳工被压死在煤窑，那么就可以理解张老汉所想的德志“死得值当，死得有名”。小说在艺术上也比较成功，对张老汉和指导员的心理描写深入细致，加强了小说的悲壮气氛和抒情色彩。

纪云龙的短篇小说《伤兵的母亲》可以与《英雄的父亲》对照来读。战争中有死亡，但更多的是受伤，伤员能否得到有效的救治和护理，对部队作战的影响很大。《伤兵的母亲》中的老大娘是一位普通的农民，她悉心照料受伤的解放军战士，为伤员擦拭身体，端屎端尿，就像照顾自己的儿子一样，而备受感动的伤员说出了“你老就像是我的亲娘”的话语。

1947年至1948年是解放战争从防御转为反攻的时期，随着战事的推进，中国人民解放军急剧壮大，部队官兵的成分因而趋于复杂化。除了解放军原有的老兵，新加入解放军的大多数是东北的青年农民，还有

① 西虹：《英雄的父亲》，《东北日报·副刊》1947年12月23日。

一部分是被解放的国民党军士兵。为了使他们团结合作，提升战斗力，部队里用诉苦的办法对广大指战员进行阶级教育，提高政治思想觉悟，使他们认识到，无论是革命老兵、新兵，还是解放兵，都是被欺压、被剥削的阶级弟兄。诉苦教育消除了战士之间的隔阂，为解放战争的胜利打下了坚实的思想基础。

刘白羽是本时期有成就、有影响的作家，他的短篇小说集《战火纷飞》（收有《勇敢的人》《一间房子里》《血缘》《战火纷飞》《政治委员》《百战百胜》《无敌三勇士》《回家》《红旗》），基本上都是围绕解放战争中的战事与战士思想变化而写作的。《无敌三勇士》是当时影响很大的一篇。小说开篇便写道，“有些人把我们当战士的想得太简单了。以为我们就是打打仗，睡睡觉，实际上不是那么一回事”[①]。小说着力分析战士的内心思想，塑造了三个典型人物：东北翻身农民出身的阎成福，从关内来到关外的老兵李发和，夏季攻势中被俘的解放兵赵小义。三人之间开始存在很深的矛盾，班长费了很多力气也没解决他们的团结问题，但在诉苦教育中，三人认识到他们都是被压迫、被剥削的穷人，是受苦受难的阶级兄弟。在阶级情谊的感召下，他们团结作战，互相配合，完成了艰巨的爆破任务。作品说明了党的政治工作对提高部队素质和战斗力的巨大作用，也揭示了“团结起来就能天下无敌”的朴素道理。

李尔重的中篇小说《第七班》是一部少见的以富农子弟为主人公的作品。小说以解放军基层官兵的军旅生活为背景，展示了投身到人民军队中来的青年人的思想冲突，他们有着不同的出身和目的，形成了张悦等富农子弟与朱顺和等贫苦农民出身的战士间的矛盾。在诉苦会上张悦所谈的问题，应该说是现实存在的：

> 我爸爸，我们一家谁发过黑心？谁在满洲国不是受人家气呀?!满洲国的气才受够，都寻思到自己国家该好啦！谁想到闹了个瞬里

① 刘白羽：《无敌三勇士》，东北新华书店，1949，第59页。

啪啦！我也不反对斗争坏蛋，我也不反对共产政策，就是我们村那伙坏小子，见着谁有点肉，他就眼红，他们说他们是贫雇农，那不过是瞒唬工作队罢啦！人家苦熬素业地捏着肚子累出点子东西，他看着眼红，就说人家是富农，是地主，他就不想想他为什么受穷，从开天辟地我们村那几个下三乱四也没干过活呀！西溜溜东逛逛，今天就充开贫雇农啦！我就觉着冤！……①

这从一个侧面反映了土改运动中存在的问题，即前文提到的“流氓钻空子”与中农政策等，在当时的土改政策中，农村除了一些恶霸地主、罪大恶极之人，有点家业的中农应是人民群众团结的对象，但在具体的土改过程里，难免会出现一些偏差，造成一些不良的后果。因此，部队中进行的诉苦教育是非常必要而且有效的，通过诉苦教育，化解了张悦与朱顺和等人之间的矛盾，加强了部队的凝聚力。

在解放战争中，有这样的说法：解放军的胜利是老百姓用手推车推出来的。人民解放军装备落后，部队人数也不占优，最终以少胜多，战胜武器精良的国民党军，其中的一个重要原因是数以千万计的支前民工和解放区普通群众，坚定地站在人民解放军的身后，解放战争的胜利是一次人民战争的伟大胜利，正如毛泽东所言：“军民团结如一人，试看天下谁能敌！”洪林的中篇小说《一支运粮队》讲述的就是推车送粮的支前民工们的故事。后方的运粮过程本不如前方战争激烈，但在作者的讲述下，我们发现运粮之路并不平坦。一路上，民工们要躲避敌人飞机的轰炸；要克服农民的散漫性；要筹措给养；桥断了运粮车翻进大河……他们克服了重重困难，终于把粮食运到了前线，而前方也传来了歼灭敌人最精锐的74师的好消息。从刘元彬、于家才、高波、贾得千、郭继琳等民工的身上，可以看到中国民众的优良品质，他们忍饥受寒，翻山越岭，推着二百多斤重的车子，刘元彬的车子甚至有四百多斤，如

① 李尔重：《第七班》，载张毓茂主编《东北现代文学大系·中篇小说卷》，沈阳出版社，1996，第737页。

果没有坚定的信仰，没有对共产党、对人民解放军的深情厚谊，他们是不会完成运粮任务的。这些平凡、朴实的中国民众“参加了战争，支援了战争，同时也赢得了战争！”

五

有论者认为，“中国现代真正的工业题材小说，产生于解放战争时期的东北”①。考虑到现代文学中茅盾的《子夜》描写了纱厂女工的生活，蒋光慈的《田野的风》塑造了烧炭工人形象等例证，这样的论断似乎并不准确。不过，题材问题不仅仅是写作对象的选择问题，而且包含了历史的张力，所谓的真正的工业题材，意味着工业、工厂、工人如何进入历史，如何登上新的历史舞台并被正确地表现的问题。如此看来，将解放战争时期东北涌现出来的工业题材小说，视为中国现代工业题材小说的发端便是较为客观的，这也从一个方面证明了东北解放区小说的文学史价值和文化价值。

无农不稳，无工不富，东北解放区的工业可以说是东北老工业基地的前奏，在新中国发展史上占据非常重要的地位。谈到东北解放区的工业题材小说，影响最大的是女作家草明的中篇小说《原动力》。草明早年曾参加左翼文学创作，1941 年来到延安，参加了延安文艺座谈会和延安文艺界的整风运动，她的创作是在毛泽东《在延安文艺座谈会上的讲话》精神指引下进行的，抗战胜利后她来到黑龙江，本来打算像周立波、马加等作家一样深入农村，但因病未能如愿。病愈后，当时的东北局组织部长林枫跟她谈话，强调了城市斗争的重要性，解放战争需要东北的重工业发挥作用，而当时东北各地的工厂矿场在日伪统治垮台后遭到了不同程度的破坏，亟须恢复、扩大生产。林枫建议并安排草明到牡丹江镜泊湖水力发电厂工作，草明以在这里的工作经历为素材写作了《原动力》。《原动力》描写了工人们贡献出自己保留的零件，积极抢修国民党

① 逄增玉：《东北现当代文学与文化论稿》，中国社会科学出版社，2012，第 173 页。

势力破坏的水电站，迅速恢复工厂生产支援前线的动人事迹，其中老孙头等工人跳入冰水中抢修机器的情节可与“铁人”王进喜媲美，表现了工人阶级的优良品质和大无畏精神。小说虽然不乏粗糙和简单，但作为新中国诞生前描写工业生产和工人思想的作品，是值得关注和肯定的。

东北解放区的工业题材小说中李纳的作品也是值得关注的。《出路》描写煤矿工人还抱有“有钱就狠花，无钱就欠着”的混日子思想，这是因为在旧社会工人看不到生活希望，不管怎样努力还是一穷到底。在工会的教育和帮助下，工人们转变了思想，认识到“工人是真翻身了”，于是都开始勤俭节约，努力生产。《姜师傅》里的老钳工姜富成不抽烟、不喝酒、不赌钱，技术过硬，但他持有单纯做技术的观念，对工友和工厂都漠不关心，后在工会的教育开导下，他认识到如今“国家是咱自个儿的，工厂是咱自个儿的”，增强了主人翁意识。《煤》中的黄殿文本是哈尔滨的惯偷，法院判他半年徒刑，送到鸡西煤矿改造。他在煤矿干活不出力，还偷工友的东西。工会陈主任深知改造一个惯偷的难度，他一面对其进行阶级教育，一面把黄殿文丢弃在哈尔滨的妻儿叫来煤矿安家落户。在工会和工友的帮助下，黄殿文洗心革面，变成了一个自食其力的工人。小说的题记为“煤能使废铁化成钢”，描绘了旧社会把好人折磨成废铁，而新社会把废铁熔炼成钢的动人景象。

此外，鲁琪的《炉》、韶华的《荣誉》、张德裕的《红花还得绿叶扶》等一批作品也广受好评。这些小说充分反映了东北解放区工业蓬勃发展的景象，展现了工业生产对人的改造，也开了继之而来的新中国工业文学的先河。

无须讳言，东北解放区的相当一批小说，强调小说的政治价值，强调创作为工农兵服务，作品大多通俗易懂，而缺乏对心理深度和史诗境界的发掘，然而东北解放区小说以其明朗新鲜，喜闻乐见，创造性地继承了延安文艺精神，反映了东北解放区的历史巨变以及社会变革中的诸多社会问题，为新中国成立后的“十七年文学”开辟了道路，有着很高的文学史价值。

底层化经验与民众文化权利：新中国的工农兵群众文艺运动*

——以“农民诗人”王老九为线索

◇张自春**

摘　要：在新中国成立的语境下，很多来自群众中的普通人被培养成“工农兵作者”，并作为榜样引领各地乃至全国性的文艺发展，尤其是群众性文艺活动的开展。他们的文学成长历程充分体现出了共和国成立后注重从民间培育文艺人才的取向，同时也体现出了共和国文学文化背景下关注群众文艺运动、建构全新的文学生产生态的取向。中国当代的群众文艺运动的活跃，尤其是在1950～1970年代的充分发展，是对左翼文学及解放区文学关注底层的文学传统的继承，也是当代中国建构民众文化权利体系的过程和步骤，对新时代的文艺发展也有着借鉴意义。

关键词：群众文艺　底层化经验　文化权利　文化谋合

1960年7月22日至8月13日，中华全国文学艺术界第三次代表大会在北京召开，这次会议中，一位年近七旬的陕西农民不仅成为大会主席团成员，当选第三届文联委员会委员，被补选为中国作家协会理事会理事，还当选中国民间文艺研究会第二届理事会理事，他就是在共和国成立以来的文学史上曾较为活跃的陕西临潼人、“新中国农民诗歌创作

* ［基金项目］国家社科基金西部项目“‘十七年’时期的少数民族民间文学资源整理工作研究”，项目编号：17XZW034；陕西师范大学中央高校基本业务费专项资金项目特别支持项目“当代文学期刊的媒介政治与媒介经济（1949～1965）”，项目编号：18SZTZ01。

** 张自春，陕西师范大学文学院副教授、日本早稻田大学访问学者，主要研究方向为1940～1970年代的中国文学文化现象。

的开拓者"[1] 王老九。王老九出生于清末，身为底层农民，却在共和国成立后逐渐成长为一名文学创作者，并成为全国榜样性人物，最终成为共和国文学史上具有一定名气的人物。王老九的成名并不是共和国文学史上的特例，延安时期以及共和国成立后的前三十年间，一种培养底层不识字的工农兵群众识文断字、创造文化的理念与导向，使得很多文化程度不高的群众，积极参与到社会文艺运动中，成为文艺界的独特风景。群众文艺运动的活跃不仅表现为各个时期国家层面对群众文艺运动提出要求、进行指导的相关导向，还包括民间性的群众文艺形式如地方戏曲、小演唱、民歌民谣、民间故事的不断发展，它们又往往在被改造后更具活力——如在民歌的基础上发展出新民歌，在民间故事的基础上发展出革命故事——同时也表现为民众中典型的不断塑造，他们成为引领各地群众文艺运动的榜样人物。

一 文化"谋合"：以王老九的文学道路为例

王老九原名王建禄，因为排行老九故得名王老九，陕西临潼县（今西安市临潼区）相桥区北王堧人，16岁时上过一年多私塾，后因交不起学费辍学，32岁开始编快板，曾经编写过《洋烟歌》《打麻将》《跑郭坚》等劝诫人们生活自律、揭露恶霸行径的快板。但是，正如王老九自己所说，由于不会写字，他所编写的快板有的在口头上流传开了，但有的就随编随忘了。[2] 1949年，王老九的家乡解放，在批判当地地主恶霸秦颂丞的侄子秦世简的大会上，王老九朗诵了自己编写的倾泻对秦颂丞不满的快板，赢得了群众的热烈回应，引起了在场的临潼县委书记董世峰的注意，他约请王老九谈话并让人记录下王老九所编的快板。一周后，西北大区的党报《群众日报》选取了王老九所编的部分快板，取名《秦颂丞的画像》。1950年10月，外逃的秦颂丞被押解回

① 常智奇：《陕西当代农民诗歌纵横谈》，《理论导刊》2010年第12期。

② 王老九：《我是怎样写诗的》，《诗刊》1959年第10期。

家乡公审，事后，《群众日报》有记者找到王老九，让其编快板记录事件过程，于是二人以王老九编、记者记录的方式完成了快板《除了肚里大疙瘩》的创作，并在《群众日报》上发表。自此以后，王老九名声越来越大，《群众日报》《陕西日报》《陕西农民报》等报纸经常向他约稿，让他编写快板，且常派记者指导其写作，王老九因此编写了《想起毛主席》《张玉婵》《唱不完的歌》等快板诗；1951 年，王老九受邀到西安①，受到了很高规格的接待，第一次进西安城的印象和感想使他很快写成了名为《进西安》的快板诗；1953 年，王老九受邀到北京参加了第二次全国文代会，在会上朗诵了自己的诗作《想起毛主席》，回来后写了长诗《进北京》；1958 年，王老九受邀参加民间文学艺术工作者会议，并被选为理事；1960 年参加第三次文代会并成为主席团成员、文联理事等。这样，王老九由一个渭北农村的庄稼人，变成了具有全国性影响的人物。从 1949 年到 1969 年逝世，王老九在以上述及的报纸及《西北文艺》《说说唱唱》《民间文学》《延河》《人民文学》《文艺报》等刊物上发表过无数篇诗作、创作谈等，通俗文艺出版社、春风文艺出版社、陕西人民出版社等均曾为其出版过诗集。

从上述介绍与梳理不难看出，王老九走上文学道路的过程有着个人机遇的偶然性，也有着历史选择的必然性。解放初期，王老九已是将近六十岁的人，作为一个仅上过一年学并且长期务农、与文学文化并没有密切接触的人，他能够进入文学生产者的行列，至少得益于以下几个方面的因素。

首先，王老九本人确实有着民间性文艺编写才能。王老九喜欢看

---

① 王老九《谈谈我的创作和生活》（《延河》1959 年 2 月号），郑伯奇《农民诗人王老九和他的诗》（《读书》1959 年第 17 期），刘荣庆、黄建军《民间诗人王老九评传》（载中国民间文艺研究会研究部编《民间文学论丛》，中国民间文艺出版社，1981）以及后来的很多文章均沿用王老九的说法，说王老九第一次进西安是参加西北文代会，误。西北文代会于 1950 年 9 月 21 日在西安召开，而王老九进西安是在 1951 年 8 月，《西北文艺》第二卷第六期（1951 年 9 月 1 日出版）曾刊发《农民诗人王老九到西安　文艺界举行座谈会招待》的消息可证。王老九的《进西安》写作日期标为“1951 年 9 月 23 日”，也证明其当时并非参加文代会。

戏、喜欢快板并且喜欢看着戏本子学习里面的唱词、喜欢押韵的民歌[①]，这使得他有着用押韵、流畅而且口语化的词句编写反映现实的快板诗的特长，这也成了他能够从一个庄稼汉变成“农民诗人”的自身条件与基础。

其次，党政领导和知识分子的支持与帮助，使得王老九从几乎不识字的民间艺人走上了文化创造者的道路。在王老九变成文艺创作者的过程中，临潼县委书记的作用无疑是至关重要的，正是董世峰的主动发掘，使得王老九的民间性文艺才气得到了认可和发扬。此后王老九不仅经常被邀请参加村里、区里、县里的各种会议，甚至与县委“平进平出”，县长、县委还如亲兄弟一般对待他。如果说党政领导发现了王老九，那么，真正培养王老九走上文学创作道路的，是知识分子。王老九第一次觉得他的作品“出头露面”，是在其创作出《除了肚里大疙瘩》以后[②]，如前文所述，这篇作品是在《群众日报》记者的主动邀请并记录下才得以产生的，这样，报社记者和王老九之间，以相互合作的方式完成了一次创作。但是合作并不止于以一个编一个记的形式完成，那时正值新中国成立后全国学文化热的时期，有记者劝他：“好记性不如淡墨，你学会了写字，你编东西就容易了，黑夜想起黑夜写，白天想起白天写，忘记不了。”[③] 于是，王老九虽然快60岁了，但仍克服重重困难，开始学习文化，从此走上写作道路。但写作并非易事，在接受报社约稿时，王老九也遇到无法写出满意作品的困难，如报社记者给他“任务”让他写翻身妇女形象，他费尽心思不知道如何写，这时候，记者又指导他说，文艺作品也可以不限于真人真事。于是，王老九将现实中的多个人物故事拼凑在一起，创作出了张玉婵形象，写作了叙事诗《张玉婵》。[④]

再次，时代文艺环境为培养工农兵群体进行创作提供了保障。1942

① 王老九：《我是怎样写诗的》，《诗刊》1959年第10期。
② 王老九：《谈谈我的创作和生活》，《延河》1959年2月号。
③ 王老九：《谈谈我的创作和生活》，《延河》1959年2月号。
④ 王老九：《我是怎样写诗的》，《诗刊》1959年第10期。

年，毛泽东《在延安文艺座谈会上的讲话》确立了文艺的“工农兵方向”，将工农兵大众看作是文艺的服务对象，并倡导要关注“群众的墙报”，注意“军队和农村中的通讯文学”，注意“群众的歌唱”“群众的美术”①。此后，关注工农兵群众的文化需求、发掘他们中间的文化文学创造力，便逐渐成为文艺界的一个重要方面。1949 年，周扬在第一次文代会的报告中总结了解放区“工农兵群众”的创作情况后指出：“工农兵群众不但接受了新文艺，而且直接参加了新文艺创造的事业。工农群众蕴藏的革命精力，一经发挥出来，是吸之不尽，用之不竭的；同样地，他们在艺术创造上也能发挥出无穷的精力和才能。发动群众创作的积极性，就成为了普及工作的最重要的条件”，因此他要求文艺工作者必须注意广大工农兵群众的创作，指导普及工作。② 大会上成立的“文联”在章程的“任务”里也专列了一条“积极帮助并指导全国各地区群众文艺活动，使新的文学艺术在工厂、农村、部队中更普遍更深入的开展，并培养群众中新的文艺力量”，还专门成立“指导部”，任务是“研究指导工厂、农村、部队，群众文艺活动事宜”③。1953 年，第二次文代会上改组成立的“中国作协”章程里则更具体地写道：要“指导文学普及工作，培养青年作家，尤其是工农兵群众的作家，进行对群众文艺团体和初学写作者的指导，将成熟的作家的经验传播给他们，并开展少数民族的文学事业”④。这样，全国性的培养工农兵出身作者工作有组织地得到开展。王老九的出场，正是在这样的文艺环境下发掘工农兵的创作力量和才能的必然结果。

王老九走上文学道路的过程，是新文化运动以来关注底层人民的需求尤其是文化需求的必然结果，也是各种因素相互“谋合”的过程：作为普通群众，王老九的民间创作才能需要被彰显出来，而党政领导、

① 《毛泽东选集》第 3 卷，人民出版社，1991，第 863 ~ 864 页。

② 《新的人民的文艺》，《周扬文集》第一卷，人民文学出版社，1984，第 533 ~ 534 页。

③ 中华全国文学艺术工作者代表大会宣传处编辑《中华全国文学艺术工作者代表大会纪念文集》，新华书店，1950，第 573 页。

④ 中国文学艺术界联合会编《中国文学艺术工作者第二次代表大会资料》，1953，第 147 页。

知识分子又需要在国家政策的导向下挖掘群众的创作潜力和文艺参与度，并对其进行规范化引导。在这个过程中，王老九等作为群众中的代表，其底层出身首先在身份上充分符合毛泽东《在延安文艺座谈会上的讲话》中所确立的工农兵方向，使得王老九由一个不识字的大龄农民成了被热切关照的对象。但仅仅是符合并不能保证王老九以及其他被培养的作者能够创作出符合社会主义方向的作品，因此，党政领导、知识分子与工农出身作者还需要一个“谋合”的过程。在这个过程中，工农作者需要克服不识字、民间化创作的粗糙性等弱点、缺点，从而在识文断字之后能够掌握基本的创作技能，并着手创作符合新社会价值理念的作品。一旦他们走上独立创作、赢得创作的合法性、合理性地位，他们便往往会以饱满的姿态创作出符合新社会价值理念、积极为国家政策和价值观念做宣传的作品，如王老九的《张老汉卖余粮》、《听政府的话》、《想起毛主席》以及“大跃进”期间写的很多诗作。当然，从民间艺术的角度来看，王老九的不少诗作确实葆有文艺的民间性特色。

二　从解放区到新中国：底层化的文艺传统与经验

王老九的文学道路并不是中国新文学中培养不识字的劳动者走向文化人道路的唯一案例。伴随着红色文化的崛起，帮助不识字的劳动者发挥文艺创作潜能的活动，在延安时期就广泛开展，尤其是在毛泽东《在延安文艺座谈会上的讲话》发表后，解放区的秧歌活动盛行，对民间文艺才能的发掘也广泛进行。《解放日报》于 1943 年 4 月 25 日发表社论《从春节宣传看文艺的新方向》，肯定了宣传表演中的秧歌舞、歌舞短剧等“是值得提出的一些收获”，认为宣传表演证明“文艺界已经得了第一步的成功”；社论还认为，街头上和群众中的文艺活动“成为这时期的重要工作方式”。1944 年底，陕甘宁边区第一届劳动英雄代表大会召开，与会者中有一名劳动英雄孙万福，周扬从别人转告的孙万福的“诗意”的特点中发现了他的“诗歌才能”，赞扬他是一个“不识字的诗人”，并高度评价他顺口编的“战斗的政治的诗歌”，“每一句都唱的多么正确”①。孙万福不识字，也不是民间艺人，周扬竟然发现了他的创作才能并做出如此高的评价，这就可以看出知识分子对民间文艺创造力的发掘热情。1944 年 10 ~ 11 月，在边区文教大会召开期间，丁玲写的《民间艺人李卜》、艾青写的《汪庭有和他的歌》，以及萧三和安波的《练子嘴英雄拓老汉》、陕甘宁边区文教会艺术组的《刘志仁和南仓社火》（马可、清宇执笔）等文章，分别对李卜、汪庭有、拓开科、刘志仁等原本不识字或文化水平很低的民间文艺能人或民间文艺工作者进行介绍和赞美；著名的盲艺人韩起祥也是在这个时期被发掘出来并受到毛泽东接见的，他接受了延安主流文化人的改造，由民间艺人转变成时代所需要的革命化说书人。村剧团的发展和秧歌等文艺活动在群众中的普遍开展，是解放区群众文艺活动发展的重要表现。在晋察冀，“1939 年前后两三年间”，乡村群众就普遍组织起了剧团，进行戏剧音乐活动，“在每条山沟里，每个角落里，我们可以听到群众的歌声，在每个纪念节日或中心工作动员大会上，我们可以看到一大群男女老少兴高采烈地跳着多少充实了新内容的秧歌舞与村剧团自己组织的晚会”②。1944 年底，阜平县高街村剧团为迎接群英大会所编的秧歌剧《穷人乐》，更是因为群众自己参加并表现自己的生活而受到高度评价，因此《晋察冀日报》于 1945 年 2 月 25 日刊发通知和社论，将其确定为文艺方向，影响了其后晋察冀边区及华北解放区的文学活动。③

正如钱理群先生所言，中国新文学史上对建构无产阶级有“两种想象与实践”，也就是改造知识分子让其无产阶级化以及培养工农兵出身的作家。④ 从1920 年代的歌谣搜集与研究运动，到 1920 年代与 1930 年代之交的“革命文学”论争、工农兵通讯员运动，到延安时期对培

① 周扬：《一位不识字的劳动诗人——孙万福》，《周扬文集》第一卷，第 432 ~ 436 页。

② 沙可夫：《晋察冀边区的文学艺术》，《解放日报》1944 年 7 月 24 日。

③ 有关《穷人乐》被树立为方向，参见张自春《经验互助与群众创作：“〈穷人乐〉方向”与解放区 - 新中国的群众文艺运动》，《文学评论》2018 年第 2 期。

④ 参见钱理群《构建无产阶级文学的两种想象与实践》，《兰州大学学报》（社会科学版）2005 年第 6 期。

养工农兵作者的尝试和对群众文艺运动的重视，再到新中国成立后的继承与发展，甚至1960年代后期及1970年代工农兵（业余）作者的唯一正确性与合法性的确立，中国新文学中确实长期存在着一种重视工农兵底层群众的“无产阶级性”或者阶级合法性与文学文化创造力的重要倾向。新中国的成立标志着这些底层人民政治上的“翻身”，也决定着他们应当进一步学习文化知识、“占领文化阵地”，完成从社会地位、社会身份到文化身份上从被压迫者到主人公的转变。那么，体现“新社会”的先进性，打破过去底层劳动人民没有文化并且不能创造、享有文化的状态，势必成为新中国成立后改造（或者武装）广大工农兵群众的必然取向之一。在共和国成立后的前三十年里，确实有不少文化程度很低的工农兵群众经过国家政策与文艺环境的推动，成为在文艺界崭露头角的文学创造者，如阿凤、张知行、董遒相等为代表的天津工人作家群，胡万春、费礼文、唐克新、毛炳甫等为代表的上海工人作家群，以及山东的王安友、湖北的黄声笑、广东的王杏元、云南的李茂荣、安徽的殷光兰等各地区较有名气的工农兵作者。更有名气以及文学史影响力的浩然恐怕是这个时期培养起来的最为典型的作家了，出身农民、描写农民、作品具有民间气质又与主流意识形态靠拢等特点，使浩然不仅成为六七十年代影响力极大的作家，而且成为工农兵出身而走向文人创作的集大成者——尽管他的创作离不开乡土气。

实际上，中华人民共和国成立后，新政府一方面延续着此前解放区利用春节等节庆大力开展群众文艺运动的传统，另一方面，又积极地将从群众中发掘文艺创造才能的工作向体制化方向推动。教育部和文化部于1949年12月发布的《中央人民政府文化部、教育部关于开展年节、春节群众宣传工作和文艺工作的指示》和1951年1月的《中央人民政府文化部、教育部发出关于开展春节群众宣传工作与文艺工作的指示》，就指出要利用好春节这样的时机组织群众文艺活动，对群众进行宣传教育，发动群众进行联欢，各地文教机关不仅要提供材料、到基层组织工作，还应该“组织文艺工作者实地帮助与指导群众进行创作和表演活动”，并且这些工作要与业余教育和冬学等工作相配合。① 当然，由于群众文艺运动有其特殊性、省域性，它更多的是在地方性的文艺工作中突出表现出来。以刊物为例，有人曾表示，全国性的刊物应该做示范性、指导性的工作，而地方刊物更重要的任务是加强群众性、地方性、通俗性，加强与群众的联系，推动群众性文艺运动的发展。② 因此，新中国成立初期定位于地方性、群众性的刊物，如《长江文艺》《河北文艺》《湖北文艺》《群众文艺》等，常常因其在群众化办刊中取得的成就而受到表扬，被树立为榜样，尤其是《长江文艺》，在开展工农兵通讯员运动工作方面广为人知。③ 这样，到了1954年，有人在展现了工农兵群众文艺运动的盛景后表示，“欣欣向荣的广大工农兵群众文艺活动，将是我国文学艺术事业繁荣发展的强大后备力量”④。发展到后来，1956年的首届全国青年文学创作会议、1958年的民间文学工作者大会和1965年的全国青年业余文学创作积极分子会议等，更是让工农兵群众中的代表性人物出尽风头。尤其是1965年的那次会议，周扬的报告主题便是“又会劳动又会创作”，他表示，以工农兵作者为主的与会者“是从工农兵群众中来的”，他们创作的意义在于，由于来自工厂、农村、部队等，他们在进行业余文艺活动时，讲革命故事、唱新歌、演新戏，与旧文化斗争，为政治为生产服务，这就将社会主义文艺“真正地”普及到工农兵中，占领了阵地，使文艺“真正成为有广大工农兵参加的强大战线”⑤。

由此，与上述叫得上名字的作家相比，另外一些出身底层的群众则往往消湮在“群众”之中。如上所述，第一次文代会上周扬就肯定了工农兵的文化创造力，并且号召文艺界关注他们、帮助他们。而作为大

① 《中央人民政府文化部、教育部发出关于开展春节群众宣传工作与文艺工作的指示》，《新华社新闻稿》1951年1月14日。

② 敏泽：《办好文艺刊物》，《文艺报》第三卷第八期，1951年2月10日。

③ 参见王秀涛《文艺与群众：“十七年”文艺通讯员运动研究——以〈文艺报〉和〈长江文艺〉为中心》，《文艺研究》2011年第8期。

④ 朱树兰：《工农兵群众业余文艺活动欣欣向荣》，《人民日报》1954年10月1日。

⑤ 周扬：《高举毛泽东思想红旗　做又会劳动又会创作的文艺战士》，《人民日报》1966年1月1日。

众中的一分子，“群众”以及“群众文艺”是新中国成立初期备受关注的文艺力量，新中国成立初期就至少有东北、上海等地创办过名为《群众文艺》的杂志，名为《工人文艺》的刊物也至少有重庆版、武汉版和西安版等，广东潮汕地方还有过名叫《工农兵》的文艺刊物，全国职工业余教育委员会和华东人民出版社还分别出版过专门指导工农兵群众学习文化的《学文化》和《文化学习》杂志。这些杂志都试图以通俗易懂、贴近生活的形式和内容吸引广大工农兵群众参与到文学文化产品的生产中来，并尽量满足广大普通、底层民众的审美趣味，华东版《群众文艺》的编者所言就比较有代表性，他表示：“新的文艺，旧的文艺都要；戏剧，图画，音乐，舞蹈，游戏也要”，“稿子要写得浅，看的懂，听的懂，才好”，“稿子也不要长，一二千字就很好，千二八百顶好”①。这样，内容的驳杂性与浅显、通俗易懂的特色确实能够吸引广大民众的眼球，而这些杂志在刊发内容上，还延续、发展了新中国成立前延安解放区的《群众文艺》② 的特色，更多地发表工农兵群众的文艺作品或习作。而新中国成立初期开始的对民歌搜集、刊发的重视，则不仅体现出对底层民众文化的重视，更将工农兵群众的创作抬到了很高的位置。③ 1958年开始的注重群众文艺创造力以及“文学共产”的思潮中，群众运动更是风起云涌，无论是《人民文学》1958年8月号“群众创作特辑”、《文艺月报》1958年第7期“上海工人创作专号”、《萌芽》第14期“群众创作推荐专号”等专门性的群众性作品的刊发，还是夹杂在多种作品中呈现出来的群众性创作，都将工农兵群众作为文学界重要力量和社会发展的重要标志显现出来。赛诗会的广泛开展，以及1960年代火热的革命故事运动，更让群众文艺运动成为一种时尚。

当然，文艺的建构是多方面的，除了上述表现，新中国成立后的

---

① 周而复：《开头几句话》，《群众文艺》（华东版）第一卷创刊特大号，1949年10月1日。

② 该刊于1948年8月15日创办于延安，陕甘宁边区文化协会群众文艺编辑委员会编，出版12期后停刊。

③ 新中国成立初期对民歌的详细论述和评价，可参见何其芳的长文《论民歌》，其为何其芳为1951年重印的《陕北民歌选》写的代序，海燕书店，1951，第4～38页。

《人民戏剧》《戏剧报》《大众电影》《人民音乐》《人民美术》等，都不断地以“群众”“工农”“大众”等话语，建构群众性的文艺秩序。其中《剧本》曾和《长江文艺》一起被树立为文艺刊物密切联系群众的典型榜样；而《人民音乐》创刊后也积极推动着适合工农兵群众的歌曲及民歌民谣等的发展。

三　历史书写：新中国的文学史与群众文艺运动

除了国家政策导向和具体的文艺运动实践，新中国成立至1980年的诸多新文学史，更是将“群众文艺运动”纳入重要的考察范围。如，早在1953年，王瑶就在其《中国新文学史稿》下册中考察了毛泽东《讲话》指引下的“工农兵群众文艺活动”和“工农兵群众诗”，即1942~1948年工农兵作者的写作活动，在附录中他又概括了新中国成立两年间的工农兵文艺活动情况，介绍了魏连珍、赵坚、张德裕等工农兵作者初步取得的成果。出版于1956年的丁易的《中国现代文学史略》，第十一章也专门开辟一节介绍解放区的部队、农民、工人创作和民间艺术的变向；同年出版的刘绶松的《中国新文学史初稿》，在下卷中论述了1945~1949年的“工农兵群众文艺活动”。

1958年后，随着国家对广大工农兵群众参与国家文学尤其是诗歌（新民歌）创作的大力提倡和鼓励，工农兵的写作热情被激发起来，一大批工农兵写作群体在文学领域显露出来。文艺界领导热情洋溢地赞颂工农兵群众创作、新民歌是“共产主义文艺的萌芽”[①]。1960年出版的由“南开大学中文系1956级集体编著”的《中国现代文学（新中国十年文学）》，认为“新中国的文学，是为千百万劳动群众服务的文学，是工农兵自己的文学”，称“广大的工农群众不仅热烈的接受了文学作品，而且直接参加了文学事业；我们的文学不是少数专门家所包办，千千万万的工农群众也拿起笔来从事创作。十年来，在群众创作运动中

① 郭沫若、周扬：《“红旗歌谣”编者的话》，《红旗》1959年第18期。

涌现出了一大批工农兵作家……”[1] 该著作中专门开辟“工人诗人”、“农民诗人”这样的小节介绍工农兵创作的状况和成就。出版于1963年的《十年来的新中国文学》也集中介绍了申跃中、王安友、陈登科、胡万春、费礼文、唐克新、万国儒、陆俊超等工农兵作者创作的小说，开辟专节介绍“大跃进”新民歌以及王老九、韩起祥、黄声孝、康朗英等工农兵、民间与少数民族诗人的创作。华中师范学院中文系编写的《中国当代文学史稿》（1962年）中，则用很多篇幅让工农兵作者得以显现，它在每一个时期都分出“群众创作”部分，介绍工农兵作家的创作，对他们创作的体裁样式、成就、主要作品等进行介绍和评价；在介绍1957年后的部分时，还专门开辟一节介绍主要的工农兵作家的作家情况、创作特色，对他们的主要作品进行分析，在其他章节里，《活人塘》《高玉宝》《工人文艺创作选集》等工农兵创作则被看作重要的创作成就进行分析。

不仅如此，此时期的现代文学史，也更多地致力于发掘工农兵群众文艺运动并对其进行高度评价，如中国人民大学编印于1961年的《中国现代文学史讲义》中，专章呈现了1942年后“工农兵群众文艺运动的大普及大发展”的局面。此外，尚有复旦大学中文系现代文学组的《中国现代文学史》上册（1959年）、吉林大学中文系中国现代文学史教材编写小组的《中国现代文学史》第一册（1959年）等，也强调了“工农群众”的创作。[2] 江超中所编《解放区文艺概述（1941—1947）》（1958年）、江西师范学院中文系所编《江西苏区文学史稿》（1960年）等专门性的文学史著，更加细致地考察了苏区、解放区的群众文艺运动，并且给予其高度评价。

比较特别但也有着文学史意味的，是天鹰于1959年出版的《1958年中国民歌运动》，该书作者及时追踪、记录了1958年新民歌运动的

① 南开大学中文系1956级集体编著《中国现代文学（新中国十年文学　上册）》，天津市广播函授大学印，1960，第5、6页。

② 赵雷：《体系·体例·体制：1949～1984年中国现代文学史著研究》，四川大学出版社，2005，第149～152页。

“盛况”，并站在当时的立场上对这次运动进行了高度的评价，还将其放在民间文学的整理、研究与评价的角度加以升华。在作者看来，这次群众性文艺运动是“几千年来被压抑、蹂躏和窒息的人民群众的潜力，爆发出来了，势如银河倒泻不可遏止”，同时，作者认为这次新民歌运动由于反映了人们在“大跃进”中的共产主义精神状态和风格，有着大规模的群众基础并且体现出体力劳动和脑力劳动相结合的特征，所以是“共产主义文艺的萌芽”[①]。与此同时，另外一种能够充分体现群众性的写作运动也大力开展了起来，它便是与新民歌运动齐头并进的“群众史”写作运动[②]，它不仅把革命回忆录、工厂史、公社史、家史等作为重要的写作对象，更突出了当时流行的群众参与性，因而也为当时的“当代文学史”著作如山东大学中文系中国当代文学史编写组编写的《中国当代文学史（1949—1959)》（1960 年）以及上述《中国现代文学（新中国十年文学)》、《十年来的新中国文学》、《中国当代文学史稿》等大力肯定。

然而，新时期以后，文学史书写已逐渐用新的姿态、新的标准去看待过往的历史，因此，群众文艺也逐渐从文学史教材中悄然减少，即便如唐弢版《中国现代文学史》（主要在第三册，1980 年出版）、林志浩主编本《中国现代文学史》（下）（1980 年）、十四院校版《中国现代文学史》（1981 年）等书保留了一些对群众文艺的叙述，也多集中于诗歌，评价也有了很大的变化；华中师范大学版《中国当代文学史》（有多个版本，包括王庆生主编版）在一定程度上继承了 1962 年《中国当代文学史稿》的一些内容或编写思路，对群众文艺及工农兵作者的创作有一定保留，但其评价也早已不再是 1960 年代的面目。因此，正如研究者所总结的那样，“总的来看，新时期文学史尽管仍为群众歌谣保留了一定的篇幅，但单独列为专节以至专章的情形已趋于减少以至消失。评价虽然基本是肯定性的，但与过去的高度赞扬相比，态度还是发

① 天鹰：《1958 年中国民歌运动》，上海文艺出版社，1959，第 3 页、第 131～134 页。

② 参见李丹《论“大跃进”时期“群众史”写作运动——兼及文学工作者心态》，《文学评论》2015 年第 6 期。

生了一定的变化”①。

文学史编写对工农兵群众文艺的关注及其自我消解，不仅是群众文艺历史命运的反映，也涉及群众文艺这一概念的范畴与纯文学观念的关系问题，尤其是新时期以来，在学科不断细化及文学更多地被理解为知识分子化的行为的背景下，群众文艺更多作为艺术行为被溶解到各种门类的艺术活动如歌唱、舞蹈、戏剧戏曲艺术、美术绘画等中。

四　民众文化权利问题

正是由于受到各方面的重视，从 1950 年代到 1970 年代，持续性的新民歌运动才将工农兵群众的文学才能推送到了文学舞台的前端，从白庙村赛诗会运动到河北束鹿县的群众文艺运动，再到上海的以沪东工人文化宫等为场域的工人赛诗会，最后到 1970 年代的小靳庄诗歌运动，虽然群众性诗歌创造是在政治的影响下进行的，但各地群众文艺活动的繁荣昭示着群众成为文化界的独特风景。1970 年代普遍刊行的《群众艺术》《群众文艺》《工农兵文艺》，更是将工农兵底层群众的文化地位提高到了文艺界的重要甚至权威地位，知识权利几乎完全转移到了工农兵群众身上。然而，工农兵出身的文化创造者也并不一定能够时刻保持阶级合法性，所以 1970 年代中期才有人感慨：“在我们的社会里，学会写作并不太难，要永远不背离自己的阶级，永远以笔来宣传和捍卫党的基本路线，却是非常不容易的。”② 无论如何，工农兵底层民众在新中国成立后的前 30 年间在文化领域度过了黄金时期，虽然 1980 年代以后新民歌运动已经完全终止或者变成纯粹群众艺术性的行为，曾经风行一时的革命故事、工农画运动等，也消湮或是改头换面了，与民众文化权利或者文学生产失去了更多的联系，但底层民众的文化诉求并

① 赵雷：《体系 · 体例 · 体制：1949 ~ 1984 年中国现代文学史著研究》，四川大学出版社，2005，第 153 页。

② 任犊：《走出“彼得堡”——读列宁一九一九年七月致高尔基的信有感》，《朝霞》1975 年第 3 期。

没有完全受到屏蔽。如新时期以来，以“群众文艺”（往往前面冠以省、市等名称）为名的刊物也不少，《工人文艺》也存在过，1980 年上海创办过《工人创作》，1981 年 8 月河北衡水文联创办了《农民文学》，1991 年，浩然主持创办了《苍生文学》关注农村、农民文学等。

但是，很明显地，1980 年代以后，国家的主流媒体已鲜有大规模宣扬群众性文艺运动的行为了，国家层面也不再如新中国成立前和“十七年”以及“文革”期间那样倡导工农兵群众文艺运动了，群众性文艺活动在自在、自为的状态下逐渐消失在主流文学、文化生活中。

然而，从群众文化权利的角度来看，一种巨大的落差感难免会产生。在 1980 年代前的社会文化生活中，战争、新的文化秩序的建立使得作为社会主体的群众颇受青睐和依赖，工农兵群众的文化权利也得到前所未有的关注，于是前文所述及的工农兵群众文艺运动也就借助政治的充分认可和支持活跃了起来。在“文艺为工农兵服务”的文艺、文化方向下，工农兵群众不仅被发动起来积极享受政治所大力倡导的文化的恩泽，还纷纷在文化领域制作产品，从而提供了文化上“共产”的种种可能性。但是，在特殊的时代环境下，群众被赋予的文化、文学创造权利也并非是完整的，那个时代文化权利的获得也是在特殊的分配结构下逐步下放的。单从群众文艺运动来看，无论是《讲话》发表后不久延安及其他解放区的工农兵群众文艺运动、1958 年开始的“新民歌”运动还是六七十年代以昔阳县、小靳庄为代表的诗歌运动和以户县为典型的农民画运动，都与领导人的倡导、参与或支持密切相关。而各级文化官员往往具有精英知识分子的权威，所以能够及时解读上层的文化政策并创造性地执行，郭沫若、周扬、陆定一、胡乔木等文艺界领导将文化权进一步散发给广大普通知识分子和工农兵群众，普通知识分子可以通过接受正规教育的方式获得更多文化权，而工农兵群众则往往要通过自己的阶级合法性以及知识分子的帮助获得占领文化阵地权。因此，文化权的分配也形成了金字塔结构，工农兵群众仍然在金字塔底端部分，在他们之上的仍然是普通知识分子、被批判的知识分子。① 然而，工农兵群众获得了与知识分子同台享受并创造文化的权利。1956 年和 1965 年的两次“青创会”均强调与会青年作者的工农兵化和业余属性②，表面上看是注重工农兵群众的文化权利及其文化、文学创造力，但实际上更多的是为了实践“知识分子劳动化，工农群众知识化”的文化“共产”理想，为了培养“又会劳动又会创作”的人，以“开辟社会主义文化阵地”，实现社会主义新秩序的建设和巩固。正如学者指出的那样，“工农兵业余创作者的成长过程和写作经历符合意识形态在文化领域内的阶级斗争思维，其创作动机和创作的政治效果也符合中国共产党对文学发展目的的设想”③。所以，工农兵群众文化权利的获得，是国家文化、文学建构的导向和运作效果的显现。

1980 年代以后，群众性文艺活动却显示出另一种情形。如果说此前的工农兵群众尚因阶级出身的合法性而得以与知识分子分享或争夺文化权的话，此时的群众文艺却在知识分子重新占领文化要地（1980 年代）、商业文化复兴（1990 年代）以及新媒介文化影响力日渐扩大（进入 21 世纪后）的时代变化之中，逐渐沦为民间性自娱自乐、不受重视的自发行为。有学者指出，文化权利主要包括共享文化成果的权利，参与文化活动、开展文化创造的权利，获取和传播文化信息的权利，文化认同和文化发展的权利等方面的内容。④ 如果以此标准来看待 1980 年代以后的群众文化、文艺活动，似乎每一个方面都得到了无可指摘的实践。但细究起来却容易发现，群众文化生活是自由、散漫

① 事实上，有一些知识分子即便在反右等运动中被打入底层，生活仍比较丰足，甚至仍然担任文教工作领导、教育工农兵群众，参见郭剑敏《划为右派后作家的收入及生活水平考——以丁玲、刘绍棠、傅雷、王蒙为研究个案》，《文艺争鸣》2016 年第 8 期。

② 以 1956 年的全国青年文学创作会议为例，与会者有 500 多人，业余作者占了 82%（见新华社：《青年文学创作者会议开幕》，《人民日报》1956 年 3 月 16 日）；1965 年的全国青年业余文学创作者会议，“与会的 1100 余名代表中，绝大多数来自工厂、农村、部队等基层单位”（见《建国后的五次青创会》，《文艺报》2007 年 11 月 3 日）。

③ 王秀涛：《新作家的培养与“十七年”的作家制度——以两次青年创作者会议为视角的考察》，《文艺评论》2010 年第 6 期。

④ 许军珂、李红勃主编《文化权利的法律保障机制研究》，世界知识出版社，2015，第 119 ~ 120 页。

和包罗万象、复杂多变的：一方面，群众性民歌活动往往要通过电视台等的策划和制作才能获得关注，民间故事和传说等则更多地借助旅游项目的开发和市场化的表演才能为更多人知晓，而它们的受众也往往是有限的；另一方面，底层群众的文化生活更多地靠手机等新媒介阅读官场、玄幻、言情等类型的文字达到消遣，或者是步入对成功学的追逐中，即便是有很大群众基础的广场舞活动，也更多的是达到身体压力的释放和精神上的消遣。因此，群众文化权利的实践也是存在一些问题的，如有研究者指出，地域/城乡/阶层间文化发展不平衡、基层公共文化投入少及服务薄弱、群众参与文化活动不均衡、国家公共文化服务体系不健全等问题，使得文化服务成为一个亟待解决的问题。①

这样，对待群众文化、文学运动，一方面需要总结1980年代前因政治的强力干预而让群众的文化权利转变成参与争夺社会话语权的“文化权力”的经验教训，另一方面，又需要防止对群众文化生活放任自流的倾向，而需要在为群众文化权利的广泛实现提供保障和便利的同时，对群众文化活动进行适当的引导和规范，用积极向上的、庄严的价值理念来教育群众，减少群众对低俗文化的滥用和传播，推动其分享并创造健康的文化。

结　语

1959年，有一位记者写道：

> 农民诗人王老九的“看稿杂记”，在陕西日报发表后，引起很多人的注意。特别是人民日报把这篇文章转载后，从北京、上海、四川等地都有读者写信来，认为这篇文章对他们的写作帮助很大；

① 康民、刘务勇：《群众：主体与主人——一个社会、政治、历史命题的理论构建》，甘肃教育出版社，2013，第136～138页。

> 有的人并寄来了诗稿，要求王老九修改；有些大学的校刊也写了评论，推荐这篇文章。这种情况说明，邀请一些有经验的和在群众中有影响的工农作者，帮助编辑部看一部分来稿，写点文章，谈谈写作上的问题或解答一些疑难，是很受读者欢迎的。这是用总结、介绍群众的经验来指导群众创作的一个好办法。①

王老九从底层不识字的农民，变得有如此巨大的影响力，不仅是时代使然，也是王老九的文学才气和文化魅力得到认可的结果。诚然，今天看来，无论是王老九或是白庙村诸多村民所编写的民歌，还是胡万春、黄声笑、陈登科等人的创作，都有着难以克服的时代病，但是这些从“工农兵群众”中脱颖而出的作者、作家，也并非毫无可取之处，比如广东的王杏元的《绿竹村风云》就是一部很独特的小说，它融合了民间传奇性、革命时代性与语言的文学性等方面的特色。浩然的小说之所以在六七十年代大受欢迎，也有其独特的写作特色作为重要基础。习近平总书记指出：“近些年来，民营文化工作室、民营文化经纪机构、网络文艺社群等新的文艺组织大量涌现，网络作家、签约作家、自由撰稿人、独立制片人、独立演员歌手、自由美术工作者等新的文艺群体十分活跃。这些人中很有可能产生文艺名家，古今中外很多文艺名家都是从社会和人民中产生的。我们要扩大工作覆盖面，延伸联系手臂，用全新的眼光看待他们，用全新的政策和方法团结、吸引他们，引导他们成为繁荣社会主义文艺的有生力量。”② 这种取向与几十年前对工农兵等底层民众的文化创作力的重视无疑是具有相通之处的。那么，在平等、公平成为社会发展的基本方向的时代，尤其是“新媒体重组了文学生产关系，最大可能地解放、释放出了文学生产力”，其“带来的权力/权利分化和重组，为文学的‘底层革命’创造了条件和契机”③ 的

① 丰野：《王老九来到我们编辑部以后》，《新闻战线》1959年第5期。

② 习近平：《在文艺工作座谈会上的讲话》，《人民日报》2015年10月15日。

③ 吴俊：《新媒体语境与“文学史的终结”——兼谈文学批评的现实困难》，《文艺研究》2016年第6期。

今天，花费一部分精力关注底层无产者、低产者的生活状态和文学文化需求，开掘他们的文化创造力，或许也是有意义的事。或者正如学者李云雷在论述“底层文学”的作用时所表达的那样，对底层文学、文化权利的关注，至少要起到一种“翻心”的作用，“让人有一种对社会流行意识的批判性的认识，从而创造出一种新的文化，一种新的人与人的关系”，以至于为人类社会更加公平正义贡献出自己的力量。[①] 同时，在建构新文学经典的过程中，对被文学史不断建构的经典作家作品进行多元阐释和解读非常必要，但也要避免重复性解读甚至过度解读；而充分挖掘各个时代的非主流文学的价值及其意义，构建另类经典，也未尝没有价值。

① 李云雷：《新世纪文学中的“底层文学”论纲》，《文艺争鸣》2010 年第 11 期。

回忆与成长：张爱玲“自传小说三部曲”叙事研究

◇袁　昊[*]

摘　要：张爱玲“自传小说三部曲”在内容上有极强的自叙传色彩，在艺术形式上则具有非常鲜明的特色，重复改写、分叉叙事和记忆闪回是展现其艺术特色的主要叙事手法。通过这些叙事手法的运用，张爱玲“自传小说三部曲”巧妙解决了自传小说回忆与成长的重要关系，既抚平了创伤性人生体验，完成了主体修复与意义建构，又实现了生命泅渡，创生了新的人生意义。

关键词：张爱玲　自传小说　重复改写　分叉叙事　记忆闪回

2009年《小团圆》出版，2010年中译本《雷峰塔》《易经》又同时推出，一时之间“张爱玲热”再起。《小团圆》更是受到普遍关注，研究界因此而提出了“张爱玲晚期风格”①。张爱玲“自传小说三部曲”② 除了具有惯有的张氏美学特征外，更为重要的是为我们推进张爱

---

*　袁昊，四川师范大学文学院讲师，主要研究方向为中国现代文学。

①　有不少学者提及“张爱玲晚期风格”，陈建华、许子东和李宪瑜的观点最具代表性，参见：陈建华《张爱玲“晚期风格”初探》（载陈子善编《重读张爱玲》，上海书店出版社，2008）、许子东《张爱玲晚期小说中的男女关系》（《文学评论》2011年第2期）、李宪瑜《张爱玲“自传三部曲”与所谓“晚期风格”》［《海南师范大学学报》（社会科学版）2012年第2期］。

②　张爱玲“自传小说三部曲”指的是《雷峰塔》《易经》《小团圆》三部自传小说。严格来说，张爱玲“自传小说三部曲”不能称为“三部曲”，《雷峰塔》与《易经》是一部小说的上下部，而《小团圆》是对这两者的改写，只不过加增了恋爱婚姻等内容，所以“三部曲”实为一部小说。最早是宋淇在给张爱玲的信中，以“自传体小说”来界定《小团圆》（见宋以朗《小团圆·前言》，载张爱玲《小团圆》，北京十月文艺出版社，2009，第8页）。以“自传小说”来命名张爱玲三部小说的学者是高全之，他在《忏悔与虚实：〈小团圆〉的一种读法》（《文讯》第289期）中辨析了自传与自传体小说的区别后，认为《小团圆》是“自传体小说”而不是“自传”。2011年大陆版（转下页注）

玲研究提供了新的可能[①]，三部曲“一方面为解读张爱玲的人生与心理，贡献了极为难得的材料；另一方面，它们在叙事方式上的特征与变化，也是探求张爱玲艺术创造与艺术心理的珍贵样本”[②]。张爱玲“自传小说三部曲”确实披露了诸多关于其家族、家庭、青少年成长、恋爱婚姻等的“珍贵秘闻”，这些“秘闻”为解读张爱玲人生与心理开辟了新天地，学术界也从此方面进行了不少研究。而对于张爱玲“自传小说三部曲”叙事艺术特征的研究却不多。本文试就张爱玲“自传小说三部曲”的叙事问题进行探析与研究，以期对推进张爱玲研究有所贡献。

一　重复改写与意义建构

“重复改写”是张爱玲“自传小说三部曲”的显著特征，在某种程度上，我们可以把张爱玲“自传小说三部曲”看作对《烬余录》《私语》《童言无忌》《对照记》等内容的重复与改写，而《小团圆》就是对《雷峰塔》与《易经》的重复与改写，“是采用那篇奇长的《易经》的一部分”[③]。“自传小说三部曲”内容上有大量的自我重复，让张爱玲自己都觉得无法让读者满意，在给朋友宋淇夫妇的信中就谈到了对此的担忧，“看过我的散文《私语》的人，情节一望而

（接上页注②）《雷峰塔》和《易经》出版时，北京十月文艺出版社以“张爱玲自传小说三部曲”作为推广语推出。“自传小说三部曲”逐渐成为共识，为了论述方便本论文沿用“自传小说三部曲”这一提法。

① 许子东认为《小团圆》具有四种研究价值与研究意义：一是张爱玲研究的重要材料，二是确立了张爱玲晚期风格，三是开创了中国文学自传小说的新篇章，四是提供了分析20世纪中国文学关于“爱情”和“母爱”的典型个案。参见许子东《张爱玲晚期小说中的男女关系》，《文学评论》2011年第2期。

② 杨联芬：《成长创伤与家族史书写——谈新近出版的张爱玲自传小说〈雷峰塔〉〈易经〉》，《中国图书评论》2011年第7期。

③ 张爱玲写给宋淇夫妇的信，详见宋以朗《小团圆·前言》，载张爱玲《小团圆》，2009，第4页。

知，没有看过的人是否有耐性天天看这些童年琐事，实在是个疑问"[①]。从实际效果看，《雷峰塔》和《易经》确实受到冷遇，不仅英文版1950年代在美国出版市场无人问津[②]，即使21世纪后出版的中文版，购买者也寥寥可数。[③]《雷峰塔》与《易经》是张爱玲用英文创作且用来向美国市场叩关的用心之作，为什么在英语和汉语世界都受到如此大的挫折？这与张爱玲执意地重写自己的童年往事[④]似乎不无关系。

张爱玲为什么要不断地重复改写自己的往日经历？为什么一次又一次地回旋在往日的回忆深海中？是因为童年创伤性经历，基于"一种弗洛伊德的冲动；借着一再回到童年创伤的现场，她试图克服创伤所带来的原初震撼"[⑤]，还是为了向中国传统小说靠拢，创造一种不同于西方长篇小说的全新的小说体式？"'自传三部曲'的写作是有意识地向《海上花》靠拢，以期造成一种更传统，因而也更新颖的中国式的长篇小说，一种跟西方长篇小说完全不同的小说体式"[⑥]。或者是因为受韩素音自传小说《瑰宝》在西方世界大获成功的刺激，"韩作的成功又刺激了张爱玲的自传写作，这就是《雷峰塔》/《易经》"[⑦]，甚或是张爱

① 宋以朗在《雷峰塔·引言》中援引张爱玲写给宋淇夫妇的信，详见《雷峰塔·引言》第3页，载《雷峰塔》卷首，北京十月文艺出版社，2011。

② 张爱玲自己认为美国出版社拒绝出版的原因是："美国编辑有他们的政治立场，他们不接受书中把旧中国写得那么糟，因为这会显示共产党相对来说是更好。"参见宋以朗《宋淇传奇：从宋春舫到张爱玲》，牛津大学出版社，2014，第231～232页。

③ 中文版《雷峰塔》《易经》2011年4月由北京十月文艺出版社出版，笔者2017年6月购买时，所买两书仍然是第1版第1刷。相比2009年同样由北京十月文艺出版社出版的《小团圆》连续加印几次的盛况，《雷峰塔》与《易经》确实不太受读者喜欢。据李宪瑜在《张爱玲"自传三部曲"与所谓"晚期风格"》中的统计，2011年《雷峰塔》《易经》出版发行的第一个月，在中国较大的网上书店上海书城，两书销售量分别是100本与85本，非常之少，这也在一定层面上说明了《雷峰塔》与《易经》不受读者喜欢的程度。

④ "童年往事"是概指，《雷峰塔》《易经》两小说中所回忆往事的时间段为4岁至22岁，《小团圆》中则更长，甚至有后来居美时的一些故事碎片。

⑤ 王德威：《雷峰塔下的张爱玲：〈雷峰塔〉〈易经〉与"回旋"和"衍生"的美学》，《现代中文学刊》2010年第6期。

⑥ 李宪瑜：《张爱玲"自传三部曲"与所谓"晚期风格"》。

⑦ 李宪瑜：《自我陈述与中国想象——凌叔华、韩素音、张爱玲的"自传体小说"》，《中国现代文学研究丛刊》2014年第4期。

玲为了表达对父亲的挂念与保护，“撰写《雷》与《易》的驱策力非仅来自年龄增长而培育的生命智慧，它集聚于她对父亲张志沂的挂念。她不忘父亲那些个人的缺陷，但她想要超越《私语》的讳言经验，更进一步保护父亲”①。

张爱玲不断重复改写早年经历，当然与童年创伤性体验有关，也可能是想在英语世界打开市场甚至超越她非常鄙薄的作家韩素音。想开创一种与中国古典小说相类而区别于西方长篇小说的新型长篇小说，也是极有可能的原因，因为在创作《雷峰塔》《易经》时，张爱玲正在进行两项平行研究：一是将吴语版的《海上花列传》翻译成国语，再从国语翻译成英语；二是对《红楼梦》进行文本细读、分析、考据与研究。这些平行活动很可能是促成张爱玲创新小说写法的动因。但笔者以为，张爱玲之所以对读者不甚关心的那段童年往事如此念念不忘且不断改写，更多的是立足于自身精神世界的需要，创伤性体验是重要原因，但绝不是最根本支点。况且按照弗洛伊德的观点，创伤性体验会在今后的生活中不断修复，张爱玲如此长时段地徜徉在往日世界中，应该已经在一定程度上克服至少是削弱了童年梦魇，与自己的过往经历达成了某种和解。“《小团圆》通过对《雷峰塔》和《易经》的重写与续写，对家族、母亲和自我进行了彻底的反省；‘团圆’的意味，象征着彻底的理解和谅解。”② 张爱玲“自传小说三部曲”乃至之前作品的自我重复，对童年往事的不断改写，更多的是在以回忆来重新建构自我存在的意义。回忆成了常规的仪式与手段，而对自身意义的找寻与建构才是最终目的。正如有学者所指出的那样：“回忆跟自传体的小说对她来讲是把过去的经历做一个艺术处理，试图为它找出一段意义。”③ 在这一回望、处理、虚构的过程中，张爱玲既梳理清了来龙去脉，又在这一过程中重新建构起崭新的生命意义，既包括历史意义也包括现实意义，而这种意

① 高全之：《〈雷峰塔〉与〈易经〉的遗民态度》，《现代中文学刊》2013年第5期。

② 宋以朗、符立中主编《张爱玲的文学世界》，新星出版社，2013，第79页。

③ 《张爱玲〈小团圆〉Ⅲ》，载凤凰卫视出版中心编《梁文道：我读》，上海三联书店，2010，第90页。

义支撑着同时也扩充着张爱玲新的人生与新的生活。

张爱玲以不断重写童年往事来构建自身意义的创作目的在她对“人—时代—回忆—意义”之间的辩证关系的认识中有着较为明显的体现。张爱玲对“人—时代—回忆—意义”有她独特的认识与理解，“人是生活于时代里的，可是这时代却在影子似地沉没下去，人觉得自己被抛弃了。为要证明自己的存在，抓住一点真实的，最基本的东西，不能不求助于古老的记忆，人类在一切时代之中生活过的记忆，这比瞭望将来要更明晰、亲切”①。记忆成为连接过去的救命绳索，更是证明自己存在意义的唯一可靠的源泉。但并不是所有的记忆都能产生意义，只有那些与自己发生深远关系的记忆才能持久。当回忆往事作为写作的对象或材料时，那些自己熟悉的记忆就成为反复使用的写作材料，因此张爱玲“一直认为最好的材料是你最深知的材料”②，而留存记忆中并时时浮现的回忆就是“最深知的材料”，对于张爱玲来说就是那如深海般绵长的童年往事。在《易经》中借助琵琶之口强调回忆往事对自我意义的重要性，“琵琶打小就喜欢过去的事，老派得可笑，也叫人伤感，因为往事已矣，罩上了灰濛濛的安逸，让人钻研”③。所以张爱玲要一次又一次不断重复与改写，在不断重复与改写童年往事中重建自己人生的存在价值与意义。

张爱玲“自传小说三部曲”中的重复与改写比比皆是，在《雷峰塔》与《易经》中出现过的人物与故事，大多又出现在《小团圆》中。但是张爱玲在重复改写中为其赋予了不一样的意义，我们以“自传小说三部曲”中的母亲形象为例，看张爱玲如何通过重复改写来实现对母亲形象的重新塑造，进而分析张爱玲如何通过这一改写活动本身实现对新的生命意义的获得与提升。

《雷峰塔》与《易经》讲述了琵琶从四岁时母亲出国到从香港维多利亚大学肄业回上海这段时期的经历，《小团圆》除讲述了盛九莉上述

① 张爱玲：《自己的文章》，载《流言》，北京十月文艺出版社，2006，第 14 页。
② 宋以朗在《小团圆·前言》中援引张爱玲写给宋淇夫妇的信，详见《小团圆》第 5 页。
③ 张爱玲：《易经》，北京十月文艺出版社，2011，第 8 页。

这段时期的经历外，还增加了其回到上海后乃至去美国时的一些经历。母亲始终是这段经历中的主要人物之一。《小团圆》与《雷峰塔》和《易经》中的母亲书写明显有诸多相同之处，三部小说都勾画了一位新旧交替时代出自名门而婚姻不幸且对子女关爱不够的母亲形象。更为主要的是三部小说有许多相同的故事情节，如母亲指责琵琶/盛九莉穿衣服不合适、刘海太长，乱搬椅子被母亲大骂“猪”的事，给母亲写信信纸滴水的事，给母亲买芍药花的事，母亲打牌输掉英籍教授赠送的800元港币的事，等等。

客观上讲，《小团圆》本来就是对英文版《雷峰塔》和《易经》的中文改写，在人物及故事情节上有一些雷同也是情理之中的事，但是基于创作时间的不同以及记忆修补术的心理原理，我们还是能发现张爱玲在《小团圆》中对《雷峰塔》和《易经》里母亲形象的重复性改写。《小团圆》中对母亲形象的重复性改写包含两个方面：一是对相同故事情节的重复改写，二是对原有情节的增补创新。前者体现在对800元港币事件的改写上。《易经》第八章完整叙述了英籍教授赠送琵琶800元港币的来龙去脉，事件全过程按时间顺序交代清楚，只在事件末了以内心独白的方式描写了琵琶对这件事的反应，即她对母亲的态度变了，“不再在意母亲说什么做什么。倒不是她做了决定，只是明白到了尽头了，一扇门关上了，一面墙横亘在她面前，她闻到隐隐的尘土味，封闭的，略有些窒息，却散发着稳固与休歇，知道这是终点了”①。《易经》的叙述给我们留下两个印象，一是800元港币事件的错全在母亲一方，二是经此事件后琵琶彻底觉醒，开始摆脱对她母亲的依恋与敬畏。而在《小团圆》中，在张爱玲简短叙述完800元港币事件后，除了有上述与《易经》中相同的对母亲态度转变的语言外，时空马上被推到从香港回到上海之后，盛九莉向姑姑闲聊800元港币事件，且以姑姑“她（你母亲）倒是为你花了不少钱”来替母亲开罪。这实际上削弱了《易经》中对母亲的指责，表明作者在一定

① 张爱玲：《易经》，第113页。

程度上谅解了母亲。

最能体现张爱玲通过对母亲形象的改写来实现自我意义建构的是《小团圆》第十一章新增的描写母亲的部分。张爱玲“自传小说三部曲”中有两个人物始终无法让她释怀，一个是母亲，另一个是邵之雍，“她（九莉）是最不多愁善感的人，抵抗力很强。事实是只有她母亲与之雍给她受过罪”①。《雷峰塔》和《易经》以及《小团圆》前半部分中的母亲总是让人又爱又怕，主人公想亲近母亲又怕母亲看不起自己，处处小心，在母亲面前很是自卑。而母亲的这种形象在《小团圆》的增补部分，即第十一章里，得到了全面改写。旅居国外多年的母亲再次回国，盛九莉所见到的母亲已经老了，“空气中有一种悄然，因为蕊秋老了”，在简短的母女龃龉后，母亲完全转变，对女儿施以各种“怀柔政策”，给女儿买小礼物（别针）、称赞由女儿剧本改编的电影、鼓励女儿珍惜年华多交朋友、亲昵地叫女儿小名、为女儿烫伤的腿包扎等等，展现了一位极为体贴关爱女儿的母亲形象。然而当女儿拿出二两黄金要还给母亲，作为对母亲花在女儿身上的费用的回报时，母亲顿时崩溃了，泪流不止，以为女儿要同她断绝母女关系，连连向女儿解释与忏悔。母女之间的强弱关系发生颠倒，母亲这一形象也发生了完全的转变。值得注意的是，张爱玲在写这种母女强弱关系的转换时，没有采用现代文学惯有的代际战争般对决的方式来书写，而是以一种无形的交由自然时间决定的静静的方式来表达。

《小团圆》中母亲形象的改写，反映了张爱玲对母亲的谅解与原宥，母亲既是时代转换的牺牲品，也是时间无情的牺牲品；同时张爱玲也宽解了自己背负多年的沉重记忆，让自己在历史的回望与反刍中得到一种感怀与永恒，让自己对如梦魇般的往事不断虚化与洒扫，进而构建童年往事新图谱，完成自我修复与意义建构。

---

① 张爱玲：《小团圆》，第241页。

二 分叉叙事与无主题寓意

“分叉叙事”是笔者从吴晓东对于博尔赫斯《交叉小径的花园》的分析中借用的概念，吴认为博尔赫斯在这篇小说中应用了典型的“分叉叙事”手法，并解释道：“这种分叉叙事隐含着一种生成性功能，而不是终结性功能，好像故事可以无穷衍生下去，每一个叉路都孕育着新的叙事基因，表现出对无限可能性的追求。”①

张爱玲“自传小说三部曲”除了总的回忆性时间线索外，没有贯穿始终的明显的情节线索，基本上是随线索人物（琵琶/盛九莉）的成长时间而自然展开，没有鲜明的主题。其基本叙事方法就是漫无目的的分叉，由一件事跳到毫不相关的另一件事，由这个人又牵出相关性不大的另一个人，宛如物理中的电子自激运动一样，毫无规则。小说人物一出场就如电场插上了电，人物的行进路线完全没有预定的轨迹，全由当时的那个场，即具体处境决定。但是这一个个随时分叉的轨迹最终又织成一张相互关联的网，一张没有中心没有经纬的空心的网，然这个网却也闪耀出奇崛的色彩，显示出无主题的寓意。

《雷峰塔》和《易经》实际上是一部小说的上下部，完全可以连成一部小说来阅读，这样更方便分析张爱玲“分叉叙事”方法的运用。《雷峰塔》二十四章，《易经》二十二章，两部小说一共四十六章。我们从这四十六章的书写内容来看张爱玲“自传小说三部曲”的分叉叙事。《雷峰塔》第一至第四章写母亲出国，琵琶与沈家下人们的生活世界，这个世界充满生气、温暖、恒常，但也很无聊；第五章父亲把姨太太接进家来，家里氛围发生变化；第六章写到“新房子”去拜年；第七章写姐弟进学堂，父亲虐待姐弟，姨太太被赶走；第八章写举家搬到上海，拜见本家大爷一家；第九章写拜见母亲娘家杨家；第十、第十一

① 吴晓东：《从卡夫卡到昆德拉：20 世纪的小说和小说家》，生活 · 读书 · 新知三联书店，2003，第 198 ~ 199 页。

章写母亲回国，琵琶与母亲一起生活，对母亲既爱又怕，战战兢兢；第十二、第十三章写父母亲离婚及离婚后父母各自生活状况；第十四、第十五章写父亲再娶及婚后生活；第十六、第十七章写姑姑与大伯打官司及官司后琵琶同姑姑一起生活的情况；第十八章写父亲、继母对姐弟的虐待；第十九至第二十四章写母亲回国，主张琵琶出国留学，琵琶一心准备出国从而与父亲、继母闹翻而被囚禁，最后琵琶从父亲家逃出到母亲住处，专心准备出国考试。《易经》第一、第二章写琵琶与母亲、姑姑一起生活，追述姑姑的故事、沈家家族的故事、祖父母的故事；第三章写与母亲同住的矛盾与龃龉；第四章写拜访表舅爷家，追述表舅爷一家及表舅爷之死；第五章写与母亲同住日益引起母亲的厌恶与不满；第六至第十一章写到香港维多利亚大学读书，仍继续写与母亲的关系；第十二至第二十一章写香港读书的学校生活和战争时期生活；第二十二章写回上海。

这四十六章小说内容看不出有什么内在的逻辑与情节线索，完全是一种任意的分叉叙事，似是以琵琶的成长时间为序，但这种时间顺序的色彩是非常淡薄的，因为所叙述的琐碎小故事没有对主人公的成长构成一种成长性的鲜明印痕，即这些小故事对主人公的发展没有直接的促进作用，许多故事显得多余与累赘，毫无阅读吸引力，“这些啰嗦简直没有节制，关于小女孩自己的，关于家人的，关于亲戚的，甚至完全不相干的人的，不惜沦为‘点名册子’”[①]。

“自传小说三部曲”的分叉叙事既体现在作品的整体性结构中，也体现在局部的章节中，我们以《雷峰塔》第四章为例证。这一章是写沈家人们的生活世界：（1）先写秦干迷信买宝卷，把宝卷作为精神指引，但不全信也不虔诚；（2）再写秦干聊缠脚的事，由缠脚讲到杨家（琵琶母亲娘家）的规矩，又讲到杨家老太太对少爷的管教；（3）下人们又聊到鸭子，何干、秦干、浆洗老妈子对吃鸭子的一番议论；（4）在一旁听闲谈的葵花提到佟干和她丈夫打架的事，大家又是一番议论；（5）正议论着，佟干来了，叫

① 李宪瑜：《张爱玲“自传三部曲”与所谓“晚期风格”》。

走了何干，追述了何干这个人及对何干儿子富臣的描述；（6）由何干、富臣引出对乡下生活的叙述，何干讲乡下土匪横行、民不聊生的悲惨现实；（7）由从乡下回来的王发与何干的聊天，跳到对王发的介绍；（8）再由王发为榆溪处理姨太太事情，转到对榆溪的叙述。

以上八个部分的顺序完全可以重新安排，它们之间没有明显的逻辑结构，仅仅是作为远距离全知视角琵琶目光的接触物出现，而琵琶的目光是扩散的，没有中心，也没有聚焦。这是一种中国传统小说中常见的“人类学式的描写”[1]，也是热奈特在分析叙述视点时所说的“累赘”方法[2]，无目的、无聚焦地分叉叙事，故意增加不必要的故事情节。但是这种描写与叙事却整体上呈现出了一幅下人们生活的日常画面，而且这个画面具有极强的寓意，它反映了与沈家主人们的颓废败落不同的生活氛围，体现出更深刻的人世永久性的一面。要解读整幅下人生活情景图的寓意，必须把一个个分叉故事连接起来作为整体进行观察与体会，才能深味其中的寓意。这正是张爱玲“自传小说三部曲”叙事的又一显著特点。这一特点在张爱玲早期作品中即有体现，正如夏志清对《传奇》中人物的分析，“《传奇》里每个人都钩划得清清楚楚，他们给他们的背景一衬托，更显得栩栩如生；他们的背景是当时的社会经济情形，是他们的父母，或者广言之，是一个衰颓中的文化”[3]。孟悦认为，张爱玲的作品是从中国具体生活情态（时间和空间）中去描写社会形态与时代变迁的[4]，这里便是具体例证。

实际上张爱玲这种极具中国文学特色的生活情态书写，这种无目的的分叉叙事手法，是对传统小说技法的化用，即对《儒林外史》《官场现形记》《海上花列传》等社会小说技法的化用。张爱玲非常喜欢这类

① “人类学式的描写”出自王德威对《雷峰塔》与《易经》的评价文章，参见王德威《雷峰塔下的张爱玲：〈雷峰塔〉〈易经〉与“回旋”和“衍生”的美学》。

② 参见〔法〕热拉尔·热奈特《叙事话语·新叙事话语》，王文融译，中国社会科学出版社，1990，第129～135页。

③ 夏志清：《中国现代小说史》，香港中文大学出版社，2001，第342页。

④ 孟悦：《中国现代性与张爱玲》，载王晓明主编《二十世纪中国文学史论（修订版）》（下卷），东方出版中心，2003，第99页。

传统社会小说，非常熟悉这些小说的特点、技法以及缺点，“内容看上去都是纪实，结构本来也松散，散漫到一个地步，连主题上的统一性也不要了，也是一种自然的趋势”①。结构松散，往往由多个故事连缀而成，没有明显主人公，也没有明显的主题与叙事线索。有论者称该类小说为“故事连缀”型小说②，其结构则是“套盒结构”③。张爱玲的“自传小说三部曲”，尤其是《雷峰塔》和《易经》，具有传统社会小说的结构模式与文体特征，在阅读效果上也像传统社会小说一样，松散、凌乱，“单调、平淡的流水账似的叙述”是“一种负担”，“考验读者的耐心”。④ 但在“三部曲”的写作中，张爱玲在吸收传统社会小说这种分叉叙事的基础上又对其进行了创造性改进，引进了西方现代小说技法，即增加了自传性的叙事模式⑤，由琵琶和盛九莉担任叙事者，从她们的叙事视角增加心理描写，这就弥补了传统社会小说太过注重对社会世相的书写而忽视对主人公内在世界观照的弊病。张爱玲“自传小说三部曲”创造性地化用传统社会小说技法，其效果就是实现了“从‘讲故事’到‘小说’”，突破了早期“‘讲故事者’口述的特征”。⑥

张爱玲“自传小说三部曲”通过对传统社会小说模式与技法的运用，尤其是对分叉叙事的纯熟使用，使“三部曲”最大限度地弥补了传统社会小说的弊端，同时又使“三部曲”在局部与整体上呈现出别样的意义，即对社会情态的真实反映，具有极强的“现实感”⑦，也就

① 张爱玲：《谈读书》，载《重访边城》，北京十月文艺出版社，2009，第55页。

② 参见张蕾《论“故事集缀”型章回体小说》（《文学评论》2010年第4期）对“故事连缀”型小说的论述。

③ 该说法出自祝宇红对张爱玲《小团圆》文体的论述。参见祝宇红《无双的自我：张爱玲的个人主义文学建构》，上海书店出版社，2018，第177页。

④ 杨联芬：《成长创伤与家族史书写——谈新近出版的张爱玲自传小说〈雷峰塔〉〈易经〉》。

⑤ 对于张爱玲小说引入自传/回忆录叙事模式的详细论述，参见祝宇红《无双的自我：张爱玲的个人主义文学建构》，第178～182页。

⑥ 梁慕灵：《从“讲故事”到“小说”——论张爱玲小说中的记忆转化》，《“中央大学”人文学报》2009年7月第39期。

⑦ 李欧梵：《张爱玲笔下的日常生活和“现实感”》，载《苍凉与世故：张爱玲的启示》，牛津大学出版社，2006，第1～37页。

是张爱玲自己所说的“一种自然的趋势”，亦即没有主题的寓意。这种继承与创新丰富且扩大了现代小说的内涵，超出了我们对五四一代作家小说的认知，“‘五四’作家突出小说中的非情节因素，借用容易产生强烈感情色彩的第一人称叙事（包括日记体、书信体），以及根据人物内心感受重新剪辑情节时间，这一切当然都是为了突出作家的主观感受和艺术个性”①。五四一代作家小说突出了主题与主观感受，却大大削弱了真实性，当时移世易，主题凑变，五四一代作家的小说的可读性与价值也就会受到质疑。张爱玲既谨慎地接受西方现代小说，同时又宽容地正视传统小说尤其是社会小说的优缺点，并将之化用到自己的小说创作中，经过反复的实践，这些主观选择在“三部曲”中得到了较为充分的展现，创造出了一种新的现代小说体式，正如有论者所评价的那样，“三部曲”是一种“新颖的中国式的长篇小说，一种跟西方长篇小说完全不同的小说体式”②。

三 记忆闪回与现代小说心理深度拓展

张爱玲“自传小说三部曲”既有对传统小说技法的化用，也有对现代西方小说技法的借鉴，上文论述的分叉叙事是对传统社会小说技法的创造性使用，而记忆闪回则是对西方现代小说技法的有效运用。

闪回（flashback），是电影传统叙事蒙太奇中的时空转换手法，通常指在一定的场景结构中插入另一场景或片段，用短暂影像来表现人物精神活动、心理状态和情感起伏的一种片段叙述手法。它能表现未经交代却又是整个情节链中的重要环节的往事，以交代背景、说明原委、介绍人物，使观众了解事件的来龙去脉和因果关系；同时又能表现角色对事件的主观感受和情绪愿望，如幻觉、梦境、想象等，从而形成电影的心理结构。闪回的主要作用在于表现人物一瞬间的思想感情和心理活动，用看得见的画面来表现人物看不见的内心变化和发展，借此表现人

① 陈平原：《中国小说叙事模式的转变》，北京大学出版社，2003，第15页。

② 李宪瑜：《张爱玲“自传三部曲”与所谓的“晚期风格”》。

物性格，窥视人物的心灵奥秘。①

“闪回”作为电影叙事手法，与文学有着重要关系。西方现代意识流小说对“回忆”的重视促成了电影叙事变革，“闪回”实际上就是通过电影技术来处理回忆的一种表现手段，即文学回忆的电影叙事。专门从事电影研究的波德维尔在其著作后记的开篇说到，他之所以对“闪回”感兴趣并从事电影艺术研究，是由于少年时期读福克纳小说而受到的深刻影响。② 这说明，“闪回”作为一种电影叙事手法，与文学叙事之间关系密切。西方现代文学意识流影响了“闪回”作为电影叙事手法的产生，同时“闪回”作为一种非常突出的电影叙事手法，反过来又促进了现代小说回忆书写的发展，形成表现回忆的新的叙述方式“记忆闪回”③。“记忆闪回”借鉴了电影“闪回”时空转换迅速的特点，同时又开拓了文学对回忆书写的深度与广度，成为认知文体学的一种重要解读模式。

众所周知，张爱玲非常熟悉电影，从小喜欢看电影，后来又写电影剧本、参与电影制作等等，可以说她对电影有比较透彻的认识与研究。电影的一些叙事技法在其文学创作中时有体现。已有不少研究者专就“张爱玲与电影”进行了多方面研究④，而对“闪回”这一电影叙事手法在张爱玲文学创作中的运用，却少有研究者涉及。“记忆闪回”恰恰是张爱玲“自传小说三部曲”中非常明显的叙事手法，且被较为纯熟

---

① 关于“闪回”概念解释，参见朱立元编《艺术美学辞典》（上海辞书出版社，2012，第308页），〔美〕大卫·波德维尔、〔美〕克里斯·汤普森《观照电影：艺术、评论和产业的观察》（世界图书出版公司，2014，第185～188页），杨鹏鑫《电影中的闪回：历史际遇和叙事嬗变》（《文艺研究》2017年第2期），胡明贵《张爱玲小说中电影时空转换技巧的运用》［《南通大学学报》（社会科学版）2019年第1期］。

② 〔美〕大卫·波德维尔、克里斯·汤普森：《观照电影：艺术、评论和产业的观察》，何超译，世界图书出版公司，2014，第203页。

③ 关于“记忆闪回”概念的解释，参见荣榕《记忆闪回的认知文体学解读模型》，《西安外国语大学学报》2016年第3期。

④ 关于“张爱玲与电影”的研究代表性专著有：钟正道《张爱玲小说的电影阅读》（台湾：印书小铺，2008）；李欧梵《睇〈色·戒〉：文学·电影·历史》（牛津大学出版社，2008）；赵秀敏《张爱玲电影剧作文本解读：边缘的现代性》（新加坡绿原文化传播公司出版社，2006）；等等。专门研究“张爱玲与电影”的单篇论文数量较多，不在此列举。

地运用，拓展了三部曲的心理深度。下面以《小团圆》为例来分析张爱玲如何通过“记忆闪回”来实现小说心理深度的拓展。

《小团圆》是一本处理记忆的自传体小说，“是写过去的事”①。“过去的事”是内容，写哪些事、如何写往往隐含了作者的情感与认识。张爱玲在《小团圆》中则是以“噩梦”总括对往事的回忆。小说开篇，三十多岁的九莉仍做着大考的噩梦，这噩梦就像军队战前漫长的等待，紧张而又恐怖。小说结尾偶尔的美梦（梦到邵之雍）之后还是常常做着大考的噩梦，还是那样的紧张与恐怖。噩梦成了对往事回忆的基本感情基调，回忆中的那美好而又短暂的恋爱，并没有祛除掉笼罩九莉悠长岁月的心理梦魇，因此那短暂的美好恋爱也就成了“小团圆”，隐含着对未能实现“大团圆”的深深遗憾。但正是有了这难得的“小团圆”，有了那难得的美好的恋爱经历，才能在整体的噩梦中偶尔梦到邵之雍从“寂寞的松林径”走来，微笑着把她（九莉）往木屋里拉，并在梦醒后“快乐了很久很久”②。

《小团圆》是对“梦”的追忆，是对往事的回想，是在回想与追忆中对往事的不断重组、评述、阐释，以期从中获得对往事的重新理解与认识。在叙事手法上，《小团圆》使用更多的是内心独白与自由联想，在自由联想中聚焦一些有意义的瞬间，表达对瞬间的领悟，并用张氏独有的语言把这些领悟表达出来。记忆闪回就成了实现自由联想与瞬间领悟之间的关键桥梁，正是桥梁多重有效的构建，使小说的心理深度得以拓展。

《小团圆》的中心人物是九莉，对中心人物构成重要影响的人物是母亲与邵之雍，而九莉作为“自传体小说”的叙述者，是作者的小说代言人，因此母亲与邵之雍成了叙述者九莉的重点回忆对象，小说中关于这二人的记忆闪回也最值得细究。

对母亲的记忆闪回有两处最有意味。

---

① 张爱玲写给宋淇夫妇的信，详见宋以朗《小团圆·前言》，载张爱玲《小团圆》，第3页。

② 张爱玲：《小团圆》，第283页。

第一处是在小说第一章，母亲到香港的学校来看望九莉，九莉感到了母爱与温暖。这引起了九莉回忆小时候母亲到学校看她的往事，“她总是得意非凡”，并回忆具体情境。在回忆这一情境时，记忆突然闪回到小时候，父亲唯有的一次到学校看她的情境，九莉没有喜悦。父亲好像对那位上体育课的“娇小身材”的陆先生更感兴趣，“几次在烟铺上问长问短，含笑打听陆先生结了婚没有”①，对女儿反而不太关心。这就为九莉对父亲始终缺乏好感与亲情做了铺垫。后来九莉与母亲发生冲突，母亲说“你二叔伤了你的心”，九莉在心里喊道：“二叔怎么会伤我的心？我从来没有爱过他。”② 记忆闪回到父亲来学校看九莉，是为了反衬九莉对母亲到学校的欢喜，表达的是九莉对母亲的爱意。同时通过这一记忆闪回，也为后面九莉对母亲呐喊的心里声音做了很好的注脚，起到心理解释的作用。

第二处在小说第十一章，母亲年老回国后与九莉同住，母亲试图与九莉改善关系，施以各种“怀柔政策”。有一天母亲与九莉聊天，讲到电影《米尔菊德·皮尔丝》，电影里的母亲皮尔丝为了子女奋斗辛苦一生，可女儿却抢走了母亲的情人。九莉母亲感慨不已，言下之意我为你付出了那么多，却得不到女儿的爱与回报。九莉没有说一句话，记忆立即后闪到三十几岁时自己看的棒球员吉美·皮尔索的传记片。吉美父亲从小就培养吉美打棒球，可吉美无论多么努力也讨不了父亲的欢心，后来吉美成功赢了球，居然发了神经病，冲向他父亲高喊：“看见了没有，我打中了，打中了！”③ 九莉没有直接回驳母亲通过电影表达的希望她善待自己的暗示，却将记忆后闪到另一部电影，巧妙地回应母亲要求的不可能。像吉美父亲一样，九莉母亲给九莉带来的心理创伤永难弥补。不过这些都是在九莉内心完成的，显示了小说心理世界的深广。

对邵之雍的记忆闪回也有两处值得深味。

① 张爱玲：《小团圆》，第 23 页。

② 张爱玲：《小团圆》，第 121 页。“二叔”指九莉父亲，九莉自幼名义上被过继给大伯，因而称父母为二叔、二婶。

③ 张爱玲：《小团圆》，第 254 页。

第一处在小说第五章，九莉与邵之雍热恋，两人对他们的未来走向产生了分歧。九莉想与邵之雍结婚，邵之雍却以“听其自然”搪塞。九莉立即感到他们没有未来、没有希望，可又不愿立即结束这美好的关系，心事沉沉地与邵之雍拥抱亲昵。在与邵之雍拥抱亲昵时，九莉看到房间“木框上站着一只木雕的鸟”，由这只“木雕的鸟”，记忆后闪到“抽水马桶里的男胎”，并回忆了自己打胎的过程。这个过程包含几层内容：一是九莉对生孩子的坚拒，“在最好的情形下也不想要——又有钱，又有可靠的人带”①；二是对打胎的恐惧；三是对丈夫汝狄的补叙，显示出了九莉对与汝狄婚姻生活的不满意。张爱玲用“木雕的鸟”与“抽水马桶里的男胎”连接起了过去与未来一致的惨境。“木雕的鸟”是在九莉与邵之雍关系不睦时出现的，“抽水马桶里的男胎”是九莉与汝狄婚姻关系不睦的产物。其潜在的意思是如果当时九莉与邵之雍和美走到最后，就不可能出现“木雕的鸟”，也就不会有后来的打胎事件。物与景，是通过看/写物与景的人而展现的，传达的是看/写的人的心情与感受。处于热恋中的九莉看到的不是邵之雍的容颜而是门框上冷冰冰木雕的鸟，木雕的鸟只是九莉冰冷心情的投射物。同样，九莉恐惧的不是打胎，也不是抽水马桶里男胎皱巴巴的面容，而是她没有爱的婚姻生活。

第二处写九莉对邵之雍的记忆闪回在第八章。邵之雍逃到乡下之前到九莉公寓并留宿，九莉让邵之雍把她写给他的信还给她，并说“我要写我们的事”。邵之雍误解了九莉，以为九莉借故索回她那些狂热的信。面对邵之雍的误解，九莉什么话也没说，记忆马上闪回到他们的那张婚书。婚书本来应是两张，男女各执一张，九莉不懂，只买了一张，邵之雍误解了九莉，以为是“写给女方作凭据的”。而这张有着误解记忆的婚书一直压在九莉的箱子底，从来没有给人看过。张爱玲把误解的信与误解的婚书相连，显然要说明的是邵之雍对九莉的误解，误解的结果是两人的关系受到了很深的影响。而在两人的关系中，九莉是被误解的一方。

① 张爱玲：《小团圆》，第155页。

面对误解，九莉只能默默承受，承受邵之雍的泛爱，接受自己只是邵之雍众多女人中一个的事实，“她知道是他从前的女人，但是恐怖中也有点什么地方使她比较安心，仿佛加入了人群的行列”①。邵之雍去乡下，九莉“有种茫茫无依的感觉，像在黄昏时分出海，路不熟，又远”②。

《小团圆》使用记忆闪回的例子还很多，张爱玲运用得非常娴熟，把记忆闪回、自由联想、瞬间领悟以及张氏风格的语言很好地结合在一起，构成了独特的叙事效果与美学张力，扩展了现代小说的心理深度。值得注意的是，张爱玲在保持传统社会小说整体风格的基础上，巧妙地借鉴了电影叙事技巧和西方现代意识流小说对记忆书写的技法，开创了新的中国式的现代长篇小说，成为“张爱玲晚期风格”最有力的例证。

结　语

张爱玲“自传小说三部曲”是以“自传小说”的形式对自己前半生进行的回忆与书写，运用重复改写、分叉叙述和记忆闪回等多种叙事方法来实现人生意义的重构。张爱玲非常看重回忆的重要作用与意义，“回忆不管是愉快的还是不愉快的，都有一种悲哀，虽然淡，她怕那滋味。她从不自找伤感，现实生活里有的是，不可避免。但是光就这么想了想，就像站在个古建筑物门口往里张了张，在月光与黑影中断瓦颓垣千门万户，一瞥间已经知道都在那里”③。“过去是安全的，即使它对过去的人很残忍。”④ 虽然不喜欢回忆的滋味，可毕竟回忆是最为可靠的，“一瞥间已经知道都在那里”，因此，“不能不求助于古老的记忆”⑤，那些古老的记忆，无论是“静静地躺在血液里”的古老家族，还是给她带来梦魇般痛苦的母亲，以及给她带来短暂快乐的邵之雍，都成了生

① 张爱玲：《小团圆》，第223页。
② 张爱玲：《小团圆》，第223页。
③ 张爱玲：《小团圆》，第69页。
④ 张爱玲：《易经》，第8页。
⑤ 张爱玲：《自己的文章》，载《流言》，第14页。

命中最可靠的内容。这些可靠的记忆内容成为证明自身存在及实现自我价值的根本所在，“一个人所记忆的东西构成了他作为人的内容。一个人借助于他所记忆的东西而获得其自由意志”[①]。通过反复回忆与书写这些“可靠的”内容，张爱玲逐渐实现了对往日创伤性经历的修复，肯定了自己的成长，进而确立了新的自我并构建了自己新的人生意义，“回顾过去是解释现在的最常见的策略”[②]。张爱玲反复回忆与书写，让自己反复在回忆的“痛苦之浴”中，“从其瓦解性的体验中得到升华，达到无以言说的生活的意义”[③]。张爱玲的“自传小说三部曲”是一种突破与完成，也是一种成长，“她的书写超越了自我”。[④]

① 〔美〕利昂·塞米利安：《现代小说美学》，宋协立译，陕西人民出版社，1987，第203页。
② 〔美〕爱德华·W. 萨义德：《文化与帝国主义》，李琨译，生活·读书·新知三联书店，2003，第1页。
③ 〔匈〕卢卡奇：《小说理论》，燕宏远、李怀涛译，商务印书馆，2012，第115页。
④ 祝宇红：《无双的自我：张爱玲的个人主义文学建构》，第239页。

“寓言十九”释义三种转向
——兼论寓言、重言占比的抵牾问题

◇李 喆[*]

摘　要：综观《庄子》历代注疏，“寓言十九藉外论之”在释义上出现了三种转向：第一，删“十九”，通释“寓言藉外论之”；第二，据后文衍生文义，增添“信”义；第三，释“十九”为寓言于《庄子》书中所占篇幅比重。《庄子》“寓言”释义多说并行即导源于此。与之相关，宋人林希逸的十居其九说肇始了庄学史之公案：“寓言十九”“重言十七”，寓言、重言比重的抵牾问题。明清之人多存而不论，持回避态度，现代诸家争论莫衷一是，实则此为林氏误读“寓言十九”之衍生问题，厘清释义转向后，寓言、重言比重抵牾问题并不存在。

关键词：寓言十九　释义　十言九信　重言十七　抵牾

“寓言”于《庄子》书中凡三见。《天下》篇之“以卮言为曼衍，以重言为真，以寓言为广”意在明示庄子论说特点，若解“寓言”真实释义，唯有《寓言》篇中两见：

> 寓言十九，重言十七，卮言日出，和以天倪。
>
> 寓言十九，藉外论之。亲父不为其子媒。亲父誉之，不若非其父者也；非吾罪也，人之罪也。与己同则应，不与己同则反；同于己为是之，异于己为非之。

---

* 李喆，北京师范大学文学院未来教育学院讲师，主要研究方向为先秦文学与文献。

此两见为《庄子》对“寓言”释义之全部，言简义昧，特别是“寓言十九”作为确解“寓言”释义的关捩，历代庄注体系庞杂，据今见文献，自郭象《庄子注》始为《庄子》“寓言”释义至今，主要注家有百六十家有余，各家释义樊然淆乱，难以厘清。基于“寓言十九”释义不定，连同“重言十七”的释义问题，还引发了庄学研究中的一则公案，即寓言、重言占比的抵牾问题，至今无有定说。

一 历代庄注之“寓言十九”释义的三种转向

笔者据对《子藏·庄子卷》庄注合162卷及主要今人注疏、专著、整理校注等的细致爬梳，推知《庄子》“寓言十九藉外论之”之历代释义存在三次转向。这三次转向在纵向时序上并不呈现阶段性演变规律，彼此不是前后取代的关系，而是自宋代始至今日，三者皆共时并存，各自历代延承。三者之间或彼此驳斥，或是代有嬗变又矫枉过正，关系错综复杂。

（一）删“十九”，通释“寓言藉外论之”

略去“十九”，持论“寓言藉外论之”，即寓言是借他人之口论道的。这种弱化“十九”甚至去“十九”化的释义转向，使得“藉外论之”这一部分寓言所具有的特点指向了寓言的全部。换言之，其以偏概全，让人误认为《庄子》中所有的“寓言”都是“藉外论之”的。

据今见文献，这种略去“十九”的释义转向，并非直接导源于庄注，而是萌芽于《史记》。司马迁在《史记·老子韩非列传》中最早为庄子作传，传中提到了《庄子》一书，并以“洸洋自恣以适己”概括庄子的行文风格，此外最难得的是，太史公在有限的篇幅中提到了“寓言”一词，并在一定意义上建立了《庄子》与“寓言”的联系，只是这种联系是有别于《庄子》文本的。

（庄子）其学无所不窥，然其要本归于老子之言，故其著书十余万言，大抵率寓言也。作《渔父》、《盗跖》、《胠箧》，以诋訿孔子之徒，以明老子之术。《畏累虚》、《亢桑子》之属，皆空语无事实。然善属书离辞，指事类情，用剽剥儒、墨，虽当世宿学不能自解免也。其言洸洋自恣以适己，故自王公大人不能器之。①

“故其著书十余万言，大抵率寓言也”，《庄子》全书几乎都被冠以“寓言”之名，且据上下文可知，在太史公看来，庄子祖述老子之言，以老子门徒的姿态贬抑儒墨，独尊道学。此处所说“寓言”大概是在书中寄托老子学说的意思，在某种意义上可以说，《史记·庄子传》中的“寓言”即为太史公为《庄子》一书创设的代名词，因此，在引文语境中，《庄子》即“寓言”，“寓言”即《庄子》。此后唐人司马贞作《史记索隐》，全部继承了《史记》式的“寓言”释义，又兼采刘向《别录》对《庄子·寓言》的解说，提出：

大抵犹言大略也。其书十余万言，率皆立主客，使之相对语，故云“偶言”。又音寓，寓，寄也。故《别录》云“作人姓名，使相与语，是寄辞于其人，故《庄子》有《寓言篇》”。②

《庄子》寄托老子道学所采取了虚设主客并行问对的形式，由此提出了“偶言说”，可见，虽不能否认《庄子》之“寓言”确不乏有主客问答的表现章节，但究其根本，司马贞所释“寓言”已非《庄子》之“寓言”，而是司马迁从庄著中偷换概念之后的《史记》之“寓言”，两种“寓言”名同实异，不可同日而语。基于此，《史记》之“寓言”绝口不提“十九”，并淡化“藉外论之”，自是不言而喻了。虽然《史记》之“寓言”在其根本义涵上与《庄子》之“寓言”毫不

① （汉）司马迁：《史记》，中华书局，1982，第2143~2144页。

② （汉）司马迁：《史记》，第2144页。

相干，严格意义上，不可算作《庄子》之“寓言”释义的一家，但此说对后世《庄子》“寓言”注说影响深远，最突出的表现，即主观摒弃“十九”，直接将“寓言”引向“作人姓名，使相与语”的《索隐》一路，并又顾及“藉外论之”做出调和之说。

《史记》“寓言”释义与《庄子》“寓言”释义含混不清，始自唐人司马贞。而这两种释义兼容，专为《庄子》“寓言”释义，自宋人林疑独《庄子解》[①] 方始出现。换言之，“寓言十九”释义的第一种转向的正式出现，是建立在林疑独宗司马贞之说、以《史记》之“寓言”误读《庄子》之“寓言”的基础之上的。林氏认为“寓言，制名以言。言出于己，俗多不信，故父不为子媒，而藉外论之，是谓寓言也”[②]。其“寓言”依托于《庄子》“寓言十九，藉外论之”之句；征引《史记》之庄子寄托老子道学的“寓言”，而自觉将“十九”掠过；吸收了刘向《别录》之说，突出寓言捏造名姓为己代言之义；部分借鉴司马贞偶言说，又隐去了偶言问对一层意思，保留了虚设人物的义涵；最终《史记》之“寓言”的影子投射到《庄子》之“寓言”之上，两相杂糅已非《庄子》“寓言”之原貌。

此说在宋代庄注中独树一帜，自明清以降，云从响应者代不乏人。明人沈一贯《庄子通》“何谓寓言？盖我欲言而不可以直言，则借人之名而言之，如鸿蒙、云将、肩吾、连叔之类是也”[③]，“借人之名而言之”实即《索隐》所引《别录》“作人姓名，是相与语”的别样表达，“十九”似是寓言释义的累赘，不见踪影。清人胡文蔚全然步沈氏后尘，其在《南华真经合注吹影》中提出了相类的说辞，“寓言者，假他人他物，相与比论，以寓己意，如啮缺王倪、齐谐汤问之类”[④]。直至今日，此说势风不减，多有避开“十九”，接受《史记》之“寓言”

---

① 据今见资料，林疑独《庄子解》单行本已亡佚，宋人褚伯秀所著《庄子义海纂微》多引此书作注，本文所注引林氏之说，皆转引自褚氏《义海纂微》。

② （宋）褚伯秀：《庄子义海纂微》，华东师范大学出版社，2014，第 888 页。

③ （明）沈一贯：《庄子通》，东北师范大学图书馆藏明万历二十四年（1596）八闽书林郑氏光裕堂刻本。

④ （清）胡文蔚：《南华真经合注吹影》，清刊本。

影响以回馈《庄子》“寓言”的解说。杨柳桥《庄子译诂》明确指出了寓言的含义，“什么叫作‘寓言’？凡是出自虚构、别有寄托的语言，无论是禽言兽语，无论是离奇故事，无论是素不相及的历史人物海阔天空的对话，都属于‘寓言’之列”[①]，“素不相及的历史人物海阔天空的对话”则囊括了沈胡二氏观点，并在一定程度上增补了“藉外论之”与“寓”字本义绵连而成。孙以楷、甄长松《庄子通论》“寓言‘藉外论之’，‘外’指道外之人，如颜回、孔子等儒家先圣，尧、舜等儒家的理想帝王便是。所谓‘藉外论之’，实系借儒墨之口宣道，颜、孔、尧、舜都是庄周借来的皮偶，真正唱大戏是却在后台的庄周自己”[②] 直出自太史公口吻，略有不同的是，不再将庄子视作老子门下，而是交由庄子借托儒墨圣贤阐述自家道理。

此外，此说对后世最大的影响，则是最大限度地降低了“十九”的存在感，明清至今多有绕过“十九”，而着意于注解“寓言藉外论之”之谈。其将“藉外论之”与“寓言”等同，意在从“藉外论之”这一迂曲委婉的论说方式入手，主观避谈“十九”而径直探知“寓言”义，同时引发了“寓言”释义的多元趋向，出现了“偶言”“喻言”“权言”三说。

第一，偶言说。此说肇始于刘向《别录》，偏重阐发《庄子》寓言中虚设人物问对的特点，唐代司马贞在《史记索隐》（见上文）中借刘向之说阐发《史记》之“寓言”，并据寓言中所存在的主客问对的表现形式，释“寓”为“偶”。杨柳桥即持此说，其在《庄子“三言”试论》中指出：“什么叫作‘寓言’？凡是出自虚构、别有寄托的语言，无论是禽言兽语，无论是离奇故事，无论是素不相及的历史人物海阔天空的对话，都属于‘寓言’之列。”[③] 此说忽略了《庄子》寓言中不借助人物问对而直接论道的部分，即视“寓言十九”为寓言全部。

第二，喻言说。朱得之《庄子通义》：“寓言者，如逐臣思君，托

① 杨柳桥：《庄子译诂》，上海古籍出版社，1991，前言第 6 页。
② 孙以楷、甄长松：《庄子通论》，东方出版社，1995，第 8 页。
③ 杨柳桥：《庄子译诂》，第 6 页。

于弃妇，或托于异类，如《邶》之《谷风》，《周》之《鸱鸮》，本籍少知、大公调之类是也。”① 朱氏最早将《庄子》“寓言”与《诗》的托言并提，其中《鸱鸮》一诗一般被视为周公自比鸱鸮以献成王的诗作，朱氏虽未说明“比体”之名，但其所谓逐臣思君托言之辞已然赋予了诗比的意味。程以宁在朱氏明言托言暗含比意的基础上，于《南华真经注疏》中直接指出：“寓言，犹诗之比体，所言在人事而所指多在大道，孟子言近而旨远之意”②，明确将寓言与“诗之比体”类比，并强调了寓言言近旨远的特点。清人藏云山房主人受明人朱得之、程以宁《诗》比之说影响，一语道破：寓言，“比喻之言”③。

第三，权言说。马叙伦《庄子天下篇述义》以佛解庄，认为“‘寓言’，‘权言’也……‘权言’以广接诸类，故云以寓言为广。此在佛法，即是……‘权教’也”④。适宜于一时的教法叫作权，佛教认为众生根机未成熟，由浅入深，逐渐使人觉悟的教法，种种权宜方便，称之为权教。即以“权教”解“寓”。

以上“寓言”三说与寓言本义“寄道之言”之说在本质上并无违和，如亭台有四面，四方观之，亭台只一座。“偶言说”侧重于寓言借他者论道部分所具有的行文构思，突出强调虚设主客进行问对的特点；“喻言说”着重挖掘寓言中独特物象人物的深层寓意，凸显寓言言近旨远的表达效果；“权言说”偏重于解说为何大部分寓言选用“藉外论之”这一表述方式，即选择“藉外论之”这一思想传播方式的缘由。三者从根本上隐含着共识：寓言是将庄子之道诉诸言，更重要的一点是，弃置“十九”解“寓言”。

---

① （明）朱得之：《庄子通义》，《续修四库全书》本，影印山东省图书馆藏明嘉靖四十四年（1565）浩然斋刻三子通义本。

② （明）程以宁：《南华真经注疏》，清光绪三十二年（1906）成都二仙庵重刊《道藏辑要》本。

③ （清）藏云山房主人：《南华经大意解悬参注》，手稿本（原稿卷五《杂篇·寓言》第二十七后缺）。

④ 马叙伦：《庄子天下篇述义》，上海龙门联合书局，1958。

（二）十言九信：据后文衍生文义，增添“信”义

“寓言”一词于《庄子·寓言》中凡两见，两处皆与“十九”并提，而“藉外论之”仅出现一次。由此可见，“十九”一词于寓言释义的重要性，并远在“藉外论之”之上，或者“藉外论之”本身即是“十九”的一种注解，两者相关。自今见文献中的第一家庄注——西晋郭象的《庄子注》起，就意识到了“十九”对于庄子寓言的别样意味。郭象指出“寄之他人，则十言而九见信。言出于己，俗多不受，故借外耳。肩吾连叔之类，皆所借者也”①，本文为言说方便，暂概括为十言九信说。此为“寓言十九”释义的第二种转向。

此说作为庄子寓言正统注说之祖，多为后人所承继。唐人宗为圭臬，陆德明原原本本宣述郭见，指出“寓，寄也。以人不信己，故托之他人，十言而九见信也”②；成玄英奉郭注为不刊之论，据之增饰扩充，认为“世人愚迷，妄为猜忌，闻道已说，则起嫌疑，寄之他人，则十言而信九矣。故鸿蒙、云将、肩吾、连叔之类，皆寓言耳。十言九信者，为假托外人论说之也。父谈其子，人多不信，别人誉之，信者多矣。非父谈子不实，而听者妄起嫌疑，致不信之过也”③。自唐以下，亦多有注家尊崇其说，宋人陈景元解道“寄寓之言，十取其九。借外之言，人多取信。父之誉子，难为巧辞。世人不察是非，而以己同为善”④，宋人王雱认为“寓言者，极明大道之真空，以世俗必为迂怪也，故托为他人所说以言之，致其十信其九也。故曰寓言十九，又曰藉外论之”⑤。而明人程以宁却认为“寓言，犹诗之比体，所言在人事而所指多在大道，即孟子言近而旨远之意。郭象谓托之他人寓言，非也。所言

① （战国）庄子：《庄子注疏》，（晋）郭象注，（唐）成玄英疏，中华书局，2011，第 494～495 页。

② （唐）陆德明：《庄子音义》，日本奈良天理大学图书馆所藏宋刻本。

③ （战国）庄子：《庄子注疏》，（晋）郭象注，（唐）成玄英疏，第 494～495 页。

④ （宋）褚伯秀：《庄子义海纂微》，第 889 页。

⑤ （宋）王雱：《南华真经新传》，文渊阁四库全书本。

者浅，故十言而九见信”①，以《诗》之比体释寓言，虽此处与郭注相违，但在“十九”的注说上与郭注相合，只是侧重表达《庄子》寓言与《诗》比体共通的深入浅出的表达效果而已。

十言九信说提出的前提，在于将“寓言十九”与“藉外论之”两句文义紧密贴合，在释读上作为一个意义整体，并从第二见对“藉外论之”的阐释文字中抽绎出“信”这一层义涵，干预“寓言”本义。该说构思成形过程的递进层级可分为以下几步：第一，十个寓言中有九个是藉外论说的；第二，藉外论说的目的在于增强论说的可信度，即藉外论说是可信的；第三，十个寓言中有九个是可信的。陈景元在《南华真经章句音义》中概括得尤为恰切，“寄寓之言，十取其九。借外之言，人多取信”②，即可为这三步递进做注脚。《庄》文自“亲父不为其子媒”始，才围绕“信”这一意义展开，原文只含着这层意思曼衍着说，终其首尾都并未点明说透，最终指向的是采用藉外论说这一论说方式的原因。而之所以在关于“寓言”本就寥落的释文中，以相当篇幅论说“藉外论之”，在于藉外论说的寓言在《庄子》寓言中占了绝大部分。换言之，郭注中的“信”义由“十九”之后有关“藉外论之”的解说文字演化而来，无法从《庄子》原文的字面上找到依据，只是涵泳出自家立意并附加在“十九”的解释中，虽然于内在文脉上并不违和，但将“信”义提前投放在“十九”的释文中则略显牵强。宋人刘辰翁首先明确指出了这一不妥，“此书内十有九，最是。郭解十有九见信，固好，然语无信意”③，此说目光如炬，一句道破了郭注“信”义的尴尬境地：虽于庄义无碍但有失来由。在刘辰翁指出郭氏的疏漏之前，宋人吕惠卿已经明确提出，“寓言十九，则非寓而直言之者十一而已。何谓寓言十九？以藉外论之也”④，寓言之中十中有九“藉外论

① （明）程以宁：《南华真经注疏》，清光绪三十二年（1906）成都二仙庵重刊《道藏辑要》本。
② （宋）褚伯秀：《庄子义海纂微》，第889页。
③ （宋）刘辰翁：《庄子南华真经点校》，明刊本。
④ （宋）吕惠卿：《庄子义集校》，汤君集校，中华书局，2009，第518页。

之”，十中有一“直言之”，吕氏此举在释义上做到了字字相应的阐释，避免了语义上与后文的粘连，是对郭说的完善修订，在表述上更加妥当。

郭象《庄子注》所肇始的十言九信说，虽然在“信”一义的表述上有失恰切，但其释义与《庄子》内行的文义并不违背，即“十九”是在寓言范围之内而言的。但其为第三种释义转向提供了前提，即“十九”这一比重的具体指代问题。显然郭象所说的“十九”指的是“寓言”之“十九”，即寓言这一论道之言为取信于人，十中有九借他者论说。但是，由于郭氏表述不明，引发了后人的多种解说，为“寓言十九”释义的新转向提供了可能。

（三）十居其九：释“十九”为寓言于《庄子》书中所占篇幅比重

由于郭氏十言九信说中“十九”语焉不详，至宋人林希逸，突破了于寓言内部谈“十九”的约束，而置于全书的大背景下以“十九”衡量寓言于书中的篇幅占比。林氏在《庄子鬳斋口义》中提出“寓言者，以己之言借他人之名以言之；十九者，言此书之中十居其九，谓寓言多也，如啮缺、王倪、庚桑楚之类是也”[①]，由此开始，“十九”一词便从寓言的疆界中脱离，漫溢开去，成为寓言在《庄子》一书中的比重，这是“寓言十九”释义的第三种转向。

此说为明清学人推崇备至，直至今日仍有余音绕梁。明清注家中，除去释性𨰻（其认为“寓意之言十居其九。……父之誉于人多不信，然时有信者，辄以常嫌见疑，故借外论也。恐生非拟。非其父者之人，足以取信于人，是以借寓于他人也。然则寓言之意，是不信我者之罪也，何也？人多喜同恶异，是非同异，卒无定衡。是以借外物之是非同异以直证，已之同异，言之所以有寓也”[②]）、方虚名（其认为“寄寓

① （宋）林希逸：《庄子鬳斋口义校注》，中华书局，1997，第431页。
② （明）释性𨰻：《南华发覆》，《续修四库全书》本，影印中国科学院图书馆藏明天启刻本。

之言十居其九"[①]）等肯定林氏之说，以"十居其九"简要注说之外，又多有追从者。明人陈懿典认为"寓言者，以己之言而借他人之名以言之。十九者，言此书之中十居其九，谓寓言多也，如啮缺、王倪、庚桑楚之类是也"[②]，换言之，《庄子》中寓言繁多，占用了全书多达十分之九的篇幅。明人吴伯敬《南华经台县》有言"寓者，寄之他人也，此书中十居其九。……寓言，意在言外"[③]，寓言采用了借他人之口论说的形式，在《庄子》中占了十分之九。清人陆树芝在《庄子雪》中提到"此处寓言是托之他人之口，《史记》云'皆寓言'，则言在此而意在彼之谓。合全书言之，十九……言《南华》中语托于他人之口者十之九"[④]，陆氏认识到了《史记》与《庄子》在"寓言"上的不同，勉强以《庄子》义注解《史记》之"寓言"，做出兼收之说，但主体上仍承袭了林氏之说。

林希逸的十居其九说，误将"寓言十九"之"九"，由寓言中藉外论之的部分，扩充为《庄子》中的寓言，已然脱离了原文中寓言相关章节立论的具体语境。该说虽然廓清了郭注自后文演绎出的"信"义，并试图对郭注十言九信说中"十九"释义的模糊地带做明晰化的阐释，可惜矫枉而过正。

二 寓言、重言占比的抵牾问题

寓言、重言占比的抵牾问题导源于宋人林希逸解寓言、重言时所创始的十居其九说、十居其七说，即"寓言十九"为寓言占《庄子》一书的十分之九，而"重言十七"，则与寓言并提的重言，又占《庄子》一书的十分之七，以十之九、十之七作为寓言、重言于《庄子》一书

① （明）方虚名：《南华真经旁注》，《续修四库全书》本，影印复旦大学图书馆藏明万历二十二年（1594）刻本。

② （明）陈懿典：《玉堂校传如岗陈先生南华经经解》，明万历二十二年（1594）熊云滨刊本。

③ （明）吴伯敬：《南华经台县》，明万历三十八年（1610）吴士京刊本。

④ （清）陆树芝：《庄子雪》，华东师范大学出版社，2011，第336页。

中的占比，使得比数之和大于基数，幸而文中未曾提及“卮言十几”，只寓言、重言两者的比重之和已较全书多出十之六，此即数理逻辑意义上的比重抵牾问题。此一问题实存，却为林氏以及认可第三种释义的明清学人所忽视，存而不论，宋人褚伯秀《庄子义海纂微》有“寓、重之义，诸解已明。十居九七之论为优，则出胸臆而言者无几”①，清人胡文蔚有“十九，十七，谓书中十居其九，十居其七也”②，等等，直至今人方起诸说正面回应，以弥合寓言重言占比上的龃龉之处。

（一）今见抵牾问题诸解说

今之诸家多从数学理性角度给出解答，主要有以下几种说法。

第一，重言整体纳入寓言，重言成为寓言的一部分。陈鼓应在《庄子杂篇发微〈寓言〉：三言的意涵》中指出：“‘寓言’中除了使用自然物之外，又经常搬出大量的历史人物来替庄学现身说法，这就是寓言中的‘重言’。所谓‘重言十七’，就是说重言在寓言中占了十分之七的比例。借用受人尊重的历史人物来宣说道家的学说，这是庄子的一项巧妙策略。”③ 此说认为重言所借重之人是寓言所借之他者的一部分，是他者中有受人尊重的历史人物，如此一来，寓言包含重言，已不再是同级比较的关系，自然不存在两者间比例的冲突。

第二，寓言和重言两者有交集，错综联系。刘固盛认为，“由于《庄子》中寓言与重言是交互错综的，往往寓言里有重言，重言里也有寓言，因此，寓言的成分纵使占了全书十分之九，仍无害于重言的十分之七”④，寓言与重言两者有重合之处，因此，“寓言十九”与“重言十七”中六七成的重合部分既是寓言，又是重言。较第一种说法，此说不同的是，寓言与重言是在同一级别上进行比较的。

① （宋）褚伯秀：《庄子义海纂微》，第891页。
② （清）胡文蔚：《南华真经合注吹影》，据清刊本。
③ 陈鼓应：《老庄新论》，商务印书馆，2008，第361页。
④ 刘固盛：《老庄学文献及其思想研究》，岳麓书社，2009，第53页。

第三，“十九”“十七”作确数解，即寓言十九则、重言十七则。此说将寓言、重言两个概念的适用范围限定在《庄子·内篇》中，并具体条列出《内篇》中寓言十九则与重言十七则，孙以楷与甄长松持此说。[①]

第四，“重言十七”之“十七”，释为“十一”之误。曹础基《庄子浅注》中提到了“重言十七”之“七”在训示上的问题，“重（zhòng 众）言，庄重之言，亦即庄语，是直接论述作者的基本观点的话。七，疑是‘弌’之坏字，（王焕彪老师说）十一与十九对合。九成是借他人之口说的，一成是作者直接论说的。《庄子》一书实际也基本如此。《天下》篇：‘以重言为真。’说明是作者的真心话”[②]。按此说，寓言十九、重言十一，两者之间没有重合，共同构成《庄子》全书。

以上四种阐说皆为数理意义上的调和之说，其立说的共同前提，是对林希逸十居其九说、十居其七说的肯定，于《庄子》全书范围中划分寓言、重言；与此同时，将寓言、重言于全书篇幅意义上进行具体量化，是其一致的出发点。寓言、重言比重抵牾问题的产生，在根本上源于对“十九”比重的误读，即误将比重的基数十由“寓言”扩展至《庄子》全书。由此观之，这一占比抵牾问题要从根本上得以解决，林氏之说所代表的第三种释义转向已不可为据，而前两种释义转向又各自有其局限，那么“寓言十九藉外论之”于《庄子》书中之本义是否可解？占比抵牾问题不成立的依据何在？

（二）以庄解庄，何为“寓言十九藉外论之”

笔者不期于古今历代注家各执一端的“寓言”释义之三种转向中求解，自是《齐物论》所言，“既已为一矣，且得有言乎？既已谓之一矣，且得无言乎？一与言为二，二与一为三。自此以往，巧历

① 孙以楷、甄长松：《庄子通论》，第12～13页。

② 曹础基：《庄子浅注》，中华书局，2000，第417页。

不能得，而况其凡乎”，既为《庄子》之“寓言”义当从《庄子》中得解。

1. 何为“寓言”

先据《庄子》书中本有的“寓”字所出现的篇目语境及各自义涵等，以《庄子》文本的第一手语料对“寓言”做出释义。

《庄子》一书中“寓”字多为寄托之义，且出现的语境多半与道论相关。在“寓言”一词落成之前，“寓”字在《内篇》中出现五次：“为是不用而寓诸庸”（两见于《齐物论》）、“忘年忘义，振于无竟，故寓诸无竟”（《齐物论》）、“无门无毒，一宅而寓于不得已”（《人间世》）、“官天地，府万物，直寓六骸”（《德充符》），以上皆可以归纳为“寓甲于乙”，“乙”的指代不一，有“庸”（用）、“无竟”（无穷）、“不得已”（不得止）、“六骸”（身首四肢），但“甲”无一不指向道。“为是不用而寓诸庸”，从物我关系入手，偏重于用物之道，即不为万物役使，各偏于一用，而当因道自然，回复到万物与我为一的状态。“忘年忘义，振于无竟，故寓诸无竟”，生死、是非两忘，而后寄道于无穷。“无门无毒，一宅而寓于不得已”，“已”即“止”，为横加干涉道的自然运行；“不得已”即保持道的自然状态，“无门”不凿窍混沌，“无毒”不外来治造。“官天地，府万物，直寓六骸”，从形与神的角度论道，形体与天地万物为一，忘乎生死。综上类推，“寓言”即“寓道于言”。

“寓言”着重于道与言的关系。在动态层面上，是寓道于言。庄子对言的态度并非决然否定的，其否定的是言有一定的是非，即对言不要抱有然不然、可不可的评判，“言者有言，其所言者特未定也”（《齐物论》）。在静态层面上，是寓道之言，这关系到道是否可言的问题，而这一问题是没有是与否的定论的。道本身不是触而可及、视而可见的，无形无相，从感官上无法体知，世间找不出一个名为“道”的物，因此道是不可言的。但是，道是存在的，道存在于世间万物中，正如庄子对东郭子所言，“汝唯莫必，无乎逃物。至道若是，大言亦然”（《知北游》），因此道是可言的，言说世间万物无不言道。因此，庄子所言不在辨是非，而在可言的层面上，于万事万物中论道，这便是《庄子》中的“寓言”。

2. 何为“十九”

“十九”一词除《寓言》一篇外，还见于《则阳》一篇，原文如下：

> 旧国旧都，望之畅然。虽使丘陵草木之缗，入之者十九，犹之畅然，况见见闻闻者也，以十仞之台县众间者也。

这一段大义是：人们登高遥望旧国旧都，即使繁芜的丘陵草木遮挡了十分之九的视野，仍然欣然舒畅。相较而言，若是人们渴望见闻，如在十仞高台之上，四下又没有遮挡之物，岂不是更为欣然不已？理解大义后，再看“旧国旧都，望之畅然。虽使丘陵草木之缗，入之者十九，犹之畅然”，以之与“寓言十九，藉外论之”相比，除两者都有“十九”二字，并无相关。但如果将前者不改变其文义，稍做语序调整，写作“所望十九，丘陵草木之缗入之”，与原文本义无违，如此可见“所望”与“丘陵草木之缗入之”之间的关系，即“丘陵草木之缗”所入的部分占了“所望”的十分之九，且“丘陵草木之缗”所入是“所望”的组成部分。

同理可得，“寓言十九，藉外论之”，即“藉外”所论占了“寓言”的十分之九。换言之，所谓“十九”不是指寓言占了《庄子》全书十分之九的篇幅，而是寓言中藉外论之的部分占了寓言篇幅的十分之九。此外，《庄子》中相类的比重表达，其比数所指与基数所指无一例外皆可在上下语境中寻得，如下：

第一，《秋水》篇“公孙龙问于魏牟”章之“禹之时，十年九潦，而水弗为加益；汤之时，八年七旱，而崖不为加损”①。“十年九潦”即

① （清）郭庆藩：《庄子集释》，中华书局，2012，第597页。

十年中有九年有水涝之灾，换言之，即年十九有潦。“八年七旱”即八年中有七年遭受旱灾，亦可表述为年八七有旱。

第二，《达生》篇“仲尼适楚见佝偻者承蜩”章之“五六月累丸二而不坠，则失者锱铢；累三而不坠，则失者十一；累五而不坠，犹掇之也”。“累三而不坠，则失者十一”[①]，较之“寓言十九，藉外论之”，可另表述为“累三十一，坠而失之”，将三个弹丸叠放起来，十次中只有一次失手。

第三，《达生》篇“田开之见周威公”章之“夫畏涂者，十杀一人，则父子兄弟相戒也，必盛卒徒而后敢出焉，不亦知乎”[②]。路有劫贼，十人同行，其中一人被杀（就会引起重视，结伴更多人出行）。其中“十杀一人”可另表述为“同行十一，见杀”。

概言之，“寓言十九，藉外论之”，庄子的寄道之言十中有九是借他者之口论说的，世人多纠结于言说的是非虚实，三人成虎，因此庄子随顺世间法，为了多取信于人，将论道的寓言多寄由他者之口发出。值得注意的是，并非所有的论道之言都是转交给他者道出，综观《庄子》一书，多有作者直接论道之语，即寓言中除“藉外论之”以外，还有作者直接论说的部分，如《逍遥游》开篇即直接道出鲲鹏故事，“至人无己、神人无功，圣人无名”之论，《养生主》吾生有涯之论等，皆不假借他人之口，但不可否认，这些部分也是庄子的论道之言，即也是寓言。

综上可知，“寓言十九，藉外论之”，即庄子的寄道之言十中有九是借他者之口论说的。“重言十七，所以已言也”，即世人看重的言论，十中有七是自己直接说的。玩味其义，《寓言》篇论“寓言”“重言”“卮言”，“一书中有三种说话”[③]，其目的并非是对三个概念进行明确的界定和划分，使读者依此在《庄子》书中一一对应找到“寓言”

① （清）郭庆藩：《庄子集释》，第638页。

② （清）郭庆藩：《庄子集释》，第645页。

③ （明）韩敬：《新刻韩会状注释庄子南华真经狐白》，明万历四十二年（1614）书林余氏自新斋刊本。

“重言”“卮言”，而是在于阐发论道有效性的不易。相较论道者自说自话，世人更相信论道者之外的人论说其道，因此有了“寓言”的十之九；相较重复人微言轻者的话，世人更相信德高望重者亲自说的话，因此有了“重言”的十之七；相较是此非彼的确凿的话，世人更多相信圆转不定有余地的话，因此有了“卮言”。因此所谓的三言本来就不存在于一个被量化的语境中，“十九”“十七”分别指向的是寓言、重言内部，而非将寓言、重言置于《庄子》全书的视域中衡量称重。要之，寓言与重言比重的抵牾问题，只存在于第三种释义转向的语境中，脱离了这一语境，即于前两种释义转向中，所谓的抵牾问题亦是不存在的。

结　语

“寓言十九”的三种释义转向，构成了纷繁复杂的《庄子》“寓言”释义史。第一种释义转向对“十九”的抽离，起因于司马迁为庄子作传时偷换了《庄子》中“寓言”的概念，由寄道之言转变为祖述老子之道之言，表面来看，是对寄托对象范围的缩小，实则是对老子之道与庄子之道的混淆，由此《史记》之“寓言”已非《庄子》“寓言”面目；此外，将此“寓言”与《庄子》全书直接扣合，而略去“十九”不谈，则史庄两“寓言”已渐行渐远。在此基础上，司马贞之《史记索隐》再次将《史记》之“寓言”与刘向所解《庄子》之“寓言”并举论说，不但史庄两“寓言”混而为一，还更坐实了“十九”在寓言释义上可有可无以至直接剔除的尴尬身份。因此，自宋人林疑独起，开始在寓言释义中避谈“十九”，这即是第一种释义转向的正式现身。正是由于“十九”一词的隐匿，“寓言”一词的释义问题便凸显出来，相继出现了“偶言”“喻言”“权言”三说。第二种释义转向并没有受《史记》“寓言”释义的影响，而是扎根于《庄子》文本，打通前后文脉，以整体释局部，从而后文中的“信”义出现在了前文“寓言”一词的释义中，此即郭象《庄子注》“十言九信说”。其本身无妨于《寓言》一篇的立意，但是专就训释的准确性而言，有失妥当：其一，“信”属于寓言的发生原因的范畴，与回答“寓言是什么”无关；其二，十九的具体指代表述不清，这直接为第三种释义的产生提供了前提。宋人林希逸为补充郭注之不足，首次将“十九”的比重基数坐实为《庄子》全书，提出“十居其九说”，从而为寓言提供了《庄子》一书这一载体，此即第三种释义转向。由此，重言、卮言也相继有了赖以为继的归宿，同时也兴起了“寓言十九”“重言十七”的比重抵牾问题。而若从根本上解决这一问题，有赖于对其产生的根壤进行深入辨析。《庄子》文本是在论说方式的大框架之下提出“寓言”“重言”“卮言”的，三者是庄子论道的方式；而林氏则力求在《庄子》文本中认清三言，将三言具体化，使之成为可量化的《庄子》文本的组成部分，从论说方式的理论层面下移至分辨文本的实践层面，如凿窍后的混沌已非混沌了。因此，寓言、重言比重的抵牾问题只存在于第三种释义转向的语境中，其肇始于林氏对“寓言十九”释义的误判，就《庄子》文本而言，寓言之中十中有九是借他者之口论说的，重言之中十中有七是耆艾自说的，所谓的抵牾问题并不存在。

从建阳刊《水浒传》看建本小说编辑的演变*

◇邓　雷**

摘　要：现今所存建阳刊《水浒传》版本共计十种之多，通过这些《水浒传》的刊编可以看出建阳书坊编辑小说的一些方法，以及建本小说编辑方式的变化。一方面，为了保持价格优势，建阳书坊通过删节小说文字、缩小图像比例、增加每半叶字数、拼版、删节诗词等方式来缩减小说的版面，降低小说出版的成本。另一方面，为了增强书坊的竞争力，招徕更多的读者，它又不断对编辑的小说进行创新，包括插增新的故事、增加图像、加入评点、模仿江南本、合刊及仿冒名人评点、修正文字等等。

关键词：建阳刊本　《水浒传》　小说编辑

福建建阳的刻书肇始于五代，至南宋逐渐繁荣，到明代达到鼎盛。从嘉靖至崇祯年间，一大批建本小说的出现对通俗小说的繁荣起到重要作用。建阳书坊的通俗小说编刊有百余年之久，大量书坊参与其中，为了保持竞争力，其编刊方式不断革新和演变。

本文选取建阳所刊诸种《水浒传》作为主要研究对象，窥探建本小说在编刊方式上的演变。之所以选择《水浒传》作为考察对象，在于其现今所存建本小说有百余种之多，数量甚夥，门类纷繁。① 一般来说，同一种小说存世多种版本者较少。比之不同小说，同一种小说不同

* ［基金项目］国家社科基金一般项目“建阳刊刻小说与地域文化的关系研究”，项目编号：16BZW066。

** 邓雷，福建师范大学文学院讲师，主要研究方向为中国古代小说。

① 涂秀虹：《明代建阳书坊之小说刊刻》，人民出版社，2017，第29页。

版本间文字、插图的可比性比较明显。

现存《水浒传》版本二十四种，其中建阳刊本十种。[①]《水浒传》的版本可分为简本和繁本。十种建阳刊本中九种为简本，一种为繁本。以下将考察建阳刊《水浒传》的情况，厘清建本小说编辑的演变脉络。首先，大致按照刊刻的时间，概述建阳刊十种《水浒传》版本基本情况；其次，探讨建阳刊《水浒传》在编辑方式上的演变；再次，与江南刊《水浒传》对比，以见建阳编刊《水浒传》的特点。

一 现今所存建阳刊本《水浒传》概述

（一）京本忠义传

刘世德先生从“京本”二字考察出《京本忠义传》极可能是福建建阳刊本，从版本的款识，包括版口、字体方面判断《京本忠义传》刊刻于嘉靖、正德年间。[②] 李永祜先生则通过行款、字体、书口、书名位置与明代版本书口、书名位置的发展变化、删书的风气、当时特定的商品经济意识等诸多因素，考察出《京本忠义传》当刊刻于明嘉靖初期福建建阳书坊。[③]

此本现今只存两纸残叶，一纸为第十卷第十七叶上半叶三行与下半叶，一纸为第十卷第三十六叶上半叶三行与下半叶，存于上海图书馆。半叶十三行，行二十八字，每半叶计364字。每纸残叶各448字，共896字。两纸残叶版心上端均刻有“京本忠义传”字样。

书正文分上下两栏，上栏为每半叶文字的内容提要，占一字格，下栏为正文。现存两纸残叶的内容提要，第十七叶上半叶为“……饮”，下半叶为“祝彪与花荣战”；第三十六叶上半叶为“……家”，下半叶为“石秀见杨林被捉”，内容提要字数并不固定。

---

① 邓雷编著《〈水浒传〉版本知见录》，凤凰出版社，2017，第1～5页。

② 刘世德：《论〈京本忠义传〉的时代、性质和地位》，《明清小说研究》1993年第2期。

③ 李永祜：《〈京本忠义传〉的断代断性与版本研究》，《水浒争鸣》2009年第11辑。

（二）种德书堂本

此本有建阳本小说标志性的版式，上图下文，但是并不是标准的半叶上图下文。而是半叶上图下文之后，连着整个半叶的文字，接着又是半叶上图下文。这种版式在现今所存小说中极为罕见。书中有图的半叶是十四行，行二十二字，计 308 字，无图的半叶是十四行，行三十字，计 420 字。

此本现今所存为残本，分藏于两处，一为德国德莱斯顿邦立萨克森图书馆本，残本四卷十八回；二为梵蒂冈教廷图书馆藏本，残本五卷二十一回。两种共得九卷三十九回，而且是不间断的三十九回，内容包括了征辽、破田虎、擒王庆、平方腊。其中梵蒂冈藏本为此书的最末段，有牌记“万历仲冬之吉种德书堂重刊”。由此可见，此书至迟在万历年间已经刊行。

此本书名繁多，现存九卷，所用书名有七个之多：新刊通俗增演忠义出像水浒传、新刻京本全像忠义水浒传、新刊全相忠义水浒传、新刊全相增淮西王庆出身水浒传、新刻全本插增田虎王庆忠义水浒志传、新刻京本全像忠义水浒传、新刻全本忠义水浒传。

（三）插增本

此本有建阳本小说标志性的版式，上图下文，每半叶一图。半叶十三行，行二十三字，每半叶计 299 字。此书各卷首页命名较为统一，大部分为“京本全像插增田虎王庆忠义水浒全传”，即有异处，差别甚少。

此本现今所存为残本，现分藏于五处，一为艾俊川藏本，残叶 23 张，内容包括第九回后半至第十三回前半（卷二、卷三）；二为德国斯图加特市邦立瓦敦堡图书馆藏本，残本五卷（卷三至卷七），外加卷二两零半叶，共计二十一回九十叶，中间有缺叶；三为哥本哈根丹麦皇家图书馆藏本，残本五卷（卷十五至卷十九），共计十八回九十五叶半，中间有缺叶；四为巴黎法国国家图书馆藏本，存卷二十及卷二十一前四叶，共计六回三十三叶；五为英国牛津大学卜德林图书馆或称英国牛津大学博德利图书馆藏本，仅存一纸残叶，卷二十二第十四叶。五种共存约四十七回。

此本虽未有明确的刊行年代，但在巴黎藏本现有的封面上有“万历□□□年照验”几个毛笔字。“万历”二字十分清楚，其他几字也能辨识，独中间三字残缺颇多，戴密微先生认为其是繁体字“贰十贰”，马幼垣先生亦持此论。[①] 万历二十二年（1594）即评林本刊行的时间，若依此（万历二十二年）判断，插增本的刊刻必当在此之前。

（四）评林本

此本并不是典型的建阳上图下文的版式风格，因余象斗新意独创，增添了一栏评语，所以书分为三栏，上栏评语，中栏插图，下栏正文。全书共二十五卷，一百零三回。半叶十四行，行二十一字，每半叶计294字。

余象斗所刊《水浒志传评林》简称为“评林本”，全称为《京本增补校正全像忠义水浒志传评林》，是现存整本齐全的简本《水浒传》中刊刻时间最早的一部。

书末牌记为“万历甲午季秋月书林双峰堂余文台梓”，余文台就是余象斗，此书刻于万历二十二年（1594）的秋天，双峰堂所刻。余象斗是建阳非常有名的刻书家，双峰堂也是明代建阳颇负盛名的书坊。

（五）钟伯敬本

此本未有显著的建阳刊本特征，但此本的法国巴黎藏本扉页左下角

① 马幼垣：《水浒论衡》，生活·读书·新知三联书店，2007，第12页。

刻着“四知馆梓行”字样。据《建阳刻书史》所载，四知馆为建阳杨氏的书坊。[①]《新刻京本春秋五霸七雄全像列国志传》，此书的卷一卷端有题署“四知馆　美生杨瑜校刊　羽生杨鸿编集”，扉页题署“书林杨美生梓”。书林一般指建阳之书林，钟伯敬本可能为杨美生所刊。

除此之外，尚有内证可证四知馆为建阳书坊。钟伯敬本有三叶补刊的书叶，分别为第十八回第一叶的前半叶、第二十一回第十三叶至第十四叶、第八十一回第三叶至第四叶。此三处书叶系后补而成，版式与其他叶面均不相同。用现存《水浒传》本子与此补刊叶进行比对，可见这三处补刊的叶面属于建阳本中的百十五回本系统，于此更可证明四知馆为建阳书坊。

钟伯敬本是建阳所刊十种《水浒传》中唯一繁本，然而此本并非四知馆原刊，而为积庆堂藏版。钟伯敬本卷二十三第三叶版心下端有“积庆堂藏板”五字，刘世德先生考证，四知馆刊本是利用积庆堂刊本的旧版重印的，此本的刊行时间在明代天启四年至五年（1624～1625）之间。[②]

此本扉页题为“钟伯敬先生批评水浒忠义传”，首卷卷端题为“钟伯敬先生批评忠义水浒传”，他卷卷端或无“忠义”二字，或无“先生”二字。首有“楚景陵伯敬钟惺题”的序文，《水浒传人品评》九则，图赞三十八叶（图三十九幅）。全书一百卷一百回，正文半叶十二行，行二十六字，每半叶计 312 字。正文有眉批、行间批、回末总评。正文与批语基本同于容与堂本文字，可知据容与堂本翻刻而成。

（六）英雄谱本

此本卷首的《英雄谱弁言》中有题署云“熊飞赤玉甫书于雄飞馆”，扉页的识语末亦署名“雄飞馆主人识”，可知此本的刊刻者为熊

① 方彦寿：《建阳刻书史》，中国社会出版社，2003，第 331 页。

② 刘世德：《钟批本〈水浒传〉的刊行年代和版本问题》，《文献》1989 年第 2 期。

飞，刊刻的书坊为雄飞馆。据方彦寿先生考订，熊飞为福建建阳人，是大出版家熊宗立的六世孙，出版名家熊成冶的儿子。[①] 于此可知，英雄谱本亦为建阳刊本。其刊刻时间在崇祯十五年（1642）至崇祯十七年（1644）之间。[②]

所谓英雄谱本是《水浒传》与《三国志》的合刊本，上层为《水浒传》，下层为《三国志》。《水浒传》部分所用为百十回本，《三国志》部分所用本子近于“志传”本系统。英雄谱本分为《初刻英雄谱》与《二刻英雄谱》，后者乃是用前者的木板拼板而成，文字几近相同。全书二十卷，一百一十回。

初刻本《水浒传》部分有两种版式，绝大部分版式为半叶十五行，行十三字；小部分版式为半叶十六行，行十四字。二刻本的版式也基本上有两种，绝大部分版式为半叶十六行，行十三字；小部分版式为半叶十七行，行十四字。

英雄谱本别名甚多，其中扉页右行直书“名公批点合刻三国水浒全传”，中间大字“英雄谱”，每卷书右端题“精镌合刻三国水浒全传”，此初刻本与二刻本皆同。不同的是版心，初刻本为“英雄谱”，二刻本为“二刻英雄谱”。另外二刻本扉页上端栏外横题“二刻重订无讹”。

（七）刘兴我本

此本有建阳本小说标志性的版式，上图下文，每半叶一图。全书二十五卷一百一十五回，半叶十五行，行三十五字，图占十一行，八字位，标目八字，长度与图边框相等，每半叶正文字数为437字。此本卷首有署名汪子深的序文，末尾署题“戊辰长至日清源汪子深书于巢云”，“戊辰”指的是崇祯元年（1628），书当刻于此年前后。

---

① 方彦寿：《明代刻书家熊宗立述考》，《文献》1987年第1期。

② 黄霖：《微澜集——黄霖序跋书评选》，凤凰出版社，2011，第285页。

目录书名为《鼎镌全像水浒忠义志传》，首卷题为《新刻水浒志传》，现今著录大都以《新刻水浒志传》称之。因题有“富沙刘兴我梓行”，也被简称为“刘兴我本”。此本上图下文，具有明显的建阳版刻标识。但是又不同于种德书堂本、插增本、评林本的上图下文，而是一种变式，插图仍为每半叶一图，但是图像没有占据整个上层的横面位置，图的两旁还有三两行跟版框高度一样的文字，图上版框外有标题，下面全是文字，整幅图有点类似以前的插图的缩小版，马幼垣先生称此种版式为“嵌图本”，意指图的四周全部都是文字，就像嵌在其中一般。①

（八）藜光堂本

此本有建阳本小说标志性的版式，上图下文，每半叶一图。全书二十五卷一百一十五回，半叶十五行，行三十四字，图占九行，七字位，标目八字，长度超出边框左右各一字位，每半叶正文字数为447字。目录首叶书名为《鼎镌全像水浒忠义志传》，扉页有“全像忠义水浒传，藜光堂藏板”字样，为藜光堂所刊，所以也简称为“藜光堂本”。藜光堂本与刘兴我本一样为嵌图本。

藜光堂本的内容和图像与刘兴我本极为相似，比较刘兴我本与藜光堂本二书，可见藜光堂本文字中存在同词脱文、一般脱文、文字修改、文字颠倒、文字增加、回末删节等现象，可知藜光堂本刊刻在刘兴我本之后，乃是刘兴我本的翻刻本，其刊刻时间在崇祯年间。②

（九）慕尼黑本

此本有建阳本小说标志性的版式，上图下文，每半叶一图。现今所存为残本，存卷四叶八上至卷五叶十四上，共二十一叶半，即十七回后

---

① 马幼垣：《水浒论衡》，第120页。

② 邓雷：《建阳刊嵌图本〈水浒传〉四种研究》，《中国典籍与文化》2017年第2期。

半至二十四回前半，德国慕尼黑巴伐利亚国家图书馆藏。此本版心名作《新刻水浒全传》，第五卷首叶题署《新刻绘像忠义水浒全传》。

慕尼黑本与刘兴我本、藜光堂本一样属于嵌图本，图像与刘兴我本、藜光堂本不同，而文字与此二本极为相似，属于同一系统。每半叶十六行，行三十六字，图占十行，七字位，标目八字，长度超出边框左右各一字位，每半叶正文字数为506字。

将慕尼黑本与刘兴我本比较，发现慕尼黑本第十七回存在长字句脱文，第二十三回存在同词脱文的情况。可知慕尼黑本刊刻在刘兴我本之后，即是崇祯元年（1628）之后。再将慕尼黑本与李渔序本比较，发现李渔序本第二十三回存在同词脱文的情况，可知慕尼黑本刊刻在李渔序本之前。所以其刊刻时间在崇祯元年（1628）之后到顺康年间这段时间内。①

（十）李渔序本

此本有建阳本小说标志性的版式，上图下文，每半叶一图。首卷题有“元东原罗贯中编辑　闽书林郑乔林梓行”。全书二十五卷，一百一十五回。每半叶十七行，行三十七字，图占十一行，七字位，标目八字，长度与图边框相等，每半叶正文字数为552字。

目录书名作《全像水浒传》，首卷题为《新刻全像忠义水浒传》，因书首有李渔的《水浒传序》，所以简称为“李渔序本”。李渔序本与刘兴我本、藜光堂本以及慕尼黑本一样属于嵌图本。

李渔序本图像与刘兴我本、藜光堂本不同，与慕尼黑本极为相似，文字与此三本极为相似，属于同一系统。此本的刊刻时间，从署名李渔所序可知，必当刻于清代。李渔生于万历三十九年（1611），至崇祯十七年（1644），李渔都声名未显，所以无论是伪托还是请李渔作序都不太可能。若此序真为李渔所写，那么也当是顺治、康熙年间之事，而若

① 邓雷：《建阳刊嵌图本〈水浒传〉四种研究》，《中国典籍与文化》2017年第2期。

此序文是伪托李渔所作，那么则更可能是李渔身后之事，也就是康熙十九年（1680）之后的事情了。

二　建本小说编辑的演变

上述建阳所刊《水浒传》以时间跨度来看，从嘉靖年间到清初，正是通俗小说创作与刊刻的黄金时期，在这段时间建阳所刊小说对通俗小说的传播做出了巨大的贡献。当然建阳书坊在刊刻编辑书籍之时，也并不是一味地因旧蹈袭，而是不断地创新与改造，这一点从上述建阳所刊《水浒传》便能窥见一斑。以下将通过建阳所刊《水浒传》，旁及其他建阳所刊小说，归纳建阳书坊编刊方式的演变。

（一）删节文字

建阳刻书中有一部分给人的印象是图像简陋，多错字、俗字，字句脱漏，版面较为拥挤，多为小型开本等。[①] 而建阳所刊小说的缺点还不止于此，建阳所刊小说往往是简本，所谓简本就是在原有小说的基础上进行过文字删节的版本。这一点明人早有察觉，胡应麟曾言及“余二十年前，所见《水浒传》本，尚极足寻味。十数载来，为闽中坊贾刊落，止录事实，中间游词余韵、神情寄慨处，一概删之，遂几不堪覆瓿”[②]。从胡应麟的话可以看出，建阳书坊在编辑《水浒传》之时，将一部血肉丰满的《水浒传》，删节得仅剩一个故事的框架。

现存十种建阳所刊《水浒传》中有九种是简本，只有钟伯敬本是繁本，而此种还并非建阳书坊所编刊，而是建阳书坊买了江南书坊的书板进行翻印。所以删节文字这种编辑方式，应该是建阳书坊编辑小说的常用方式。在其他的建阳小说中同样存在，如《三国志演义》《西游

① 涂秀虹：《论明代建阳刊小说的地域特征及其生成原因》，《文学遗产》2010 年第 5 期。
② 胡应麟：《少室山房笔丛》，中华书局，1958，第 572 页。

记》，建阳刊刻的这两种小说也存在文字被删节的简本。

值得注意的是，简本文字的删节，有的并非一蹴而就，而是随着时间的推移，经过多次的删削，才使小说的字数基本趋于稳定。与繁本容与堂本相比，嘉靖年间刊刻的《京本忠义传》删除的文字非常少，从现存残叶推测每回比容与堂本少500余字，以全书而言，文字删节了10%左右。正因为删节文字过少，部分学者认为此本是繁本，或者是繁简过渡本，而非简本。

这种删减情况到了种德书堂本则大为不同。相比容与堂本，种德书堂本文字删削了45%以上。容与堂本第99回有9800余字，而种德书堂本则只有不到4000字，可见删削之严重。当然，现存建阳刊《水浒传》中所能见及的《京本忠义传》之后最早的简本便是种德书堂本，《京本忠义传》删削了10%左右，种德书堂本则删削了45%以上，两本之间是否有其他的本子存在，不得而知，但可以确知的是，种德书堂本之后，简本依旧处于被删削的状态。

以种德书堂本和评林本论，后者与前者的关系非常密切，后者的底本很有可能即为前者（或其兄弟本）。由二者之间的文字差距可见，后者是在前者基础上的再删削版本。如“宿太尉保举宋江　卢俊义分兵征讨”一回，评林本中“宿太尉保举宋江”的情节仅仅只有一句，与回目殊为不合，而在种德书堂本中却有宋江与宿太尉堂中叙话的文字，计有340字，记录了保举的过程。此回种德书堂本3852字，评林本只有3145字，可见在种德书堂本的基础上，评林本又删削了700余字。总体而言，相对于容与堂本，种德书堂本文字删节了45%以上，而评林本文字则删节了55%以上。自评林本之后，建阳所刊简本文字字数开始趋于稳定，后出的英雄谱本、刘兴我本、藜光堂本等在字数方面与评林本相差无几。

正是对情节的删削以及对人物语言、外貌、环境的简略处理，使得本来有血有肉、精气神并在的一部《水浒传》，只剩下一具骨架。当然建阳刊简本的目的也在于节约版面、降低成本，占领中下层读者的市场。这些读者只专注于小说的故事情节，而对那些“游词余韵、神情寄慨处”没什么兴趣。简本的简单描写恰恰能满足这一层次读者快速阅读的需求，而快速阅读往往也会忽略文本与版本的粗糙简略。[①]

（二）增加图像

现今所存建阳所刊小说，至少有三分之二是上图下文版式，而上图下文的版式可以算得上是建阳刊小说的标志性版式。[②] 增加图像是建阳刊本招徕读者的一个重要手段。建阳刊小说增加图像，或者说是上图下文的版式由来已久，早在南宋时期，建安余氏勤有堂所刊《新刊古列女传》即为上图下文版式，其后元代建安虞氏所刊的《新刊全相平话武王伐纣书》《新刊全相平话乐毅图齐七国春秋后集》等五种亦是上图下文版式。

建阳所刊《水浒传》中，早期的《京本忠义传》并没有图像，但是已经露出了上下两栏的端倪，只不过上一栏是半叶情节的概述，从这一点可以看出建阳所刊小说的定位在中下层百姓，而不是精英阶层。其后的种德书堂本和插增本，上栏从仅有情节概述变成既有图像提示又有情节概述。这种上图下文的形式对于文化程度普遍不高的中下层百姓来说是有益的，既能美化版面，又能帮助读者理解作品，提高他们的阅读兴趣。[③] 此点从现今所存建阳刊本《水浒传》以及建阳刊其他小说多藏于海外，便可见端倪。对于海外中文水平不高的读者来说，有图的故事才是他们的最佳选择。

而明代建阳所刊小说中的插图，变成半叶上图下文的形式也并不是一蹴而就的，它经过了一个发展时期。最初的插图是几叶才有一幅，现存的《水浒传》中已经不见这种本子（但是《三国》的本子中还存在，

① 涂秀虹：《〈水浒志传评林〉版本价值论——以容与堂本为参照》，《明清小说研究》2014 年第 2 期。

② 涂秀虹：《上图下文：建阳刊小说的标志性版式》，《福建论坛》（人文社会科学版）2009 年第 12 期。

③ 胡小梅：《从插图看〈水浒〉建阳刊本的读者定位》，《福建论坛》（人文社会科学版）2013 年第 3 期。

如熊清波本、九州大学藏本），其后变成每叶一图，像种德书堂本一样，之后才有了插增本以及余象斗所刊半叶一图的评林本，“《水浒》一书，坊间梓者纷纷，偏像者十余副，全像者止一家。前像板字中差讹，其板蒙旧，惟三槐堂一副……”[①] 自评林本出，《水浒传》每半叶一图的上图下文版式才算基本确定下来。

（三）插增田虎、王庆故事

现存繁本《水浒传》中无论是容与堂本，还是石渠阁补印本、三大寇本、大涤余人序本等均没有田虎与王庆故事部分。而现存建阳所刊《水浒传》中，除却残本以及翻印的繁本之外，其余简本均存田虎、王庆故事部分。田虎、王庆故事部分的增入，从简本书名来看，乃是建阳书坊所为。种德书堂本的书名中有《新刻全本插增田虎王庆忠义水浒志传》，插增本也有《京本全像插增田虎王庆忠义水浒全传》之名，均可见建阳书商插增了田虎、王庆故事，并以之作为招徕读者的广告手段。

其实这种插增故事的手法在建阳刊本中屡见不鲜，除了《水浒传》之外，《三国志演义》也加入花关索、关索的情节，《西游记》中则增加了唐僧出身的故事。同时，《西游记》也在书名中以唐僧出身故事作为广告，杨致和本的书名即为《新锲三藏出身全传》。这种插增故事的编刊方法，其原因也很易解。对于建阳所刊简本而言，比之繁本除了价格便宜之外，没有任何的优势可言。而文字更是比繁本差了一大截，如果不创造出新的东西来，必然被读者所抛弃。插增故事的手法，则是一个非常好的手段，国人心目中都有一种求全求古的心态，田虎、王庆故事的产生，正好满足了读者求全的心态，而其书名当中也特意体现出一个“全”字。

---

① 罗贯中：《水浒志传评林》，《古本小说丛刊》第一二辑，中华书局，1991，第1~2页。

（四）加入评点

书尚评点，以能通作者之意，开览者之心也。明代不仅小说评点风行，其他的经史子集泰半如是。建阳所刊《水浒传》在增加图像、插增田王故事这些招徕读者的手段都已经用尽之后，余象斗所刊刻的《京本增补校正全像忠义水浒志传评林》，所能做的广告着眼点除了所谓的“校正”之外，也仅仅是“评林”一项了。

在评林本中余象斗将原本标准的上图下文建阳刊本版式，变为上评中图下文的形式。除却评林本之外，建阳所刊简本《水浒传》中，加入评点的只有英雄谱本，比例并不是很高。而将其扩大到所有的建阳刊本中，情况同样如此。如建阳所刊的四种简本《西游记》，只有一种加了评语，为闽斋堂本。建阳所刊的十二种公案小说，也只有一种加了评语，为《新镌国朝名公神断详情公案》。

由此可见，增入评点这种编刊方式，并没有在建阳刊本小说之中普及。其原因大致是：其一，名不副实，像余象斗刊本取名“评林”，评林其实即为汇评、集评的意思，但是评林本中却只有一家的批语。不仅如此，评林本中有些批语还与原书之意不符，如【评打拳】“智深于亭子上打拳，非酒醉，乃武夫之常事矣”。小说之中已然提到鲁智深醉酒，评语中却说鲁智深并非醉酒。其二，读者并不感兴趣。建本小说所面向的群体为文学修养、文化层次较低的读者，这些读者对于小说的语言与艺术都无暇多顾，何况是小说之外的批语。而且这些批语索然无味，基本没什么价值可言，所以有些建本小说虽然增入批语，但是并没有在书名中体现出来，像《新镌国朝名公神断详情公案》即是如此。

（五）引入江南本

在现今所存的十种建阳刊本《水浒传》中，只有一种是繁本，就是钟伯敬本。此本并不是建阳书坊的原刻本，而是建阳书商不知从何处得来一套江南本《水浒传》的刻板，然后对其进行翻印。这种情况在其他的建阳刊刻小说中也存在，像《西游记》的世德堂本，《三国》的钟伯敬本均是引入的江南本。

钟伯敬本的引入对于《水浒传》而言，并不仅仅是一种版本的引入和刊印，其对之后的建阳所刊简本《水浒传》产生了很大的影响，这一点尤其表现在它的版画上。明代建阳刊小说的版画模式——上图下文，每半叶一图——虽然插图众多，但绘制极为粗糙，人物景色千篇一律，而江南本的版画则绘制得极为精美。自从钟伯敬本在建阳刊刻，精美的插图得以传播，英雄谱本对其插图进行了模刻，置于卷首，之后清代的简本德聚堂本、文星堂本的插图也是由此而来。除插图之外，英雄谱本的批语也受到了钟伯敬本批语的一定影响。①

除插图外，李渔序本的《水浒传序》中部分文字也脱胎于钟伯敬本的序言。其中“而《水浒》中最奇绝者，有不在宋江逢人便拜，翘然为梁山泊之主，而在锄奸劈邪，杀恶人如麻，吐世人不平之气于一百单八人”，与钟伯敬本序言中“而水浒中极奇绝者，又不在逢人便拜，翘然为梁山之主，而在锄奸斩淫，杀恶人如麻，吐世人不平之气于一百单八人”的文字极为相似。

（六）修正文字

建阳刊本小说发展到后期，并不是一味地缩减文字，而是基本形成了一个定本。像《水浒传》评林本与百十五回本（刘兴我本、藜光堂本、李渔序本），虽然二者所处的时期不同，前者在万历年间，后者在崇祯年间甚至更后，但是二者的正文字数相差不多。如第十七回评林本2742字、刘兴我本2799字；第二十回，评林本2874字、刘兴我本2875字。

后出的刘兴我本不仅没有在评林本的基础上继续删减文字，

① 邓雷：《英雄谱本〈水浒传〉批语初探》，《乐山师范学院学报》2015年第1期。

相反，还有不少文字的改进。如第十九回，改易评林本语意不通之处。

评林本：黄安听了，便把白旗招动，教众船不要去赶。那众船才拨得转，背后十数只船赶来。

评林本文字中“那众船才拨得转”一句不知所云，查繁本可知：

容与堂本：那众船才拨得转头……

原来评林本少了一个“头”字，就完全不知所云。而刘兴我本的改动，使得文意与繁本相同，且简洁明了。

刘兴我本：黄安听了，便把白旗招动，叫众船不要去赶。官船正待回身，背后十数只船赶来。

除此之外，刘兴我本还补足了评林本所缺主词或者受词，改易评林本文意有误之处，将评林本的语言改得更为通俗易懂，将评林本的疑问句加上疑问词或变为陈述句等。由刘兴我本对评林本文字的修正也可以看出，即便是文字颇为粗疏的建阳刊本，一样在朝着雅化、精致化方向发展。

（七）合刊及托名

合刊是英雄谱本的特殊形式，上栏为《水浒》，下栏为《三国》。其中的好处对于读者来说是不言而喻的，买一本书即能看到两部书籍，确实是颇为划算。熊飞抓住了读者的心理，正如其在扉页的识语中所言，“语有之：四美具，二难并。言璧之贵合也。《三国》《水浒》二传，智勇忠义，迭出不穷，而两刻不合，购者恨之。本馆上下其驷，判合其圭”①。由于有读者希望能一次性看到《水浒》《三国》两部书，所以熊飞才推出了合刊这样的形式。此种编刊方式在建阳刊本小说中仅此一见，究其原因，大抵是二者题材相似，且二者均颇为畅销。

熊飞在英雄谱本中除了运用合刊的手段来招徕读者之外，还仿冒了名人。英雄谱本的插图抄袭了钟伯敬本，赞语部分绝大多数也与钟伯敬本相同，只是英雄谱本中有的赞语比钟伯敬本赞语要多出一些文字，而且每幅赞后面都署上了名字。所署人名绝大部分可考，是活跃于天启至崇祯年间的名人，这些名人同时出现于此处，毫无疑问是伪托所成。且不说请这些名人来撰写题署是否可能，就说题署的名人如万爆、钟惺均死于天启四年（1624）左右，他们死之时其他的题署人部分年纪尚轻，很多声名未显。

除此之外，英雄谱本有不少批语，初刻本未署批点者名姓，而到了二刻本中则在单数卷端题署“明　温陵　李载贽　批点”，很明显这些批语乃伪托李贽所为。伪托名人书法与批点也是书商以名人效应招徕读者的一种常用手段，在明代的书籍刊刻中十分常见。除李贽之外，徐渭、汤显祖、陈继儒、袁宏道、钟惺、冯梦龙等人均是书贾热衷托名的对象。② 建阳刊本小说中同样有不少托名的现象，像《三国志演义》郑以祯本、吴观明本均托名李贽所评，《盘古志传》托名景陵钟惺伯敬父编辑、古吴冯梦龙犹龙父鉴定，《开辟衍绎通俗志传》托名钟伯敬评点等。

（八）缩减版面

对于建阳所刊小说而言，它所面向的读者主要是中下层普通百姓，而它所具有的最大的优势就是价格低廉。为了保持这种优势，甚至扩大这种优势，缩减版面、节约成本势必要贯穿于整个建阳小说的刊刻过程

① 《二刻英雄谱》，《古本小说集成》，上海古籍出版社，1994。

② 陈文新、毛伟丽：《略论晚明白话小说“托名”现象》，《明清小说研究》2006 年第 4 期。

之中，这一点尤其表现在四种嵌图本《水浒传》上。

最初的种德书堂本、插增本以及评林本都是上图下文式，图像比较大，与整个版面的宽度相同。而嵌图本则不同，图在整个版面中的比例缩小了，并不是整个版面的大小，在图的左右两侧还有两到三行文字，这样既能保证书中有图，又能在每个版面中多刻些文字。以评林本有图的每半叶文字与刘兴我本进行比较，评林本每半叶 294 字，刘兴我本每半叶 437 字，刘兴我本比评林本每半叶多了 143 字，这是一个十分可观的数量，刻一叶刘兴我本就等于刻一叶半评林本。

从嵌图本各本之间来说，最早的刘兴我本每半叶 437 字，藜光堂本每半叶 447 字，慕尼黑本每半叶 506 字，而最晚的李渔序本每半叶 552 字。以刘兴我本和李渔序本而论，李渔序本比刘兴我本每半叶多了 115 字，这也意味着李渔序本每刻两叶，相当于刻了两叶半刘兴我本。同时，对于上图下文版式的建阳刊本而言，每半叶增加刊刻字数，不仅能节省一部书籍刊刻的纸张，还能减少刊刻版画的数量。以刘兴我本与李渔序本来论，刘兴我本 5 个半叶刻 5 幅图，而同样的内容李渔序本只要 4 个半叶，也就只需要刻 4 幅图。一部书下来，因图像减少而节约下来的工费就不少。

英雄谱本的二刻本也在初刻本的基础上，通过拼版的方式达到缩减版面的目的。二刻本每半叶比初刻本要多出 1 行，而且为了节省版面，二刻本将书中部分诗词删去。相比于初刻本，二刻本全书共节省纸张 70.5 叶，占全书的 6.6%，也就是说，相对初刻本而言，每印 15 部二刻本节省出的纸张，就能多印 1 部二刻本。①

总体而言，从建阳书坊刊刻《水浒传》可以看出建阳书坊编辑小说的一条发展路线。一方面，为了保持自己的价格优势，它通过删节小说的文字、缩小图像比例、增加每半叶字数、拼版、删节诗词等方式来缩减小说的版面，降低小说出版的成本。另一方面，为了增强自身的竞

① 邓雷：《再论雄飞馆刊本〈英雄谱〉与〈二刻英雄谱〉的区别》，《中国典籍与文化》2015 年第 3 期。

争力，招徕更多的读者，建阳书坊又不断创新编辑小说的方式，包括插增新的故事、增加图像、加入评点、模仿江南本、合刊及仿冒名人评点、修正文字等等。

三 建本小说与江南刊本小说编辑的异同

以上总结了多种建阳书坊在刊刻小说过程中的编辑方法，接下来与江南书坊刊刻小说的编辑方法进行比较，探考其二者的异同。研究依旧以江南所刊《水浒传》为中心，旁及其他江南本小说。

其一，删节文字。建阳刊本删节文字，主要是出于缩减版面，降低成本考虑。此点在江南本中表现得并不明显，但江南刊本却朝着另外一条道路发展。江南刊本中容与堂本、三大寇本、大涤余人序本等在文字字数上并没有显著的差异，文字字数上有一定差异的是金圣叹本，此本将所有的诗词韵文几乎删节殆尽，仅仅保留了37首。除此之外，原来的金圣叹本的一些套词、套语同样遭到删节，如“真乃是交情浑似股肱，义气如同骨肉”等。

金圣叹本文字的删节，乃是小说朝着雅化与文人化的方向发展的结果。将韵散结合的小说完全散文化，弱化了诗词韵文在小说中的作用，此举使得原本节制无度、过分滥用的诗词韵文一扫而空，从小说阅读的角度来说，有效地加快了情节的推进。此等编刊方法在其他的江南本小说中同样存在，像毛宗岗本《三国演义》、黄周星本《西游记》、张竹坡本《金瓶梅》均是如此，删减了不少诗词韵文。

其二，增入图像。与建阳刊本类似，现今所存江南本《水浒传》，基本都增加了插图，像容与堂本、三大寇本、大涤余人序本、郁郁堂本、芥子园本等均是如此。但与建阳刊本上图下文式插图不同的是，江南刊本的插图均是全图式，图像择取部分回目内容或故事情节进行创作，插图置于书首或者回前，数量从几十幅到两百幅不等。如果说建阳刊本插图类似当今的连环画，其作用在于导读，那么江南刊本插图则更近似于文人的工笔画，为读者提供审美享受。江南刊本的插图多是如此，像四大奇书的另外三种《三国志演义》《西游记》《金瓶梅》均如是。

其三，插增故事。现存建阳刊本《水浒传》基本上都增入了田虎、王庆故事，而现存江南刊本无论是容与堂本、三大寇本，还是大涤余人序本、金圣叹本，均无田虎、王庆故事。但例外的是，江南刊本中有一种百二十回本，此本同样增加了田虎、王庆故事。而更为有意思的是，此江南刊本的田虎、王庆故事竟然是以建阳刊本的田虎、王庆故事为底本进行的改造。从此处看，当是江南书坊受到建阳书坊插增故事的启发，改造增加了田虎、王庆故事，并将书名从《水浒传》改为《水浒全传》，以“全”字作为招徕读者的手段。此种方式其实在江南书坊当中并不常见，但无独有偶，建本《西游记》当中的唐僧出身故事，亦见于清代江南书坊刊刻的《西游证道书》中。

其四，加入评点。建本小说虽然有增入评点之例，但是为数不多，而且小说并没有因为批语的增入取得成功。江南刊本小说则完全不同，可以说江南刊本小说的评语是小说不可分割的一部分。现今所存江南本《水浒传》，绝大多数都有批语，像容与堂本、三大寇本、大涤余人序本、郁郁堂本等，其中更是有流传后世的典范之作金圣叹评本。评点作为江南本小说的重要卖点之一，往往体现在书名当中，像容与堂本《李卓吾先生批评忠义水浒传》、郁郁堂本《出像评点忠义水浒全书》、王望如本《评论出像水浒传》等。江南刊本小说大多带有评点，有些名著甚至有多种评点，如江南本《三国志演义》有李贽、钟惺、李渔、毛宗岗等人的批点，江南本《西游记》也有李贽、汪象旭、黄周星、刘一明、陈士斌等人的批点。

其五，引入建阳本。建阳书坊为了提升小说的品质引入江南刊本，间接使得部分小说插图、序言等受到江南刊本的影响。而建本对江南本的影响，除了上文提及的百二十回本的田王故事乃是在建本田王故事的基础上加工改造而成之外，受建本影响最大的江南本是三十卷本。长期以来，建本的读者定位都是中下层群众，以价格低廉作为其最主要的卖点，而价格低廉的原因正在于文字篇幅与江南本相差甚大。三十卷本则是江南本模仿建阳本删节文字的一次尝试，此本以容与堂本为底本，进行了大篇幅的文字删节，杂糅入建本的插图以及田虎、王庆的故事。此种尝试在其他小说中绝少出现，而事实也证明江南本的简本三十卷本并未取得成功，建本之后的简本依旧沿袭的是建阳刊本的文字体系。

其六，修正文字。由于建阳刊本的读者定位，以及建阳刊本的小说品质，即便也有修正文字的编刊方式，也不是大规模的修正，更不可能使小说的文学艺术得到质的提升，而仅仅是建阳刊本内部的精致化。而江南本修正文字则完全不同，从容与堂本到三大寇本到大涤余人序本再到金圣叹本，每一次版本的更迭演变都伴随着大量的文字修订。仅以诗词韵文一项观之，容与堂本有诗词韵文 841 首，三大寇本有 452 首，大涤余人序本有 563 首，金圣叹本有 37 首。从版本的演变过程来看，容与堂本的诗词韵文在三大寇本中先是被删削，之后到大涤余人序本中又被增入，最后到金圣叹本中再次被大幅度删削。也正是由于文字的不断修订，《水浒传》越来越雅化，越来越文人化，最终被视作第五才子书。其他的名著也多有此种情况，像《三国演义》的毛宗岗评本、《金瓶梅》的张竹坡评本等，均在文字上做出了大量的修订工作。

其七，合刊与托名。至今未见江南本小说有长篇小说合刊的情况，此点与江南本追求小说的品质有相当大的关系。英雄谱本将《水浒》与《三国》合刊，一来字体甚小，二来用的是简本，书籍篇幅不至过大。若江南本合刊《三国》与《水浒》，假如还是选用繁本，那么或篇幅过大，或需要缩小字体，均不符合江南本的定位。

至于托名一节，因为受到整个晚明大风气的影响，江南本中也多见此类。以《水浒传》而论，光是署名为李卓吾所评者即有容与堂本、三大寇本、袁无涯本、石渠阁补印本、三十卷本这五种，毫无疑问这之中至少有四种是托名。至于其他的江南本小说托名则更多，像《三国志演义》《西游记》均有托名李卓吾评者，《春秋列国志传》有托名陈继儒评点者，《南北宋传》有托名汤显祖评点，等等。

其八，缩减版面。于建阳小说而言，缩减小说的版面，意味着降低小说的成本。而江南刊本，似乎不存在此种情况，或者说并未有意缩减版面以降低成本。江南本《水浒传》版本的演变，从容与堂本到三大寇本到大涤余人序本再到金圣叹本，每半叶的字数分别为242字、220字、220字、152字，每半叶的字数不仅没有增加，反而减少了。所以也正如之前所言，江南刊本在缩减版面上并未刻意做什么工作。

由上可见，建阳刊本的八种编辑手法，江南刊本在编刊之时基本上都曾用及，但是二者的侧重点或目的多有不同。像删节文字，建阳刊本是为了缩减版面以降低成本，而表现在江南刊本中则是小说文人化的一种体现。再如加入评点以及修正文字，在建阳刊本中并不常见，或者说并非主要的编刊手法，而在江南本中的运用同样是文人化和雅化的体现。

尚需要提及的一点是，在清代，由于建阳书坊的衰落、建阳刻本小说通俗娱乐的品质定位以及小说艺术由俗入雅的发展趋势等诸多原因，建阳刊小说逐渐趋于没落。[①] 但是简本小说在清代并没有消亡，建阳书坊编辑小说的一些方式依旧得到了延续。为了降低小说成本、节约版面，之后的简本《水浒传》在建阳刊本的基础上继续大肆删减，如“公孙胜再访罗真人　没羽箭智伏乔道清”一回，刘兴我本为3447字，百二十四回本只有2347字，八卷本只有1918字。而英雄谱本《水浒》《三国》合刊的形式则被《汉宋奇书》所继承，在清代十分流行。

① 涂秀虹、陈旭东：《建阳刻本〈三国〉小说传播衰退原因浅析》，《明清小说研究》2006年第4期。

王弘撰《砥斋集》成书过程及版本源流考

——兼及新见西安碑林博物馆藏抄本《待庵稿》*

◇杨 瑞 贾三强**

摘 要：《砥斋集》为明末清初关中著名遗民学者王弘撰的文集。初刻于康熙二年（1663），康熙十四年（1675）重又编纂，但并未付梓，其刊刻或在康熙三十三年（1694）之后；乾隆年间加以补修；光绪二十年（1894），敬义堂又以乾隆间补修本为母本进行了重刻。此外，王弘撰的诗集并未亡佚，西安碑林博物馆藏有抄本《待庵稿》一卷，为海内孤本。《待庵稿》收录八十一首古体诗，诗歌内容有赠别、感怀、宴饮、田园等。这些诗歌随机排纂，已知最晚者作于康熙十八年（1679）。《待庵稿》中所收诗歌，不仅可以作为王弘撰交游之佐证，还有助于梳理王弘撰的行迹，具有较高的文献史料价值。

关键词：王弘撰 《砥斋集》 《待庵稿》 成书 版本源流

王弘撰（1622～1702），字文修，一字无异，号山史、山翁、待庵、砥斋、鹿马山人、天山老人，陕西华阴人。明末诸生，明南京兵部侍郎王之良第五子。明亡，隐居不仕。卒后门人私谥“贞文”。他是明末清初关中地区著名的遗民学者，博闻强识，尤以诗文和气节著称于世，被顾炎武誉为“关中声气之领袖”，足见其在明清之际关中文坛上的重要地位。他一生著述宏富，仅《（乾隆）华阴县志》著录的就有二

---

* ［基金项目］陕西省“十三五”古籍整理重大项目“《陕西古代文献集成》（二编）”子课题，项目编号：SG17001·集096。

** 杨瑞，西北大学文学院博士研究生，主要研究方向为明清文学、文献学；贾三强，西北大学文学院教授、博士生导师，主要研究方向为宋元明清文学和中国古典文献学。

十一种。[①] 王弘撰的文学成就主要体现在《砥斋集》和三种日札（《北行日札》《西归日札》《待庵日札》）中。兹将《砥斋集》的成书过程和版本源流略做考述，并对新发现的西安碑林博物馆藏孤本《待庵稿》的内容进行分析，以就教于方家。

一 《砥斋集》的成书过程

关于《砥斋集》的成书，王弘撰长子王宜辅在《刻〈砥斋集〉记》中进行了说明：

> 家大人读书之暇，间作诗古文词。癸卯，田雪崖先生为刻之白门，曰《砥斋集》，文才数十篇，无诗。己酉春，大人有昌平之行，携入都，汪苕文先生为作序，云“刻之京师”，实非也。大人夙多疾，乙卯春，构学易庐，书座右曰“养身中之天地，游物外之文章”，遂谢人事，弃去一切，朝夕讽绎，惟四圣之《易》而已。辅请发笥中稿，同弟辑纂次，以续前刻，得文十卷，并家僮所录书简一卷、杂著一卷，共十二卷。诗稿旧积二寸许，庚戌元旦，大人悉取焚之，今得二卷，仅十之三尔。杀青既竟，藏诸家塾。男宜辅识，康熙旃蒙单阏岁长至日。[②]

王宜辅此文，传递出如下信息：一，《砥斋集》初刻于康熙二年（1663），由田雪崖刊刻于南京，集中收录数十篇文章，无诗。此年王

① （清）陆维垣修，李天秀纂《（乾隆）华阴县志》卷十五，民国十七年（1928）铅印本。此书著录王弘撰的著作有：《周易图说述》四卷、《周易筮述》八卷、《正学隅见述》一卷、《十七帖述》一卷、《淳化阁帖述》、《古诗述》、《山志》初集六卷、《山志》二集六卷、《待庵文稿》十六卷、《砥斋集》十二卷、《卧云草堂集》、《古今体诗》、《南游诗草》、《诗借》一卷、《待庵日札》、《北行日札》一卷、《南游日札》、《西归日札》一卷、《文可》、《王氏宗祠志》一卷、《王氏族谱》一卷。

② 见（清）王弘撰：《砥斋集》，清康熙间刻本。

弘撰亦在南京。[①] 田雪崖即田薰，雪崖其字也，陕西高陵人，顺治十五年（1658）戊戌科进士，江南江宁府推官。

二，己酉春，王弘撰有昌平之行，将《砥斋集》携入都，汪琬为作序。按，己酉为康熙八年（1669），春三月十九日，王弘撰至昌平祭告思陵。随后入都，请汪琬为《砥斋集》作序。赵俪生《王山史年谱》云："此文臭味，与山史迥乎不同，宜乎其不以刻入，而另倩渭南南鼎甫（廷铉）为之也。"[②] 赵先生推断之语，未免苛责太过，况且中国国家图书馆藏清康熙间刻本已收录汪琬序文。粗观汪序，"臭味"一词的确太过，兹摘录如下：

> 《砥斋集》者，华阴王子弘撰字无异之所作，汇而刻诸京师者也。王子既与予定交，因出是集示予。……今天子方诏修太宗、世祖实录及前明史书，逾年于此，行且考求征聘之典，网罗山林老成、淹雅隐逸之士，以广储其选。使王子得给笔札，厕身玉堂之中，发凡起例，是是非非，必不苟同流俗，虽以之争光日月不难。而惜乎其布衣芒屩，沉沦诸生间，而莫之为援也。苟得一二钜公，出气力以左右之，其所撰述岂止是哉！……[③]

汪序云《砥斋集》"刻诸京师"，王宜辅已明言其误。此外，李良年也为《砥斋集》写过序："华阴王子山史，与予定交国门。出所著《砥斋集》，为文若干篇，属予序之。"[④] 李良年（1635～1694），字武曾，号秋锦，浙江秀水（今嘉兴）人。此序未标明写作时间。按，李良年兄长李绳远为《秋锦山房集》作序，序云："丁未客都下，抵宣府，历边徼诸诗为第二卷。己酉年偕汪户部于金陵，复如京师诸诗为第

① （清）王弘撰《山来阁记》："癸卯春，予来金陵，曾登其上望钟山焉。"（《砥斋集》卷四）

② 赵俪生：《顾亭林与王山史》，齐鲁书社，1986，第 149 页。

③ （清）王弘撰：《砥斋集》，清康熙间刻本。

④ （清）李良年：《王山史〈砥斋集〉序》，《秋锦山房集》卷十四，朱丽霞整理，上海古籍出版社，2011，第 441 页。

三卷。”[①] 又《汪尧峰先生年谱》云：“（康熙八年己酉，1669）夏，选榷江宁西新关仓，偕李武曾良年出京南下，过汶上，与同宗交臣等入田氏园赏芍药，抵金陵。”[②] 综考可知，康熙八年（1699）春，李良年客都下，此年夏，偕汪琬南下金陵，故王弘撰与李良年定交时间为康熙八年春，李良年为《砥斋集》作序亦在此时。但李序未收入《砥斋集》，未详何故。

三，康熙十四年（1675）乙卯春，王宜辅将其父书稿找出，同弟王宜辑进行编排，以续前刻，得文十卷、书简一卷、杂著一卷，共十二卷，诗二卷，是为重编本《砥斋集》（以下简称“重编本”）。王氏兄弟搜罗其父诗文，内中包括诗歌两卷，而笔者将《砥斋集》现存各版一一寓目，发现此集仅收录文章十二卷，并未收诗。然王宜辅云“诗稿旧积二寸许，庚戌元旦，大人悉取焚之”亦信而有征，《山志》初集卷一“自励”：“予自三兄逝后，无日不怆然于中，且自警自惧，故于庚戌元旦，谨告先灵：凡一切逾分违理事，必不敢为，所以养身，非独自励，亦望我子弟共识此意也。”[③] 关于王弘撰诗稿的去向，俟后文予以说明。

四，王宜辅《刻〈砥斋集〉记》作于“康熙旃蒙单阏岁长至日”，即康熙十四年夏至日，其言“杀青既竟，藏诸家塾”，此处“杀青”可能指编纂完成，缮成定本，也可能指校刻付印，并不能断言重编本已经刊刻完成。

经过上述分析可知，王弘撰《砥斋集》初刻于康熙二年（1663），康熙十四年（1675）时，王宜辅、王宜辑兄弟重新进行了编纂，但是否刊刻，尚未得知。为了便于下文叙述，我们姑且将现存最早的《砥斋集》简称为“续刻本”。关于续刻本的具体刊刻时间、续刻本中诗歌的去向，这些问题还有待我们继续查考。

---

① （清）李良年：《秋锦山房集》，朱丽霞整理，第 3 页。

② 赵经达辑《汪尧峰先生年谱》，《丛书集成续编》第 262 册，新文丰出版公司，1989，第 517 页。

③ （清）王弘撰：《山志》，何本方点校，中华书局，1999，第 23 页。

二　《砥斋集》版刻源流考

（一）清康熙二年刻本（以下简称"初刻本"）

《砥斋集》初刻于康熙二年（1663），集中收录数十篇文章，无诗，此版今已不存，笔者仅据现存各版《砥斋集》对初刻本的原貌加以蠡测。现存各版《砥斋集》卷前共收有五篇序文，除王宜辅《刻〈砥斋集〉记》和白遇道《重刻〈砥斋集〉序》外，另有三篇序文：一为汪琬序，前已考知此文作于康熙八年（1669）春；一为南廷铉序，序署"康熙八年季夏同学弟南廷铉鼎甫题于万松山房"[①]；一为黄文焕序[②]，黄序未标明写作时间，仅在文末钤有"文焕""前宫耑"印。按，"前宫耑"，"耑"同"端"，"宫耑"为太子詹事的别称。黄文焕字维章，一字坤五，永福（今福建永泰县）人。他曾在崇祯年间任左春坊左中允[③]，坐钩党，与黄道周同下诏狱，后获释，流寓金陵，入清不仕。黄文焕序云："余与无异之尊人为齐年，世代已殊，家学弥茂，新刻《砥斋集》，请余为序"，表明黄序写作时间应在《砥斋集》刻好之后。因黄文焕与王弘撰父王之良同为天启五年（1625）进士，且寓居南京，故王弘撰请父执为《砥斋集》作序。

钱澄之《田间诗集》卷十二"客隐集甲辰"收有《驯象门尼庵吊黄坤五旅殡》诗四首，其一云："旅榇何时至，郊扉此独栖。门开惊鼠走，客到触鸦啼。亲戚已都去，铭旌尚未题。老尼言后事，一字一含凄。"[④] 甲辰为康熙三年（1664），驯象门为南京明城墙外郭城的十八座

① 南廷铉序，载（清）王弘撰《砥斋集》卷首，清康熙刻乾隆间补修本。

② 黄文焕序，载（清）王弘撰《砥斋集》卷首，清康熙刻乾隆间补修本。

③ 左春坊左中允：左春坊为詹事府内部机构之一，左中允为詹事府左春坊之属官，掌东宫讲读笺奏之事。

④ （清）钱澄之：《田间诗集》，清康熙刻本。

城门之一，“旅榇”意为客死者的灵柩，因黄文焕曾流寓南京，故有此说。此组诗明言黄文焕卒于康熙三年（1664）。又，吕留良《哭黄坤五》二首，其二云：“白木棺三寸，先朝侍从臣。传经留狱久（崇祯间，同黄石斋先生诏狱。），进讲展书频。讣报新年齿（今年政七十才四日耳。），铭题旧出身。灵车关税重，愁绝向通津。”①（括号内为笺释）此诗作于康熙三年甲辰正月，据“讣报新年齿”诗下小注“今年政七十才四日耳”可知，黄文焕卒于正月初四日。黄惠纂《麟峰黄氏家谱》卷九云：“（第二十六世讳文焕）后寓居金陵，卜筑钟山之畔，终其余年，寿六十九”②，此与吕留良所言“七十”并不矛盾，即黄文焕实岁六十九（康熙二年，1663），因其卒于康熙三年，故增一岁。

既已考知黄文焕卒于康熙三年正月初四日，而《砥斋集》初刻于康熙二年，故黄序写作时间应为康熙二年。此年春，王弘撰南下金陵，曾登钟山，拜访了寓居钟山之畔的黄文焕，并请其为《砥斋集》作序。黄序、汪序、南序三篇序文的写作时间均在初刻本刻成之后，且在康熙十四年（1675）之前，其附于《砥斋集》正文之前的可能性都存在。

初刻本仅收录数十篇文章，无诗，其所收录文章的写作时间应不晚于康熙二年。笔者将续刻本中清楚标明或可推算写作时间的篇目进行了统计，至少有三十篇文章作于康熙二年之前，这些文章涉及序、跋、传、碑、书、诔、祭文、杂著等各类文体，由此知，初刻本收文在三十篇以上。

（二）清康熙间刻本（续刻本）

康熙八年（1669）春三月，王弘撰携初刻本入都，分别请汪琬和李良年作序。此年夏六月，渭南南廷铉为《砥斋集》作序，序曰：“余友王子山史，博学强识，所著富有，先以《砥斋集》绣之木，即与秦

① （清）吕留良：《吕留良诗笺释》，俞国林笺释，中华书局，2018，第479页。

② （清）黄惠纂《麟峰黄氏家谱》，清乾隆五十八年（1793）刻本，载北京图书馆编《北京图书馆藏家谱丛刊·闽粤（侨乡）卷》第4册，北京图书馆出版社，2000，第331页。

汉唐宋人作合编而并庋之，鲜有能辨之者”，又云：“然则是集也，岂独其文之足传也哉?”可见，南廷铉认为此集收录王弘撰的文章并不完备。直至康熙十四年（1675），王宜辅将其父书稿找出，同弟王宜辑重新编排，得文章十二卷、诗二卷，“杀青既竟，藏诸家塾”。所谓“杀青既竟”，即明言康熙十四年，王氏兄弟已将乃父书稿整理完毕，续刻本的刊刻即在此基础上展开。

此版半页八行，行二十字，白口，左右双边。一函四册，共十二卷。中国国家图书馆藏。首页钤有“清声阁书籍印”。卷首为长洲汪琬撰《〈砥斋集〉序》，写刻体，与正文字体迥异。次为王宜辅《刻〈砥斋集〉记》，字体与正文统一，署“康熙旃蒙单阏岁长至日”。王宜辅序文所在页版心上方刻“序一”，而汪序页版心上方并无“序×”字样，由是知，汪序系补增。次为正文，每卷卷首署“华山王弘撰著”。该集卷首无总目，卷一分上下，为寿序、赠序，卷二为跋，卷三为论议，卷四为记，卷五为传，卷六为碑，卷七为赞铭，卷八为书，分上下，卷九为墓志、表、碣，卷十为诔，卷十一为祭文，卷十二为杂著。

通读全文发现，内中收录康熙十四年（1675）之后的文章至少十五篇，若据王宜辅“杀青既竟”一语，将续刻本的刊刻时间定为康熙十四年，则为何会收入康熙十四年之后的大量文章？此外，王氏兄弟整理了诗稿，为何续刻本中未见？这些问题只能说明，康熙十四年，王氏兄弟只是对其父诗文进行了整理和编纂，并未重新刊刻，我们在正文中也可以找到一些证据来证明续刻本的刊刻时间应该晚于康熙十四年，如卷四《频阳札记》“丁巳秋九月初三日，顾宁人先生入关，止于予明善堂，将同筑山居老焉。……是月十有九日，予往吊朱氏，哭于山辉之柩”，知此文作于康熙十六年（1677），所在页码为十二至二十页；同卷《文衡山残画记》“昔岁在庚戌，予游阳陵，信宿田雪崖汲古阁下……复托雪崖觅善手装潢，盖历五年所，始还旧观”，庚戌为康熙九年（1670），“历五年”为康熙十四年（1675），则此文作于康熙十四年，所在页码为二十一、二十二页。又如，卷九《从孙侨圹志铭》“遂卒，时丙辰四月二十日也”，知此文作于康熙十五年（1676），页码为

第五页；同卷《李于鲲妻苏氏墓志铭》云“岁在屠维作噩，予与曲沃李子潜庵盖同寓京邸云……今年三月十二日以疾卒”，则此文作于康熙八年（1669）己酉，页码为第二十八页。通过上述例子，我们发现，续刻本所收文章依据文体分类，每卷内又并非按写作时间先后编排，而是随机排纂，加以每卷的页码顺次相连，且出现了康熙十四年之后所作文章置于康熙十四年之前的情况，我们有理由相信，续刻本的实际刊刻时间应该在所有文章都写成后。正文中明确标明的最晚写作时间为卷四《竺隖草庐记》“阕逢阉茂冬”，即康熙三十三年（1694）甲戌，则续刻本刊刻时间当不早于康熙三十三年。又，正文中“弘”“胤”均不缺笔，知续刻本刊刻仍在康熙年间。

邓之诚《清诗纪事初编》对《砥斋集》的成书有简短的说明：

> 《待庵日札》有“今年七十有八”语①，是己卯（康熙三十八年）所作。《砥斋集》成于己酉康熙八年，有黄文焕、南廷铉所为序，后随时附益，至丙子（康熙三十五年）止。《西归》则南游后裒丙子以后诗文，刻于戊寅（康熙三十七年）。《待庵》又稍后焉。②

按，此处言“《砥斋集》成于己酉”，实误。汪琬序、李良年序、南廷铉序虽均作于康熙八年，但《砥斋集》初刻于康熙二年，此版已佚，王宜辅、王宜辑于康熙十四年又重新进行了编纂，故不应遽定为康熙八年成书。而言《砥斋集》“随时附益”，则与实际情况相悖。就续刻本而言，若系“随时附益”，则写作时间较晚的文章应该置于写作时间较早的文章之后，但在续刻本中却出现了同一卷中康熙十四年之后所作文章置于康熙十四年之前的情况，且页码顺次相连，没有改动的痕迹，此种现象只能说明续刻本的刊刻是在所有文章均写成后，并非“随时附益”。又言《砥斋集》收文止于康熙三十五年（1696），则与

---

① （清）王弘撰《待庵日札·复刘恭叔》：“仆今年七十有八”（清康熙刻本）。

② 邓之诚：《清诗纪事初编》，上海古籍出版社，2013，第168页。括号内文字在原书中为小字注。

实际情况相去不远。李夔龙为《西归日札》所作序言："山翁，予妻之世父也。携笈游吴、越间者十载余，丙子春始西归，树门眉曰'迹似云归岫，心如日在天'。年七十有七，好学不衰，偃仰山茨，松筠自娱，泊如也。……翁著作尚夥，此丙子后稿，予儿滋所手录者，妄为评注，付之欹劂，略述梗概如此。世多知翁者，定不以予言为阿所好也。康熙戊寅春清明日潼津李夔龙序。"[①] 李夔龙与王弘撰家有姻亲关系：王弘撰为李夔龙妻之伯父，王弘撰从子妻为李夔龙的姐妹[②]，且王、李两家相距不远，李夔龙对王弘撰的行迹应有一定的了解，故其所言并非无稽。《西归日札》首篇即为《丙子元日将西归感述》，与李夔龙所言"此丙子后稿"吻合。邓之诚据李夔龙序将《砥斋集》收文的下限断至康熙三十五年，不无道理。

此外，张舜徽《清人文集别录》为《砥斋集》写了详细的提要，并对《砥斋集》与三种日札的关系和差异进行了概括说明：

> 《砥斋集》十二卷，康熙原刻本。华阴王弘撰撰。……是集首无总目，而卷一为寿序、赠序。盖编定时原无伦次，随作随刊，故雕板字迹，大小亦复不齐。弘撰尚有《西归日札》、《待庵日札》、《北行日札》各一卷。康熙刻本，潼津李夔龙序其书……今观诸编，虽标日札之名，而实为诗文续集。所不同者，《砥斋集》不录诗，《日札》则间存诗篇；《砥斋集》不乏论学之文，《日札》则以杂记应俗之作为多，而品论书画题跋之作，尤为繁夥。皆晚年所为，足与正集相辅而行也。[③]

---

① （清）王弘撰：《西归日札》，清康熙三十七年（1698）潼关李夔龙刻本。

② （清）王弘撰《知县典企李公暨配孺人马氏合葬墓志铭》："康熙九年春，潼关李登龙氏将葬其父典企公，以母马孺人从，而持状来征予词，泐其隧道之石。予有从子为公甥，居相去不十里，于公与孺人之德知之稔，故不辞而为之志。……子男二：长即登龙，马氏出，卫增广生，娶华阴江西广信府同知杨公用陛女；次夔龙，柳氏出，业儒。女子二，俱马氏出。长适卫庠生廖澮；次育于伯氏，适华阴王宜观，即予从子，先司马公第十七孙也。"（《砥斋集》卷九，清康熙间刻本）

③ 张舜徽：《清人文集别录》，华中师范大学出版社，2004，第20～21页。

针对“随作随刊”的论断，前文已有说明；而“雕板字迹，大小亦复不齐”，笔者认为是由不同的刻工造成的，如卷四《梦游浮玉山记》，所在页码为六、七、八、九页，四页字迹有些微差异，但每页字迹、大小相同，同一篇文章出现不同的字迹，不可能是“随作随刊”造成的，应是由不同刻工刊刻造成的。

（三）清康熙刻乾隆间补修本（以下简称“补修本”）

此版半页八行，行二十字，白口，左右双边。一函六册，十二卷。封面题“砥斋存稿”，卷前有两篇序文，首为黄文焕序，次为南廷铉序。正文每卷卷首署“华山王弘撰著”，“弘”缺末笔。此版中国国家图书馆、北京大学图书馆、清华大学图书馆、中国科学院图书馆、复旦大学图书馆、南开大学图书馆、陕西省图书馆均有藏。《续修四库全书》集部第1404册、《清代诗文集汇编》第81册、中国基本古籍库所收亦为此版。然《续修四库全书总目提要》据王宜辅《刻〈砥斋集〉记》将此版定为康熙十四年刻本，其“集部·别集类”载：“《砥斋集》十二卷，清王弘撰撰（第1404册）。……卷一、卷八分上下，实十四卷。……康熙二年（1663）田雪崖刻其集，名《砥斋集》，文只数十篇。后其子宜辅重辑，续文十卷，并所录书简一卷，杂著一卷，计十二卷，即为今集。此集有文无诗，康熙十四年刻。今据南开大学图书馆藏清康熙十四年刻本影印。”[①] 而据笔者统计，补修本中有九处提及郭胤伯（即郭宗昌），其中六处“胤”字均缺首笔，当为避雍正帝“胤禛”讳；补修本中还有多处将“萬曆”（明神宗朱翊钧的年号）写作“萬歷”或“萬歴”，“大曆”（唐代宗李豫年号）写作“大歴”[②]，遇“弘”则缺末笔，应为避乾隆帝“弘曆”讳。据此推知，补修本应该完

① 《续修四库全书总目提要》编纂委员会编《续修四库全书总目提要·集部》，上海古籍出版社，2014，第131页。

② （清）王弘撰《〈藿庵近稿〉序》：“大歴以后，概所不屑。”（《砥斋集》，清康熙刻乾隆间补修本，卷一）

成于乾隆年间。

补修本与续刻本版式行款相同，将补修本与续刻本正文内容进行对比发现，其卷一下新增《〈法戒录〉序》《春日看梅诗序》《〈瑞燕堂集〉序》《易传钞序》《〈守砚庵文稿〉序》《〈碧落后人诗集〉序》《程然明〈续游草〉序》《鲁式和琴谱序》《〈长鸣诗存〉序》九篇文章，卷五新增《刘义士传》，卷八上新增《寄王阮亭祭酒》《与许无功使君》《与汤荆岘中丞》《与张望斋元倓》《答康孟谋》《又答康孟谋》《答陈六谦》七篇文章。

此外，在续刻本中，《汉隋二子述序》所在页码为第二十六页，《法言序》为第二十七页。乾隆间补修本对此进行了调整，《汉隋二子述序》《法言序》均被置于第五十一页。然陕图、南开藏本是《汉隋二子述序》在《法言序》前，国图藏本是《法言序》在《汉隋二子述序》前。据此推知，可能是刻工刊刻时将页码刻重复，未及订正，故而在装订成帙时才会出现二文排序不一的情况。

（四）清光绪二十年敬义堂重刻本（以下简称“重刻本”）

此版半页八行，行二十字，白口，左右双边。一函六册，十二卷。内封右上方镌“光绪甲午冬月锓”，左下方镌“敬义堂藏板”。卷首为太华山史王先生像，落款署“西乡后学朱存诚摹先生少君宜辅本”，后附咸阳刘光蕡识语，落款署“光绪二十六年（1900）六月”，则此页应系补增。次为黄文焕序，次为南廷铉序，次为王宜辅《刻〈砥斋集〉记》，次为白遇道《重刻〈砥斋集〉序》，次为正文。白遇道《重刻〈砥斋集〉序》云：“板锓于康熙初年，历时既久，残缺不完。先生之六世孙凌霄，农人也，惧坠先业，重付剞劂。”落款署“光绪二十年（1894）甲午冬十一月高陵白遇道五斋甫序于关中书院之近林精舍”，后附“后学王运泰来堂甫校正、张崇善伯初甫校锓、六世孙凌霄峻卿甫重锓”。此外，第一册末尾附有“光绪甲午重锓板存华阴王山史敬义堂”字样的牌记。陕西省图书馆藏有此版《砥斋集》三套，其中一套卷首多出《山史先生集后序》一文，此文由曾廉撰写。序云："今春二月，余以察赈至华阴山史故里，则先生之裔孙曰凌霄者以其书来，曰《山志》，曰《砥斋集》，曰《北行日札》，曰《西归日札》，曰《待庵日札》，曰《正学隅见述》，曰《王氏宗祠志》，而附以郃阳康乃心《山史遗事》一编"，落款署"光绪二十七年春二月乙卯"，则此文亦系后来补增。

此本版式行款与补修本相同，正文内容亦与补修本全同，所不同者，补修本卷一下《汉隋二子述序》《法言序》二文页码均为第五十一页，重刻本对此进行了订正，《法言序》页码为第五十一页，《汉隋二子述序》页码为第五十二页。

前文对《砥斋集》各版的基本情况进行了梳理和分析，其各版之间的关系如图 1 所示：

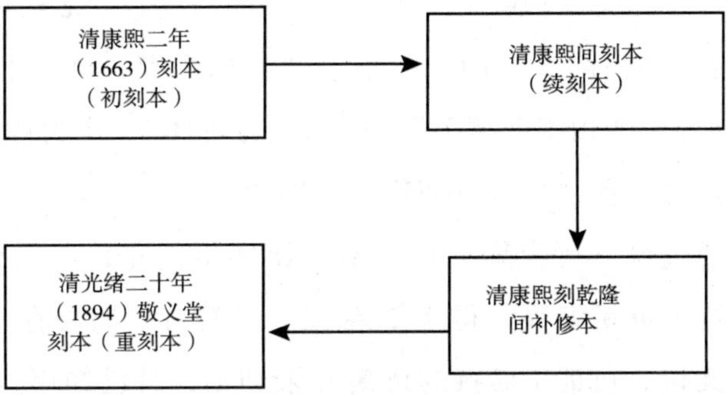

图 1　《砥斋集》各版本间关系

三　王弘撰诗集《待庵稿》考述

《砥斋集》十二卷，有文无诗，而三种日札"间存诗篇"，因此，研究者们在分析王弘撰的诗歌内容和艺术成就时，便多以三种日札中的诗作为例，如张兵在其博士学位论文《清初遗民诗群研究》的基础上析出《清初关中遗民诗群的构成与王弘撰、李柏的诗歌创作》一文，文章对士人阶层代表王弘撰其人其诗进行了分析论述[①]；冉耀斌的博士学位论文《清代三秦诗人群体研究》，以清代三秦诗人群体为研究对象，第二章第二节对王弘撰的生平行迹和诗歌内容及艺术风格有简单介绍。[②] 综合来看，他们所选王弘撰诗作均不出三种日札的范围。除了三种日札“间存诗篇”外，王弘撰是否还有其他诗作存世，这对研究他的诗学思想和诗歌艺术成就至关重要。通过查阅各种书目，我们发现，王弘撰的诗集并未亡佚，诗集名《待庵稿》，今藏西安碑林博物馆。[③]

（一）《待庵稿》抄本来源考

《待庵稿》是王弘撰的诗歌别集，原本不存，仅有手抄本藏于西安碑林博物馆。一卷，一册。半页八行，行二十字，无栏格。封面题“王山史《待庵诗稿》”，下附双行小字“在山堂存，己巳十月”。卷首题“《待庵稿》，华山王弘撰著”，次标“诗古体”，次为诗歌正文。封面和正文首页均钤有“陕西省博物馆藏书印”。

据王宜辅《刻〈砥斋集〉记》载，康熙十四年，王氏兄弟二人对其父书稿进行了重新编纂，得十二卷文、二卷诗，而现存各版《砥斋集》均有文无诗，可证王弘撰的诗集并未刊刻，且已知康熙九年元旦，王弘撰有焚诗稿之举，说明其并不想让诗作流传后世，至此，刻本《砥斋集》不收诗原因自明，王宜辅兄弟二人不刊刻诗集，应是遵从父意。既然王弘撰的诗集并未刊刻，则西安碑林博物馆藏抄本《待庵稿》非抄自刻本自不待言。

此外，《待庵稿》中诗题、诗歌内容有修改或增补的痕迹，这也可

① 张兵：《清初关中遗民诗群的构成与王弘撰、李柏的诗歌创作》，《兰州大学学报》（社会科学版）2000 年第 3 期。

② 冉耀斌：《清代三秦诗人群体研究》，博士学位论文，南京师范大学，2012，第 111 ~ 115 页。

③ 赵力光主编《陕西古籍总目（西安碑林博物馆分册）》，三秦出版社，2013，第 346 页。

作为《待庵稿》未曾刊刻的佐证。诗题改动之处，如《与李叔则用太白起句》改为《大雅久不作》，《南方多佳人云间作》改为《云间有怀》。诗歌内容改动之处，如《日出行》“皇天定四时，春色动帘幕”，一作“岁序定四时，春风动帘幕”；《雪中与友人同饮，既醉散去，有怀不眠》“瑶琴宝剑冷无色”，原作“银筝碧管无消息”；《游山叹示俗吏兼忆王子房侍御》“削成而四方”，原作“莲华玉井傍”；《屈肃卿自然亭》“十亩闲闲古树同”，原作“露白霜黄野树同”等。诗篇增补之处，如《困龙行》增补了序文：“有物蜿蜒，潜于溪滨。樵夫骤斧之，中其胁，持以归。群视之，头角鳞爪，宛然龙也。王子闻之伤焉，作《困龙行》。”若此抄本系抄自刻本，断不会出现如此之多改动和增补的痕迹，这再次说明《待庵稿》未曾刊刻。

王宜辅《刻〈砥斋集〉记》并未提及其父诗集名称，《待庵稿》一名首见于卓尔堪《遗民诗》卷十一：“王弘撰，无异，山史，陕西华阴人。《待庵稿》《鹿马山人集》。”[①] 按，卓尔堪（1653～1712）[②]，字子任，号鹿墟，一号宝香山人，江都（今江苏扬州）人。擅诗，与梅文鼎、孔尚任等互有唱和，辑有《遗民诗》，著有《近青堂诗》。卓尔堪与王弘撰为同时代人，《遗民诗》十二卷本初刻于清康熙四十年（1701），其中已经提及王弘撰著有《待庵稿》，则《待庵稿》当成书于康熙四十年之前，其时王弘撰仍在世。

《待庵稿》封面题“在山堂存，己巳十月”，据《清人室名别称字号索引》，程大中、蔡元春的室名均为“在山堂”。[③] 程大中字拳时，号是庵，湖北应城人。生于清康熙六十年（1721），卒年不详。[④] 乾隆十五年（1750）庚午科举人，官蕲州学正，乾隆二十二年（1757）丁丑

① （清）卓尔堪辑《遗民诗》卷十一，清康熙刻本。

② 关于卓尔堪的生卒年，采用潘承玉《清初诗坛：卓尔堪与〈遗民诗〉研究》中的提法，中华书局，2004，第 39 页。

③ 杨廷福、杨同甫编《清人室名别称字号索引》（增补本），上海古籍出版社，2001，第 172 页。

④ 秦国经主编《清代官员履历档案全编 18》，影印中国第一历史档案馆藏本，华东师范大学出版社，1997，第 482 页上。

成进士，授青溪知县。著有《在山堂集》。蔡元春字育奇，号芷衫，江苏上元（今南京）人。生于雍正五年（1727），卒于嘉庆十九年（1814），年八十有八。[①] 诸生。少从方苞游，兼治《选》学，著有《在山堂诗略》。然《待庵稿》并未刊刻，仅有抄本且流传不广，加以程、蔡二人足迹未至关中，故二人抄写的可能性极小。此外，“在山堂”也可能是其他人的室名。而“己巳”年有康熙二十八年（1689）、乾隆十四年（1749）、嘉庆十四年（1809）、同治八年（1869）、民国十八年（1929）。《待庵稿》中，“玄”字凡出现五次，其中四次均缺末笔；“胤”“弘”不缺笔；“曆”“寧”均不避讳。据此推测，此己巳年可能为康熙二十八年。又，“良”字在文中共出现四次，均写作“艮”。据《山志·凡例》：“艮字易今从古，阼字以示为阝，则予家讳，亦仿司马氏以谈为同、范氏以泰为太之义”[②]，知艮为避王弘撰父王之良讳。此抄本避王弘撰家讳，或为他人照抄原本，或为王弘撰后嗣所抄。

至于诗题、诗歌内容改动和增补所依何本，则存在多种可能性：或为王弘撰后嗣抄写，他们对王弘撰诗歌的本事较为了解，故可增删改动；或为他人抄写，抄写之时，间或触发诗思，得佳句以取代之；抑或《待庵稿》有两种或两种以上抄本，而各抄本并非全同，故相互比照以增补或删改。因抄本抄写的复杂性，加以证据匮乏，抄本《待庵稿》中的种种疑问并不能全部得到有效解答，但不可否认的是，此抄本的发现，对研究王弘撰的行迹、交游及诗歌艺术成就大有裨益。

（二）诗歌创作时间考

《待庵稿》收诗81首，全为古体诗。诗歌内容有赠别、感怀、宴饮、田园等，其中有些篇目标明了写作时间，如《哀冢头》“昭阳协洽九月秋”，则此诗作于明崇祯十六年（1643）癸未。有些篇目可推知写

① 江庆柏编《清代人物生卒年表》，人民文学出版社，2005，第809页。

② （清）王弘撰：《山志》，清康熙刻本。因中华书局点校本《山志》以光绪本为底本，文字较康熙初刻本略有差异，故此处采用康熙刻本中的文字。

作时间，如《秋夜从子宣过山茨，歌以勖之》“吾愧无能居第五，左图右史心独苦。三十蹉跎未成名，不思逢时惟信古”，王弘撰生于明天启二年（1622），故此诗作于清顺治八年（1651）。另，《秋日感怀》“男儿四十不成名，扪腹人间但彭亨”，则此诗作于顺治十八年（1661）。《题三兄云隐手蓉阁》《送三兄云隐游江南》《三兄云隐四十初度》三诗写作时间应不晚于康熙八年（1669），因王弘撰《三兄云隐先生诔》云“康熙八年己酉冬十月二十有五日，三兄云隐先生奄捐馆舍”（《砥斋集》卷十）。《大兄石渠公六十初度示自寿诗恭和》应作于顺治十七年（1660）之前，《祭伯兄石渠先生文》“庚子正月丁巳朔，越十四日庚午，伯兄殁七日矣”（《砥斋集》卷十一），则王弘撰长兄王弘学卒于顺治十七年正月初八。《赠朱奉国子斗》写作时间不晚于顺治十二年（1655），屈大均《秦宗人死节者传》载：“吾闻万历已来，宗人之文秀，莫盛于秦。有七子者，善为诗，崇祯末，六子者先逝，而子斗先生谊斗年至八十，后先皇帝十一年乃卒。存柘其次子也。”[①] 朱子斗名谊斗，永兴王府奉国中尉。先皇帝指崇祯帝，卒于崇祯十七年（1644），则朱子斗卒于清顺治十二年（1655）。又，《端午李叔则招饮，同范眉源、戚价人、张白石、王文含、张右文、许孚阳，忽风雨大作，限阳字》、《大雅久不作》（原题《与李叔则用太白起句》）二诗，其写作时间应在康熙九年（1670）之前。李楷字叔则，号雾堂，晚号岸翁，学者称河滨先生，陕西朝邑人。孙枝蔚《溉堂续集》卷三“庚戌五言古诗”收有《哭李岸翁叔则》四首[②]，庚戌为康熙九年，李楷此年已卒。

此外，《待庵稿》中收有《易有三人焉曰大人丈人幽人赋之》三首，此组诗又见于《北行日札》，文字内容与《待庵稿》全同。《北行日札》中所收诗文是按写作时间先后排列的，此组诗紧承《己未元日试笔》之后，《己未元日试笔》一文借用《易经》之卦辞来表明出处进退之义，《易有三人焉曰大人丈人幽人赋之》三首列在

① （清）屈大均：《明四朝成仁录》卷四，叶恭绰校订，民国景广东丛书本。

② （清）孙枝蔚：《溉堂集》，清康熙刻本。

《己未元日试笔》之后，并且亦是研《易》所得，故其写作时间应在康熙十八年（1679）。《待庵稿》中此组诗字体与前文相异，应非一人抄写。此外，《从子章求诗书扇》《三兄云隐四十初度》《金波词》《鄜畤》四首诗字体亦与前文迥异，据此可知，这五篇当系另一人手抄。

《待庵稿》与《砥斋集》的行款相同，同为八行二十字，内中所收诗歌并未按写作时间先后排列，而是随机排纂，且已知最晚作于康熙十八年（1679），似非王宜辅康熙十四年（1675）所编诗二卷之一。然存在另一种可能，因作于康熙十八年（1679）的《易有三人焉曰大人丈人幽人赋之》字体与前文相异，则《待庵稿》中的古体诗可能即为王宜辅所编诗二卷之一，后又有所补增。在证据匮乏的情况下，暂存疑，以俟后来。

（三）《待庵稿》的文献价值

抄本《待庵稿》虽然存在诸多疑点，但确系王弘撰所作，其著作权无可争议。就其文本内容而言，具有较高的文献史料价值。

1. 交游之佐证

《待庵稿》中唱和、赠怀之作众多，许多唱和、赠怀对象系首次出现，并不见于王弘撰的其他著作中，因而可以作为王弘撰交游的补充。

（1）任中凤

《待庵稿》中收有《与任鹤伯打鱼歌》，任鹤伯即任中凤。据清《（康熙）临潼县志》卷五“人物志”记载，任中凤为任一元仲子，“任一元，中麟、中凤之父也。为邑诸生，性仁慈，好施予。崇祯庚辰、辛巳间，蠲粟多，所全活人比之陈尧佐、叶梦得云。子中麟，字孔书；中凤，字鹤伯，以右卫籍寄学长安，兄弟俱成进士，有才名。中麟，黄县令；中凤，鄢陵令。凤累迁至云南按察使，麟至山东督学。逆闯变后，年皆强仕，杜门谢公卿，角巾野服，游林下且四十年，矫矫风节，不欺其志，遵父教也”[①]。同书卷四“选举表”著录：“（崇祯辛未科）任中凤，贾村里人，辛未进士。”又，《（乾隆）临潼县志》卷六“乡科”记载，任中凤为崇祯三年庚午科举人。[②] 综考可知，任中凤字鹤伯，陕西临潼人。崇祯三年举人，次年成进士，授河南鄢陵知县，累迁至云南按察使。李自成起义后，隐居不出，幽栖林下。

任中凤生卒年未详，然据“逆闯变后，年皆强仕，杜门谢公卿，角巾野服，游林下且四十年”，知其享年约八十岁（“强仕”为四十岁的代称）。崇祯十七年（1644）三月十九日，李自成率军攻克北京，推翻明王朝。据此推知，任中凤生于明万历三十二年（1604）前后。又，《（康熙）临潼县志》卷首赵于京序有“三载来，凡所披览有关于潼者，辄标记如白帖，日积既多。康熙辛巳夏五月，农忙，例放官闲，遂手草星野、建置、山川、古迹一页。刘考功鲁如见而欣赏，张子潜谷、申子若山、张秀才弘璧采访参酌。康子太乙又适自樗杜间来，留与共订，亦犹郑之辞命焉耳矣”[③]，辛巳为康熙四十年（1701），知此书于是年完成，则任中凤卒年在康熙四十年之前，准确地说，卒于康熙二十三年（1684）前后。

（2）苏东柱

王弘撰作有《送苏生紫太守》，按，苏生紫名东柱，号回澜，直隶（河北省）雄县人。顺治三年（1646）举人，顺治四年（1647）进士，授陕西邠州知州。据《（顺治）邠州志》卷二“政事”载：“（国朝知州）苏东柱，进士，北直隶雄县人，顺治五年任”[④]，《（康熙）保定府志》卷十六“仕迹”载：“苏东柱字生紫，号回澜，雄县人。顺治丁亥进士，授邠州知州。秦疆甫定，贼孽负险，有号一杆枪、云里飞者尤横。东柱至，悉擒抚之。除包累，清屯赋，修学宫、城垣，赈饥民，政

① （清）赵于京纂修《（康熙）临潼县志》，清康熙四十年（1701）刻本。

② （清）史传远纂修《（乾隆）临潼县志》，清乾隆四十一年（1702）刊本。

③ （清）赵于京纂修《（康熙）临潼县志》。

④ （明）姚本修，（明）阎奉恩纂，（清）苏东柱续修《（顺治）邠州志》，清康熙四十四年（1705）增补本。

绩甚懋。上官荐剡八次，以奏销兵饷解任，事讫，补保德州，卒于官。”[①] 又《（乾隆）保德州志》卷六“官师”云：“苏东柱，字生紫，北直雄县进士，顺治十七年任。善书，工诗，有文士风，第无吏治之才，权不由己，民多逃亡，颇致口实，然寔为衙役所累，非其罪也。六载，卒于官。”[②] 综考可知，苏东柱于顺治五年（1648）任邠州知州，顺治十七年（1660）任职保德州。康熙五年，张光岳继任保德州知州，由是知，苏东柱卒于康熙五年（1666）。

邠州（今陕西彬县）隶西安府，与华阴相距不远，据诗中“归去一囊余剑铗”句，推知此诗可能作于苏东柱被解职邠州知州时。

（3）王汉

王弘撰《游山叹示俗吏兼忆王子房侍御》一诗，所提及之友人王子房初名应骏，字子房，莱州掖县（今山东莱州市）人。明崇祯间，以兄中丞公应豸死于蓟，日哭长安道，求直其冤，语无忌，坐是褫诸生服，遂改名汉。[③] 崇祯十年（1637）进士，除高平知县，调河内。十五年（1642）三月，以减俸行取入都，上命以试御史监军。监左镇，保督湖川郧兵，与督臣侯恂南援汴。因功擢都察院右佥都御史，巡抚河南。崇祯十六年（1643）正月十九日，率兵入永城招抚叛兵，二十日，死于战乱。赠兵部尚书。[④] 据诗题“王子房侍御”与“叹息斯人邈，高风遂与亡”句，知王弘撰作此诗时，王汉已逝。

（4）戚藩

王弘撰作有《送戚价人之巩昌》诗，所赠友人为戚藩（生卒年不详），字价人，号蘧庵，江苏江阴人。明崇祯十五年（1642）壬午科举人，清顺治九年壬辰（1652）进士，以文名于时，任陕西安定令，日

---

① （清）纪弘谟修，（清）郭棻纂辑《（康熙）保定府志》，清康熙十九年（1680）刻本。

② （清）王克昌修，（清）殷梦高纂《（乾隆）保德州志》，清乾隆五十年（1785）增刻本。

③ （清）萧家芝：《王中丞子房先生传》，载（清）顾汧修，（清）张沐纂《（康熙）河南通志》卷四十一“艺文七”，清康熙三十四年（1695）刻本。

④ （明）邹漪：《启祯野乘一集》卷九“王巡抚传”，明崇祯十七年（1644）柳围草堂刻清康熙五年（1666）重修本。

与诸生讲学论文，文风丕变。[1]《（康熙）安定县志》卷四“学校·文庙”载：“顺治十四年知县戚藩再修”[2]，则戚藩其时仍任职安定县。据《（道光）江阴县志》卷十六“人物”载：“戚藩字价人，勋弟，顺治乙未进士，知安定县。县本山瘠，又值旱蝗，藩多方抚恤，流徙复业，捐公费，节驿役，以抵民逋贼。其催科不假胥役，但以官符付里正，赋咸办。暇则课诸生肄业，人文为之一变。寻以事去，不名一钱。为人硁介专静，不事浮竞，制艺与熊、刘齐名。康熙间，寓十方庵，无疾卒，祀安定名宦祠。”[3]

戚藩何时举进士，《（乾隆）江南通志》和《（道光）江阴县志》记载相异，然而，我们可以从戚藩同科进士的传记中一探究竟。《（康熙）新城县志》卷七“人物”：“（王）士禄举壬辰会试，乙未同进士出身……士禄少能文，在场屋时名满公卿，及成进士，无不以上第期之。会当事修隙主司，会元程可则被黜，士禄与戚藩等二十余人皆罚停一科。乙未廷对，犹以前故置末第。”[4]《（乾隆）江都县志》卷二十三“人物”：“张标字玉立，瓜洲人。顺治壬辰进士，授工部主事，榷南新、龙江二关，俱有廉能声，晋郎中，归。标为文根柢六经，镕锤诸子，沉浸酞郁，含英咀华，论者谓‘壬辰榜中，标与李来泰、戚藩、唐德亮相伯仲焉’。”[5] 综合考知，戚藩举顺治九年壬辰进士，因当事修隙主司，戚藩被罚停一科，故于顺治十二年（1655）乙未成进士。

（5）吕大猷

王弘撰《赠吕于庵》诗，高度称赞了吕于庵的杰出才能：“乘时争拟画麒麟，爱尔西枢英俊人。”按，吕于庵名大猷，陕西咸宁（今西安）人。顺治四年（1647）进士，仕至兵部员外郎。性至孝，初

---

① （清）尹继善修，（清）黄之隽纂《（乾隆）江南通志》卷一六六，清文渊阁四库全书本。

② （清）张尔介：《（康熙）安定县志》，清康熙十九年（1680）钞本。

③ （清）陈延恩修，（清）李兆洛纂《（道光）江阴县志》，清道光二十年（1840）刊本。

④ （清）崔懋修，（清）严濂曾纂《（康熙）新城县志》，清康熙三十三年（1694）刊本。

⑤ （清）五格、（清）黄湘修，（清）程梦星等纂《（乾隆）江都县志》，清乾隆八年（1743）刊光绪七年（1881）重刊本。

以病告归，寻因母老，坚意终养，遂不复起。母疾，侍奉汤药，朝夕不离寝处，远近咸称之。居乡清介正直，足迹不入城市，人尤高其恬退之节不可及。[①]

2. 史料之补正

《待庵稿》中所收诗歌，不仅完善了王弘撰的交游，还有助于梳理王弘撰的行迹。作为第一手资料，其价值不容忽视。如《赠经苍若师》，经苍若即经起鹏，苍若其号也，江西临川人。据《（顺治）鄢陵县志》卷四“官师志·县官”记载，经起鹏于清顺治十二年（1655）任河南鄢陵知县。[②] 又据《（道光）鄢陵县志》卷三“职官表”载：“经起鹏字苍若，临川人，贡士，顺治十二年任。莅事五载，废隳咸举，邑中常平仓。前令王公立制甚善，及此无一存者，起鹏修复之。复捐俸粜谷三百石为民创，民亦次第捐助焉。时巡抚贾公修阖省邑乘，公更增修以报。”[③] 同卷载，黄云鹤于顺治十八年（1661）任鄢陵知县[④]。由是知，经起鹏任职鄢陵五载，于顺治十七年（1660）致政归乡。其人博雅善属文，著有《苍若集》。

苍若究竟是经起鹏之字还是号，顺治和道光年间修纂的《鄢陵县志》记载相异。然《（顺治）鄢陵县志》系经起鹏亲自督修，其卷四载“（国朝知县）经起鹏，号苍若，江西临川人，贡士，顺治十二年任”[⑤]，明言苍若为经起鹏之号，今从之。

王弘撰父亲王之良曾任巡抚南赣都御史，据《（乾隆）赣州府志》卷二十七“名宦志”记载：“王之良，字虞卿，陕西华阴人，进士，崇祯戊寅来抚虔”[⑥]，知王之良任职虔州时在崇祯十一年

① （清）贾汉复修，（清）韩奕续修，（清）王功成续纂《（康熙）陕西通志》卷二十一“孝义”，清康熙五十年（1711）刻本。

② （清）经起鹏修，（清）刘汉藜纂《（顺治）鄢陵县志》，清顺治十六年（1659）刻本。

③ （清）何鄂联修，（清）洪符孙纂《（道光）鄢陵县志》，清道光十二年（1832）刻本。

④ （清）何鄂联修，（清）洪符孙纂《（道光）鄢陵县志》。

⑤ （清）经起鹏修，（清）刘汉藜纂《（顺治）鄢陵县志》。

⑥ （清）朱扆等修，（清）林有席纂《（乾隆）赣州府志》，清乾隆四十三年（1778）修四十七年刻本。

(1638)，王弘撰随任。又据《砥斋集》卷一下《梁公崇祀名宦录序》"昔者，先司马抚虔州，几五载余"[①]及《国榷》卷九十八"(崇祯十五年二月壬子)王之良为南京兵部右侍郎"[②]，知王之良离开赣州在崇祯十五年(1642)，则王弘撰与经起鹏相识于王之良任职赣州期间。赵俪生《王山史年谱》将王之良自虔南迁南京兵部左侍郎事系于崇祯十六年(1643)[③]，实误。据诗中"夫子素心陶靖节，暂辞三径宰彭泽"句，知经起鹏时任鄢陵知县；又据"廿年不见心脉脉"，假设二人于崇祯十一年(1638)已经相识，则"廿年"后为顺治十四年(1657)，故王弘撰此诗可能作于顺治十四年(1657)至顺治十七年(1660)之间。

又如《丘曙戒太史招集天坛李道士亭子分赋》，丘曙戒即丘象升(1629~1689)，字曙戒，号南斋，江南山阳(今江苏淮安)人。顺治十一年(1654)举人，次年成进士，选内翰林弘文院庶吉士，十四年授编修，十六年升侍讲，十七年外调琼州府通判。康熙五年补武昌府通判，九年丁内艰去任，十七年补大理寺左寺副，为大理五年，平反冤狱颇多。康熙二十一年(1682)，念父年高，以病假归养，侍子舍者五年。父卒，甫终制，病遂不起，年六十有一。[④]平生孝友，负至性。少与弟象随以诗文名，时称"二丘"。著有《南斋诗集》。

明清时期，修史之职归之翰林院，故俗称翰林为太史，诗题称丘曙戒为"太史"，则知丘氏时任翰林院编修，由此知，王弘撰此诗作于京城，时在顺治十四年(1657)至顺治十六年(1659)之间。赵俪生《王山史年谱》中有关王弘撰顺治十四年(1657)的行迹阙如，且顺治十五年(1658)至顺治十七年(1660)亦未提及其与经起鹏、丘象升的相聚，故此二诗可作为年谱的补充。

① (清)王弘撰：《砥斋集》，清康熙间刻本。
② (明)谈迁：《国榷》，宗祥校点，中华书局，1958，第5917页。
③ 赵俪生：《顾亭林与王山史》，第126页。
④ (清)李澄中：《侍讲丘公象升传》，载(清)钱仪吉《碑传集》卷四十四，清道光刻本。

结 语

通过对各种材料爬罗剔抉，我们发现，《砥斋集》的成书与刊刻均经历了一段漫长的过程。此书初刻于康熙二年（1663），内中仅收录数十篇文章，此版今已不存。康熙十四年（1675），王宜辅、王宜辑兄弟按文体进行了重新编排，得文十二卷、诗二卷，但并未付梓。据续刻本中收文的下限、文章的排序及“弘”“胤”不避讳推知，续刻本实际刊刻时间仍在康熙年间，且在康熙三十三年（1694）之后。乾隆年间，又对续刻本进行了增补和修正。光绪二十年（1894），敬义堂又以补修本为母本进行了重刻。此外，西安碑林博物馆藏有王弘撰的诗集《待庵稿》一卷，此诗集未曾刻印过，因而只有抄本，而且抄本仅见于碑林博物馆。《待庵稿》收录八十一首古体诗，诗歌内容有赠别、感怀、宴饮、田园等。这些诗歌并未按写作时间先后编排，而是随机排纂，且已知最晚作于康熙十八年（1679）。《待庵稿》中所收诗歌，不仅可以作为王弘撰交游之佐证，还有助于梳理王弘撰的行迹，具有较高的文献史料价值，值得引起我们的重视。

培根固元，转益多师

——读陶文鹏《唐宋诗词艺术研究》

◇谷中兰*

“穷则变，变则通，通则久”，创变与生新往往是事物谋求新生或延续生命力的通法。回首三十余年的古典文学研究历程，研究视角和研究方法亦在不断纳新与调整，以探索开拓文学研究的疆界，将视野、思维与格局推向纵深。但令人生忧的是，当哲学、文化学、历史学、社会学、心理学、宗教学等邻近学科被引荐至文学研究体系中后，渐渐有了过度介入的势头，文学本位意识稍显冷落，文学研究似乎面临学科独立危机的困扰。于是，不少颇具远见卓识的学者再度推涌重视文学本位研究立场的浪潮，陶文鹏先生正是身体力行扎根文学本位以求索古典艺术之美的学者。《唐宋诗词艺术研究》（以下简称《研究》）是陶先生的撷英之作，精选其唐宋诗词研究领域的经典篇章。正如《唐宋诗美学与艺术论》后记中所言，都是“从美学和艺术的角度切入，着重探讨唐宋诗歌的美学观、审美观、审美价值、艺术风格特色、艺术表现技巧及艺术感染力的”。《研究》仍秉承陶先生一以贯之的研究理念与特色，以对诗词美学与艺术的深度感会统摄全书。刘宁先生在序言中已有珠玑之论，作为后学晚辈，仅能略谈阅读感受，不免浅陋。

一　细问文本之美

《研究》上编收录9篇文章，从宏观视野观照唐宋诗词的典型艺术

* 谷中兰，北京师范大学文学院博士研究生，主要研究方向为唐宋文学。

特色与艺术呈现。下编则深入作家作品，对方家之创作个性与艺术高度展开细腻丰赡的考索。无论博观抑或约取，深植文学作品、扎根文学本位是陶先生学术研究的基本立足点与核心价值理念。

徜徉灵心妙笔点染的诗词之境，最直接亦最深刻的感触，源于陶先生对中国古典诗词抽丝剥茧般细腻、精妙、深入的体会与鉴赏。发掘作家作品的思想艺术精华是《研究》一书深耕之处，烛照古典文学研究正源。汉字具有象形、会意等独特内质，由汉字编织而成的诗词华章自是具有多维的审美视角与赏读空间。在陶先生诗心、慧眼与灵思的氤氲中，诗词之美宛若珠玑落盘、影流瓣香，随手撷来便有悠悠韵致。如论王维诗歌表现自然音响的艺术，认为为了展现完整浑成的意境，王维常常使诗中的声音、形象和色彩具有和谐的情调和统一的表现力。“例如《过沈居士山居哭之》‘……闲檐喧鸟雀，故榻满尘埃。曙月孤莺啭，空山五柳春。野花愁对客，泉水咽迎人……’无论是在空寂无人的檐下喧闹的鸟雀，还是对着曙月鸣啭的孤莺，或是呜咽迎人的泉水，都同落满尘埃的故人卧榻和愁对客人的野花一起，浸透着一种怅惘、哀伤的情调。声音与景色融汇一体，渲染出悲怀、凭吊故人的意境。”如此深微洞悉诗人对于和谐意境的构造妙思，使人读之心旌摇曳。对古典诗词的鉴赏能力与品评目光应是古代文学研究者的当家本领与基本功底，陶先生不仅能够以己之情思感会古人，通其精神阃域，亦能以不分轩轾的审美表达传递出诗词中宛曲要眇的艺术内涵，只此片言便可管窥一斑。例如论吴梦窗的“香痴”之狂，梦窗词中类似《天香·珠珞玲珑》《朝中措·闻桂香》《风入松·邻舟妙香》这般全词描写香气及由此引发的感受，在词史上极为少见。并且各种香气通常是梦窗词诗兴的触媒，例如怀念苏州去姬所作《风入松》写道：“黄蜂频扑秋千索，有当时、纤手香凝。”颇能代表梦窗此类忆姬词情痴而无理的突出特点。词人注意到黄蜂不忍离秋千而去，设想定是爱妾的香泽依然萦绕在秋千周围，“历经风吹雨淋，爱妾的香泽不可能仍留在秋千索上。词人这个幻想是虚幻的；然而正是这奇幻的想象，使人感受到词人对爱妾的一片痴情：也因有‘黄蜂频扑秋千索’这个真实的特殊细节的触引与衬托，才使‘纤手凝香’可闻、可感、可信，并使此词平添一层幽怨与感伤的色调”，可谓深谙其中款曲，诸般见解均是细腻深入体验诗词意境与内涵之美的结果。

陶先生在《唐诗艺术研究的现状和思考》一文中写道：“既然唐代诗人们把汉语言文字的具象性、抽象性、抒情性、含蓄性、象征性、朦胧性、音乐性、跳跃性、超越性、诱惑性等奇妙性能发挥到出神入化的境地，我们就应该呕心沥血地研究诗人们是怎样运用这种奇妙的汉语言文字创作出美的诗意诗境的。”在文本细读和审美体验的基础上，陶先生更进一步致力于展现诗人如何传递艺术美感并对鉴赏方法进行提炼与概括。他在探讨晋至唐诗人表现自然美的方法时论道，“晋人向外发现自然美，其最主要的就是发现自然事物的各种关系”，并且这种从事物关系中发现和表现自然美的写景方法在后世尤其是唐代得到了全面继承和发展。由此提出问题：诗人们在画山绣水、赞颂自然美中，主要从哪些角度和方面发现自然事物的关系并做出了怎样的艺术处理。沿着这一思路，挖掘出自然事物的运动关系，色彩映衬与对照关系，光与色、光与影、明与暗、声与色的对比映衬关系，自然事物间大小、远近、高低、内外、疏密、虚实、雄秀关系，甚至于突破时空限制，表现人们平常无法感知或是本不存在的事物关系。例如在分析王维的“白水明田外，碧峰出山后”时，陶先生说道：“仅用十字就画出了自近至远的田野、白水、群山、碧峰，‘明’字写阳光映照的水面白亮耀眼，‘出’字则令人如见山后座座碧峰倏然长出，画面上的层次感、纵深感、光感与动感如此清晰！”既是对艺术创作规律的深入挖掘与探讨，也为鉴赏品读此类诗作提供了丰富灵动的感知视角。再如探讨唐宋梦幻词人如何创构梦幻意象表达艺术情思以及谋篇布局时认为，“词的结构，最重要的是起句、过片与结句。唐宋词中写梦的句子，基本上是被安排在这三个关键位置……在唐宋词那些梦境与现境映衬对照的词篇中，绝大多数写梦境的句子，都被放置在词的过片，特别是结拍，作为‘神光所聚’的‘通体之眼’，或篇末的点睛传神之笔”，此种以超常的艺术想象力和精妙的艺术手段营造出的纷繁梦境，往往有水中月、雾中花、雨中峰般的奇幻意境与绵长思致。诸如此类对艺术美感本质的把握，对其形成机制的求索提炼，对艺术创作规律的涵泳沉潜，使人享受审美愉悦的同时更能收获学理的思考与认知的沉淀。

陶先生研究诗词艺术，往往重视考镜源流，阐释文学作品的演进历程与发展轨迹，并从中发现和揭示文学自身的成长规律。王国维在《人间词话补录》中说道："最工之文学，非徒善创，亦且善因。"陶先生论述宋词中何以出现诸多浪漫神奇的"造境"佳篇时，便将其视为宋代词人对屈原开创的浪漫主义诗歌传统的自觉继承与发扬，宋代其他词人的浪漫造境作品，也都接受了庄子、屈原、宋玉、李白、李贺、李商隐等人的浪漫主义诗文的影响。当一种艺术发展至圆融通熟的境地时，内部便会自然而然产生求新需求，这是事物发展规律使然，陶先生在论述杜甫的哲理诗时有一段关于诗歌发展演变的精彩论述：

> 杜甫诗歌创新表现在题材、体裁、意象、意境、语言、表现手法等方面，影响到中晚唐乃至宋诗的创作。在许多方面，杜甫都有筚路蓝缕的开创之功。他以诗歌表现日常生活，影响韩愈、白居易等人的创作，宋诗在这方面更是成为一大特色；以文为诗直接影响韩愈，可以说是宋诗以文为诗的滥觞。其诗中议论，影响宋诗以议论为诗特点的形成；其作诗讲求功力，提出"读书破万卷，下笔如有神"，宋诗以学问为诗，明显受其影响。而杜甫诗中哲理，则直接影响到中晚唐刘禹锡、李商隐、杜牧诗中哲理的呈现，并推动宋诗理趣特色的形成。

陶先生论述某个诗人词人、某种文学题材体裁、某种文学现象的发展演变时，始终着意将其打并入时空坐标轴之中，不仅准确描摹其变化形态，更要厘清其演变轨迹，体现了宏观与微观并重，严谨而广阔的文学史建构意识。同时，陶先生具备深厚的诗词学修养，深谙不同体制的要妙之处及受限之隘，能够给予作家作品精当的考察。例如论韩愈七言绝句，七绝凡二十八字，须以咫尺之幅驭万里之势，因而要以小见大、语近情遥，要有弦外音、味外味，因而韩愈成功运用多种艺术手法以使

“四句意能多”，譬如讲求构思精妙，富于谐趣奇趣和理趣；常常打破七绝起承转合的一般结构，创造特殊章法，例如“四句分两层写”“结句提问式”等；运用各种修辞手段营造真幻、刚柔、大小、动静、显隐、奇正、虚实之美等，使其七绝颇具独造之境，同时也有意继承和发扬近体律绝对称、均衡、和谐、圆润之美。而陆游的七绝则颇具浪漫主义色彩，多用兴象寄情寓意，且能飞腾想象与幻想之翼，调动多种感觉和修辞手段，因而多有空灵微妙、含蓄隐曲、耐人寻味的佳作。

陶先生曾说：“搞文学的不应该为其他学科打工。”文学作为一门人文学科，应该具有基本的学科理念，文学研究不能降解为其他学科的分支，文学作品不能沦为其他学科的辅助或佐证材料。陶先生始终怀抱着对于文学研究真醇而热烈的赤子之心，扎根文学本位意识。《研究》中的神采飞扬、灵思迸发之处，只消细细阅读几篇便能体会深刻，沾溉良多，这些均得益于陶先生贯通古今的学识，对诗词发展与演变历程了然于胸，对诗史词史的把握游刃有余，因而胸中随意点墨便可渲染成华章，带给人如沐春风般的惬意。

二 广角取景，圆融他法

翻开《研究》的目录，“诗画交融”“戏剧性”“绘画意趣”“绘影绘声的艺术”“音乐境界”等字眼不断落入眼帘，似乎是一场艺术的交响合奏。这便是陶先生自出机杼的治学特色，将古代不同的艺术形式纳入诗词研究的谱系之中，借以打通经脉，激发感悟诗词的触点和研究的生长点。

探讨诗画关系并非新题，尤其关于唐代山水诗和山水画的相互影响与渗透已有不少优秀成果，但陶先生指出，唐代人物画与唐诗人物形象描绘的关系未得到应有的关注，在诗中描绘人物形象对于唐代诗人而言是个崭新的艺术课题。唐代人物画的发展使得诗人逐步积淀了绘画意识和绘画形式美的感知力，在描绘人物时，经常吸取绘画作为空间艺术宜于描绘空间并列物体的长处，从动作情节的发展过程中择取某一时刻的动作、姿态、神情进行集中细致的刻画，并且还吸收了人物画构图布局的表现技法。臻于宋代，山水画中的“三远法”突破了绘画作为空间艺术的局限，刺激独有时间艺术领域的诗人们更加自觉地发挥语言文字描绘景物不受时空限制的特长。他们不仅能够自觉运用山水画家的感觉与思维方式，融画法于诗法之中，呈现出新奇活泼的绘画意趣，更指出宋代诗人还普遍追求水墨韵味的美学倾向，创造了虚融淡泊、荒远清冷的艺术意境。宋诗中的荒寒之境，更多像是用枯淡之笔皴擦或用淋漓水墨晕染出的图画，譬如杨万里《舟过谢潭》有“碧酒时倾一两杯，船门才闭又还开。好山万皱无人见，却被斜阳拈出来”，陶先生分析道：“一个‘拈’字，把斜阳拟人化，好似一位善于发现和捕捉自然美奥秘的高明画家，他把水边青山的万千皱褶都皴染出来供人欣赏。如不是诗人从绘画的皴法中获得灵思妙想，又怎能使平常的自然景象显现出如此新奇的诗情画意?”在陶先生的感知与运思下，诗心与画境的灵犀之通，诗理与画法的借镜之用，诗情与画意的互释之融，愉人心智，启人深思。诗画融通更多着眼于视觉美感，形态和色彩入诗相对而言较易把握和表现，而声音的无所摹状与转瞬即逝则为语言描写带来不小的难度，而音响在诗中的跌宕交织却因此而别有异趣。《研究》谈到了对于王维和常建诗作音乐艺术的探讨。例如王维有意以声结尾，使诗作产生余音袅袅、不绝如缕的艺术效果。有时甚至藏声于象，以色彩或动态传声，此番含蓄巧妙之处需得读者发挥联想和创造力方能感知。王维提出“凝情取象”，有时所写声音不单是真实所闻的自然之声，更是浸透感情的心中之声。陶先生通过梳理发现，在谢灵运之前，诗中的听觉形象远少于视觉形象，从谢灵运起听觉形象渐增，但诗人对于自然音响素材的提炼和概括不够，同视觉形象往往不能有机融合，王维则克服了这些缺点，创作了音响与景色和谐交融的佳篇。不仅精准把握了王维表现音乐的艺术才能与美感，亦绘制了音乐入诗的演进轨迹。他在论常建诗歌的音乐境界时指出其善于以灵动的笔墨，在时间的流动过程中表现空间景物，创造多层次、有节奏的时空境界。其边塞诗中直接、强烈、细腻而丰富的抒情所产生的艺术力量使其可与高适、岑参、王昌龄之边塞诗相颉颃，而这正是其音乐的主要特性。陶先生十分善于在艺术门类的会通中发现富有价值的研究话题并启蒙发覆，如在《论宋词绘影绘声的艺术》一文中所言，人物和景物的影子和声音是宋词一个鲜明的美感特征，可惜尚未有人专门论述，便着意做了一些探讨。文中指出宋代词人为了描摹出虚幻迷离的影像而对字句精心推敲，千锤百炼，而且往往以情写影，移情于影。在其笔下，不仅大自然和社会中的各种声响都有令人神怡的美感效果，更出色的是对人声的描摹。而在许多宋词中，绘影与绘声相互映衬，彼此配合，并有意借助声影的摹绘来营造一种朦胧或空灵的意境。除了诗与绘画、诗与声影的关系，从戏剧性的角度赏读唐宋词亦令人倍感趣致。陶先生充分挖掘了唐宋词中展现的戏剧冲突、戏剧动作、戏剧情境等多维戏剧因素，并展示了词与戏剧之间的相互影响与融合，印证了文学艺术相互借鉴学习的事实。这些新鲜的视角不仅丰富了古典文学研究的广度与深度，更启发了研究的思维，开拓了研究的视野，使人相信古典诗词领域尚有很多值得探索的待琢之玉。

“中国古代文人对文学艺术的感觉多是相融互通的。在相同的历史时期和环境背景下，不同的文学艺术门类的创作会形成趋于一致的审美趣味、审美风尚。”因而古典文学研究须在保持独立性的同时恰当地打破艺术门类之间的边界与隔膜，使之相互滋养，交相辉映。除却艺术门类之间的对话交流，不同学科亦可为他山攻玉之石。陶先生曾说：“立足于文学本位，并不是把眼光仅仅局限在文学上。近些年来，许多古代文学研究者正越来越注意从广阔的文化学的视角来考察文学，写出了见解深刻令人耳目一新的论著，把古代文学和文学史研究推向高深的境界，对此，我是非常赞成也努力这样做。”因而先生常常融会贯通古今中外的文学理论，或多或少融摄哲学、历史学、社会学、心理学等学科，以中国古典文学的实质为基点，参以广阔的文化学视角推进研究，在此只取一瓢便足见长河。

《研究》中论述李商隐诗歌的幻象与幻境，引入诗论家郑敏对于现代派诗“有高层或多层的诗的结构”，且其“底层是由现实主义的精确细节部分构成，而高层则由超现实主义因素构成”等论断，认为李商隐的诗歌也具有类似的结构，主要是运用了非现实的幻想的艺术表现方法得以形成的。并进一步指出，意象的交叠，真幻的投影，是20世纪西方意象派诗人所创造，为现代派诗人继承发扬的，李商隐是中国古代诗人中最具有现代派色彩的，例如《日日》："日日春光斗日光，山城斜路杏花香。几时心绪浑无事，得及游丝百尺长。"陶先生分析道："心绪引出丝绪，由丝绪联想到眼前的游丝。百尺游丝，悠闲自在飘动，正是心绪无事的象征。诗人借助幻觉联想和'曲喻'手法，将前面所写山城春景提升到摆脱春日莫名惆怅的心灵境界，从而也使此诗有了真与幻、底层与高层的双层结构。"如此便为李商隐诗歌研究增益了新的生长点，丰富了理论框架和内涵，跟随陶先生的笔触，我们走近了一个更加梦幻、幽邃、神秘的李商隐。此外，陶先生在鉴赏李贺诗歌的色彩艺术时精妙地发现其与印象派艺术大师莫奈所见略同，李贺观察景物时只看到色彩以及色彩的关系，而忘记眼前是什么东西。并且借用马克思"色彩的感觉是一般美感中最大众化的形式"这一论断，认为李贺如此重视色彩表现并非刻意尖新，而是为了刺激读者的视觉感受以诱发想象和联想，这或可视为李贺的知己之谈。陶先生还借鉴西方现代诗论的"象征"之说来阐发唐代绝句描绘人物时所具备的情景融洽无间、意味含蓄无限的境界。他深谙法国作家布封所言"风格就是人"的内涵，认为凡是杰出的诗人、作家总是在其作品中自然流露出自我个性、气质、爱好与才情，显示出独特的艺术风格，并以此为理论基点剖析韩愈七绝中令人解颐的谐趣、使人惊异的奇趣及发人深省的理趣。谈及蔡襄七绝时他则融会英国浪漫主义诗人雪莱的经典名言"诗使它所触及的一切都变形"，指出蔡襄常常飞腾想象、联想和幻想，把感觉印象和心灵感受予以变形重构，使情景、主客关系得到新奇的表现。甚为精妙的是探讨梦窗词气味描写艺术的开篇引入部分：

当代作家莫言说："我喜欢阅读那些有气味的小说。我认为有气味的小说是好的小说。有自己独特气味的小说是最好的小说"……读过《静静的顿河》的人，几乎都不能忘记肖洛霍夫笔下顿河岸边弥漫的潮腐气息和大草原上散发出的青草、野花和泥土的浓烈气味；而读福克纳《喧哗与骚动》的人，也一定会随小说主人公班吉以不可思议的嗅觉能力嗅到凯蒂身上那股“树的香味”，感受到“衣服在空中飘动的气味”乃至“死”的气味。

后文又提到张爱玲对于气味尤其是旁人不喜之气味的喜爱。陶先生不仅精熟中国古典文学，对古今中外的经典作家作品亦是涉猎广泛，因而在谈及某个话题时能调动知识储备，借以烘托增色，例如这里欲以表达的文学作品中的嗅觉描写能够使我们获得独特的艺术美感。

理论借用有时存在风险，运用不当便会产生张冠李戴或是生硬嫁接的弊病，反生画蛇添足之感。陶先生对于古今中外理论的运用建立在准确、深入理解的基础之上，以其诗人气质与学人之思对其加以揣摩化用，往往能够丰富诗词意脉，扩大意境视野，开拓研究格局，颇具画龙点睛之妙。

三　以灵“心”感通诗“趣”

清人史震林道：“诗文之道有四：理、事、情、景而已，理有理趣，事有事趣，情有情趣，景有景趣；趣者，生气与灵机也。”中国古代的诗人在生活和艺术实践中充分调动感悟能力，用心灵去投射、交会，用情思去渲染、描摹，今人若非全心置身其中，又怎能与诗人的心灵产生联系，形成交流，进而探得美妙的诗词之境呢？陶先生非常重视研究古典诗词时研究者用心体验、动情感会的能力，“我认为研究古代诗歌艺术，除了要有文学本位的意识、史学思维、文化学的视角以及当代的价值判断之外，还必须以‘情’为本，‘感’字当头，从审美的感情体验出发，以自己的心灵和古代诗人的心灵对话，进而调动自己的联想和想象，进入诗歌的境界，感受与体会诗的情思和韵味”。基于这样的理念，《研究》一书完美诠释了何为以“情”为本，“感”字当头。

陶先生认为王维非常懂得“外师造化，中得心源”的艺术创作规律，其诗中的音响无不是自然天籁在诗人感情琴弦上发出的回声，例如“林下水声喧语笑”“窗外鸟声闲”“山川秋树苦，窗户夜泉哀”等，“诗人有时就通过自己感情的丝屡，借助创造性的联想和想象活动，把视觉感受和听觉感受串联、沟通起来。他让色彩发出声音，使声音染上颜色”。他在鉴赏《游悟真寺》“草色摇霞上，松声泛月边”时有言，“草色竟运动起来，摇漾到云霞之上，仿佛发出了声音；无形的松声却成了有形的浪潮，汛涌到月亮旁边，并被月光镀上银亮色”。这首先固然是王维诗思摇曳、想象奇特产生的艺术效果，但此番通感现象若要被生动地解读出来，诗中的景与情若要获得历时的生命，更需要研究者打开六根经脉，调动自身的视觉、听觉、嗅觉、触觉等多维审美机制，辅以虚融腾跃的思维驰骋场域，努力与诗人的心灵沟通，产生共鸣。这一点陶先生在论述晋至唐人表现自然美时有精彩的论述：“诗人们之所以能多角度、多侧面并运用多种艺术手段来表现自然事物的关系，最主要的，乃是因为他们对大自然满怀执着的挚爱之情，用一颗颗审美的心灵去体悟大自然的美妙……还由于他们在发现和表现自然景物的各种关系中，充分调动了眼、耳、鼻、舌、身这五种感官的功能以及心灵的内在感受”，并进一步指出，“在一些写景诗句中，诗人们就直接用了诸如‘望’、‘见’、‘闻’、‘感’、‘觉’、‘知’、‘识’、‘辨’、‘疑’等字眼，表现他们对于自然事物关系的感觉、感知或疑觉、错觉、幻觉等感官的与心灵的活动状态”。融入感觉情思既是诗人创作的必备心理状态，亦是读者走近诗人与诗作的必经之路。

诗人们往往在感性与感受的基础上推进一步，理性思考人与自然的关系以及生命的真谛，使诗作氤氲着哲理思致。陶先生在全情体悟诗词美感的同时，以其诗人之心、学人之才敏锐捕捉诗词多角度的艺术美感，使诗词之美宛若夏花，层层绽放。例如陶渊明、谢灵运常在诗中思考自然、宇宙、人生的奥秘与真理，带有玄学的痕迹。而至唐代，诗人们则更多表现“关于王朝兴衰、世态炎凉、新陈代谢以及宇宙无穷、人生短暂、生命价值、人格理想的体悟”，如李白所写“黄河落天走东海，万里写入胸怀间”，陶先生引杨义先生所言“诗人把无比壮观的黄河生命和一个无比悲凉的老人生命融合在一起的时候，他以隐喻的形式展开了对中华民族生存史的大回忆”，因此在体现诗作的审美感受之上，更深化了诗人诗心的历史生命意义。再如杜甫创作诗歌时曲尽物理的自觉追求，陶先生评价道“在中国古代诗中，恐怕很难找出另一位像杜甫这样经常反复地说要‘体物’、要写‘物情’、要推‘物理’这样的诗人了”，因而杜诗常常蕴含深刻的哲理思考。而苏轼山水诗之趣，更是令人神往。他还认为苏轼的山水诗中含有大量的幽默因子，使其笔下的山水充满谐趣。苏诗中还富于反常合道的奇趣，给人新奇大胆之感。苏轼更有意揭示隐藏在自然山水中的理趣，强调诗歌要以妙笔寓“道”。观照诗词之景、情、理之外，陶先生亦着意揭示唐宋词的戏剧性特征，以揭示除了抒情性、叙事性之外的宋词尚有其他特性，指出戏剧性比叙事性更接近词的特质，并且认为词的戏剧性表现有利于增强词体抒情的客观性与间接性，从而使其得以葆有抒情的宛曲与含蓄之美。

钱志熙先生在《陶文鹏说宋诗》的序言中写道：“一说到宋诗就要举议论为诗、文字为诗、哲理为诗的论者，只要认真读一下陶先生本书的分析，就会放弃那种简单的概括，对宋诗在艺术形象创造上的成就有一个全新的认识。如果说唐诗的艺术创造是常，宋诗则重于反常，但反常而能合道，与唐诗体现了同样的创造规律，是宋诗对唐诗艺术的一个推进。”诚然，宋代诗人一方面吸收唐诗的艺术精华与创作经验，另一方面又着力突破藩篱，求新生变，以确立其艺术成就的时代独立性。然而任何简单的文字提炼与概念表达或许都不足以收摄囊括事物全貌与真实内涵，正如有时为了强调唐宋诗之别而注重宋诗筋骨思理、内敛老成的性格，忽略了宋诗艺术创造的生命活力与浪漫思致。唐宋诗词的研究，必得踏实地走进文本，真切地感受文字间荡涤的诗韵情思。既要对诗词的艺术美感、思想内涵、演变轨迹等做出归纳，又须真实客观地把握其多样性与复杂性，避免将其碎片化、简单化。

陶文鹏先生在古典文学研究的道路上始终怀抱诗人之心，运斤哲人之思，强调文学论文既要以文学作为研究与书写对象，其本身也应当具有一定的文学性、艺术性、可读性，既要进行严谨深入的学理思考，也要融入研究主体的情感与审美体验，把论文写得有思想、有感情、有文采。例如在《论孟浩然的诗歌美学观》中，开篇即引人入胜："这位终身布衣的盛唐山水诗人，是在明确的诗歌理论指导下进行创作的。是他，最先以诗的竖琴，弹奏出清新美妙的盛唐之音。"沉醉常建诗歌的音乐境界时论《西山》诗道："涂抹了落日的火红，晚霞的金黄，暮江的深碧，湖云的洁白，月光的银亮。这些色彩和光影的变幻，交织成音乐般的旋律。"在探讨李贺诗歌的色彩表现艺术时，以"李贺短促的生命燃烧着色彩，色彩也燃烧着李贺短促的生命。李贺的诗歌，是有生命的色彩燃成的瑰宝"收束全篇，有画龙点睛之妙。

陶先生在学术研究之路上更秉持着学人大义，先生在《宋代诗人论》的后记中说道："宋代诗人约有九千数百家之多，学界研究过的恐怕还不到150家。这两个数字的差距太惊人了。多年来，我的心常为这如此巨大的反差而忐忑不安。于是我产生一个固执的看法：要想推进和深化宋诗研究，最基本也最紧迫的一项工作，就是大力加强对宋代诗人及其诗歌创作的个案研究。"在这种紧迫感和责任意识之下，陶先生不仅力辟经典作家作品的研究视野与思路，更着意填补学界研究的空白，关注那些在文学史上被寥寥几笔带过甚至名不见经传的作家。例如《研究》中专门探讨常建诗歌的音乐境界，敏锐地发现诗艺为人格、政绩及书法盛名所掩的蔡襄的七绝作品以观察机敏、想象丰富、意象生动、语言精练等艺术特色营造了精遒粹美的艺术风格，等等。陶先生在研究中立足文学本位，除却学术研究理念的坚持，同时亦是希望能够以诗思的感悟、诗艺的提炼、诗歌历程的阐发导领鉴赏品读文学作品的正途，"这样做，既能引导广大读者正确地鉴赏文学作品，有助于提高全民族的审美水平，也可为当代的文学理论和文学创作提供必须借鉴、吸收的思想艺术营养"。陶先生正是自觉肩负起"士以弘道"之使命的学者。作为诗人的本家当行促进了其对生活、艺术孜孜不倦的热爱和探索，作为学人的担当意识与责任大义又促其不断扩宽研究的广度与深度，陶先生以己之力陶铸了古典文学研究的灵魂，更使后生晚学知晓古代诗词研究的正道。

古典小说名著戏曲集编纂问题刍议

——以胡世厚《三国戏曲集成》为中心*

◇李亦辉**

摘　要：古典小说名著戏曲集的编纂，对小说而言，可以证其源流；对戏曲而言，可以见出某一故事题材的演化；对小说、戏曲的关系而言，可以直观展现二者的叙事差异与文体互动。此类戏曲集的整理，应广泛调查，力求全备，避免出现以偏概全、挂一漏万的问题；应在理清戏曲版本系统的基础上，选择精良的底本，进行细致的校勘；在做好具体的文字校勘工作的同时，还当践行“辨章学术，考镜源流”的学术理念，进行宏观的学术史梳理与总结。在这些方面，《三国戏曲集成》具有积极的示范意义，值得其他古典小说戏曲集的整理者学习借鉴。

关键词：《三国演义》　《三国戏曲集成》　戏曲目录　戏曲版本

古典小说名著戏曲集的编纂，无论对小说研究，还是对戏曲研究，都有积极的促进意义。对小说研究而言，可以明其源流，是研究某一小说的成书、传播与影响的基础文献；对戏曲研究而言，可以见出某一具体故事题材的古今演化与艺术变迁；就小说、戏曲的关系而言，可以直观展现二者的叙事差异与文体互动。正因研究者深知这一工作的重要意义，经过几代学人的艰辛努力，才有阿英编的《红楼梦戏曲集》①，关

* ［基金项目］黑龙江省高校基本科研业务费高层次项目预研计划，项目编号：GCCXMYYJH201906；黑龙江大学杰出青年科学基金项目，项目编号：JC2018W2。

** 李亦辉，黑龙江大学文学院副教授，主要研究方向为中国古代小说戏曲。

① 阿英编《红楼梦戏曲集》上、下册，中华书局，1978。

德栋、车锡伦编的《聊斋志异戏曲集》[①]，傅惜华等编的《水浒戏曲集》[②]，胡胜、赵毓龙校注的《西游记戏曲集》[③]，胡世厚主编的《三国戏曲集成》[④] 先后问世，其中以胡世厚先生的《三国戏曲集成》最为晚出，在搜罗之宏富、选目之精良、校勘之精审、考论之深密等方面也最具代表性。结合对《三国戏曲集成》的研读，笔者拟对古典小说名著戏曲集的编纂问题略陈己见，既可对以往的编纂经验略做总结，也可为日后的同类工作稍献芹言，以期其他古典小说“戏曲集成”的早日面世。

一　广泛调查，力求全备

无论是编全集，还是做选集，无论是进行校勘，还是撰写解题，校理者对选题的整体情况必须做到胸有全局、了然于心，才能编得全、选得好、校得准、写得精，避免出现以偏概全、挂一漏万的问题。因此，全面调查相关作品的存佚与版本，是一切古籍整理工作的前提，古典小说名著戏曲集的整理概莫能外。整理任何一部古典小说名著的戏曲集，第一件要做的工作自然是摸清家底，查明历史上到底有哪些相关戏曲，哪些是现存的，哪些是散佚的；散佚之中，哪些已经完全散佚，哪些还有残存的折、出或曲。要做到这一点，既需要广泛查阅各种小说戏曲目录与版本方面的专业书籍，又要不辞辛苦到相关各大公私藏书机构访书。

目录学是一切学问的入门之学，是古籍整理与研究者最基本的工具。乾嘉时期的学者王鸣盛强调“目录之学，学中第一紧要事，必从此问途，方能得其门而入”[⑤]。要进行古典小说名著戏曲集的编纂整理工作，自然应从戏曲目录入手。古代图书目录大体可以分为综合目录和

---

① 关德栋、车锡伦编《聊斋志异戏曲集》上、下册，上海古籍出版社，1983。

② 傅惜华等编《水浒戏曲集》第一集、第二集，上海古籍出版社，1985。

③ 胡胜、赵毓龙校注《西游记戏曲集》，辽海出版社，2009；胡胜、赵毓龙校注《西游戏曲集》上、下册，人民文学出版社，2018。

④ 胡世厚主编《三国戏曲集成》，复旦大学出版社，2018。

⑤（清）王鸣盛：《十七史商榷》卷一，上海古籍出版社，2013，第1页。

专科目录两类，历史上曾经存在的任何一个历史时期的任何一门学科的著述，基本上都能从《汉书·艺文志》到《四库全书总目》等综合目录中找到其位置，唯独戏曲却在古代的综合目录中付之阙如，这与古人视戏曲为不登大雅之堂的小道末技直接相关，正如《四库全书简明目录》所言，“南北曲非文章之正轨，故不录其词”①。但凡事有幸有不幸，正因综合目录不收戏曲类作品，而戏曲又是社会各阶层所喜闻乐见的艺术样式，所以出于历史记载与学术研究的需要，自宋元代以来出现了大量的戏曲专科目录，其发达程度反为诗、词、文等正统文体所不及。从宋元时期周密的《武林旧事·官本杂剧段数》、陶宗仪的《南村辍耕录·院本名目》、钟嗣成的《录鬼簿》，到清末民初的姚燮的《今乐考证》、王国维的《曲录》，各个历史时期、各种戏曲体裁，几乎都有相应的戏曲专科目录，同时又不乏涵盖各代、综括各体的戏曲综合目录。虽然因为戏曲艺术具有“曲无定本”的舞台演出特点及变异性特征，戏曲目录也因而具有不完备、不确定以及交错记载等特征，但仍是我们进行戏曲整理工作不可或缺的导游图和指南针，在此基础上方能进行实际的访书、录入与校勘等工作。

《三国戏曲集成》就是在广泛调查的基础上，方形成的一部“集成”性的著作。早在2003年于武汉召开的第十六届《三国演义》学术讨论会上，胡世厚先生就有系统整理三国戏曲集的想法。2011年，胡世厚先生组织了编撰团队，开始从最基本的资料收集和选目编排入手，初步整理出了历代三国戏曲剧目五百多种，正式开启了三国戏曲集编撰的庞大系统工程。宋元代以降的三国戏曲存本、存目众多。存目分别著录在古籍、书目著作中，有的甚至未见著录。存本分藏全国各地藏书机构，版本十分复杂，有刻本、覆刻本、钞本、转钞本，其中有许多是罕见的善本、孤本。整理者遍查相关目录、记述及研究论著，往来奔波于北京、上海、南京、杭州、郑州、太原等地的图书馆、博物馆，寻访三国戏曲的剧目剧本，搜集剧本的各种版本，从中遴选出各部戏曲的最好

① （清）永瑢等：《四库全书简明目录》卷二十，华东师范大学出版社，2012，第908页。

底本，进而分工进行标点校勘，写解题，撰各卷前言，经过六年多的艰辛工作，编成这部当今汇集三国戏最多、最全、最为完备的著作。全书收入历代三国戏587种，其中完整剧本471种，残曲、存目116种，按朝代与剧种编为八卷十二册，包括元代卷、明代卷、清代杂剧传奇卷、清代花部卷、晚清昆曲京剧卷、现代京剧卷、山西地方戏卷、当代卷。其中前三卷为全集，囊括了元明清三代现存全部的杂剧、传奇类三国戏曲；后五卷为选集，虽因清代花部、京戏、现当代戏曲数量众多而难以尽录，但其精华已搜罗殆尽。仅就杂剧、传奇而言，整理者根据元钟嗣成《录鬼簿》，明贾仲明《录鬼簿续编》，明朱权《太和正音谱》，清黄丕烈《也是园藏书古今杂剧目录》，以及近人傅惜华《元代杂剧全目》《明代杂剧全目》《明代传奇全目》《清代杂剧全目》，董康《曲海总目提要》，邵曾祺《元明北杂剧总目考略》，庄一拂《古典戏曲存目汇考》，陈翔华《三国故事戏考略》等著作，调查出元代（含元明之间）三国杂剧有62种，现存剧本21种，剧本残曲7种；明代三国杂剧有18种，现存剧本有5种，三国传奇有32种，现存剧本7种，残曲14种；清代三国杂剧有22种，现存剧本15种，三国传奇有25种，现存剧本13种。这样详尽的统计数字，无疑是编者悉心查阅与辛勤走访的结果。特别是清代的杂剧、传奇类三国戏，仅知《南阳乐》等少数剧目演出过，大多未见演出记载，实际成为案头文学，而留传下来的传奇剧本大多又为抄本、孤本，很少为人所知所见。如今《三国戏曲集成》将其收集起来，加以校点整理，既保留了珍贵的古代戏曲文献，又为戏曲研究与爱好者提供了阅读与研究的重要资料。

编纂“集成”性质的戏曲总集，要在可能的条件下尽力求全求备，这不仅是指现存的全部作品要收集齐全，而且那些残折、只曲也不能遗漏，对那些已经佚失、仅有存目的作品，也需要采用“存目”或“附录”的方式予以说明。就此而言，戏曲总集的编纂工作实质也是一项钩沉辑佚的工作，是将已经散失的某些曲家的作品或者某戏曲的部分折、出、曲词乃至只言片语予以收集整理的过程。《三国戏曲集成》在这方面的工作也做得颇为出色，元明清时期各卷的残曲部分，把同一剧目里散见各书的残文佚曲加以钩沉、编集在一起，实际上是学术含量很高的辑佚成果。此项工作难度极高，只有对辑佚对象文献存佚情况非常熟悉，并有广泛的调查和深入的研究，方能做好这一工作，把三国戏曲的全貌呈现于读者面前，同时也提升了全书的学术价值和生命力。

二　选好底本，校勘精审

调查研究工作越广博、越丰富越好，选目校勘工作则要求集约、精当，这是在广泛调查基础上的提炼和萃取，既需要扎实细密的考证功夫，又需要明察秋毫的理性思辨，最能体现整理者的文献功力与综合学养。清人段玉裁《经韵楼集·与诸同志书论校书之难》曾言："校书之难，非照本改字不讹不漏之难也，定其是非之难。是非有二：曰底本之是非，曰立说之是非。必先定其底本之是非，而后可断其立说之是非。""不先正注、疏、释文之底本，则多诬古人；不断其立说之是非，则多误今人。"① 明确指出选择底本与勘误校正是古籍整理中最重要的也是最难的环节，关系着古籍整理的质量乃至成败。虽然戏曲类古籍有其特殊性，但亦当遵循这一整理原则。

展开具体的文本校勘工作前，首要任务是确定底本。这是一项至关重要又耗时耗力的工作，必须在尽可能大的范围内竭泽而渔、广泛搜求，进而进行细致的比较，最终选好底本和参校本。关于底本的选择，清人段玉裁曾言："何谓底本？著书者之稿本是也。"② 认为底本就是作者的手稿本。在稿本尚存的情况下这种看法无疑是正确的，但因多数古籍的稿本都已经散佚，所以现在意义上的底本已不再拘泥于手稿本，也可以是与作者手稿面貌最接近的其他抄本或刊本。底本选择的精良与否，直接关系到古籍整理工作的质量乃至成败，如果底本选择不精不

① （清）段玉裁：《经韵楼集》卷十二《与诸同志书论校书之难》，凤凰出版社，2010，第 313～314、317 页。

② （清）段玉裁：《经韵楼集》卷十二《与诸同志书论校书之难》，凤凰出版社，2010，第 314 页。

好，后期校勘工作无论多么精细，都难免根基不牢，事倍功半。所以底本的选择一定要谨慎细致，充分吸收已有研究成果，广泛征求同行专家意见，并进行基于目验与部分内容的比勘的实质性工作，方能优中选优，确定出最好的底本。《三国戏曲集成》在这方面颇有一些值得借鉴的经验，如元代卷即以《元刊杂剧三十种》本、《元曲选》本、《脉望馆钞校本古今杂剧》本为底本，以明息机子《古今杂剧选》本、明孟称舜的《酹江集》本参校，确保了底本与参校本的权威性与可靠性。当然，戏曲整理的底本一方面最好是不缺不讹、精校精注的善本，另一方面又要考虑戏曲文献的特殊性，对时间因素、版本价值、学术价值等多方面因素做综合考量，在难于抉择的情况下，不妨同时收录一剧的不同版本。如《元刊杂剧三十种》中的《关大王单刀会》，宾白不全，刊印拙劣，错讹百出，显然不是一般意义上的"善本"，但因其最接近元杂剧的原始形态，有明人加工本不可替代的研究价值，所以《三国戏曲集成》作为正文收录；脉望馆抄校本《关大王独赴单刀会》虽然宾白齐全、更便于阅读，但毕竟是明人的加工本，因而作为附录收入，以便于同《元刊杂剧三十种》本参看。再如郑光祖的《醉思乡王粲登楼》，以臧懋循《元曲选》本为底本，参阅他本校勘；另有郑骞校勘的《脉望馆钞校本古今杂剧》本，该本有清人何煌据李开先藏元刊本所作的校记，与今传诸本曲文宾白不同，当为另一种版本，有其特殊的版本价值，《三国戏曲集成》遂将《全元戏曲》收录的郑骞校勘本移录于《元曲选》本之后，作为附录供读者参考。此类编排方式都是基于"曲无定本"的特性所做的特殊处理。

在古籍整理工作中，只选对底本是不够的，还必须校勘精审，二美兼具，方能做出流传后世的精品。从事古代戏曲校勘工作，首先，要求校理者必须拥有丰富的戏曲方面的专业知识，尤其是戏曲目录、版本方面的知识，充分掌握戏曲文本及不同戏曲体裁的体例、规律与特点，同时还必须具备扎实的文学与文献方面的基础知识，对文字、声韵、训诂、校雠、文史、典章等方面的基本知识均要有所了解，并要勤于动手，充分利用各类工具书和现代检索手段，随时解决校勘中遇到的疑难问题。在校勘过程中，既要认真审慎，抱有去伪存真的态度，不可轻易改动原文，确实需要改动之处，一定要出注、出校，说明何处有改动以及改动的依据。当然也不应完全泥守原文，否则就失去了为当代人提供研究资料与可读文本的意义，在有必要改动的地方要大胆改动，明显的错误之处还可以径改。其次，戏曲校勘工作既要遵循古籍校勘的一般要求，又需顾及戏曲文献自身的特殊性，才能妥善处理遇到的校勘问题。如戏曲文本中有很多别的文体所没有的文字现象，如衬字、方言、俗字、谐音、土音之类，校理者要深入探讨与及时总结这方面的经验与规律，才能熟练自如地展开校勘工作。再次，校勘曲文时，如果文意与格律相龃龉，到底应以文意为重，还是以格律为主，也是应该认真斟酌的问题，在存真与可读之间要有所抉择，是一件颇为繁难的工作。此外，戏曲作品与文献在长期的传抄、刊行的过程中，和其他古籍一样必然会产生许多错误，但因为戏曲的刊印多半是在设备简陋、以牟利为首要目的的民间书坊进行的，所以其粗制滥造、质量低劣的程度较之其他种类的古籍尤为严重；尤其是戏曲刊刻最为鼎盛的明代，也是古代刻书错误最多的年代，出于不同需要的或多或少的增删，缘于学养不足的臆改、妄改、随意篡改，因草率马虎所致的鲁鱼亥豕之类的刊刻错误，因刻印仓促或用墨低劣导致的涣漫不清，在明代戏曲刊本中几乎随处可见。[①] 明清戏曲文献还有一个特点，就是刊本少，抄本多，抄本虽较好地保存了文本的原始面貌，有刻本不可替代的价值，但时有字迹潦草、难以辨识的弊端。凡此种种都给戏曲校勘工作造成了更大的障碍，也提出了更高的要求。

正因戏曲文献校勘难度较大，戏曲文本自身又存在诸多问题，校勘工作就成了戏曲研究中的当务之急。明清曲家在戏曲校勘方面，不乏影响深远的经典之作。如赵琦美抄校元明杂剧，汇集成《脉望馆抄校本古

① （清）顾炎武《日知录》卷十八“别字”条载：“山东人刻《金石录》，于李易安《后序》‘绍兴二年元黓岁壮月朔’，不知‘壮月’之出于《尔雅》，而改为‘牡丹’。凡万历以来所刻之书，多‘牡丹’之类也。”［（清）顾炎武：《日知录集释》，上海古籍出版社，2006，第 1035 页］

今杂剧》；臧懋循选校元杂剧，编成《元人百种曲》；王骥德、凌濛初都曾做过《西厢记》校注的工作，分别编成《新校注古本西厢记》与《西厢记》五本。近现代研究者在戏曲校勘学方面的成果更是不胜枚举，王国维、王季烈、任二北、郑骞、徐沁君、王季思、钱南扬、吴晓铃等学者的戏曲校勘成果，都在戏曲研究界泽被深远。这些经典的戏曲校勘成果都是基于校勘者丰厚的专业素养与精益求精的工作态度，值得今人借鉴。《三国戏曲集成》的校勘工作也颇有值得揄扬借鉴之处。今存三国戏曲文本，元杂剧整理程度最深，但因其版本较多，版本差异较大，因而校勘难度也比较大。明清三国戏曲刊本少，抄本多，仅有个别剧本经过整理，绝大部分未经整理，因而，曲白异文多，错别字多，简写字不规范，文字有脱落，字迹漫漶不清，常有错简缺页，多无断句标点。如《三国戏曲集成》的清代花部卷，收录现存花部三国戏 88 种，多是抄本，由于抄写者的文化水准参差不齐，字写得有好有坏，有的字迹模糊不清，很难辨识，给整理校勘带来了很大麻烦。基于上述情况，《三国戏曲集成》选用较好的版本作底本，以保留原本面貌为主要原则，精细审慎、务求存真地进行校勘，订正文字时既校异同，又校是非，凡属异文、误字、漫漶、空缺、墨丁、脱、漏、衍文、倒错、妄增、误删等处，皆分别校正，记入校记。凡是不辨正误者，则一律注明待考。这样端正严谨的学术态度与认真细致的校理工作，使得《三国戏曲集成》成为一部校勘精细、存真少误的戏曲集，既具有可读性，又具有较高的学术含量。

三　辨章学术，考镜源流

古籍整理既是具体的文献考辨与文字校勘工作，也是宏观的学术史梳理与总结工作。对此，清人章学诚的《校雠通义》论述得最为充分，他在《校雠通义叙》中指出："校雠之义，盖自刘向父子部次条别，将以辨章学术，考镜源流；非深明于道术精微、群言得失之故者，不足语此。"[①] "辨

① （清）章学诚：《文史通义校注·校雠通义·叙》，叶瑛校注，中华书局，1985，第 945 页。

章学术，考镜源流”八个字，可以说既是传统目录学，也是一般古籍整理工作的最高境界，特别是对于《三国戏曲集成》这样一部具有集成性质的大书来说，总结三国戏曲的古今流变无疑是其题中应有之义。《三国戏曲集成》剧本按元、明、清、现、当代分卷。元、明、清杂剧传奇诸卷，每卷先杂剧，后戏文、传奇，先完本、残本，后存目，均以作者年代先后为序。清代花部、晚清昆曲京剧、现当代京剧及地方戏诸卷，以三国故事发生的时间先后排列。全书在剧本整理的基础上，通过总序、分卷前言、剧目解题的三级体例，为我们清晰呈现出元明以来三国戏曲波澜壮阔的发展历程，以及每一时期、每一剧种、每一剧本的具体状况，其编纂旨趣和体例都值得其他古典小说戏曲集的整理者学习借鉴。

《三国戏曲集成》充分吸收前人的校理与研究成果，包括校勘成果、作者考索、版本研究、源流研究、辑佚成果以及相关学术著作与论文等，既是三国戏曲整理工作的一次“集成”，也是三国戏曲文学史、学术史研究工作的一次“集成”。《三国戏曲集成》“总序”部分提纲契领地梳理了古代三国故事的源流，重点介绍三国戏曲在宋元明清以及现代、当代的发展演化的情况，作品的具体存佚情况，本书收录的剧目数量，并简要介绍不同时代的三国戏曲的思想艺术特色，进而对《三国戏曲集成》的亮点予以总结。全书按朝代与剧种编为八卷，各卷前都有由本卷校理者所写的“前言”，介绍该卷所收的三国戏曲的著录版本、故事源流、思想倾向、人物形象等方面的情况，实为断代性兼分体性的三国戏曲文学史。将“总序”与各卷“前言”合观之，即为一部完整的三国戏曲文学发展史，其中涉及的很多问题都值得我们深入探究。如清代无名氏《锦绣图》，《传奇汇考标目》《曲录》著录，题洪升撰，不知据何。《曲海总目提要》卷三十二著录有《锦绣图》，云“一名《西川图》。演刘先主及诸葛亮谋取西川事，‘昔人以川中山水佳丽，物产丰富，侔于锦绣，故以为名也’。有据正史者，亦有采演义者，又有自作波澜者，与《古城》、《草庐》诸记，皆先主时事，可参观也”。但未题作者。今见清宫升平署抄本，题《锦绣图》四出总本，未署作者，内容亦非演刘备取西川事；故宫博物院图书馆藏《锦绣图》，亦未署作者，仅有四出提纲，并无剧本，提纲与升平署本提纲相同。章培恒《洪升年谱》、刘辉笺校《洪升集》均未提及洪升有此剧本，故《三国戏曲集成》将此剧暂置于无名氏下。这一处理方式体现出编者建立于文献考辨基础上的审慎存疑的态度。又如三国戏曲中的女性形象，从元杂剧《连环计》到清代宫廷大戏《鼎峙春秋》中的貂蝉，从元杂剧《隔江斗智》中的孙安到现代京剧《龙凤呈祥》中的孙尚香，都有和《三国演义》截然不同但又合乎情理的表现，体现出剧作者及整个社会的女性意识的变迁，值得仔细梳理与深入研究。再如清代的《南阳乐》《定中原》《补天记》《大转轮》《世外欢》《中郎女》《笳骚》《续琵琶》《波弋香》等九种戏曲，或是为蜀亡晋兴补恨，或是为奸雄曹操翻案，这些翻案补恨之作为何集中出现在清代，背后有什么样的文化心理动因，也是值得研究者深入探究的问题。凡此，皆可见出《三国戏曲集成》编纂者的文学史意识与学术诉求。

编纂戏曲选集或总集，编者一般都会在所选作品前冠以“解题”，简要介绍作者生平、版本源流、文献著录、思想内容、艺术特点以及传播影响等内容。解题又称“提要”，写法应提纲挈领、要言不烦，同时又有一定的学术性；若干解题串联在一起，就具有了文学史兼学术史的性质。在《三国戏曲集成》中，无论是收入书中的完整剧本，还是辑佚所得的残折、残曲，每剧都有解题，略述剧种、作者姓名及其生平、剧目著录情况、剧本内容、本事来源、版本情况、以何种版本作底本、参校何种版本、历年校点情况等。戏曲存目，则写明作者、年代、著录、剧情、本事、版本情况等。若将全书解题部分单独抽出汇编成书，即是一部学术价值颇高的三国戏曲专科目录；若将这些解题按戏曲体裁分类汇编，即是元明清杂剧、传奇、花部等的分体专科目录，读者可以“即类求书，因书究学”①，其学术含量与学术史意义都是不言而喻的。

① （清）章学诚：《文史通义校注·校雠通义·互著第三》，叶瑛校注，中华书局，1985，第 966 页。

因而从实际内容来看，《三国戏曲集成》既是一部三国戏曲的集成与校勘之作，又是一部三国戏曲的解题目录，亦是一部三国戏曲文学史与学术史的研究著作。

总之，由古典小说名著衍生的戏曲作品，是研究小说传播与流变的重要资料，也是戏曲文化宝库中独具价值的瑰宝。除四大名著外，《封神演义》《隋唐演义》《说岳全传》等家传户诵的古典小说都有相应的大量戏曲作品行世，是一笔亟待整理的文化遗产。《三国戏曲集成》这一开创性的学术工程的完成与出版，无论是对于四大名著中的其他三部，还是对其他古典小说戏曲集的整理而言，都具有积极的促进作用与重要的示范意义。

《励耘学刊》稿约

《励耘学刊》(《励耘学刊》文学卷)是由北京师范大学文学院2005年创办的学术集刊,每年一卷两辑,每辑35万字左右。《中文社会科学引文索引(CSSCI)(2017~2018)》来源集刊。主要刊发海内外具有原创性的文学研究论著,旨在交流学术信息,展示学术精品,维护学术规范,推动学术健康发展。一经刊用,赠送作者样书2册,并致薄酬(包括网络和光盘使用费)。

《励耘学刊》诚邀海内外学人不吝赐稿,现将稿件处理相关事项公告如下:

1. 实行匿名审稿制。审稿时间一般为3个月,审稿期内请勿将稿件另投。

2. 来稿以电子文本为宜,字数以10000字至30000字为宜,学术价值较高者篇幅不受限制。

3. 稿件内容包括题目、作者署名、摘要(300字以内)、关键词(3至5个)、正文、注释,具体格式请参照《文学遗产》。基金资助论文请在首页以注释形式标注,说明项目名称、编号;文末附作者简介和联系方式。

4. 每年出版两集:第一集于1月10日截稿,预计6月出版;第二集于6月10日截稿,预计12月出版。

学术联系人:杜桂萍教授、李怡教授、马东瑶教授

收稿邮箱:liyunxuekan@163.com

通信地址:北京市新街口外大街19号北京师范大学文学院

《励耘学刊》编辑部,邮编100875

图书在版编目（CIP）数据

励耘学刊.2020年.第1辑：总第三十一辑/北京师范大学文学院主办.--北京：社会科学文献出版社，2020.8

ISBN 978-7-5201-7129-8

Ⅰ.①励… Ⅱ.①北… Ⅲ.①汉语-语言学-丛刊 Ⅳ.①H1-55

中国版本图书馆CIP数据核字（2020）第152030号

励耘学刊（2020年第1辑 总第三十一辑）

主 办/北京师范大学文学院
主 编/杜桂萍

出 版 人/谢寿光
责任编辑/刘同辉
文稿编辑/韩欣楠

出 版/社会科学文献出版社（010）59366556
地址：北京市北三环中路甲29号院华龙大厦 邮编：100029
网址：www.ssap.com.cn
发 行/市场营销中心（010）59367081 59367083
印 装/三河市龙林印务有限公司

规 格/开 本：787mm×1092mm 1/16
印 张：24.75 字 数：366千字
版 次/2020年8月第1版 2020年8月第1次印刷
书 号/ISBN 978-7-5201-7129-8
定 价/116.00元